2022

WUHAN CHENGSHIQUAN NIANJIAN

武汉市地方志编纂委员会办公室 编

武汉城市圈年鉴

武汉出版社

（鄂）新登字08号

图书在版编目(CIP)数据

武汉城市圈年鉴.2022 / 武汉市地方志编纂委员会办公室编；王筱武主编. —— 武汉：武汉出版社，2023.5

ISBN 978-7-5582-5898-5

Ⅰ.①武… Ⅱ.①武… ②王… Ⅲ.①城市经济—武汉—2022—年鉴 Ⅳ.①F299.276.31-54

中国国家版本馆CIP数据核字（2023）第081148号

武汉城市圈年鉴（2022）

编　　者：	武汉市地方志编纂委员会办公室
主　　编：	王筱武
责任编辑：	杨　振　蔡文华
封面设计：	高　峰
出　　版：	武汉出版社
社　　址：	武汉市江岸区兴业路136号　邮　编：430014
电　　话：	(027)85606403　85600625
http://www.whcbs.com　E-mail: whcbszbs@163.com	
印　　刷：	武汉市仁大印务有限公司　经　销：新华书店
开　　本：	889 mm×1194 mm　1/16
印　　张：	18.5　插　页：16　字　数：540千字
版　　次：	2023年5月第1版　2023年5月第1次印刷
定　　价：	260.00元

方志武汉公众号

关注阅读武汉
共享武汉阅读

版权所有·翻印必究
如有质量问题，由本社负责调换。

《武汉城市圈年鉴》编纂委员会

主　任　王筱武（武汉市地方志编纂委员会办公室主任）

副主任　王勇祥（武汉市地方志编纂委员会办公室副主任）

　　　　　吴明堂（武汉市地方志编纂委员会办公室副主任）

　　　　　张文胜（武汉市发展和改革委员会副主任）

　　　　　卢申涛（湖北省文化和旅游厅地方志工作处处长）

　　　　　黄　绢（湖北省文化和旅游厅地方志工作处一级调研员）

　　　　　李春洋（湖北省武汉城市圈研究会会长）

　　　　　陆柱国（黄石市档案馆馆长）

　　　　　王　涛（鄂州市档案馆馆长）

　　　　　郭保东（孝感市史志研究中心主任）

　　　　　江　明（黄冈市史志研究中心主任）

　　　　　李子鹏（咸宁市史志研究中心主任）

　　　　　陈会斌（仙桃市史志研究中心总编审）

　　　　　韩天才（天门市文化和旅游局副局长）

　　　　　闫玉松（潜江市档案馆馆长）

　　　　　邓　斌（黄石市"同城办"主任）

　　　　　吴文华（鄂州市"同城办"主任）

　　　　　翁　晔（孝感市发展和改革委员会主任）

　　　　　郭　鹰（黄冈市发展和改革委员会主任）

　　　　　傅　捷（咸宁市"同城办"主任）

　　　　　李赛云（仙桃市"都市圈"办副主任）

　　　　　华　伟（天门市"都市圈"办副主任）

　　　　　郭腾达（潜江市发展和改革委员会总经济师）

《武汉城市圈年鉴（2022）》编辑部

主　　　编　王筱武

副 主 编　王勇祥　吴明堂

编辑部主任　万学洪

编辑部副主任　张　均

责 任 编 辑　（以姓氏笔画为序）

　　　　　　　万学洪　张　均　张道旺　高　青　程　雄

特 约 编 辑　（以姓氏笔画为序）

　　　　　　　王　欣　王　俊　叶永清　刘　畅　刘　威　刘松华

　　　　　　　刘家伟　刘家连　吴　浩　邹晓魁　张　姗　张　薇

　　　　　　　陈星均　易秀云　赵舒逸　夏立志　夏向章　倪　菁

　　　　　　　倪振飞　郭　灿　黄学义　黄爱高　谢　宏　戴礼华

编 辑 说 明

一、《武汉城市圈年鉴》是记述武汉城市圈同城化发展情况的年度资料性文献，由武汉市地方志编纂委员会办公室编，黄石市、鄂州市、孝感市、黄冈市、咸宁市、仙桃市、潜江市、天门市地方志工作机构以及武汉城市圈各城市发改部门协编。

二、《武汉城市圈年鉴（2022）》以马克思列宁主义、毛泽东思想、邓小平理论、"三个代表"重要思想、科学发展观、习近平新时代中国特色社会主义思想为指导，认真贯彻落实党的二十大精神，以服务全省区域发展整体部署、服务武汉城市圈同城化发展为宗旨，全面、系统、客观地反映武汉城市圈同城化、一体化发展的基本情况，为认识、研究和建设武汉城市圈提供具有权威性和较高参考价值的资料。

三、本卷主要收录2021年武汉城市圈同城化、一体化发展的基本情况和信息资料。

四、本卷采用分类编辑法，按类目、分目、条目三个层次编辑，以不同字体、字号及版式设计区分不同层次，条目标题均加【】标示。本卷共设12个类目：1.专记；2.大事记；3.武汉城市圈概览；4.区域发展布局与规划同编；5.交通同网与基础设施建设；6.科技同兴与创新协同发展；7.产业同链与经济共建；8.民生同保与公共服务共享；9.生态环境共治；10.统一市场建设；11.城市圈各城市年度发展概况；12.附录。卷首设专题图集展示年度亮点，卷末设索引以方便读者检索。

五、本卷所有文献资料（含图片）均由武汉城市圈各城市有关部门（单位）采集、提供，湖北省武汉城市圈研究会及武汉城市圈各城市地方志工作机构分别负责相关类目、分目、条目的供稿。

▲ 2021年3月31日,武汉经济技术开发区数字产业新地标"春笋"建成开园(张斌 摄)

城市新貌

▼ 2021年11月26日，黄石市团城山万达广场建成开业（何戈 摄）

▲ 鄂州市城区远眺（鄂州市档案馆 供图）

▲ 咸宁市嘉鱼县三湖连江风景区（咸宁市史志研究中心 供图）

▼ 黄冈市遗爱湖公园红梅傲雪景区（汪金元　摄）

▲ 咸宁市十六潭公园鸟瞰图（咸宁市史志研究中心　供图）

▶ 仙桃市城区一角（仙桃市史志研究中心 供图）

▶ 天门市城区鸟瞰图（天门市文化和旅游局 供图）

▲ 孝感市孝昌县观音湖远眺（孝感市史志研究中心 供图）

2022年1月,《武汉市国土空间"十四五"规划》公布。《规划》以"优布局、强功能"为核心,建立"区域—市域—重点功能区"的空间保障体系,实施推进武汉城市圈同城化、市域空间格局提升、重点功能区片等3大行动计划,策划了武汉城市圈重点临界地区共建、重点廊道培育、重点要素共建共保等实施工程,按照"主城做优、四副做强、城乡一体、融合发展"的空间格局,落实"五个中心"建设的空间需求。本专题的9张图片为该《规划》展示的相关示意图 (图片来源:武汉规划展示馆)

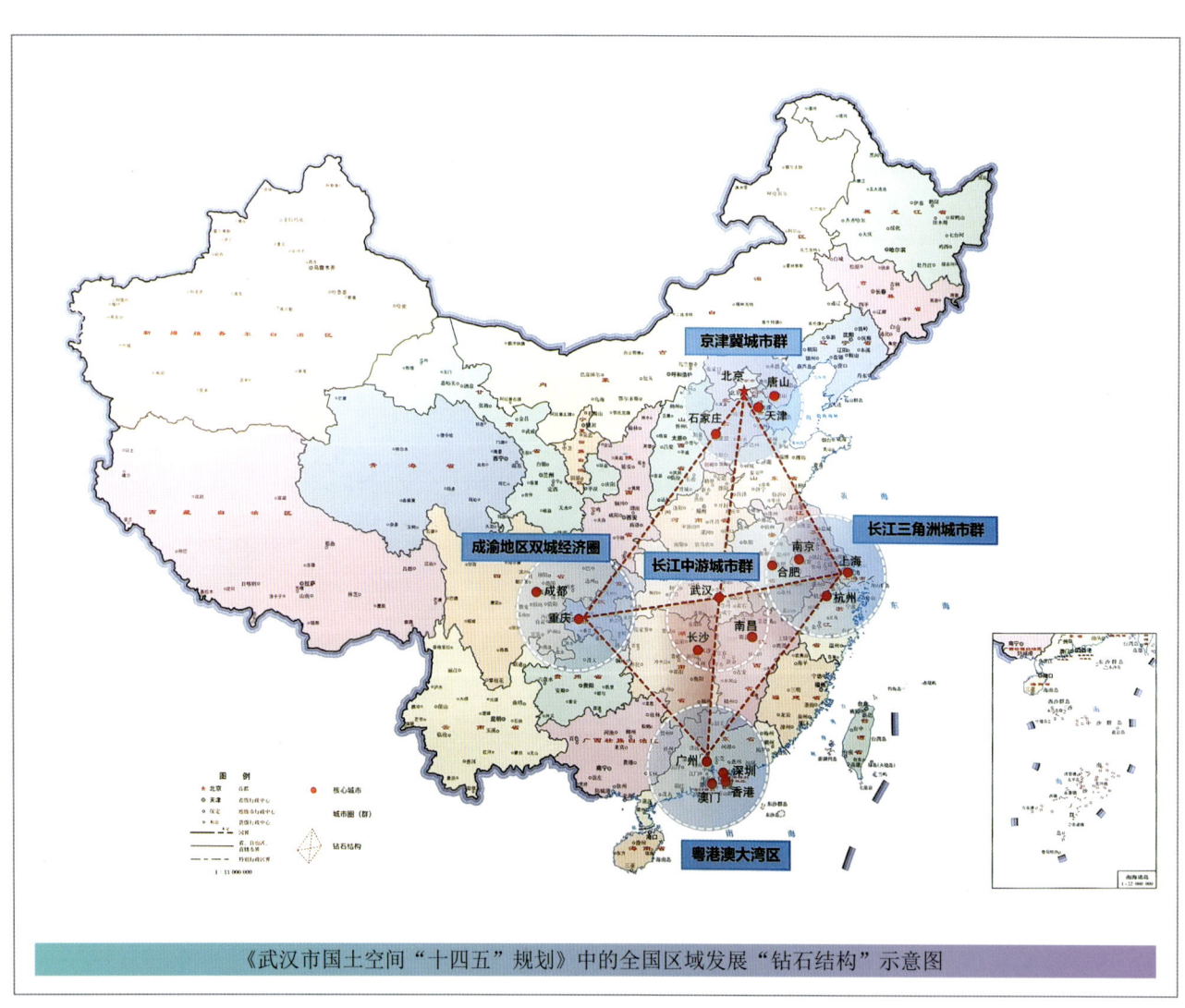

《武汉市国土空间"十四五"规划》中的全国区域发展"钻石结构"示意图

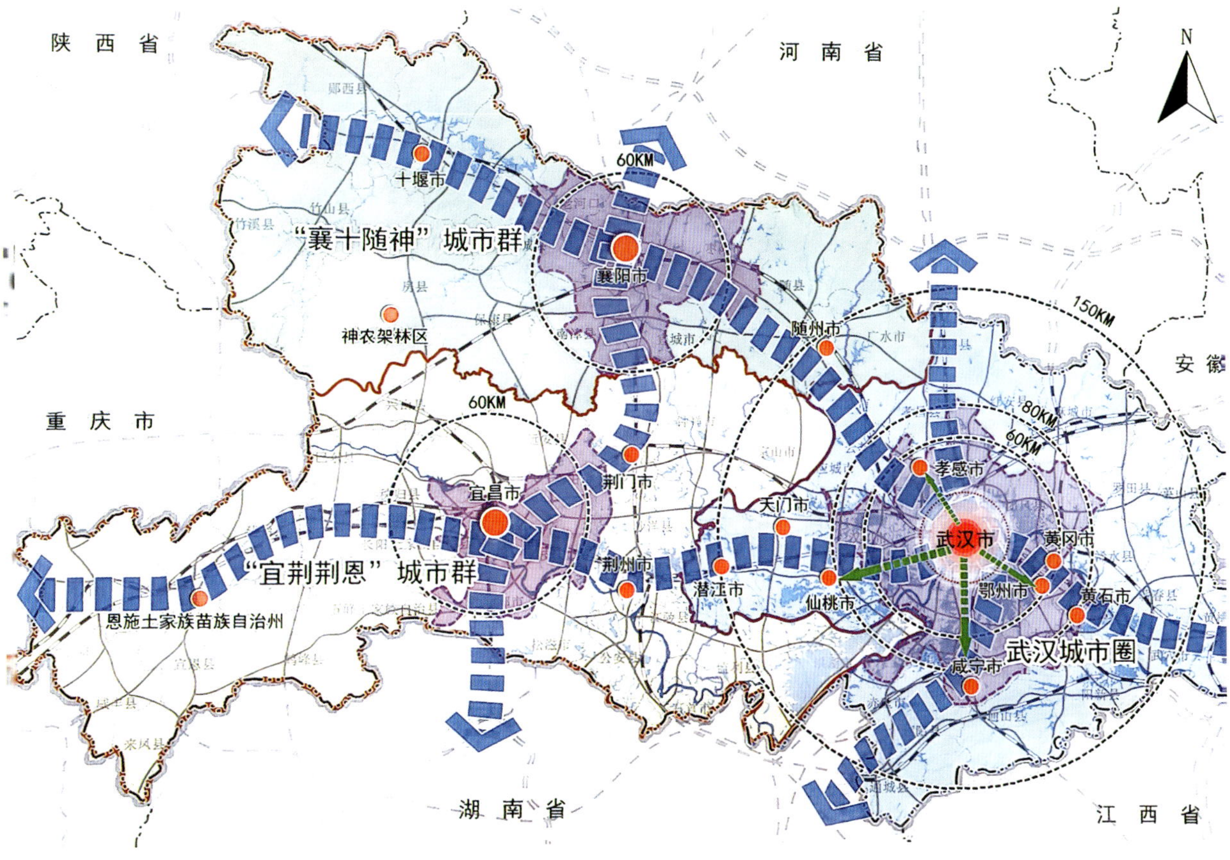

《武汉市国土空间"十四五"规划》中的湖北省"一主两翼"区域发展布局图

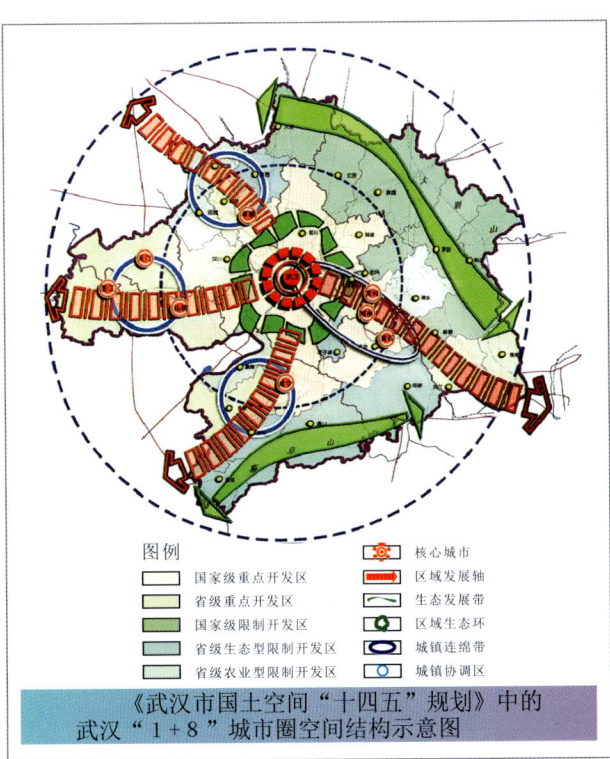

《武汉市国土空间"十四五"规划》中的
武汉"1+8"城市圈空间结构示意图

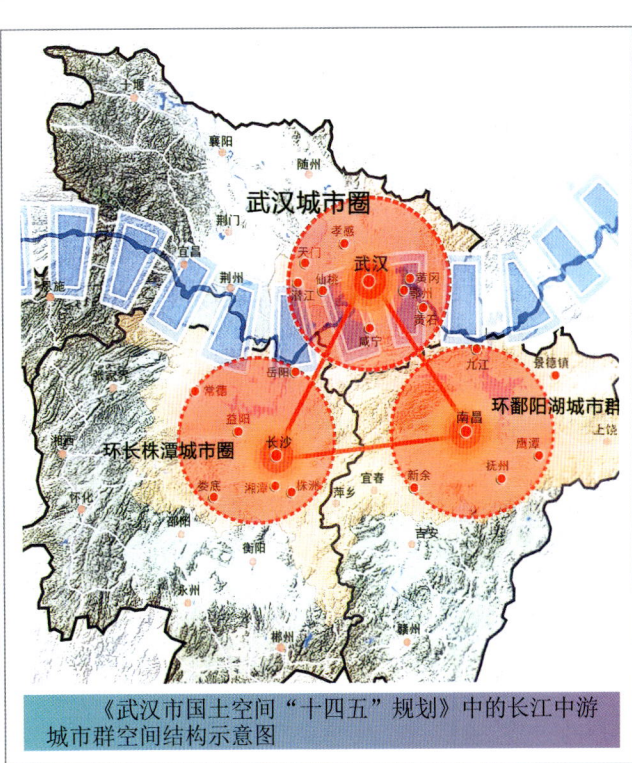

《武汉市国土空间"十四五"规划》中的长江中游
城市群空间结构示意图

《武汉市国土空间"十四五"规划》中的武汉城市圈环线规划示意图

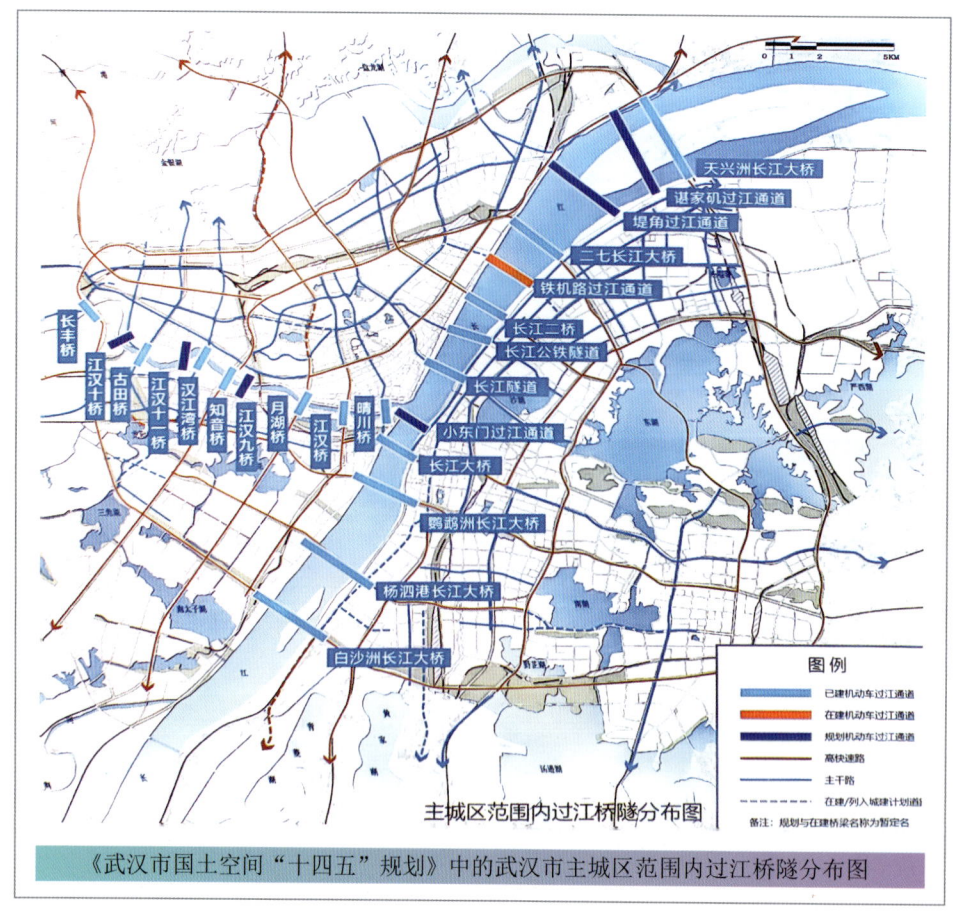

《武汉市国土空间"十四五"规划》中的武汉市主城区范围内过江桥隧分布图

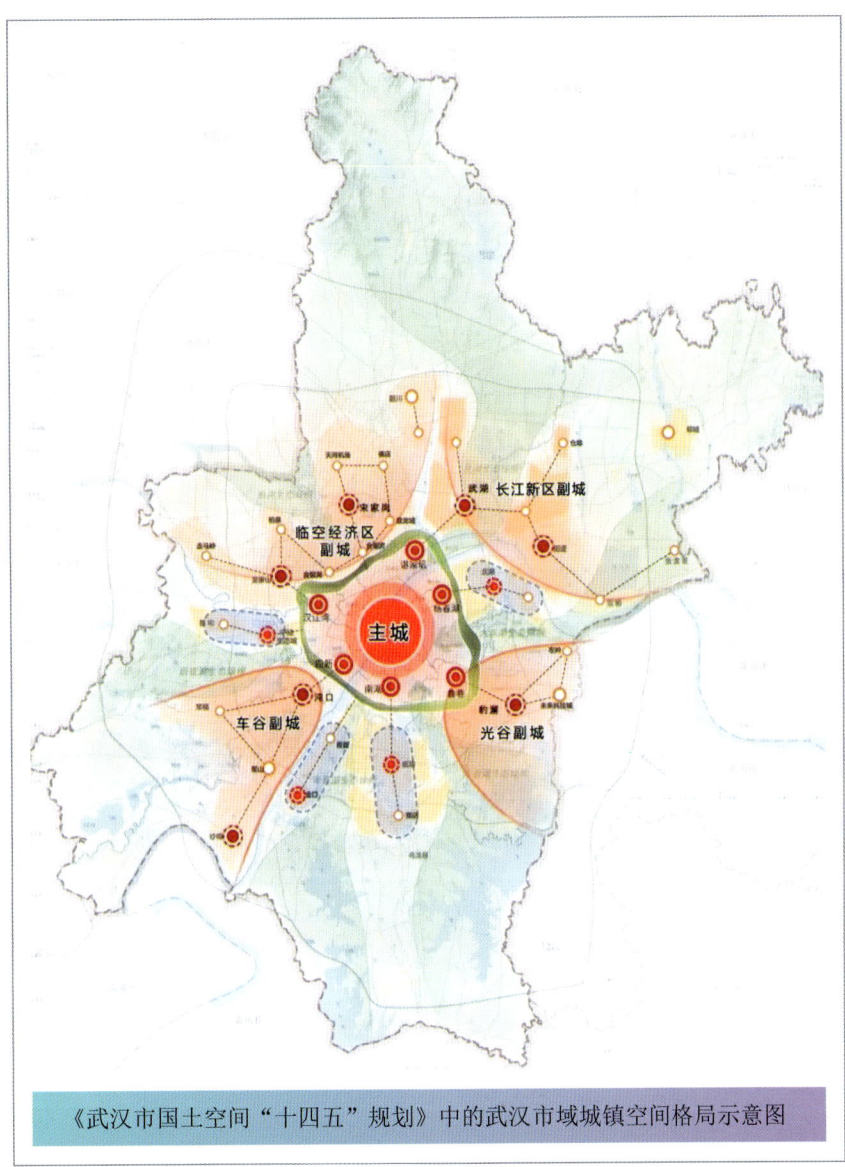

《武汉市国土空间"十四五"规划》中的武汉市域城镇空间格局示意图

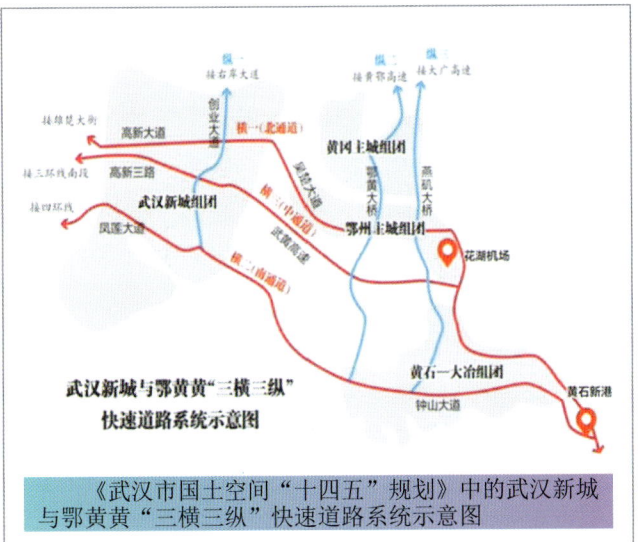

《武汉市国土空间"十四五"规划》中的武汉新城与鄂黄黄"三横三纵"快速道路系统示意图

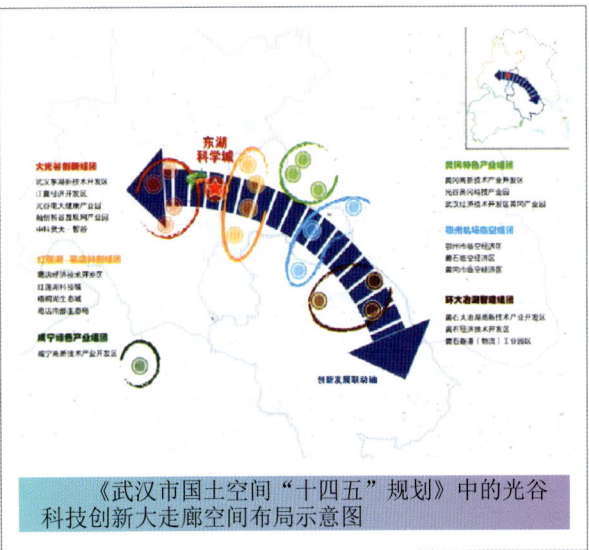

《武汉市国土空间"十四五"规划》中的光谷科技创新大走廊空间布局示意图

▲ 2021年，武汉港集装箱吞吐量完成243.62万标箱，增速创历史新高，位居长江中上游各港口第一，位列世界内河集装箱港口"第一方阵"。图为武汉新港阳逻集装箱港区（张斌 摄）

▶ 随岳高速天门互通鸟瞰图（天门市文化和旅游局 供图）

▲ 2021年6月13日，武穴长江公路大桥建成通车（黄石市档案馆　供图）

▲ 2021年9月17日，黄冈市棋盘洲长江大桥建成通车（黄冈市史志研究中心　供图）

连接孝感至武汉的（毛）陈天（河）大道基本完工（孝感市史志研究中心 供图）

▲ 鄂咸高速武黄枢纽互通鸟瞰图（鄂州市档案馆　供图）

▶ 2021年12月29日，鄂州花湖机场启动校飞（鄂州市档案馆　供图）

▶ 2021年9月25日零时，咸宁市赤壁长江公路大桥正式通车（咸宁市史志研究中心　供图）

▲ 2021年8月21日,武汉市新洲区航天科工火箭技术有限公司火箭产业园内,"新洲号"火箭准备出征酒泉卫星发射中心,择机发射（胡冬冬 摄）

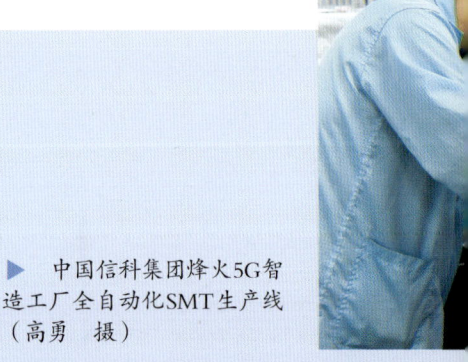

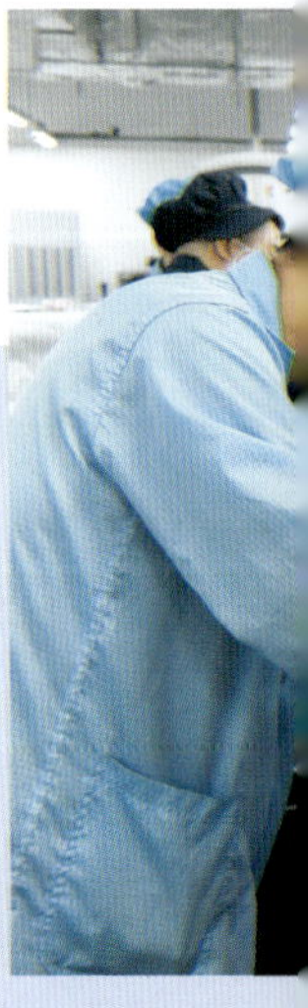

▶ 中国信科集团烽火5G智造工厂全自动化SMT生产线（高勇 摄）

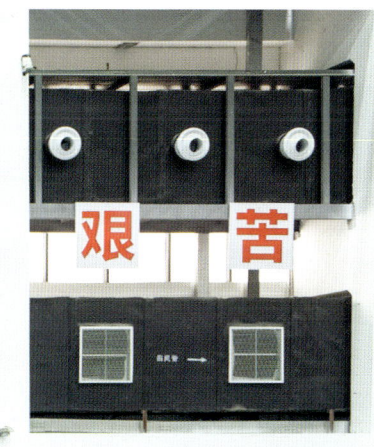

▼ 孝感华工高理电子有限公司国内首创新能源汽车PTC加热器（摘自《孝感日报》）

▲ 2021年1月1日，国内首个自动驾驶主题公园——武汉经开区龙灵山自动驾驶主题公园正式对市民开放。图为市民入园体验自动驾驶（张斌 摄）

▲ 2021年1月25日，华中科技大学鄂州工业技术研究院"梧桐湖科技企业孵化器"正式通过国家级科技企业孵化器认定（鄂州市档案馆　供图）

▲ 中国光谷黄冈科技产业园外景（黄冈市档案馆 供图）

▲ 2021年6月6日，咸宁市举办科技志愿服务行动（咸宁市科协 供图）

以建设大道金十字为原点,建设大道三眼桥到王家墩约3千米的路段上聚集近200家金融机构,包括7家全国金融机构总部、15家中外资银行区域总部、18家证券期货业机构区域总部,形成武汉市著名的金融街商圈,被称为"武汉的华尔街"。图为建设大道金融街西北湖一角(何小白 摄)

▲ 2021年9月4日,依托武汉云成立的武汉云数字经济总部区同步开园。京东科技、顺丰、平安、神州数码等首批17家行业头部企业签约入驻（詹松 摄）

▲ 2021年3月28日,孝感市航天重型工程装备有限公司员工在生产车间调试363吨两轴重型矿用自卸车（吴垠 摄）

▲ 2021年4月,位于葛店开发区的湖北三安光电一期投产。图为三安光电生产车间（鄂州市档案馆 供图）

▲ 2021年11月29日，潜江市举办特色产品展示交易会（潜江市档案馆 供图）

▲ 黄冈威马汽车检测车间（聂振华 摄）

▲ 黄石（武汉）离岸科创园一角（黄石市档案馆 供图）

▲ 2021年11月24日，湖北省市场监督管理局与仙桃市人民政府签署《关于创建国家级非织造布防护物资质量品牌提升示范区战略合作备忘录》（仙桃市史志研究中心 供图）

▲ 2021年5月25日，长江资本大会暨第十二届中国·武汉金融博览会在武汉洲际会议中心开幕（武汉市地方志编纂委员会办公室 供图）

▲ 天门市茶光互补光伏发电一角（天门市文化和旅游局 供图）

▲ 武汉市光谷政务服务中心"一业一证"服务专区办事窗口(康鹏 摄)

▲ 2021年9月27日,湖北省医疗保障局工作人员到潜江市定点药店实地调研医保电子凭证结算使用情况(潜江市档案馆 供图)

▲ 鄂州市葛店经济技术开发区跨市通办窗口工作人员正在办理跨市政务事项（鄂州市档案馆 供图）

▲ 2021年10月16日，2021年秋季"湖北百校联动"综合专场招聘会在湖北职业技术学院举行（孝感市史志研究中心 供图）

▲ 黄冈市跨市通办服务窗口（黄冈市史志研究中心 供图）

▲ 仙桃市城东污水处理厂远眺（仙桃市史志研究中心 供图）

▲ 2021年11月27日，首届中国（武汉）文化旅游博览会黄石展区（石勇 摄）

民生同保

▶ 2021年,天门市人社部门举办"网上春风行动"招聘会,在线提供岗位2800余个(天门市文化和旅游局 供图)

黄石市中心医院外景(黄石市档案馆 供图)

我们只有一个地球
绿色 低碳 刻不容缓
We have only one earth
Green low carbon environmental protection

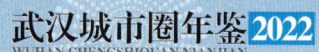

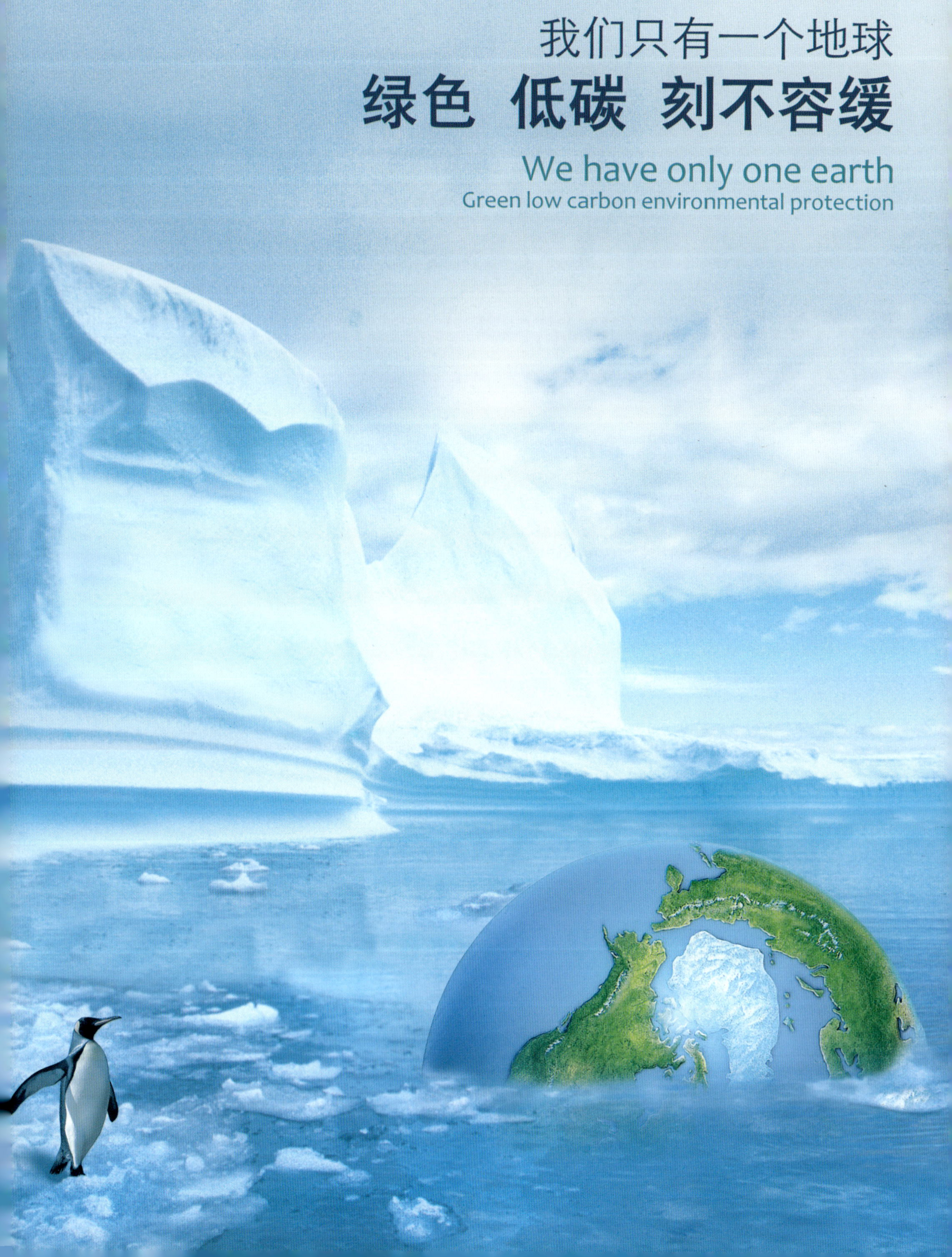

目 录

专 记

武汉城市圈同城化发展报告 …………… 1
各城市推进城市圈同城化发展年度报告 …… 7
2021 年武汉城市圈十大示范工程 ………… 23

大事记

1 月 …………………………………… 29
2 月 …………………………………… 29
3 月 …………………………………… 30
4 月 …………………………………… 30
5 月 …………………………………… 31
6 月 …………………………………… 32
7 月 …………………………………… 33
8 月 …………………………………… 34
9 月 …………………………………… 34
10 月 ………………………………… 36
11 月 ………………………………… 37
12 月 ………………………………… 37

武汉城市圈概览

基本情况

概况 …………………………………… 39
区位优势 ……………………………… 39
自然资源 ……………………………… 40

发展概貌

产业基础 ……………………………… 40
战略推进历程 ………………………… 40
目标定位 ……………………………… 41
经济社会发展 ………………………… 41

区域发展布局与规划同编

机构机制

湖北省区域发展布局实施领导小组成立 …… 42
武汉城市圈同城化发展协调机制建立 ……… 42
武汉城市圈各市同城化发展领导小组相继成立
　………………………………………… 43

重要会议和活动

概况 …………………………………… 43
武汉城市圈同城化发展联席会第一次会议 … 44
湖北省推进区域发展布局实施工作领导小组
　第一次会议 ………………………… 44
《武汉城市圈同城化发展三年行动方案
　（2021—2023 年）》印发 …………… 44
武汉城市圈同城化发展座谈会 ……… 44
武汉城市圈区域协同立法第一次联席会议 … 45
武汉城市圈空间规划第一次联席会 ……… 46

《武汉城市圈政务服务"跨市通办"合作协议》
　　签署 …………………………………………… 46
武汉城市圈农科创新联盟成立 ………………… 47
《武汉城市圈城市生态环境合作协议》签订 … 47
《武汉城市圈司法协作机制框架协议》签订 … 47
武汉城市圈同城化发展办公室第一次全体会议
　　………………………………………………… 47
武汉城市圈第一次科技同兴联席会 …………… 48
武汉城市圈住房公积金同城化发展联席会
　　第一次会议 …………………………………… 48
武汉城市圈政协主席论坛 ……………………… 48
武汉城市圈开放数据创新应用大赛 …………… 49
武汉城市圈外事港澳工作第一次联席会议 …… 49
武汉城市圈广电大会 …………………………… 50
黄石黄冈《武汉城市圈同城化发展示范区战略
　　合作框架协议》签订 ………………………… 50
鄂州黄石《武汉城市圈同城化发展示范区战略
　　合作框架协议》签订 ………………………… 50
全国民用机场建设管理工作会议 ……………… 50
孝汉同城化工作推进会 ………………………… 50
《武汉孝感市域（郊）铁路工程建设框架协议书》
　　签订 …………………………………………… 51
武汉东湖新技术开发区与黄冈市《建设光谷
　　科技创新大走廊战略合作协议》签订 ……… 51

规划编制与合作对接

概况 ……………………………………………… 52
光谷科技创新大走廊发展战略规划
　　（2021—2035年） …………………………… 52
东湖科学城规划建设 …………………………… 53
武汉市国土空间"十四五"规划 ……………… 54
武汉城市圈空间规划 …………………………… 54
《光谷科技创新大走廊黄石功能区发展规划
　　（2021—2035年）》 ………………………… 55
《光谷科技创新大走廊咸宁功能区发展规划
　　（2021—2035年）》 ………………………… 56
37项武汉城市圈同城化共建协议签署 ………… 57
《武汉城市圈公路建设一体化三年行动方案
　　（2021—2023）》 …………………………… 57
2021年武汉城市圈各类专项规划编制情况
　　一览表 ………………………………………… 57
2021年武汉城市圈同城化共建协议一览表
　　………………………………………………… 58
《武汉城市圈城际公交运营一体化三年行动
　　方案（2021—2023年）》 …………………… 60
武汉城市圈公路建设一体化项目清单
　　（2021—2023年） …………………………… 60
"孝汉同城"发展实施意见 …………………… 64
武汉城市圈城际公交运营一体化公交线路
　　清单（2021—2023年） ……………………… 65
武汉城市圈城际公交运营一体化公交换乘站
　　建设任务清单（2021—2023年） …………… 66
"武咸同城"发展实施方案 …………………… 67
"武仙同城"发展实施意见 …………………… 68
"武天同城"发展实施方案 …………………… 69

交通同网与基础设施建设

区域高快速路网建设

概况 ……………………………………………… 71
武汉城市圈环线高速公路全线通车 …………… 71
2021年武汉都市区环线高速公路各路段
　　基本情况一览表 ……………………………… 72
武汉都市区环线高速公路建设 ………………… 72
武（汉）天（门）高速公路（武汉至汉川段）
　　互通建设 ……………………………………… 73
武（汉）阳（新）高速二期建设 ……………… 73
湖北省道S203黄石段建设 ……………………… 73
棋盘洲长江公路大桥通车 ……………………… 73
鄂（州）黄（冈）第二过江通道建设 ………… 74
鄂州至咸宁高速公路通车 ……………………… 74
硚（口）孝（感）高速二期建设 ……………… 74
武（汉）大（悟）高速二期建设 ……………… 74
孝汉应高速建设 ………………………………… 75
麻（城）安（康）高速麻城东段建设 ………… 75

武汉至红安高速建设 …… 75	黄冈港浠水河航道整治 …… 85
武（汉）松（滋）高速建设 …… 75	武汉至襄阳汉江航道整治工程 …… 85
通山至武宁高速公路（湖北段）建设 …… 75	仙桃港区综合码头二期建设 …… 85
武深高速公路崇阳连接线建设 …… 76	潜江泽口港区综合码头建设 …… 85
赤壁长江公路大桥通车 …… 76	
武穴长江公路大桥通车 …… 76	

国际航空客货双枢纽建设

城市圈国道、省道干线快速化改造 …… 76

概况 …… 85

市际断头路、瓶颈路建设 …… 77

 2021年武汉城市圈市际断头路、瓶颈路建设
  情况一览表 …… 78

 2017—2021年武汉天河机场主要生产指标
  完成情况表 …… 85

城际公交一体化发展 …… 78

天河机场国际及地区航线拓展 …… 86

天河机场航空运输运营品质提升 …… 86

轨道交通建设

天河机场双跑道独立离场运行模式启用 …… 87

概况 …… 79

天河机场T2航站楼改造项目开工 …… 87

沿江高铁（沪渝蓉高速铁路）湖北段建设 … 79

天河机场第三条跑道及配套机坪项目建设 … 88

武汉新港江北铁路建设 …… 79

鄂州花湖机场建设 …… 88

国家粮食现代物流（武汉）基地暨国家稻米
 交易中心铁路专用线建设 …… 79

鄂州机场高速公路一期建设 …… 88

市域铁路建设 …… 80

武汉城市圈通用机场建设 …… 88

武汉轨道交通建设 …… 80

综合交通枢纽建设

武汉地铁11号线三期鄂州葛店段开通 …… 80

概况 …… 89

 2021年武汉地铁集团有限公司运营轨道
  交通线路情况一览表 …… 81

武汉国家物流枢纽建设 …… 89

 2021年武汉市社会物流主要统计指标完成
  情况统计表 …… 89

黄石沿江疏港铁路二期建设 …… 81

黄石山南铁路适应性改造工程 …… 81

湖北省港口集团有限公司成立 …… 90

黄（冈东）黄（梅东）高铁建设 …… 81

汉口客运中心建设 …… 90

安（庆）九（江）高铁湖北段开通 …… 82

汉口北国际多式联运物流港建设 …… 91

京九高铁阜阳至黄冈段建设 …… 82

汉欧国际物流园建设 …… 91

麻城石材铁路专用线建设 …… 82

湖北海虹物流园建设 …… 91

黄冈西综合交通枢纽建设 …… 91

长江中游航运中心建设

能源水利设施建设

概况 …… 82

概况 …… 92

长江航道武汉至安庆段工程完工 …… 83

外电输入工程 …… 92

武汉新港建设 …… 83

电厂建设 …… 92

武汉新港航运新通道建设 …… 83

油气管网工程 …… 93

武汉阳逻国际港铁水联运二期建设 …… 84

天然气储气设施建设工程 …… 93

黄石港棋盘洲港区三期建设 …… 84

防洪提升工程 …… 93

鄂州三江港开通运营 …… 84

供水保障能力建设工程 …… 94

· 3 ·

科技同兴与创新协同发展

区域创新平台建设

概况 ………………………………………… 95
国家重点实验室建设 ……………………… 95
国家工程实验室建设 ……………………… 95
国家信息光电子创新中心建设 …………… 95
 2021 年武汉城市圈国家重点实验室一览表
 ………………………………………… 96
 2021 年武汉城市圈国家工程实验室一览表
 ………………………………………… 96
国家数字化设计与制造创新中心建设 …… 97
国家数字建造与安全技术创新中心建设 … 98
光电国家研究中心建设 …………………… 98
 2021 年武汉城市圈省级重点实验室一览表
 ………………………………………… 99
 2021 年武汉城市圈省级技术创新中心一览表
 ………………………………………… 103
 2021 年武汉城市圈国家级临床医学研究
 中心一览表 …………………………… 103
 2021 年武汉城市圈省级临床医学研究
 中心一览表 …………………………… 103
 2021 年武汉城市圈省级专业型研究所
 （公司）一览表 ……………………… 105
武汉城市圈孵化载体建设 ………………… 106
武汉城市圈新型研发机构建设 …………… 106
武汉城市圈"32232"科技合作工程实施 …… 107
 2021 年武汉城市圈国家级科技企业孵化器
 一览表 ………………………………… 108
武汉城市圈科学仪器设备全面共享 ……… 108
武汉科技成果转化平台系统开通城市圈城市
 端口 …………………………………… 108
 2021 年武汉城市圈省级科技企业孵化器
 一览表 ………………………………… 110
武汉工业技术研究院建设 ………………… 113
武汉产业创新发展研究院揭牌成立 ……… 113
 2021 年武汉城市圈省级产业创新联合体
 一览表 ………………………………… 114
 2021 年武汉城市圈省级产业技术研究院
 一览表 ………………………………… 114
 2021 年武汉城市圈省级技术转移示范机构
 一览表 ………………………………… 114
 2021 年武汉城市圈省级校企创新联合体
 一览表 ………………………………… 115
武汉城市仿真实验室获批自然资源部重点实验室
 ………………………………………… 122
鄂州精密测量创新中心建设 ……………… 122
鄂州市工业技术研究院建设 ……………… 123
孝感市产业技术研究院建设 ……………… 123
仙桃产业技术研究院建设 ………………… 123

光谷科技创新大走廊建设

概况 ………………………………………… 124
光电子信息创新产业带 …………………… 124
大健康创新产业带 ………………………… 125
 2017—2021 年武汉东湖新技术开发区完成
 经济指标一览表 ……………………… 125
智能创新产业带 …………………………… 126
华星光电第 6 代半导体新型显示器件生产线
 扩产项目 ……………………………… 126
光通信一体化产业基地项目 ……………… 126
新型显示液晶面板产业化工程 …………… 126
光谷生物创新园二期项目开工 …………… 127
湖北实验室入轨运营 ……………………… 127
 2021 年省部共建湖北实验室一览表 …… 127
黄石（武汉）离岸科创园建设 …………… 128
黄石市科技城科创中心建设 ……………… 128
光谷科创大走廊鄂州功能区建设 ………… 128
黄冈（光谷）离岸科创中心 ……………… 129
光谷科技创新大走廊咸宁功能区建设 …… 129

车谷产业创新大走廊建设

概况 ………………………………………… 129
"车谷科创 33 条"出台 …………………… 130
军山新城建设 ……………………………… 130

| 国家新能源与智能网联汽车基地建设 ……… 131
| 新能源汽车产业发展 ……… 131
| 武汉理工大"三院"创新平台建设 ……… 131
| 武大"新两院"创新平台建设 ……… 132
| 东风新能源汽车产业园 ……… 132
| 小鹏汽车武汉智能网联汽车制造基地项目 … 132
| 羿动电池银行项目 ……… 133
| 东风汽车集团岚图汽车项目 ……… 133
| 中创新航动力电池及储能电池武汉基地项目
| ……… 133
| 国内首款车规级 7 纳米智能座舱芯片"龙鹰一号"
| 发布 ……… 133

航空港经济综合实验区打造

| 概况 ……… 134
| 武汉临空港经济技术开发区建设 ……… 135
| 武汉盘龙城经济开发区（临空经济区）建设
| ……… 135
| 黄石临空经济区建设 ……… 136
| 鄂州市临空经济区建设 ……… 136
| 黄冈临空经济区建设 ……… 137

长江新区建设

| 概况 ……… 137
| 规划编制 ……… 137
| 改革创新 ……… 138
| 起步区建设 ……… 138
| 产业培育 ……… 138

产业同链与经济共建

产业承接与园区合作

| 概况 ……… 139
| 产业承接转移与园区合作 ……… 139
| 光谷科技创新大走廊产业发展 ……… 140
| 大健康产业千亿级产业园 ……… 141
| 黄石经济技术开发区 ……… 142
| 中国光谷·黄石产业园 ……… 143

| 黄石科技城 ……… 143
| 鄂州葛店经济技术开发区 ……… 143
| 鄂州市红莲湖大数据云计算产业园 ……… 144
| 孝感市临空经济区 ……… 144
| 中国光谷·孝感产业园 ……… 145
| 武汉经济技术开发区汉川合作示范区 ……… 145
| 云梦隔蒲潭工业园 ……… 146
| 黄冈产业园 ……… 146
| 光谷黄冈科技产业园 ……… 146
| 红安经济开发区 ……… 147
| 武穴电子信息产业园 ……… 147
| 中国光谷·咸宁产业园 ……… 147
| 仙桃高新技术产业开发区 ……… 148
| 仙桃市彭场工业园 ……… 148
| 潜江市江汉盐化工业园 ……… 148
| 天门市岳口工业园 ……… 149
| 武汉国家生物产业基地天门生物产业园 ……… 149

开放合作平台搭建

| 概况 ……… 149
| 武汉跨境电子商务综合试验区建设 ……… 150
| 黄石跨境电子商务综合试验区建设 ……… 150
| 湖北自由贸易试验区（武汉）建设 ……… 151
| 中欧班列（武汉）运行 ……… 152
| 开放口岸建设 ……… 152
| 综合保税区建设 ……… 153
| 武汉中法生态示范城 ……… 154
| 2021 年武汉中法生态示范城项目落户情况
| 一览表 ……… 154
| 湖北（孝感）日商产业园 ……… 155

营商环境优化

| 概况 ……… 155
| "一带一路"市场拓展 ……… 156
| 外贸特色产业打造 ……… 156
| 投资环境优化 ……… 157
| 武汉市外资外智招引 ……… 157
| 2021 年武汉城市圈各市引进外资情况一览表
| ……… 158

区域交流协作

概况 ………………………………… 158
长江中游城市群省会城市经济合作 ……… 158
长江中游城市政务合作 ………………… 159
2021长江中游三省协同推动高质量发展座谈会
　在汉召开 ………………………… 160
长江中游城市群省会城市第八次合作协调会
　在汉举办 ………………………… 161
湘鄂赣毗邻地区文化旅游产业发展联盟成立
　………………………………… 161
黄冈长江经济带产业转型升级示范区 …… 161
咸宁沿江绿色发展示范带建设 ………… 162

民生同保与公共服务共享

教育资源统筹

概况 ………………………………… 163
基础教育合作交流办学 ………………… 163
中等职业教育同城化工程 ……………… 164
武汉地区高校向武汉城市圈拓展办学 …… 164

医疗资源共享

城市医联体建设 ……………………… 164
医疗专科联盟建设 …………………… 164
医疗共享机制建设 …………………… 165
医疗诊疗合作 ………………………… 165
县域医共体覆盖 ……………………… 166

政务服务"跨市通办"

武汉市政务服务"跨市通办" ………… 166
黄石市政务服务"跨市通办" ………… 167
鄂州市政务服务"跨市通办" ………… 167
孝感市政务服务"跨市通办" ………… 168
黄冈市政务服务"跨市通办" ………… 168
咸宁市政务服务"跨市通办" ………… 168
仙桃市政务服务"跨市通办" ………… 169

潜江市政务服务"跨市通办" ………… 169
天门市政务服务"跨市通办" ………… 169

社会保障跨城服务

跨市异地就医直接结算 ………………… 169
药品带量采购议价成果共享 …………… 169
公积金互认互贷 ……………………… 170
城市圈社会保障一体化进程提速 ……… 170
社会保障卡无障碍转移接续 …………… 170

人力资源协作

概况 ………………………………… 171
劳务协作 …………………………… 171
大学生就业创业工作合作 ……………… 171
人力资源服务协作 …………………… 172
人才交流合作 ………………………… 172
劳动保障监察合作 …………………… 172
《汉孝人社同城发展战略合作协议》签署 …… 172
《武汉黄石人社同城化高质量发展战略合作协议》
　签署 …………………………… 173
《武汉市、黄石市劳动能力鉴定专家共享合作协议》
　签署 …………………………… 174

文旅联动发展

城市圈文化服务一体化建设 …………… 174
旅游文化市场共同开发 ………………… 175
城市圈旅游联动监管 ………………… 175
城市圈旅游卡景区通用 ………………… 175

生态环境共治

生态空间保护

概况 ………………………………… 176
长江干线生态廊道建设 ………………… 176
长江支流生态廊道建设 ………………… 177
湖库生态廊道建设 …………………… 178
城市圈生态屏障建设 ………………… 179

废弃矿山生态修复 …………………… 180
水土流失综合治理 …………………… 181

污染防治攻坚

概况 …………………………………… 182
生态环境保护一体化合作 …………… 183
水污染治理 …………………………… 183
水环境污染联合监管 ………………… 185
饮用水水源地共保共建 ……………… 185
土壤污染防治 ………………………… 186
危险废物环境管理 …………………… 187

长江大保护

概况 …………………………………… 188
2021年武汉市主要河流基本情况一览表 … 188
长江生态修复 ………………………… 189
长江经济带生态环境问题整改 ……… 189
长江禁捕联合执法 …………………… 190
城镇生活污水处理 …………………… 191
船舶港口污染防治 …………………… 192
水资源节约利用和保护 ……………… 193

统一市场建设

金融市场一体化推进

概况 …………………………………… 195
金融产品与服务配套同城化推进 …… 195
区域金融中心建设 …………………… 196
季度招商引资签约大会 ……………… 197
"鄂融通"发布 ………………………… 198
武汉城市圈科技金融改革试点 ……… 198
东湖科技保险创新示范区建设 ……… 199

技术市场一体化建设

概况 …………………………………… 199
科技成果转化中试基地建设 ………… 200
创业孵化载体共建 …………………… 200

城市圈技术交易市场联盟建设 ……… 201

要素市场平台共建

概况 …………………………………… 201
人力资源市场建设 …………………… 201
湖北区域性股权交易市场建设 ……… 202
武汉光谷联合产权交易所建设 ……… 202
湖北碳排放权交易中心建设 ………… 203
湖北环境资源交易中心建设 ………… 203
2021年武汉城市圈各市主要污染物排污权
　交易情况一览表 …………………… 203
武汉农村综合产权交易所建设 ……… 204

城市圈各城市年度发展概况

武汉市发展概况 ……………………… 205
2021年武汉市各类货物运输量统计表 … 207
黄石市发展概况 ……………………… 208
2020—2021年黄石市GDP统计表 … 209
2021年黄石市金融机构人民币存贷款统计表
　………………………………………… 210
鄂州市发展概况 ……………………… 210
2021年鄂州市主要工业产品产量统计表 … 211
孝感市发展概况 ……………………… 212
黄冈市发展概况 ……………………… 214
咸宁市发展概况 ……………………… 216
仙桃市发展概况 ……………………… 219
潜江市发展概况 ……………………… 220
2021年潜江市主要农产品产量统计表 …… 221
天门市发展概况 ……………………… 222

附　录

统计资料

2019—2021年武汉城市圈主要指标一览表 … 224
2021年武汉城市圈、成都都市圈、重庆市、长株
　潭城市群主要指标一览表 ………… 224

2021年武汉城市圈各市主要经济指标一览表 ……………………………………………… 225

2015—2021年武汉城市圈各市GDP及其增速一览表 ……………………………………… 226

2021年武汉城市圈各市农产品产量一览表 … 227

2021年武汉市主要工业产品产量一览表 …… 228

2021年黄石市主要工业产品产量一览表 …… 228

2021年鄂州市主要工业产品产量一览表 …… 229

2021年仙桃市主要工业产品产量一览表 …… 229

2021年孝感市主要工业产品产量一览表 …… 230

重要文献选编

武汉城市圈同城化发展实施意见 …………… 230

武汉城市圈同城化发展协调机制 …………… 235

武汉城市圈同城化发展合作框架协议 ……… 236

武汉城市圈同城化发展办公室工作规则 …… 237

城市圈论坛

2021年武汉城市圈城市融合指数评估报告 … 239

武汉城市圈、成都都市圈、重庆市、长株潭城市群比较研究 ……………………………… 247

武汉城市圈协同发展测度及时空差异研究 … 251

论武汉城市圈高质量发展的三个特有战略逻辑 …………………………………………… 257

城市群城市融合指数评价研究 ……………… 261

武汉城市圈园区合作共建高质量发展调研报告 …………………………………………… 269

索　引

数字首 ……………………………………………… 275

字母首 ……………………………………………… 276

拼音首 ……………………………………………… 276

Contents

Specialty ·· 1

Memorabilia ··· 29

Overview of Wuhan City Circle ················ 39
 Basic information ······································ 39
 Overview of development ·························· 40

Development Layout and Planning co-editor
·· 42
 Institutional mechanisms ··························· 42
 Major conferences and important events ············ 43
 Planning and cooperation docking ················ 52

Transportation network and infrastructure
construction ·· 71
 Construction of regional high-speed road network
 ··· 71
 Rail transit construction ··························· 79
 Construction of Yangtze River Midstream Shipping
  Center ·· 82
 Construction of dual hubs for international air
  passengers and cargo ································ 85
 Comprehensive transportation hub construction ··· 89
 Construction of energy and water conservancy
  facilities ··· 92

Science and technology prosperous and
innovation develop in tandem ···················· 95
 Construction of regional innovation platforms ······ 95

Construction of Optics Valley Science and Technology
 Innovation Corridor ································· 124
Construction of Chegu Industrial Innovation Corridor
 ·· 129
Construction of Airport Economic Comprehensive
 Pilot Zone ··· 134
Construction of Yangtze River New Area ········ 137

Industry and economic co-construction ······ 139
 Industry undertaking and park cooperation ········ 139
 Open cooperation platform construction ············ 149
 Optimization of the business environment ········ 155
 Regional exchange and collaboration ············· 158

People's livelihood is guaranteed and shared
with public services ································· 163
 Coordination of educational resources ············ 163
 Medical resource sharing ························· 164
 Government services are "handled across cities"
 ··· 166
 Social security cross-city services ················ 169
 HR collaboration ······································ 171
 Linkage development of culture and tourism
 ··· 174

Ecological and environmental co-governance
·· 176
 Ecological space protection ······················· 176
 Tackling pollution prevention and control ········ 182
 Great protection of the Yangtze River ············ 188

Unified market construction ········· 195
    The integration of financial markets has been
        promoted ········· 195
    Technology market integration construction
        ········· 199
    Co-construction of factor market platform ········· 201

Annual development overview of each city in the urban area ········· 205

Appendix ········· 224
    Statistics ········· 224
    Selected important literature ········· 230
    Urban Circle Forum ········· 239

Index ········· 275
    Numerical List ········· 275
    Alphabetical List ········· 276
    Phonetic List ········· 276

专　记

武汉城市圈同城化发展报告

2021年，武汉城市圈以习近平新时代中国特色社会主义思想为指导，围绕"建成支点、走在前列、谱写新篇"目标定位，认真落实中共湖北省委十一届八次、九次、十次全会精神和"一主引领、两翼驱动、全域协同"区域发展布局，推动实施"强核、壮圈、带群、兴县"各项举措。武汉市发挥龙头带动作用，九市强化"九城即一城"理念，紧扣同城化和高质量两个关键环节，各扬所长，有力有序有效推进同城化发展战略落地，全力打造最具发展活力、最具竞争力、最具影响力、综合实力最强的省域城市圈，建设"引领湖北、支撑中部、辐射全国、融入世界"的全国重要增长极，武汉城市圈高质量发展、协同发展取得积极进展和显著成效。

一、全国重要增长极功能进一步增强

2021年，武汉城市圈地区生产总值达到30101.40亿元，同比增长14.19%，在全国主要省域城市群、都市圈中，高于成都都市圈（25011亿元）、长株潭城市群（19231亿元）。

武汉城市圈GDP占全省比重超六成。2007年以来，武汉城市圈以全省三分之一的面积，贡献了60%左右的经济总量，一直是全省经济重心和发展的引擎，在全省三大城市圈（群）中，发挥着区域经济的引领作用。

武汉城市圈GDP在中西部地

2019—2021年武汉城市圈GDP统计表

年份	湖北省	武汉城市圈	武汉城市圈GDP占全省比重
2019	4.58万亿元	2.66万亿元	58.08%
2020	4.34万亿元	2.64万亿元	60.83%
2021	5.00万亿元	3.01万亿元	60.02%

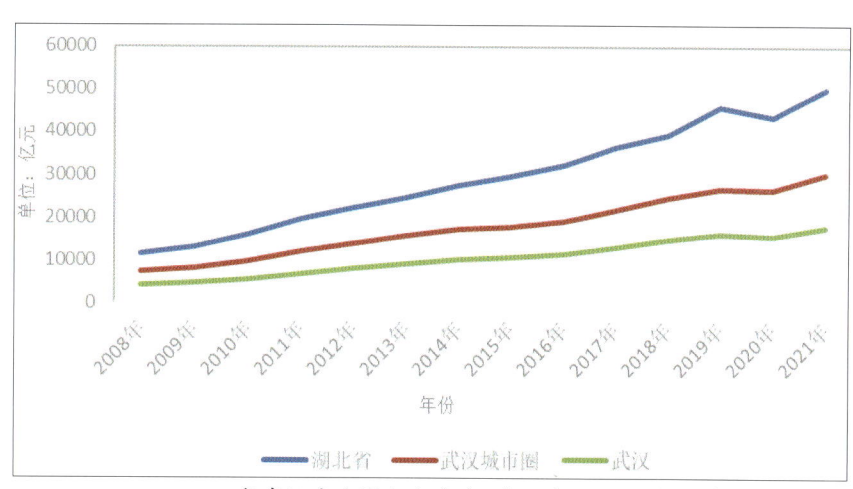

2008—2021年武汉城市圈与湖北省、武汉市GDP比较示意图

2021年国内主要省域城市圈（都市圈）GDP统计表

单位：亿元

序号	城市圈、都市圈名称	GDP
1	武汉城市圈	30101
2	深圳都市圈	48394
3	广州都市圈	47738
4	成都都市圈	25011
5	杭州都市圈	36905
6	南京都市圈	32365
7	长株潭城市群	19231
8	苏锡常都市圈	45529

2019—2021年武汉城市圈和中部地区GDP比较统计表

年份	中部地区	武汉城市圈	武汉城市圈GDP占中部地区比重
2019	21.87万亿元	2.66万亿元	12.18%
2020	22.22万亿元	2.64万亿元	11.86%
2021	24.70万亿元	3.01万亿元	12.21%

区省域城市圈中排第一位。与沿海都市圈相比，差距还比较大。

武汉城市圈GDP占中部地区比重持续升高。2020年由于疫情，武汉城市圈GDP占中部地区比重有所下降，2021年出现恢复性增长，比重比2019年提高0.03个百分点。表明武汉城市圈不仅恢复了疫情前的发展水平，而且发展势头更为强劲。

二、同城化推进工作全面展开

建立组织协调机制。按照《中共湖北省委 湖北省人民政府关于推进"一主引领、两翼驱动、全域协同"区域发展布局的实施意见》要求，全省区域发展布局实施包括决策层、协调层和执行层三级工作推进机制，决策层为省推进区域发展布局实施工作领导小组，协调层建立武汉城市圈同城化发展专项协调机制，由中共武汉市委书记担任召集人，武汉市市长和其他八市党委、政府主要负责人为组成人员，省直成员单位配合，成立领导小组。2021年4月，武汉市成立推进武汉城市圈同城化发展暨武鄂同城化发展工作领导小组，市委主要领导任组长，市政府主要领导任第一副组长，相关市领导任副组长，市直有关部门和各区主要负责人为成员，协调推进武汉城市圈同城化发展各项工作。城市圈其他八市都成立了相应的同城化发展工作领导小组：黄石市成立融入武汉城市圈同城化发展工作领导小组，鄂州市成立推进武汉城市圈同城化发展暨武鄂同城化发展工作领导小组，孝感市成立孝汉同城化发展工作领导小组，黄冈市成立推进区域发展布局实施工作领导小组，咸宁市成立推动"武咸同城"发展领导小组，仙桃市成立推进武仙同城化发展工作领导小组，天门市成立推进武汉城市圈同城化发展工作领导小组，潜江市成立推进全省区域发展布局实施工作领导小组。九市联合组建武汉城市圈同城化发展办公室（以下简称"武圈办"），办公室主任由武汉市常务副市长兼任，副主任由其他八市常务副市长兼任，执行副主任由武汉市发展和改革委员会主任兼任，成员由其他八市发展和改革委员会主任组成。武圈办按照"实体运行、集中办公"原则设立秘书处，负责武圈办日常工作。秘书处由九市选派专人组建，在武汉市发展和改革委员会办公，秘书处负责人由武汉市选派一名局级干部担任。秘书处设综合协调部、外联宣传部、专题联络部、城市板块部4个部。其中，综合协调部以武汉市发展和改革委员会区域处为主体组成，外联宣传部由武汉市经信局、人社局、生态环境局、医保局、公积金中心等部门各选派1名干部组成，专题联络部由武汉市科技局、交通运输局、商务局、政务服务和大数据局、水务局等部门各选派1名干部组成，城市板块部由八市选派8名专职干部组成。10月8日，秘书处（八市和武汉市10个单位）工作人员已正式集中办公。按照挂图作战要求，协调、督办、落实武汉城市圈同城化发展实施意见、三年行动方案和2021年度工作要点中确定的各项工作任务。秘书处坚持周调度、月总结，开展统筹协调跟踪督办，共实地调研督导二十余批次，印发工作简报21期。

完善顶层架构设计。先后出台《武汉城市圈同城化发展实施意见》《武汉城市圈同城化发展三年行动方案（2021—2023年）》《武汉城市圈同城化发展2021年度工作要点》《省有关单位支持三个城市圈群发展2021年度工作清单》《湖北省区域发展布局交通"硬联通"三年行动方案（2022—2024）》。通过了《武汉城市圈同城化发展协调机制》《武汉城市圈同城化发展办公室工作规则》，九市共同签署《武汉城市圈同城化发展合作框架协议》。

开展沟通协商督办。武汉城市圈九市主要负责人亲自带队对接合作工作，各市相关部门以"五同"（规划同编、交通同网、科技同兴、产业同链、民生同保）为突破口，积极推进相关合作项目以及改革事项的对接，建立了联系，加深了感情。12月14日，武圈办组织专班人员分赴八市调研同城化

2021年5月6日，武汉市党政代表团到黄石市调研座谈同城化发展工作
（黄石市档案馆　供图）

发展进展情况，对2021年重点工作和重大项目进行检查督办。

召开推进工作会议。5月19日，城市圈九市召开武汉城市圈同城化发展联席会第一次会议，全面部署武汉城市圈同城化建设各项工作，省长王忠林、常务副省长李乐成和武汉、黄石、鄂州、孝感、黄冈、咸宁、仙桃、天门、潜江九市党政主要负责人参加会议。九市教育局、科学技术局、经济和信息化局、人力资源和社会保障局、自然资源和规划局、生态环境局、交通运输局、水务局、农业农村局、商务局、文化和旅游局、卫生健康委员会、市场监督管理局、体育局、统计局、医疗保障局、地方金融工作局、政务服务和大数据管理局等相关职能部门分别举办联席会或工作对接会，研究落实各项具体任务。9月4日，武圈办正式揭牌成立挂牌运行，并举行第一次全体会议，会议审议通过《武汉城市圈同城化发展办公室工作规则》，九市联合组建武汉城市圈同城化发展办公室，负责协调推进武汉城市圈同城化的日常工作。12月2日，武汉城市圈同城化发展座谈会在黄冈召开，省委书记应勇强调，城市抱团成圈发展既是客观规律，也是未来趋势，要用系统思维整体推进武汉城市圈跨越式发展，以"九城同心"推动"发展共进"。截至12月31日，武汉城市圈九市共召开74次同城化工作会议，签订了37项合作协议。

营造良好发展氛围。九市深入开展武汉城市圈建设宣传工作，加强宣传策划和推介。创建武汉城市圈融媒体协作平台，制作《武汉城市圈同城化发展成效》宣传视频，《光明日报》发表《"硬联通"翻开新篇，"软联通"再上台阶，武汉城市圈同城化发展步履铿锵》，新华网、中新网以及本地新闻媒体均以大篇幅、高频次宣传武汉城市圈，在省内外提升武汉城市圈的热度、显示度，展示武汉城市圈良好的城市精神、城市文化、城市品牌等国际国内形象，为武汉城市圈以思想破冰、引领发展突围提供发展动力。

三、同城化水平显著提高

2021年，武汉城市圈按照"九个城市就是一个城市"理念，谋定后动，谋定快动，加快同城化建设步伐。90项年度任务，当年完成72项，18项加快推进，形成了九市同心的共识、破题开篇的基础、加快推进的势头。

共绘同城顶层设计。2021年以来，城市圈九市共同制定《武汉城市圈同城化发展实施意见》《武汉城市圈同城化发展三年行动方案（2021—2023年）》《武汉城市圈同城化发展2021年度工作要点》《武汉城市圈同城化发展协调机制》《武汉城市圈同城化发展办公室工作规则》《武汉城市圈同城化发展合作框架协议》，初步形成推进同城化发展的四梁八柱。加快编制一批重点专项规划。《武汉城市圈空间规划》已经形成阶段性成果，正按照各市意见进行修改完善。推进编制《武汉城市圈中长期发展规划》《武鄂同城化发展规划》《汉孝同城化空间规划》《汉孝同城化发展规划》《武咸跨界合作示范区发展规划》《武仙同城化发展规划》《湖北花湖临空经济区总体规划》《黄鄂黄全国枢纽城市总体规划》《梁子湖旅游发展规划》等9个专项规划。

共建同城通勤网络。编制《武汉城市圈交通一体化发展三年行动共同宣言》，以及公路建设、城际公交运营、审批服务等专项领域三年行动方案。建设轨道上的城市圈，积极开展武汉城市圈市域（郊）铁路规划方案编制工作，武鄂市域铁路纳入《湖北省"十四五"铁路发展规划》，签署汉孝市域铁路框架协议、武汉至红安市域（郊）铁路工程建设框架协议，编制武汉至汉川市域（郊）铁路建设需求及规划方案。开通地铁11号线三期鄂州葛店段，年运送旅客逾317万人次。加快形成高快速路网，武汉城市圈大通道建设加快推进，大随至汉十段高速公路、棋盘洲长江公路大桥、赤壁长江大桥、武穴长江公路大桥等相继通车。推进打通断头路专项行动，33条断头路、瓶颈路建设全面启动，其中4条已通车，2条贯通，9条在建，19条完成前期工作。推进城际公交全覆盖，城际公交线路达到13条。国家沿江重点水铁联运项目阳逻国际港水铁联运二期于8月1日开港试运行，武汉港枢纽地位稳固提升，武汉港集装箱运输能力达到400万标箱，位居全国内河港口之首，以阳逻港为核心，汉南港、花山港、金口港为辅助的集装箱港口集群化发展态势良好，吞吐量5年平均增幅达14%，占全省总量的85%，占长江中上游九个港口合计吞吐量的40.3%。花湖机场建成校飞，全国民用机场建设管理工作会议在鄂州召开，机场主体工程基本完工，黄山降高，机场北降高，500千伏吉磁线迁改，110千伏燕杨线迁改和机场供水、供电、供气等配套工程提前完工，运营手续加速审批。

共推创新型城市群。武汉城市圈第一次科技同兴联席会议通过《武汉城市圈科技同兴协调机制》《武汉城市圈科技同兴三年行动方案（2021—2023）》和《武汉城市圈科技同兴2021年度工作要点》，达成《武汉城市圈科技资源共享合作协议》及《武汉城市圈科技平台共建合作协议》。城市圈九市围绕产业链部署创新链，加快建设光谷科技创新大走廊，编制《光谷科技创新大走廊战略发展规划》《东湖科学城建设发展规划》《武汉具有全国影响力的科技创新中心建设总体规划（2021—2035年）》，推动创新要素圈域横向流动、高效配置。出台《湖北实验室建设与运行管理办法》《关于推进湖北实验室建设运行的若干措施》，推动武汉7家湖北实验室实体化运行，省、市、区3.5亿元运行经费全部拨付到位，重点研发课题全面展开；打造15个前沿交叉研究平台，武汉科学仪器资源向城市圈城市全面开放共享，武汉企业可以在线预约购买城市圈研究开发检验检测服务。武汉、黄石、鄂州、黄冈、咸宁市携手共建光谷科技创新大走廊，发起设立10亿元的"湖北光谷科创大走廊科创股权投资基金"，重点支持区域内光电子信息、空天科技、高端装备等"硬科技"产业项目建设。在光谷科技创新大走廊集中谋划40余家产业技术研究院、企校联合创新中心，超30%已启动建设。黄石、黄冈相继在汉设立离岸科创园等"科创飞地"。推进成果转化，向城市圈周边城市开放武汉科技成果转化平台系统端口，为城市圈周边城市解决技术需求20批次，推荐企业144家。组织召开武汉城市圈科技成果专场对接会，加强技术交易和转化项目对接。城市圈九市科技部门积极推进"32232"科技合作工程，共组织开展城市圈项目对接活动10场，签约项目92项。组织科技攻关，安排院士专家、科技副总、博士服务团、科技特派员共288人次到城市圈周边城市开展技术支持。黄石（武汉）离岸科创园挂牌开园，一年来入驻52家企业研发中心，与高校组建30个技术创新团队，柔性引进教授、博士高层次人才61名，共同攻关解决技术难题300多项，武汉高校、科研院所一百多项科技成果在黄石转化应用，其中，黄石上达电子等企业与华中科技大学等高校开展产学研合作，惠晶电子与武汉光迅科技等龙头企业建立产业链协同机制，成功架起了黄石对接武汉、融入光谷科创大走廊的桥头堡。武汉的高校、科研院所12名专家教授以"科技副总"身份入职孝感企业，推动产学研合作，解决技术难题。黄冈与武汉共建光谷黄冈

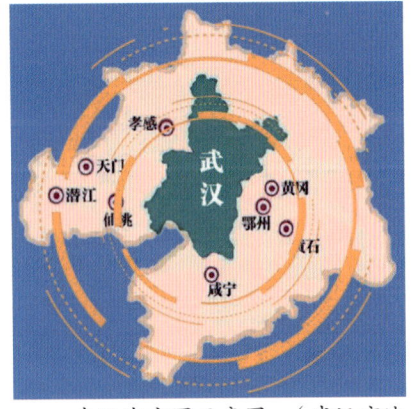

武汉城市圈示意图　（武汉市地方志编纂委员会办公室　供图）

武汉城市圈在湖北省位置示意图 （武汉市地方志编纂委员会办公室 供图）

科技产业园，强化与东湖新技术开发区的资源链接。天门市与武汉共建中国光谷（天门）科技城、天门—华中科技大学政产学研用合作中心等研发平台，共建成省级科技创新平台15家、院士专家工作站9家。潜江市借力武汉高校集聚地优势，与武汉工程大学、湖北大学等高校积极开展产学研合作，先后签订市校合作协议。

共谋产业同链发展。共同推进先进制造业建链、延链、补链、强链，努力打造头部在武汉、链条在城市圈，主链在武汉、配套在城市圈的一体化发展格局。武汉充分发挥国家级新能源智能网联汽车示范区的作用，联合城市圈八市提供自动驾驶汽车商业化试点场景，促进智能网联汽车产业协同发展。以燃料电池汽车产业发展为契机，联合黄冈、孝感等城市，在氢气供给、燃料电池汽车关键核心零部件、燃料电池整车、科研测试等方面推进产业协同。抢抓机遇推进城市圈中医药高质量发展，整合武汉城市圈产业优质资源，在道地药材产区建立规范化生产基地和初加工基地，向产业链纵深拓展。"主链在武汉、配套在周边"格局加快构建。武汉东湖新技术开发区与黄冈市、鄂州市、咸宁市签订建设光谷科技创新大走廊战略合作协议，其中与黄石市战略合作协议共包含3项协议、16项合作内容，重点建好一个科创平台——黄石（武汉）离岸创新园，打造一个飞地园区——武汉东湖（黄石）光电子信息产业园，组建一支产业基金——光谷科创大走廊产业发展基金，举办一系列合作对接活动，谋划黄石市与武汉市共建光谷产业协同发展示范区。2021年，黄石200多家规上制造业企业与武汉相关企业建立稳定的产业链配套关系。鄂州市精准对接武汉"光芯屏端网"万亿级产业集群，加快推进光谷科技创新大走廊鄂州功能区建设，谋划与东湖新技术开发区共建面积达100平方千米的千亿级光电子信息产业基地，鄂州葛店经济技术开发区1/4以上企业直接为武汉配套，湖北科投集团股份有限公司（东湖新技术开发区所属国企）与葛店开发区组成联合投资体，共同投资40亿元。黄冈积极承接东湖科学城成果转化和产业转移，引进落户十余个项目，总投资逾40亿元。光谷黄冈科技产业园"高新技术孵化器项目一期"正式开园，2021年已经正式进入投用和招商运营阶段。城市圈"光芯屏端网"、生物医药等战略性新兴产业集群正加速形成，智能制造、大健康等相关配套产业在周边城市基地化、规模化发展。武汉临空港经济技术开发区与孝感市签订友好合作框架协议，并从推进规划和基础设施一体化、产业和市场一体化、科技和人才一体化、公共服务一体化、生态环保一体化等5个方面拟订24项具体合作事项，重点是与孝感共建物流园区，推动石材加工等企业向孝感迁移。仙桃市与武汉共建智能制造、新能源、机械及汽车零部件等产业配套体系。天门市聚焦发展集成电路产业链配套产业，与武汉共建国家生物产业基地示范园和全省化学原料药清洁生产示范基地，引导龙头企业芯创科技加速技改扩规，月产能超过4亿颗，为武汉强芯补链提供重要支撑。潜江市以打造长飞科技产业园融入"光芯屏端网"万亿产业集群为抓手，发挥武汉长飞光纤落户后的集聚效应，招引晶瑞股份、鼎龙控股等一大批全国电子材料50强企业。武汉产业创新发展研究院在汉组建成立，武汉

武汉市第一医院互联网医院医生开展线上坐诊

（武汉市地方志编纂委员会办公室　供图）

城市圈又新增一个重要科创平台。东湖科学城及重大科技项目开工建设，加速带动鄂州、黄石、黄冈、咸宁等市科技创新、产业升级和人才集聚。鄂州葛店经济技术开发区187家规上企业中，有130多家与武汉有产业链协作关系；孝感全市规上企业1100多家，汉资有200多家；咸宁国家高新技术产业开发区50%以上的企业来自武汉企业投资。"鄂融通"旗下武汉城市圈各市中小企业信用信息平台入驻金融机构（含分支机构）694家，发布金融产品906项，金融机构累计授信10.39万笔，发放贷款2357亿元。"研发在武汉、制造在八市""头部在武汉、配套在八市"的协同发展模式在武汉城市圈加速推广实践。

共享优质公共服务。以民生小切口做好同城化大文章，增强城市圈市民的获得感、认同感。开展政务服务"跨城通办""跨市通办"事项319项，首批106项政务服务高频事项上线5个月，累计办件量达83971件，其中武汉办件量53360件，减少异地办事多地跑、往返跑。依托自助终端机，采取以数据接口互通为主、应用页面链接为辅的方式开展自助终端机对接，武汉和黄冈、孝感、鄂州已经依托自助政务服务终端，实现自助服务"跨市通办"，其中，武汉市的120项政务服务事项可在黄冈市的66台自助政务服务终端"跨市通办"；黄冈市的58项政务服务事项可在武汉市的581台自助政务服务终端"跨市通办"。武汉云作为全国第一朵"城市云"，着力打造城市智能体，向周边城市提供政府管理、惠民服务、城市治理、产业创新、生态宜居等服务，潜江市已经入驻武汉云，鄂州、咸宁等多个圈内城市正在商谈入驻事项，2021年，武汉云上云单位已达21个，应用系统超过141个。召开武汉城市圈住房公积金同城化发展第一次联席会，九市共同签署《武汉城市圈住房公积金中心关于推进住房公积金同城化发展的合作协议》，推动住房消费"互认互贷"。2021年，武汉城市圈其他八个城市职工在武汉市申请公积金异地个人贷款共666笔、25974万元，武汉市缴存职工在城市圈其他八个城市申请异地个人贷款1586笔47580万元，双向合计申请异地贷款2252笔，金额达73554万元。建立区域医疗协作机制，武汉优质医疗资源通过建设分院的形式，使圈内其他城市居民可就近享受同质化的医疗服务。湖北省中医院在鄂州市葛店经济技术开发区建设武东院区，可同时使用武汉市医保和鄂州市医保；2020年建成的鄂州市梁子湖区人民医院由湖北省中西医结合医院负责运营。签订《医疗急救建设一体化合作协议》，建立城市圈新生儿急救转运网络。建立医疗资源共享机制。圈内优质医疗资源通过托管、医联体的形式，武汉市同济医院托管咸宁市中心医院，协和医院兼并神龙医院，省人民医院托管鄂州市中心医院、汉川市人民医院，省第三人民医院托管咸宁市嘉鱼县中医医院，通过输入品牌、人才、技术、管理理念和管理模式，在医疗技术、人才培养、科研、双向转诊等方面与共建医院开展长期合作。建立上下医院协作机制。城市圈内多家上级医院与下级医院之间建立了远程医疗服务平台，可实现远程诊断、专家会诊、信息服务、在线检查和远程交流，大幅提高圈内医疗机构医疗服务能力。建立医疗服务"跨城共享"机制，城市圈范围内共有101家医院实现异地门诊结算"一卡通",除孝感市外,每市均至少有一家定点医疗机构开通异地普通门诊费用直接结算功能,省内职工医保和城乡居民医保参保人可凭社会保障卡或医保电子凭证在上述试点医疗机构结算异地普通门诊费用,无须备案,截至2021年11月30日,异地就医完成备案31.72万人次,其中门诊直接结算医疗费用236.29万元,住院直接结算医疗费用72.23亿元。共享药品带量采购成果,15种药品25个品规平均降幅为39.56%。推进社保卡"一卡通",在鄂州银行设立武汉市社保卡服务点,推动鄂州第三代社保卡加载"武汉通"功能。共促权益保障,城市圈九市共同签署城市圈劳动保障监察合作备忘录,启动城市圈劳动保障监察一体化发展进程。2021年,完成武汉城圈养老服务和社会福利项目7个、总投资9374万元,推进养老机构服务质量标准化,推动城市圈养老行业标准共享。推进教育人才交流,武汉市选派10名优秀教师赴黄冈市团风县开展为期1年的支教活动。城市圈九市职业教育相互开放,生源共享,2021年武汉市中职学校录取城市圈八市学生数为1737人,城市圈八市录取武汉市学生数为348人。安排城市圈八市中小学教师226人次参加武汉市举办的教育培训活动。保障城市圈内随迁子女在汉接受义务教育,将随迁子女人数纳入全市适龄中小学生基数,按相同标准进行安排,确立随迁子女与本市户籍子女的平等地位。推动武汉城市圈文化和旅游一体化发展。签订《推进武汉城市圈旅游年卡建设框架合作协议》,推动旅游景点"跨城通赏",启动武汉城市圈旅游年卡,发行限量尝鲜版年卡5377张,上线景区64家。拟定举办武汉城市圈公路自行车赛暨千湖骑游活动,该项赛事成为2021年武汉城市圈参与城市最多、竞技水平最高、赛期最长的一项赛事活动。推进武汉城市圈公共文化服务体系建设,促进市、县公共图书馆、文化馆数字化网络与省图书馆、省群众艺术馆的互联互通,实现资源共建共享。建立公共图书馆联动机制,区域内联合编目、统一书目检索,逐步实现区域内图书通借通还。编制《武汉城市圈际公交运营一体化三年行动方案(2021—2023年)》,提出3年内谋划开通33条城际公交线路,新改建30个城际公交换乘站,有条件场站配套建设车辆调度、邮件转运等功能设施,2021年增开5条武汉至咸宁、黄冈、孝感的城际公交线路。公交一卡通互联互通取得积极进展,2021年,武汉、鄂州、仙桃、天门、孝感市城区及汉川、安陆、应城、大冶等九个市(区、县)已实现一卡通刷。

共筑绿色生态屏障。举办首届武汉城市圈生态环境合作会,城市圈九市生态环境局签订《武汉城市圈城市生态环境合作协议书》,计划用三年的时间(2021—2023年),在大气污染联防联控等九个方面加强九市的生态环境合作。召开2次武汉城市圈同城化水务发展联席会议,建立工作机制,讨论通过《武汉城市圈同城化发展水务工作协调机制》《武汉城市圈河道采沙联管联治工作方案》。生态保护实现"跨城共抓",共同推动"长江大保护",签订长江禁捕跨界水域执法合作协议,组织起草通顺河跨市域横向生态保护补偿协议(初稿),实现绿水共治。共同打好"蓝天保卫战"。推进道观河重要饮用水源地共建共保,加强水环境保护。建立跨区域河湖水质生态补偿机制,武汉市新洲区与黄冈市团风县建立共治共保协作机制,新洲区对团风县涉道观河畜禽污染源拆除进行了补偿,并定期对道观水厂水源地及道观河水库水质监测,及时共享监测数据,2021年水质稳定在Ⅱ类。积极推进梁子湖、严家湖、斧头湖、童家湖、沦河等城市圈内重点跨区域湖泊水环境治理。重点提升通顺河流域防洪治涝工程建设。九市在长江和汉江开展采沙联合执法9次。

(湖北省武汉城市圈研究会)

各城市推进城市圈同城化发展年度报告

黄石市推进武汉城市圈同城化发展报告

2021年,黄石市认真贯彻中共湖北省委十一届七次、八次、九次全会精神和武汉城市圈同城化发展联席会第一次会议精神,将融入武汉城市圈同城化发展作为重大政治任务和重大战略机遇,以打造武汉城市圈同城化发展示范区为目标,以光谷科创大走廊黄石功能区建设为突破口，主动对接武汉、服务武汉、融入武汉，举全市之力推进"五同"措施落实落地，融入武汉城市圈同城化发展工作取得积极进展。

一、科学谋划高位推进

建章立制，高位协调推进。坚持市级统筹、县区主体，上下联动、全域协同，成立以市委书记任第一组长、市长任组长，相关市领导任副组长，县（市、区）和市直相关部门主要负责人为成员的领导小组，组建由相关市领导牵头的领导小组办公室和五个专题工作组，分别负责统筹协调、规划建设、科技、产业（招商）、公共服务、生态环境等专项领域深层次融入武汉城市圈同城化发展。市委、市政府多次召开常委会、常务会议专题研究武汉城市圈同城化发展相关工作。

系统谋划，明确发展思路。对照全省区域发展布局要求。8月11日，中共黄石市委十三届十三次全会审议通过《关于新时代推动黄石高质量发展加快建成武汉城市圈同城化发展示范区的实施意见》，明确黄石在武汉城市圈的功能定位，提出创新协同、产业协作、交通互联、开放流通、市场融合"五个示范"要求。印发黄石市深度融入武汉城市圈同城化发展三年行动方案、2021年度工作要点等文件，配套制定同城化发展项目清单，谋划三年内实施重点项目73个，2021年重点推进项目41个，以项目化、清单化、责任化明确同城化重点任务。

多位对接，深化交流合作。市委、市政府主要领导亲自部署推动融入武汉城市圈同城化工作，多次带队到省直部门及武汉市对接沟通、争取支持。7月13日、9月9日，先后组织党政代表团赴黄冈、鄂州考察学习，与两市签订《武汉城市圈同城化发展示范区战略合作框架协议》，在跨江发展、交通互联、产业协作等11个方面达成合作。11月11日，黄石市人民政府与武汉东湖新技术开发区管委会签署战略合作协议，现场签订3项协议、16项合作内容。各县（市、区）、市直各部门积极与武汉、鄂州、黄冈等城市对接，主动协调产业协同、交通互通等工作，与周边各市建立了常态化高层互访、工作协调机制。

二、推进规划落实落地

紧密衔接光谷科创大走廊发展规划、武汉城市圈航空港经济综合实验区总体发展规划以及武汉城市圈同城化发展实施意见等省级战略规划，争取黄石经济技术开发区、黄石大冶湖高新技术产业开发区、黄石临空经济区、黄石新港园区"三区一港"纳入"光谷科创大走廊"统一规划建设，编制印发《光谷科创大走廊黄石功能区发展规划》，争取省政府正式批复《黄石临空经济区总体方案》，积极参与《武汉都市圈发展规划》编制工作，推动40余个跨市域合作项目和事项纳入武汉城市圈同城化相关文件。

三、推进交通互联互通

以对接武汉和鄂州顺丰机场为重点，着力完善多式联运集疏运体系，加快融入武汉立体交通网，强化黄石全国性综合交通枢纽功能。谋划储备一批重点项目，按照公铁水空四港联动思路，谋划实施30个交通项目。积极开展起点接武汉光谷中心城经鄂州市主城区、花湖机场至黄石城区的武鄂黄市域铁路和时速350千米高铁通道过境黄石等项目研究。推进实施一批重点项目，断头路203省道黄石

2021年9月9日，黄石市与鄂州市签订同城化发展战略合作协议

（黄石市档案馆　供图）

至鄂州段全面开工，已完成投资近40%，鄂州花湖机场高速二期、大广高速新增东方山互通项目已完成工程项目可行性研究报告及用地预审、环评、矿产压覆等专题研究，106国道对接鄂州隧道工程已启动前期研究。武阳高速黄石段2021年完成投资22.33亿元，项目工程超过年度计划80%。黄石新港棋盘洲港区三期年内完成后方陆域散货堆场区域土方回填及水工通用泊位区域沉桩工作。建成通车一批重点项目，棋盘洲长江公路大桥、武穴长江公路大桥、鄂咸高速公路于9月中下旬相继通车。新开通2条至鄂州花湖的市际公交运行线路，优化3条至黄冈浠水、鄂州花湖的市际公交运行线路。

四、推进产业互促互补

突出产业链供应链协同，积极配套武汉"光芯屏端网"，共建万亿级产业集群。开展产业链招商，深化与武汉的对接合作，连续三年在武汉开展产业推介活动，举行武黄同城暨黄石（光谷）产业投资推介会，现场签约项目33个、总投资175.65亿元。承接武汉芯动科技、汉泰科技等20多个项目在黄石设立生产基地。推动产业链协同，围绕武汉"光芯屏端网"产业做配套、做服务，深入实施产业链长制，市委书记亲自担任PCB产业链长，亲自带队招引电子信息产业投资项目33个，总投资207.1亿元。黄石经济技术开发区与武汉光谷电子信息产业园建设服务中心签署《光谷科技创新大走廊光电子信息产业战略合作协议》，共同培育壮大光电子信息产业集群。

黄石国资公司与武汉高科集团约定在产业投资、园区开发、金融平台搭建方面加强合作。全市近200家企业与武汉相关产业建立配套关系。主动对接武汉东湖新技术开发区，重点在新能源、医药化工、纺织服装、电子信息等方面承接武汉产业转移，20多家武汉企业相继转移到黄石，总投资额达60.4亿元；远大富驰等武汉一批优秀化工产业转移至阳新城北工业园，武汉金鹰新能源、紫鑫生物等一批企业先后落户黄石黄金山开发新区，形成能源、生物、电子产业园。推进示范工程建设，以黄石临空经济区对接光谷为产业合作示范工程，加快园区建设力度，起步区军山路已建成通车，园区"三纵三横"的主干路正在抓紧推进，集中开工光谷科创大走廊黄石功能区重点项目24个，总投资223亿元，投资20亿元的全域综合整治项目有序实施。融资在武汉、投资在黄石，头部在武汉、配套在黄石的产业协同格局加快构建。

五、推进创新协同协作

以建设光谷科创大走廊黄石功能区为抓手，积极对接武汉科创资源，主动融入武汉科技创新体系。加强平台建设，科技城一期项目投资4亿元、总建筑面积为5.5万平方米的科创大厦、人才公寓和科技成果展示厅年底前相继投入使用。投资7亿元、总建筑面积约6万平方米的黄石（武汉）离岸科创园于6月22日顺利开园，当年签约入驻企业、机构52家。6月底，投资1亿元的湖北师范大学科技园、湖北理工学院大学科技园相继开园，吸引武汉理工大学、湖北工业大学、武汉科技大学等10所高校的专家团队签约入驻。

黄石高新投资有限公司与武汉高科国有控股集团有限公司共同投资10亿元，建设黄石科技城科技成果转化示范园，总建筑面积达16万平方米，年内，21个项目签约入驻，其中14个项目来自武汉城市圈。11月11日，黄石市人民政府与东湖新技术开发区管委会签署战略合作协议，依托投资50亿元建设的黄石临空经济区的光谷东科创岛，在平台构建、园区建设、人才流通等方面开展合作，推进光谷在黄石临空经济区的"飞地园区"建设，共同打造武汉城市圈同城化发展示范工程。

推动成果转化，建成湖北技术交易大市场黄石分市场，华中科技大学国家光电实验室等21家单位入驻科创中心，与武汉光电工业技术研究院有限公司共建黄石光电工业研究院，与华中科技大学、武汉理工大学等武汉高校新建21家校企联合创新中心，签约2家武汉高校成果转化机构入驻科创园。加快人才引进，大力实施柔性引才，聘请华中科技大学教授李建军等10人担任全市十大产业技术研究院核心创新团队首席专家，引进产业高端人才50余名。聘请华中科技大学、武汉科技大学、湖北工业大学等90名专家教授担任企业科技特派员、科技副总，实现研发在武汉、生产在黄石，孵化在武汉、加速在黄石，引才在武汉、用才在黄石。优化创新生态，黄石

2021年6月22日，黄石（武汉）离岸科创园在武汉东湖新技术开发区正式开园　　　　　　　　　　　　　　　　　（何戈　摄）

市交通投资集团有限公司与湖北省高新技术产业投资有限公司在黄石（武汉）离岸科创园共同设立5亿元的黄石新动能产业基金，大冶湖高新区与省高新投共同成立3亿元产业转型升级基金。

六、推进民生共建共享

坚持公共资源互惠共享，推动城市圈内公共服务标准衔接规范。教育方面，湖北省教育厅同意武汉航海职业技术学院整体并入湖北理工学院，建设"湖北理工国际航海学院"，现已完成初步选址，计划2022年开工建设。城际职业教育合作深入推进，与黄冈市职业技术学院联合开展初、高中毕业生农村全科医生培养计划，湖北城市职业学校对口帮扶咸宁市通山职教中心发展。医疗方面，全市23家定点医疗机构接入国家、省异地就医结算平台，实现跨省、跨市住院直接结算。与武汉等城市建立血液库存信息联动机制。大冶市人民医院、阳新县人民医院分别与武汉大学中南医院、华中科技大学同济医学院附属同济医院建立对口帮扶关系。大冶市中医医院加入湖北省中医院医疗集团，接受湖北省中医院委派管理和技术指导，阳新县妇幼保健院加入武汉市儿童医院牵头的湖北省儿科联盟。人力资源方面，与黄冈等城市签订劳务合作协议；组织121家市级重点企业对接武汉高校，招聘达成意向2656人；初步提出在城市圈内互派33名干部挂职意向。文化旅游方面，积极融入区域旅游合作，加快推进旅游"一卡通"，将小雷山、矿山公园、矿博园、鄂王城、仙岛湖、天空之城6家A级景区纳入湖北省旅游年卡。政务服务方面，开通"武汉城市圈通办"窗口，民政等106项高频事项实现跨市通办，公积金10项业务可网上办理，全年累计为268户职工发放异地贷款1.14亿元。黄石港与鄂州市鄂城区启动社保卡申领等200个高频事项跨城通办，有效破解插花地区群众办事"来回跑"问题。司法协作方面，加强与武汉、鄂州、黄冈等周边地市警务协作，实现情报共享、信息互通和案件联办。黄石市中级人民法院与武汉海事法院参加长江中游四省六市跨区域环境资源司法协作。生态共治方面，与武汉城市圈地市共同签订武汉城市圈同城化发展水务工作合作备忘录，与黄冈、鄂州签订长江禁捕跨界水域协同执法合作协议。梁子湖水系生态保护、富水流域综合治理、长江岸线协同治理等跨区域生态协同治理项目深入推进。

（黄石市"同城办"）

鄂州市推进武汉城市圈同城化发展报告

2021年，鄂州市坚决贯彻落实中共湖北省委十一届八次、九次全会精神，与武汉市建立市级领导、相关部门以及东湖新技术开发区常态化对接协商推进工作机制，以武汉、鄂州为核心区，加快同城化发展步伐，打造武汉城市圈升级版。

一、坚持规划同编，共绘发展蓝图

全市牢固树立"九市即一城"理念，抢抓"十四五"规划编制有利时机，重点围绕城市土地利用、空间布局、功能定位等核心问题开展研究，积极参与《武汉城市圈空间规划》编制，并形成初步成果。围绕推进国家科技创新中心、东湖综合性科学中心核心承载区建设，积极参与《光谷科技创新大走廊国土空间规划》编制，形成五个片区六个组团功能互补、错位发展的空间格局。规划区总面积2099平

2021年5月6日，武汉·鄂州同城化发展座谈会在鄂州市临空经济区召开
（鄂州市档案馆　供图）

方千米，其中鄂州片区385平方千米，在鄂州境内形成"一廊一带两组团"的空间布局。按照双城总体框架和重点区域两个空间层次，与武汉市聚焦两地毗邻区域，重点谋划建设总面积2087平方千米的武鄂同城化核心区，其中北部全球化科学城646平方千米（鄂州片区414平方千米），南部世界级大湖区1441平方千米（鄂州片区552平方千米），鄂州成为武汉"东向发展大通道、科教转移大基地、生态保护大屏障"。抢抓东湖科学城科技创新发展机遇，将葛店、红莲湖纳入《东湖科学城建设发展规划》260平方千米拓展范围。

二、坚持交通同网，共建联运枢纽

打造"空铁水公"多式联运体系，花湖机场主体工程进展顺利，供水、供电、供气、降高、净空等配套工程提前完成，花湖机场完成校飞。武汉地铁11号线葛店段开通运营；积极推进武鄂市域铁路研究，争取纳入省级相关规划。葛店港、三江港、鄂州港、五丈港、杨叶港等五大港区全部纳入武汉新港规划建设范围，可与武汉等周边城市长江码头实现万吨级船舶常年相互停靠。与武汉交界的13条道路纳入规划建设中，2021年开工9条，年底建成4条；鄂咸高速建成通车，机场高速一期进展顺利。

三、坚持科技同兴，共筑创新高地

加强光谷科技创新大走廊鄂州功能区建设，高标准规划打造"葛店—华容（三江港）—鄂城（滨江科技新区）—临空经济区（花湖机场）"横向沿江产业科技创新带，以及"葛店—红莲湖—梧桐湖"纵向生态科技创新带。华中科技大学鄂州工业技术研究院获批国家级科技企业孵化器，武汉工程大学青天湖研究院成功签约揭牌。深化"研发在武汉，转化在鄂州"模式，推动PET-CT、万度光能、深紫科技等科技成果产业化。

四、坚持产业同链，共促转型升级

与武汉对接签约项目36个，总投资221.5亿元，占全市招商引资签约项目的48.6%。葛店经济技术开发区187家规上企业中，有130多家与武汉有产业链协作关系。引进三安光电、芯映光电、瑞华光电等光电子企业，弥补武鄂芯片光电纵向产业链空白。容百锂电、虹润新材料、南都新能源与东风、小鹏等新能源汽车企业深化配套。加快建设葛店大健康产业园，与光谷生物城共建生物医药产业链。积极布局数字经济，红莲湖大数据云计算产业园、华怡科创物流大数据产业园、临空经济产业园等数字赋能项目开工建设。

五、坚持民生同保，共享美好生活

推动武汉优质教育医疗资源向鄂州延伸，华中师范大学、华夏理工学院落户梧桐湖新区，湖北幼儿师范高等专科学校、武汉职业技术学院入驻葛店经济技术开发区；湖北省中医院在葛店设立分院，与湖北省新华医院共建梁子湖区人民医院。推动鄂州第三代社保卡加载"武汉通"功能，城镇职工社保、医保、住房公积金等无障碍转移接续，赴武汉就医实现医保即时结算。完善跨市联合执法长效机制，合力推动梁子湖区获评第五批国家生态文明建设示范区。

（鄂州市"同城办"）

孝感市推进武汉城市圈同城化发展报告

推动武汉城市圈同城化发展，

是中共湖北省委、湖北省人民政府落实"三新"要求，打造全省高质量发展主引擎的重大战略举措。是历届孝感市委、市政府的重要战略选择。

2021年，孝感市主动对标湖北省区域发展布局，强化"九市即一城"理念，抢抓武汉打造"五个中心"战略机遇，落实"五同"要求，发挥孝感"一主之域、一圈之城、同城之地"地域优势和"汉孝一家亲"人文优势，"依托武汉、服务武汉、融入武汉、发展孝感"奋力推动年度各项任务落地见效，进一步巩固"武汉城市圈副中心"的战略定位。

一、构建组织架构和工作机制。

孝感市将"孝汉同城"纳入事关孝感全局和长远发展的30项重点工作之中，印发《市委市政府关于加快推进孝汉同城化发展的实施意见》，成立市委书记、市长担任组长的工作领导小组，第一时间组建孝汉同城化发展领导小组办公室，从市直单位抽调12名业务能力强的人员集中办公，并划拨专项工作经费；选派1名副县级领导干部挂职武圈办秘书处工作。各县（市、区）相应成立工作组织架构，落实专门人员和经费，率先在圈内建成"15341"作战体系（"1"即孝汉同城化发展领导小组及办公室，"5"即5个专题工作组，"34"即34个市直成员单位，"10"即7个县、市、区、市直"三区"10个作战主体）。市委、市政府主要领导亲自谋划推动，明确每月专题研究部署孝汉同城化发展工作，召开市级层面工作推进会3次。重大项目（事项），市委、市政府主要领导亲自挂帅出征，多次与武汉市和省直相关部门沟通衔接。市孝汉同城办建立周例会和专题会议机制，及时研学上级政策文件，会商工作举措；每个月初制定重点工作计划，每半个月在办公室内部通报工作推进情况；建立市委、市政府主要领导指示、批示精神和湖北省推进区域发展布局实施工作领导小组办公室、武汉城市圈同城化发展办公室交办事项备案销号机制，全力抓好跟踪督办；制发"工作专班管理制度汇编"和"人员分工方案"，在定岗定责的同时实现打通使用、团结协作。制定《孝汉同城化发展工作考评细则》，为各地各部门服务"孝汉同城化"制定标准化、可量化、表格式的工作清单，并纳入全市"五化"管理和重点督查事项，实行定期调度、动态跟踪、严评实考。考核结果提交市考核办运用。

二、规划交通全面提速

大力推进"规划同编"。参与编制《武汉城市圈国土空间规划》，专题编制"孝感中心城区至武汉同城化快速道路交通系统规划"，形成孝感中心城区高快速路系统布局、孝汉同城化快速道路交通系统布局方案及近中远期项目清单。紧密对接武汉市相关规划，加快编制《孝感市轨道交通线网规划（2021—2035）》，谋划建设"轨道上的城市圈"。

加快实施"交通同网"。按照"加密、提质、立体、联通"总体思路，全力打造武汉城市新外延。5月23日，孝感市人民政府与武汉地铁集团有限公司签署《武汉孝感市域（郊）铁路工程建设框架协议书》。全年谋划实施孝汉同城重大交通基础设施项目27个，总投资944亿元，其中轨道交通3个，高速公路8个，干线公路15个，水运项目1个。当年基本

2021年9月28日，W102路孝感市汉川市至武汉市东西湖区城际公交正式开通

（孝感市史志研究中心　供图）

完成项目4个，已开工建设项目和即将开工项目9个，正在开展前期工作的项目14个。孝感与武汉已实现25条公路、5条铁路的连接，其中，高速4条，城铁1条，国道4条，省道8条，以公路为重要支撑、轨道交通和水运为重要补充的汉孝半小时经济圈和市内交通小循环基本形成。

积极放大"同网效应"。坚持"建养并进"，为15条联通汉孝的国省干线和农村公路，配备148名市、县、乡、村四级"路长"，加强道路"巡管护治"，确保"安全、通达、净美"。坚持"建行并举"，孝感双峰山、观音湖、天紫湖等景区通过旅游公路与武汉相关景区连珠成线，两地游客畅通直达。开通汉川城区至蔡甸柏林等2条城际公交，实现汉孝"零距离换乘"。

三、科技金融深度对接

建立"科技同兴协调机制"。全市新申报高新技术企业206家，引进60项科技成果在孝转化；组织福星生物、祥源新材等10余家企业与华中科技大学、湖北大学等武汉高校合作建设新型研发机构，富邦科技、启利新材料等100多家企业与武汉47所大专院校（科研院所）建立产学研合作关系。

深化人才引进成效。协助145家企业申报152个技术岗位需求，争取在汉院士专家36人、"科技副总"11人到孝服务。大力推动孝感市科技型企业与武汉高校及科研院所开展科技合作，新建专家工作站14家，累计建立院士专家工作站102家。

推动金融对接。与深圳证券交易所湖北基地、湖北省高新技术产业投资有限公司联合举办祥源新材上市推广活动，协同长江证券股份有限公司对孝感市企业欣柔股份、龙腾电子、米婆婆生物、龙王恨渔具等一批企业开展上市培育，引进光大银行在孝设立分支机构。截至2021年，全市共有11家"新三板"挂牌企业，325家企业在武汉股权托管交易中心挂牌。

产业市场日趋紧密。对标全省16条重点产业链和武汉"965"产业集群，确立全市食品、纺织服装、盐磷化工、纸塑包装、建材5条传统产业链和高端装备制造，以及新能源汽车及零部件、光电子信息、大健康、新材料5条战略性新兴产业链，初步形成武汉电子信息和汽车零部件产业向孝南、孝感国家高新技术产业开发区聚集，物流企业向孝感市临空经济区转移，化工企业向云梦、应城地区转移，食品加工和纺织企业向汉川、安陆转移的发展格局。

推动合作园区共建。全市在建孝汉合作产业园区16个，完成投资55.7亿元。孝南孝汉产业园、孝感市高新区激光产业园、长飞汉川科技园、武汉经济技术开发区汉川合作示范区、汉川百年四台智能制造工业园、大悟中南家居产业园等一批孝汉共建园区、产业转移示范区建设步伐加快，成为武汉企业在孝聚集发展的"飞地"。长飞科技园年产1.5万千米光纤项目实现18天从签约到动工、一年建成投产的"长飞速度"；规划面积27平方千米的孝汉产业园落户项目59个，已投产30个。

强化孝汉协同招商。孝感市招商局与武汉市招商办签订"武汉城市圈同城化发展产业招商战略合作框架协议"，与武汉市硚口区商务局签订"战略合作框架协议"。先后举办3次集中签约活动，武汉地区16个项目在会上签约，总投资80.9亿元。先后赴武汉参加武汉火红夏日经贸洽谈暨第二季度招商引资签约大会、第五届楚商大会、首届中国（武汉）文化旅游博览会等重大招商推介活动。截至11月，全市签约亿元以上项目中，汉商、汉企投资项目81个，占比35.6%；合同引资额546.25亿元，汉商、汉企投资额占比24.12%。跟踪重大项目库中，汉商、汉企项目达53个。

四、生态环保协同共治

建立工作协同机制。积极签署《武汉城市圈城市生态环境合作协议书（2021—2023）》，成立秘书处，协同建立武汉城市圈生态环境合作轮值制度。探索建立跨市流域生态补偿机制，孝汉两地生态环境和水务部门将围绕童家湖、澴水水系，率先探索建立流域补偿机制。组织孝南区政府、市水利局、市住建局、市卫健委、市资规局与武汉市东西湖区、武汉市生态环境局、武汉市水务局等对接磋商，就支持沦河饮用水水源地保护区建设工作初步达成一致意见。孝感市水利和湖泊局主动邀请武汉市水务局来孝开展城市圈水务考察交流，双方就河湖长制工作、跨市河湖管理、跨市水利项目建设等领域工作进行深入交流。开展联

2021年5月31日，湖北孝感美珈职业学院在孝感市临空区举行揭牌仪式

（孝感市史志研究中心 供图）

合执法。孝汉两地生态环境保护综合执法支队开展联合检查，重点对府河八一大桥至谌家矶岸线15千米范围内的金凤凰纸业、中顺洁柔、东拓水务等重点企业进行现场检查和督促整改。

五、公共服务共享互认

积极推动政务服务"跨市通办"。公开武汉城市圈"跨市通办"窗口工作人员通讯录和孝感市县两级"跨市通办"窗口工作人员通讯录，方便异地办事群众电话咨询。推动在武汉市民之家自助服务设备正式加载孝感市职工个人参保证明查询打印、公积金账户查询等8项自助服务事项，成为"1+8"城市圈政务服务合作协议签署后第一家与武汉市实现自助服务"跨市通办"的城市。在孝感市民之家大厅设置"武汉城市圈通办窗口"，完成职工基本养老保险参保缴费凭证开具、商品房预售许可证查询等63项武汉市自助服务高频事项的加载。推动公共资源交易互通，协助武汉市公共资源交易中心完成武汉城市圈远程异地评标情况调研工作。推动"人社同城化"。初步建立人社部门机关、业务科室、经办机构三级沟通机制，汉孝两地企业职工基本养老保险关系实现无障碍转移接续。推动户籍及警务协作同城化。两地实现公安业务3本证件（居民身份证、普通护照、机动车驾驶证）异地申领，四个业务（户口迁移登记、异地驾考、机动车异地年检、违章联网办理）跨市办理。

推动教育领域交流合作。孝感高中、航天高中、文昌中学等11所学校与武昌实验中学等11所学校建立"手拉手"结对共建关系。全市中职学校与武汉东湖新技术开发区、黄陂区、江夏区等地20多家企业开展了工学结合、实习就业等校企合作。推动文旅同城化。孝感市文化和旅游局积极与武汉市文化和旅游局对接，就共同推出"武汉城市圈文旅一卡通年卡"达成一致意见；武汉市云雾山景区在2021年中秋节、国庆节期间（9月17日—10月7日）对孝感市民免门票，进一步提升群众对同城化工作的获得感。推动卫生健康同城化。孝感市8家医院分别与武汉市6家医院、1所大学签署合作协议，确立对口支援关系；湖北航天医院与武汉大学中南医院组建医疗联合体；全市妇幼保健机构加入孝汉妇幼专科联盟。两地血液检验结果实现互认。推动医保服务一体化。孝感市开通35家医疗机构供武汉及全省、全国参保人员异地就医直接结算，武汉市开通59家医疗机构供孝感参保人员异地就医直接结算，孝汉居民持本地社保卡在两地定点医疗机构实现"就诊一卡通"。

推动民政服务同城化。孝感市民政局与武汉市民政局就共享养老服务资源共享和专业社会工作人才队伍建设达成初步共识。孝感市康复医院与武汉大学人民医院签订协作协议，建立专家团队工作室。推动公积金互认互贷。武汉、孝感两地签订住房公积金同城化发展合作协议，孝感取消武汉职工在孝购房户籍上的限制。推动公共交通服务同城化。孝感城区、汉川市、安陆市、应城市实现武汉公交卡通刷。

（孝感市"两型办"）

黄冈市推进武汉城市圈同城化发展报告

2021年，黄冈市认真贯彻落实全省"一主引领、两翼驱动、全域协同"区域发展布局，按照中共湖北省委、湖北省人民政府统一部署，牢固树立"九城就是一城"理念，抢抓政策机遇，武汉城市圈同城化发展取得新进展。

2021年，黄冈市政务服务中心"跨市通办"综合服务窗口为市民提供服务　　　　　　　　（黄冈市史志研究中心　供图）

一、系统谋划，全面部署推进

2021年4月全省区域发展布局暨县域经济工作推进会后，黄冈市及时召开贯彻落实全省区域发展布局推动高质量发展动员大会，成立推进区域发展布局实施工作领导小组，建立武汉城市圈同城化发展专项协调机制，选派常驻人员开展工作。中共黄冈市委召开全会，进一步明确加快建设武汉城市圈重要功能区的发展定位。研究制定《黄冈市加快融入武汉城市圈同城化发展行动方案（2021—2023年）》，启动实施28项重点工作和31个重点项目。梳理涉及黄冈市的重点工作137项和重点项目43个，逐一明确责任单位，清单化、时间节点化推进工作。

二、落实任务，确保硬账硬结

认真落实武汉城市圈同城化发展2021年度工作要点中涉及黄冈市的19类90项工作任务。麻安高速麻城东段已基本建成。推进交通同网进程。武汉至红安高速完成投资4.2亿元，超额完成年度投资计划。鄂黄第二过江通道初步设计获批。蕲太高速蕲春东段投资人招标开标，用地等要件均获批；断头路G347黄州至团风段改建工程、G347举水河大桥新建工程启动，举水河大桥正在与新洲区就投资协议问题进行对接；瓶颈路G106团风竹林岗至方高坪公路一期完工，S234红安八里至韩集段改建工程初步设计获批。武英高速石桥铺互通项目启动。红安经济开发区与黄陂区之前开通公交线路，红安、团风等县正在积极争取开通红安至黄陂、团风至新洲等市际公交；推进光谷黄冈科技产业园示范工程，7月，光谷黄冈科技产业园正式开园。12类协同落实工作任务均按照要求完成年度任务。

三、突出产业，精准承接配套

整合黄冈市、区两级产业园区，做强承接武汉产业转移平台，聚集一批以人福药业、TCL智能制造为代表的"头部在武汉、链条在黄冈"项目，以科峰智能传动、武汉华甜为代表的"研发在武汉、制造在黄冈"项目，以绿宇环保、星晖智能汽车为代表的"融资在武汉、投资在黄冈"项目。配套建设鄂州花湖机场的顺丰培训中心、生活中心，总投资31亿元，完成投资6.2亿元。全年共招引武汉市场主体投资1亿元以上产业项目31个，合计投资218.56亿元。

四、深化协作，筑牢同城基础

黄冈市与黄石市签订武汉城市圈同城化发展示范区战略合作框架协议，与黄石市、鄂州市共同签订跨江合作框架协议，与武汉东湖新技术开发区签订《建设光谷科技创新大走廊战略合作协议》。组织召开武汉城市圈交通一体化工作联席会，推进黄冈—鄂州—黄石全国性综合交通枢纽城市建设。举办推进武汉城市圈同城化招商活动，黄冈市招商中心与武汉市招商办签订战略合作协议。就光谷黄冈科技产业园建设与武汉东湖新技术开发区进一步明确7个方面的合作内容，在东湖新技术开发区建设离岸科创中心，已有10家企业在武汉设立研发中心。争取武汉海关支持在黄冈市设立海关机构，支持唐家渡一类水运口岸建设和验收，支持B型保税物流中心规划建设。与湖北省联投集团有限公司、中国建筑第三工程局有限公司签订战略合作协议，在多个重点领域开展合作，助推黄冈融入武汉城市圈同城化发展进程。

（黄冈市发展和改革委员会）

咸宁市推进武汉城市圈同城化发展报告

2021年,咸宁市深入学习贯彻中共湖北省委十一届八次、九次、十次全会精神,坚持把武汉城市圈同城化发展作为重大政治任务和重大发展机遇,聚焦"五同"发力,实行"六个一"工作机制,各项工作进展顺利。

一、系统谋划,高位推进

高起点谋划。召开中共咸宁市委五届九次、十次全会,对"武咸同城"发展作出系统性布置,15项重大事项纳入咸宁"十四五"发展规划,明确主攻方向,集中资源要素,主动加强协作,全力推动成势见效。

高效率推进。对标对表,突出项目化、工程化、清单化,迅速制定武咸同城发展实施方案、行动计划、年度要点和工作清单,2021年重点实施46个项目和事项。建立"六个一"(一名市领导、一个牵头部门、一个工作专班、一套协调机制、一笔专项经费、一定五年)工作机制,组建6个专题工作组,挂图督办,做到有目标、有行动、有成果、有奖惩。

高频率互动。强化与兄弟城市在行政、经济和社会等层面的频繁交往,在自然资源、科技、交通、生态环境、水利湖泊、政务服务、公积金等领域与兄弟城市签署同城化发展相关协议。

二、"规划同编"有序开展

有序开展"规划同编"。主动对接湖北省、武汉市"十四五"规划,在省级国土空间规划和武汉城市圈空间规划中明确咸宁市发展定位,在武咸临界区域统筹谋划产业发展。配合武汉市编制城市圈发展规划、空间规划,以及光谷科创大走廊规划、交通"硬联通"三年行动方案等专项规划,进一步明确咸宁的个性功能。制定实施"武咸同城"发展实施方案、三年行动计划(2021—2023年)、2021年度工作要点,印发实施《光谷科技创新大走廊咸宁功能区发展规划(2021—2035年)》。

三、"交通同网"加快实施

坚持交通先行,着力打造一小时通勤圈。争取铁路入规。武汉至咸宁至南昌高铁项目通过鄂赣两省发展和改革委员会联合报送国家发展和改革委员会,寻求进入国家"十四五"规划;常德至岳阳至咸宁至南昌高铁线路走向已经湘、鄂、赣三省达成共识,从通城县过境,2021年9月30日由江西省启动预可研招标。开展武咸市域(郊)铁路规划编研,编制完成咸宁至黄石新港货运铁路项目建议书。启动咸宁铁路物流园项目一期征迁。与黄石、鄂州建立重大交通基础设施项目联席会议机制。加快公路施工进度。赤壁长江大桥、鄂咸高速公路相继在9月底通车,武深高速公路崇阳西互通4.7千米连接线建成通车。通山至武宁高速公路、107国道咸宁段改造工程开工建设。编制完成京港澳高速公路中伙铺互通项目工程可行性研究报告,加快编制杭瑞高速公路慈口互通工程可行性研究报告。协同武汉市开展武汉南过江通道(簰洲湾长江大桥)、武咸快速通道天子山大桥、102省道江夏段改造项目前期工作。加快推进机场港口建设。咸宁长江综合门户港岸线调整取得重大突破,咸宁机场纳入中南地区、湖北省民航"十四五"规划。

四、"科技同兴"成效初显

全力推进光谷科技创新大走廊咸宁功能区建设。全年集中开

武深高速公路崇阳西连接线施工现场

(摘自咸宁市崇阳县融媒体中心)

工建设光谷科技创新大走廊重点科技和产业发展项目269个，总投资约624亿元，承接省光谷科技创新大走廊区域创新科技项目11项。全面对接省级战略规划，明确全市构建"一核驱动、一带推进、多极联动"的创新空间布局。依据光谷科技创新大走廊赋予咸宁市绿色产业组团战略定位，规划重点发展光电子信息、大健康、智能产业、数字经济、新材料、新能源、科技服务、现代物流、现代农业、文化创意十大产业。建设高水平双创平台载体，咸宁市政府与武汉理工大学合作共建武汉理工大学咸宁研究院暨数字内容审核基地，依托湖北科技学院建设2个省级重点实验室。加强与武汉东湖新技术开发区合作，签订《建设光谷科技创新大走廊战略合作协议》，合作建设咸宁科技创新中心、科技成果转化加速器、横沟科学城、中国光谷咸宁产业园项目承载区等一批重大科技产业项目。

全力推进"32232"科技合作工程。对接武汉（光谷）高校院所，开展光电子信息、新材料领域产学研合作专场活动3场，4家企业与武汉轻工大学等达成意向签约，签约金额300万元，武汉大学等4所高校在咸宁发布科技成果；20家企业与华中科技大学等20所高校、科研院所达成技术合作协议。选派25名"科技副总"，邀请21名高校院士专家和3个博士团队，争取10所高校、科研院所选派10个法人科技特派员团队（专家30名），到咸宁企业一线开展技术服务。开展

黄鹤楼森林美酒小镇　　　　（咸宁市史志研究中心　供图）

咸宁科技资源共享和公共服务平台建设，打通武汉科技成果转化平台与咸宁科技资源共享和公共服务平台数据通道，共享武汉市科技成果转化机制，建设咸宁分平台，入库企业100余家，入库专家200余人，入库项目100余个，依据《咸宁市科技专家管理办法（试行）》进行规范化管理。

全力推进科技平台建设。全市省级科技创新平台达30家，规模以上企业研发机构覆盖率达30.1%。以产业研究院建设为重点，建成湖北省智能机电产业技术研究院等省级产业技术研究院4家，培育重点产业技术研究院10家。支持光谷南·科技城、启迪之星（咸宁）创建国家级孵化器，支持赤壁绿购国家级众创空间做大做强。围绕桂花产业发展，与湖北省林业局共建桂花种质资源库，累计收集桂花种质资源136个，积极创建国家林业草原桂花工程技术研究中心。推荐黄鹤楼酒业（咸宁）有限公司"果露酒中试研究基地"

等3个中试研究基地申报省级中试研究基地，"咸宁市生产力促进中心"申报省级技术转移示范机构，已通过考核和公示，待正式文件发布。全力推进科技金融服务。咸宁市科技局与建行咸宁分行签订《科技金融战略合作协议》，共建科技金融工作站，为全市科创企业新增授信近10亿元，实际投放资金数亿元。指导推进优质企业上市。全年主板上市企业1家，金种子企业5家，银种子企业20家，2家企业挂牌"新三板"，327家企业在武汉股权托管交易中心挂牌四板，纳入全省企业上市政务服务云平台重点企业55家。

五、"产业同链"加速推进

积极承接武汉产业转移。聚焦全省"51020"及武汉市"965"产业体系，明确8条市级重点产业链，每季度联合城市圈城市举办一场招商活动，举办咸宁专场推介会，全市新签约项目共507个，合同投资总额1893.16亿元，其中亿元以上项目141个。积极开展"飞

地经济""园外园"招商,探索"总部在汉、基地在咸"合作模式,承接武汉产业转移项目41个,合同投资总额59.17亿元。

全力推进咸宁电子信息产业基地示范工程建设。组建由经信部门牵头、10个部门12人参与的工作专班,制定电子信息产业发展年度工作要点,明确各成员单位工作职责和责任人。积极培育电子信息产业链龙头企业,重点支持瀛通通讯、维达力、三赢兴科技、平安电工、南玻光电等骨干企业发展壮大,着力打造一流行业标杆。高效率谋项目,全年共签约电子信息产业项目57个,协议投资额143.71亿元;抓技改扩建,跟踪服务赤壁维达力三期触控系统生产线、咸宁高新区三赢兴科技二期等扩建项目,加快项目建设进度。加强校企合作,推动湖北科技学院、咸宁职业技术学院等高校与三赢兴科技、南玻光电等企业开展校企合作,助力企业提升研发创新水平。

全力发展大健康主导产业。积极对接武汉养老需求,编制咸宁市大健康产业中长期规划,谋划大健康产业项目880个,总投资1.59万亿元;大力发展以护理为核心的康养产业集群,湖北科技学院、咸宁职业技术学院、咸宁职业教育(集团)学校、湖北健康职业学院4所院校每年可容纳培养1万余名专业护理人才,满足本地和武汉养老服务市场需求。

加快推进清洁能源大基地建设。与华润电力、中广核集团签订打造千万千瓦级核蓄风光储一体化清洁能源大基地合作框架协议,争取省下达新能源项目容量规模108.3万千瓦;赤壁市、嘉鱼县、通城县成功入选全国整县屋顶分布式光伏开发试点县;咸宁(崇阳)静脉产业园垃圾焚烧发电项目正式并网发电运营,服务崇阳、通城、通山三县固废处理。通山县大幕山抽水蓄能发电项目、赤壁市500千伏输变电工程、华润电力蒲圻电厂三期项目正在开展前期工作。

全力推进咸宁优质农产品供应武汉。组织咸宁市40家企业参加第三届大健康博览会,通过网红直播打卡的方式,充分展示咸宁特色农副产品,咸宁市专区被展会组委会评为网红展区;组织21家咸宁市食品企业参加第三十届中国食品博览会暨中国(武汉)国际食品交易会;组织38家企业携400多种具有地方特色的名优产品亮相第七届武汉国际电子商务暨"互联网+"产业博览会,向武汉各大超市对接300多种农副产品。推进开放窗口建设,在武汉设立2家对外开放体验馆,选取40个有代表性企业的100多种产品进入对外开放窗口配备的触摸屏宣传,集中展示和推介优质农产品,咸宁的农副产品40%销往武汉。青砖茶全产业链产值约47亿元,直接带动就业5.92万人。

六、"民生同保"重点突破

推动政务服务"跨市通办"。启用咸宁市民之家,实现咸宁市直、咸宁高新区、咸安区政务服务中心"三合一",进一扇门可办理1100多个审批服务事项。市县两级开设综合性"跨市通办"服务专窗,319项民生政务服务高频事项纳入"跨市通办"范围,全年办理业务900余件。住房公积金与武汉异地互认互贷1260万元。探索开展跨市异地抵押登记,湖北银行为湖北佳顺轮胎项目办理880万元的异地抵押贷款。上

2021年11月22日,咸宁市民之家正式启用

(咸宁市史志研究中心 供图)

线咸宁市政银企金融服务平台，入驻金融机构24家，上线金融产品101款，发放贷款15.01亿元。成立湖北省农业信贷担保公司咸宁分公司，为咸宁市1562家新型农业经营主体提供担保贷款7.15亿元。

推动教育医疗"跨市合作"。主动承接武汉高校外迁和功能溢出，湖北健康职业学院、湖北商贸学院、武昌首义学院嘉鱼校区建成开学，招生1.15万人；武汉东湖学院南校区即将建成，武汉体育学院科技学院、湖北工业大学康养学院、武汉传媒学院等高校正在对接洽谈。配合武汉市中职学校完成咸宁籍学生的招生录取工作，共完成40所学校153人的招生录取工作。推动武汉优质医疗资源向咸宁下沉，全市23家市级、县级二级及以上公立医院和武汉市三甲医院通过托管、医疗联合体、专科联盟、对口帮扶等形式开展合作，做到县级及以上医疗机构合作全覆盖，其中咸宁市中心医院、嘉鱼县中医院分别被华中科技大学同济医学院附属同济医院、湖北省第三人民医院托管。36家定点医疗机构开通异地就医直接结算服务，异地就医住院费用直接结算累计达40.97亿元，当年门诊费用直接结算42.02万元。

推动便民服务"跨市共享"。推动与城市圈内城市互为客源和旅游目的地，咸宁4家景区加入旅游"一卡通"；通山九宫山景区开设武汉至九宫山直通车，2021年前三季度城市圈内游客到咸旅游533.4万人次，占外地游客总数的44.6%。持续开展"春风行动"、"云"端送岗等活动，引导在汉企业来咸招聘，约20万咸宁人在武汉就业发展。

推动生态保护"跨市共治"。完善跨区域河湖联防联控工作机制，与武汉等地联动推进长江"十年禁渔"、采砂联管联治、簰洲湾堤除险加固、斧头湖清淤、梁子湖协同治理。斧头湖水质达到二类标准，咸宁高桥河注入梁子湖交界断面水质稳定在二类标准。建立重污染天气应对、臭氧污染防治、危废处置等协同机制，咸宁市城区空气质量优良率94.9%。

（咸宁市"同城办"）

仙桃市推进武汉城市圈同城化发展报告

2021年，仙桃市注重发挥毗邻武汉优势，主动融入武汉城市圈的产业链、供应链、资本链、人才链、创新链，加快构建同城化发展格局。

一、健全机制高位推动

仙桃市委、市政府主要领导亲自谋划、亲自研究、亲自推动，第一时间传达会议精神和省领导重要讲话精神，安排部署同城化发展工作，明确"东融武汉、西引江汉、中育硬核"的战略方向，坚定不移打武汉牌、走昆山路，夯实"武汉城市圈西翼中心城市、江汉平原明星城市"定位。对武仙同城化工作上上下下、方方面面的重视在持续提高，认识在持续深化，关注在持续增加。

武汉城市圈同城化发展工作实行主要领导领衔出征。比照武汉城市圈组织机构设置，成立武仙同城化发展工作领导小组，由市委书记、市长担任组长和第一副组长，32个部门（单位）组成成员单位，领导小组下设办公室和5个专题工作组，分别由常务副市长和5位分管副市长领衔负责。出台《关于加快建设武汉城市圈西翼中心城市打造江汉平原明星城市的实施意见》《仙桃市融入武汉城市圈同城化发展的实施意见》《仙桃市融入武汉城市圈三年行动方案》等文件。建立联席会议制度，推进工作常态化；健全考核体系，将同城化发展实施情况纳入年度综合考评，确保同城化发展工作落实落地。

二、聚焦重点协同发展

规划同编方面，按照省政府对仙桃"特色型区域中心城市"的发展定位，认真研究、积极对接武汉城市圈同城化发展实施意见、三年行动方案（2021—2023年），确定武仙同城化发展重大事项、重大项目、重大改革举措"三个清单"68项，36个项目纳入城市圈发展规划，仙桃市产业协作先行区及国家级应急防护产业基地建设、跨市（通顺河）流域生态修复与综合整治纳入"十大示范工程"。交通同网方面，加快外向通道、联动通道建设，以交通"硬连接"提升同城"加速度"，汉江二桥和318国道仙桃至蔡甸改线、武（汉）松（滋）高速仙桃段工程进入开工建设准备阶段。产业同链方面，按照"研发

2022年，仙桃市建成"基层检查、上级诊断、上下联动"的区域诊断中心。图为仙桃市第一人民医院处方审核中心　　（仙桃市史志研究中心　供图）

在武汉、生产在仙桃"的模式，与武汉经济技术开发区联合引进新能源头部企业宁波容百新能源科技股份有限公司，总投资300亿元、年产40万吨的高镍锂电池正极材料生产基地正式签约；对接武汉"光芯屏端网"产业，做好配套服务，重点做大做强PCB产业，健鼎电子二期项目部分投产。科技同兴方面，促成湖北万里防护用品有限公司、湖北拓盈新材料有限公司等8家企业与武汉纺织大学签订企校合作协议，助力非织造布产业产能升级、结构升级、品牌升级；与华中师范大学合作共建仙桃新材料产业技术研究院，推动环氧新材料、复合材料刹车片等关键共性技术研发，被湖北省政府列入33家重点建设产业技术研究院之一；与华中农业大学等高校合作共建黄鳝产业技术研究院，组建有20余名黄鳝产业技术创新专家的团队，集中攻克黄鳝繁育和精深加工关键环节；与武汉体育学院、武汉职业技术学院达成初步合作意向，规划建设占地面积333公顷的大学城。民生同保方面，与城市圈九市联合推出106项涉及住房公积金、民政、市场监管、公安等部门服务事项"跨市通办"，半年时间，仙桃市民在武汉就医备案费用2.96亿元、支付1.28亿元，占省内异地就医联网结算80%以上。以仙桃市第一人民医院和仙桃市中医医院牵头组建的两个医共体，推动武汉优质医疗服务资源向全市延伸。

三、发挥优势打造亮点

建设产业协作先行区。着力推动仙桃高新技术产业开发区22.1平方千米产业协作先行区平台建设，投资建设小米生态链智能制造产业园。着力建设湖北乃至华中地区"双碳"目标的先行区、示范区，引进容百科技，建设全省首个以氢能为主导的零碳科技产业园，集中签约项目5个，总投资75.7亿元。推进仙桃港升级、综合保税区建设，不断完善平台基础设施。投资3.99亿元建设的国家应急防护物资储备基地完工，占地7.4公顷，可存储防护服4500万件、医用口罩8.9亿只，收储运营管理方案报市政府审批后即可运营。

（仙桃市"都市圈办"）

潜江市推进武汉城市圈同城化发展报告

2021年，潜江市贯彻落实湖北省区域发展布局战略，以钉钉子精神推进"一主引领、两翼驱动、全域协同"落地生根，扎实推进武汉城市圈同城化发展步伐，共享武汉城市圈发展机遇、发展要素、发展红利。

一、提高政治站位抓融入

坚持统筹谋划、高位推进。把积极融入武汉城市圈放在中心工作来推动和考量，成立由市委书记、市长主抓的推进全省区域发展布局和推动武汉城市圈同城化发展两个工作领导小组，形成工作推进方案，明确目标任务、工作内容、实施步骤、职责分工等关键内容。在市"十四五"规划中明确潜江市的定位为打造武汉城市圈的"产业伙伴基地、生活供给基地、生态旅游基地"。

二、打通内外通道抓融入

推进交通强市建设。汉宜高铁、江汉平原货运铁路、潜枣高速、潜石高速相继建成运行，全市综合交通网络基本形成。加快谋划建设武汉至潜江城际铁路、江汉平原货运铁路西延、汉宜高速潜江东互通、泽口港区综合码头、中国虾谷物流园等重大交通基础设施项目，全面缩短与圈内城市之间的时空距离，加快融入武汉城市圈一小时通勤圈、一日生活圈进程。

三、围绕科技同兴抓融入

积极向武汉借智发展。加强市校合作、校企合作，与中国科学院水生生物研究所、武汉大学、华中农业大学、武汉工程大学、湖北大学等多家科研院所和高校建立长期战略合作关系，成立8个省级科技创新平台，加快推进绿色化工研究院、高质量发展研究院等项目建设。建立健全区域协同创新发展机制，推动金澳科技、华山科技等市域内企业与武汉各高校、科研机构等开展联合科研攻关，共同承担国家、省重大科技项目。鼓励企业创建省级电子材料分析测试技术及应用平台，电子材料分析检测实验室达到CNAS实验室标准，争取创建省级制造业创新中心、国家产业基础公共服务平台。借助武汉成熟的数字化应用场景，在武汉云上建设潜江域专区，为各类应用提供上云服务；在潜江市建设与武汉云标准统一、互为灾备的边缘计算节点，实现视频数据、感知数据、重要数据本地存储，公共数据、产业链数据互通共享；在平台共用、场景共建、人才交流等方面加强协同，构建"光芯屏端网"、虾—稻等重点产业全生命周期数据链，支撑潜江数字经济高质量发展。

四、优化产业布局抓融入

优化产业布局，推动打造成两湖平原汉江流域农产品会展中心，推进"潜江龙虾"区域公用品牌建设，"潜江龙虾"区域品牌价值达251.8亿元。以潜江经济开发区、江汉盐化工业园、长飞潜江科技产业园、微电子材料产业园为依托，推动石油化工、盐卤化工、精细化工等化工产业绿色循环发展，打造武汉城市圈新化工产业集群。推动长飞光纤、晶瑞微电子材料、鼎龙半导体材料、京东方北旭光电材料、伊格特新材料、江苏达诺尔超纯电子化学品等系列新材料项目建设进度，打造武汉城市圈同城化发展首批十大示范工程之一的"光芯屏端网"产业配套基地。

五、立足生态绿色发展抓融入

认真落实习近平总书记"共抓大保护、不搞大开发"指示精神。严格实施汉江十年禁捕；积极开展跨流域的生态环境治理修复，实施全域黑臭水体治理，开展东荆河、四湖总干渠水环境综合整治；实施沿江化工企业关改搬转等重点工作，生态治理取得明显进展。潜江经济开发区园区循环化改造顺利通过国家验收，化工综合管廊、全市城镇污水处理厂等重大配套项目建成运营。

六、推动公共服务一体抓融入

积极对接武汉优质医疗、教育资源。由武汉大学人民医院整体托管潜江市中心医院，建成华中师范大学附属中学、德风学校等民生项目，满足人民群众对优质医疗、教育资源的需求。推进与武汉市构建异地就医直接结算联网、社保无障碍转移、教育协同发展；建立医疗联盟、教育联盟、文化联盟等联盟体，切实增强人民群众的获得感、幸福感、安全感。大力发展全域旅游，做活潜江龙虾消费游，围绕国家返湾湖湿地公园度假区、曹禺文化旅游城、兴隆生态旅游区等，着力融入武汉城市圈区域旅游圈。

（潜江市发展和改革委员会）

2021年11月19日，潜江市与湖北大学签订战略合作框架协议

（潜江市档案馆 供图）

2021年，天门市G348国道汉江公路二桥工程建设工地

(天门市文化和旅游局　供图)

天门市推进武汉城市圈同城化发展报告

2021年，天门市紧扣湖北省委、省政府"一主引领、两翼驱动、全域协同"区域发展布局要求，深入贯彻落实第一次联席会议和第一次全体会议精神，牢固树立"九个城市就是一个城市"的理念，深度融入武汉城市圈，着力打造武汉城市圈创新发展先行区。

一、坚持高位推进，做实顶层设计

凝聚"融入城市圈，建设示范区，晋升百强县"的发展动力。成立由市委、市政府主要领导任组长，相关市领导任副组长，市直相关部门主要负责人为成员的领导小组，建立"一个办公室，五个专题工作组"的工作机制和联席会议机制。编制完成同城化发展实施方案、三年行动方案和年度工作要点，形成上下联动、齐抓共管的工作格局。全面推进国家级高新区创建、园区管理体制改革、国有资本投资运营集团公司组建、闲置土地清理等工作，打造高水平承接产业转移平台和产业合作共建平台，提升融入城市圈的承载力。

二、强化产业引领，促进协作共兴

主动对接武汉"光芯屏端网"产业，实施"强芯亮屏"行动。建设芯创电子产业园、鸿硕精密电工电子产业园、京东方显示屏配套产业园，推动电子信息等新兴产业集聚发展。天门芯创电子产业园已基本形成产业衔接、上下游企业配套的完整半导体封装测试产业链，列为全省半导体封测产业重点落户地；宝昂光电、应友光电、华彩光电、韩国世俊等11个重点项目签约落户，京东方显示屏配套产业集聚效应初显；鸿硕精密电工即将全面投产。对接武汉国家生物产业基地，建设天门生物产业园，建立两地常态化联系机制，引进75家重点生物企业，43个重点项目在建。龙腾服装特色小镇承接汉正街服装产业转移，签约落户56家汉派服装品牌企业。引进苏可森模塑、太鑫锻造等10多家模塑企业，壮大模具产业，补齐武汉汽车产业链条。

三、加快项目建设，推动互联互通

推动重大项目建设，着力打造武汉城市圈"一小时通勤圈""一日生活圈"。加强与国家发展和改革委员会、中国国家铁路集团有限公司、中铁第四勘察设计院集团有限公司等部门衔接汇报，制定沿江高铁天门段征地拆迁任务、时限、责任三清单，实行挂图作战，全力以赴保证沿江高铁天门段年内开工建设。以时不我待的精气神抢抓工期，提前完成武天宜高速公路城市圈环线高速至随岳高速段初步设计招标工作，提前进入投资人招标程序。主动对接全省都市圈市域（郊）铁路网规划，编制完成天门市域（郊）铁路初步规划方案。天门通用机场、"一江三河"水系连通、S214仙桃汉江大桥及连接线、S269高石碑汉江大桥等项目进入前期工作阶段。

四、密切多层往来，开展交流对接

与武汉市共同确定公安、公积金、交通运输、民政、人社、医保等9部门的106项跨市通办事项，开设政务服务"跨省·武汉城市圈通办窗口"。公积金贷款实现与武汉互认互贷、异地转移接续；城镇职工、城乡居民住院已实现异地就医直接结算。与湖北省金融管理部门对接理顺天门市金融保险机构管理体制，华安财险、太平财险、恒大人寿、太平洋人寿4家保险机构同意对天门市机构实行直管。与武汉市共建中国光谷（天门）科技城、天门科创孵化园、天门—华中科技大学政产学研用合作中心等研发平台，58家企业与武汉的高校、科研院所开展技术合作，15家企业与武汉高等院校、科研院所共建研发中心。

（天门市"都市圈办"）

2021年武汉城市圈十大示范工程

武汉新港港口合作建设示范工程

2021年，武汉新港加快长江段武汉、鄂州、黄冈、咸宁、黄石和汉江段港口一体化建设。推动港航营运同城化、一体化发展，围绕500万标箱吞吐量目标任务，将武汉市内"水上穿巴"扩展成为城市圈"水上穿巴"，扩大政策覆盖面，支持有条件的港口拓展重要干线、支线船舶服务业务。着力推进集装箱一体化发展，加强长江与汉江的联动协调发展。推进汉江航道整治，加快汉江流域航道标准化、系统化治理，推动汉江支线船队建设。

武汉港枢纽地位稳固提升。以阳逻港为核心，汉南港、花山港、金口港为辅助的集装箱港口集群化发展态势良好，武汉港集装箱运输能力提升到400万标箱，位居全国内河港口之首，武汉港集装箱吞吐量持续高位增长，近5年平均增幅达14%，占全省总量的85%，占长江中上游9个港口合计吞吐量的40.3%，水水中转比例提升5个百分点，达到48.96%。全年完成集装箱吞吐量243.62万标箱，比上年增长26%。

区域联运发展迅速。国家沿江重点水铁联运项目阳逻国际港水铁联运二期项目于2020年8月1日正式开工，2021年8月1日开港试运行，10月27日正式启动武汉到西安水铁联运内贸专列。阳逻国际港形成100万标箱港口作业和水铁联运中转能力，成为内河首座智慧港口以及内河最大水铁联运枢纽。

近洋直航航线运营稳定。武汉至日本直航航线于2019年11月28日开通，2020年5月9日实现班轮化运行。武汉至韩国直航航线于2021年10月28日正式开通，前11个月共运行直航航

2021年10月13日，"舟山—武汉"全国首创服务长江中游特定航线江海直达散货船首航仪式在舟山老塘山五期码头举行，开启武汉新港江海直达由集装箱船船队向散货船船队进发新征程

（武汉市地方志编纂委员会办公室 供图）

线73个航次，准班率100%，运输集装箱重箱10942标箱。出口40航次，运输集装箱6034标箱。海铁联运工作取得进展，"日本—武汉—乌兰巴托"海铁联运专列共运输234个大柜，共计468标箱的国际中转箱。

开通城市圈"水上穿巴"。武汉城市圈内首条武汉至黄石水上"城际穿巴"2021年9月29日正式开通运行，由"华枫6号"轮和"华安吉8号"轮两艘船运营，航线运营企业每月对外发布船期表，定点挂靠武汉阳逻港、黄石港，每周两班，实现双边对开。

黄石临空经济区对接光谷示范工程

2021年，黄石市以黄石临空经济区为载体，全面对接光谷光电子信息产业、生物产业和智能产业，围绕产业布局、园区合作、

要素供给、机制创新协同，加快推进创新链、产业链、价值链"三链融合"，推动产业基础高级化、产业链现代化。大力培育电子信息、生命健康、智能装备等创新型产业集群，建设光谷产业协同发展示范区，把黄石临空经济区打造成为基础设施完善、产业链完整、充满创新活力的高新技术产业集聚区。

《黄石临空经济区总体方案》正式获批，正在推进国土空间规划、控制性详规、总体规划等规划编制工作。临空经济区基础设施建设正抓紧推进，主要包括园区主干路网建设、道路提档升级、公建配套设施、还建房等10余个建设项目，起步区军山路已建成通车，园区"三纵三横"的主干路和总投资20亿元的全域国土综合整治项目正有序推进，集中开工光谷科创大走廊黄石功能区重点项目24个，总投资223亿元。持续加大招商引资力度。已正式签约项目11个，重点跟踪洽谈项目13个。

鄂州市产业园区合作示范工程

2021年，鄂州市产业园区合作示范工程由鄂州市临空经济区与武汉金融控股（集团）有限公司合作，投资7亿元，占地面积约13公顷，主要引进机械智能制造产业、光电子信息产业等，力争打造千亿级光电子产业园。

葛店经济技术开发区对标光谷生物城投资40亿元建设大健康产业园，承接光谷生物城向东溢出的科技创新资源，扩大光谷"生物城"对葛店"药谷"的辐射带动作用，与光谷生物科技城错位发展，共同打造大健康产业集群。大健康产业园已有康源、浩信、葛店人福、华烁、唯森5家迁入企业正在施工;园区公共服务服配套项目完成初步规划设计，即将开工建设。未来将与生物城办公室共同建设运营大健康产业园，促进生物医药产业协调发展。葛店开发区光电子产业园精准对接武汉"光芯屏端网"万亿级产业链，与光谷加快共建100平方千米的光电信息产业聚集区，共同打造国家千亿级光电信息产业基地。对接武汉东湖新技术开发区左岭区域华星光电、天马电子等百亿级企业以及国家存储器基地，围绕其上下游产业链引进投资120亿元的三安光电项目，一期部分开始试产，二期项目正加速建设，累计完成投资17.8亿元。新引进投资80亿元的三安芯映光电项目和投资50亿元的瑞华光电项目，均开始桩基施工。鄂州市临空经济区与光谷金控集团合作，拟投资额65亿，建设临空经济区光电子产业园，用地规模约33公顷，主要发展光电子、集成电路、新型显示三大产业。至年底，园区主干道路已完工。

孝感临空经济区示范工程

2021年，孝感临空经济区以发展高端装备制造业、电子信息、现代物流、文创旅游和大健康等为方向，促进产业一体化发展。以综合交通、仓储物流、新型基础设施等为重点方向，促进基础设施融合发展，以土地、人才、技术、资金、管理与服务等为支撑，促进关键生产要素双向互动，共同建设孝汉同城核心区、高端临空产业集聚区、文化与生态交融临空新城区。

坚持交通先行。发挥临空经济区临近武汉的区位优势，加快构建同城化交通体系。陈天大道临空区段竣工通车，环湖公路东延至黄陂区临空区段完成可研编制，开展地铁延伸及综合开发论证工作。正在积极沟通衔接开通城际公交、减免高速通行费等事项。

积极承接武汉产业转移。建设高端临空产业集聚区，发挥佳兆业空港科技城、交投天河智谷产业园等园区平台作用，重点抓好信息技术、智能装备制造、新能源汽车、现代物流等产业培育，加强与武汉经济技术开发区、武汉东湖新技术开发区对接合作，承接武汉产业转移25个，总投资67.09亿元，其中远大智能交通产业园项目、泰格尔智能装备生产基地项目、武汉极能新能源等3个项目已投产运营，14个项目已开工建设，8个项目正在加快推进前期工作。加快临空区现代物流产业提档升级，大力推进临空物流园建设，加快申通、韵达、普洛斯、丰树、苏宁云商、华融广德冷链、复星国药7个物流项目竣工投产，打造大临空国际航空货物中转中心。加大招引科技研发、企业孵化类项目，做大做强高科技产业园。引进国家级创新型孵化加速器东科创星科技企业加速器项目，引进高质量科技型创业团队,服务指导企业孵化。

强化产学研合作。加大教育科研园推进力度,吸引武汉高校落户临空办学。由武汉乐群教育投资有限公司投资18亿元建设的美珈职业学院主体工程完工,已于2021年9月招生运营。武汉轻工大学与孝感市人民政府签订《建设武汉轻工大学临空校区的合作框架协议》,已获得湖北省政府批复,正在编制临空校区项目可研性报告。

光谷黄冈科技产业园示范工程

光谷黄冈科技产业园位于黄冈市主城区以北、黄鄂高速以南区域,总规划面积25平方千米。2021年,该园区积极融入武汉城市圈同城化发展,组织开展产业分析,研究共建比较优势,确立光电子信息、大健康、智能制造装备、高新技术生产性服务业四大主导产业发展方向;编制产业布局图、产业招商地图,致力加快建设"同城试验田,光谷第九园"。

全年共引进落户投产企业10家,其中,规上企业2家、省级高新技术企业1家。完成固定资产投资2.02亿元,实现产值(营收)1.06亿元。

该园区承办光谷科创大走廊黄冈功能区启动仪式暨"青桐汇"走进黄冈大型对接活动,15家武汉市科技企业、100家黄冈市科技企业代表参加。做实离岸科创中心创新平台建设。在武汉东湖新技术开发区大学科技园内租赁约1000平方米场地,设立光谷(黄冈)离岸科创中心,发挥

远眺光谷黄冈科技产业园　　　　　(黄冈市史志研究中心　供图)

科创中心职能,加大驻点"扫楼招商"力度,驻点招商范围从光谷逐渐扩大到整个武汉地区,"地毯式"摸排项目信息,挖掘和对接经济企业外溢需求,储备一批项目。重点跟踪洽谈富乐德大硅片、半导体洗净、深圳乐扬线束、软通动力、华晶微联光器件等10个重点项目。规范创新平台运营管理。出台黄冈(光谷)科创中心建设运营实施方案和运营管理办法,借助武汉东湖新技术开发区政策、产业和资本优势,结合黄冈市资源和产业基础,形成"研发在武汉、生产在黄冈,基地在武汉、链条在黄冈,融资在武汉、投资在黄冈"的产业协同发展生态。强化与科研院所产业合作。与武汉光电工业研究院签订合作协议,在园区建立黄冈协同创新中心,通过搭建共建技术创新平台,开展企业对接、人才培训等活动,立足园区、辐射带动黄冈市光电子信息产业发展。推进高新技术企业培育。与东湖新技术开发区初

步建立异地孵化、瞪羚企业评选、双创活动开展、企业人才培训方面的合作模式,加快企业创新意识培养,推进园区优星达光电科技公司(武汉华星光电配套企业)成功申报认定高新技术企业。

咸宁电子信息产业基地示范工程

2021年,咸宁电子信息产业园以智能终端元器件、新型显示材料、高性能绝缘材料、大数据和软件服务为主攻方向。

组建咸宁市电子信息产业发展研究院。以香城智能机电产业研究院、赤壁高质量发展研究院为基础组建咸宁市电子信息产业发展研究院,依托湖北科技学院、咸宁职业技术学院引入更多高校和研究机构参与研发合作,全力打造华中地区电子信息基础材料基地、光电子信息产业基地。高标准培育龙头企业。积极培育电子信息产业链龙头企业,重点支持瀛通通讯、维达力、三赢兴科技、平安电工、南玻光电

等重点企业加快发展壮大。加快推进项目建设。全年签约电子信息产业项目 57 个，协议投资额 143.71 亿元。抓技改扩建，赤壁维达力三期触控系统生产线、咸宁高新区三赢兴科技二期等扩建项目加快推进。

仙桃市产业协作先行区及国家级应急防护产业基地示范工程

2021 年 1 月 4 日，仙桃市应急防护物资储备基地项目列入国家发展和改革委员会医疗应急物资储备设施项目中央预算内投资计划，获得中央预算内投资计划 1.05 亿元。该项目位于仙桃市彭场镇，占地面积约 7.4 公顷，总建筑面积约 3.45 万平方米，包含两栋智能化立体仓库、一栋配套公用建筑，总投资 3.99 亿元。2020 年 9 月动工，到 2021 年底建成，可存储防护服 4500 万件、医用口罩 8.9 亿只。"中国非织造布制品生产基地""中国非织造布原材料供应基地"通过中国产业用纺织品协会评审授牌，"国家非织造布外贸转型升级基地"获得商务部授牌；"国家非织造布产品质量监督检验中心"建成并投入运营，"非织造布技术创新中心"被认定为省级技术创新中心。截至 2021 年底，仙桃市已投入"四基地两中心"建设资金 28 亿元，签约项目 46 个，总投资 125.4 亿元。其中，投产项目 11 个，在建项目 27 个。非织造布产业核心区工商注册非织造布企业达 628 家，其中，规上企业 70 家，高新技术企业 26 家。从业人员 5 万人，年产各类非织造布 27 万吨，加工各类非织造布制品 56 万吨，产品共计 32 大类、130 多个品种，是全国非织造布产业链最完整、出口量最大的生产基地。

潜江光芯屏端网产业配套基地示范工程

2021 年，潜江市着力打造长飞潜江科技产业园、微电子材料产业园，通过长飞、晶瑞、鼎龙等龙头企业的带动，持续引进关联产业，大力发展光纤光棒产业、微电子材料产业，打造千亿新材料产业集群，建设"光芯屏端网"产业配套基地。潜江市电子信息产业相关规上企业新增至 20 家，光电子信息产业产值 97.7 亿元，比上年增长 28.2%；完成税收 2.68 亿元，增长 36.6%。

主动融入武汉"光芯屏端网"万亿产业集群。以长飞光纤、菲利华、日本信越等为代表的光纤光棒制造集群，成为全球最完善的光纤光棒产业链、全球最大的气熔性石英材料生产基地，年产光纤预制棒 6000 吨、光纤拉丝 1 亿芯公里，占全球市场的 60%，产值突破 100 亿元，税收超过 10 亿元。依托长飞科技产业园、微电子材料产业园、国家循环化改造试点示范园区、国家独立工矿区等产业发展平台，积极参与国内外"光芯屏端网"产业链重大经贸招商活动，招引晶瑞、鼎龙、北旭、达诺尔、孚诺林等全国集成电路材料创新联盟骨干企业入园。

主动对接武汉高校。合作共建绿色化工产业技术研究院、产业高质量发展研究院。与武汉工程大学、中国地质大学等高校签订市校合作协议，推动 14 家企业与武汉大学、武汉市农业科学院等高校和科研院所合作，创建省级企校联合创新中心、产业技术研究院等新型技术研发平台。支持企业与武汉各高校、科研机构等开展联合科研攻关，共同承担国家、省重大科技项目，建立一批"光芯屏端网"配套产业实训和

长飞光纤潜江有限公司生产车间　　　　　　（摘自《潜江日报》）

生产基地。鼓励企业创建省级电子材料分析测试技术及应用平台，电子材料分析检测实验室达到CNAS实验室标准，争取创建省级制造业创新中心、国家产业基础公共服务平台。

武汉国家生物产业基地天门生物产业园示范工程

2021年，天门生物产业园重点打造生物制药生产基地，皮肤外用药品生产基地，化学原料药和医药中间体生产基地，中药饮片、中成药和中药提取生产基地。依托武汉国家生物产业基地，发挥益泰药业、人福成田、优普生物、通威生物等重点企业带动作用，积极承接武汉大健康产业，大力发展生物医药、生物农业、生物制造、生物环保产业，打造湖北省化学原料药清洁生产示范基地、武汉国家生物产业基地示范园。其中，益泰药业3大类15款产品在市场上供不应求，肝泰乐、阿昔洛韦及中间体、林可醇化物、利巴韦林四款产品尤为突出，正在研发瑞德西韦、恩替卡韦及富马山替诺福韦等抗病毒产品，致力于打造全球抗病毒原料药生产基地；华世通生物高分子抗肾病医药中间体、抗糖尿病原料药2大类5款产品销售、利润均实现翻番，抗冠状病毒药进入第三期临床试验阶段；人福成田研发的5大类20多款产品全面铺开市场；德远化工的吐纳麝香香精远销全球60%以上的国家和地区。全年，新签约落户生物产业项目14个，各类生物企业发展到67家，初步形成集化学原料药、化学药制剂、生物医药、中成药、生物农药等研、产、销一体的产业链，年产值达200亿元。

跨市流域生态修复与综合整治示范工程

2021年，武汉城市圈各相关城市联合推进河流生态修复与综合整治，武汉、仙桃、潜江、孝感四市开展跨界断面水质生态补偿，积极打造以通顺河为代表的江汉平原流域整治样板。

建立大梁子湖共建、共管、共享机制。武汉市、鄂州市、黄石市、咸宁市共同签署《保护梁子湖协议》。鄂州市编制完成《梁子湖流域水生态环境保护"十四五"规划》，推动梁子湖成立领导机构和领导小组办公室，建立财政、环保、水利、农业、住建、林业等部门联席会议制度，落实梁子湖流域水污染防治各项重点工作；完成对梁子湖（鄂州区域）

2021年，鄂州市樊口区域沿江路以及江滩环境综合整治工程

（鄂州市档案馆　供图）

的入湖排口排查溯源工作，共排查出46个入湖排口，完成排口的编码、分类和命名工作，并对其中有水的43个排口开展监测溯源工作；与武汉市生态环境局、东湖新技术开发区进行对接，了解梁子湖（武汉区域）排口排查整治进展情况，促进信息共享，协同开展入湖排污口污染治理。强化合作交流，在梁子湖保护方面形成协同共治新格局。

推进斧头湖流域共治。武汉市与咸宁市联合编制《斧头湖流域生态保护规划（2016—2025年）》，提出流域环境保护总体要求，制定生态控制线规划，构建斧头湖流域点、线、面环境监测网络

推进滠水河联合治理。武汉市生态环境局黄陂区分局与大悟县生态环境局、红安县生态环境局联合签署《关于滠水河流域生态环境调查的联合公报》，编制整治规划，联合制发流域环境信息

通报，建立环境污染与破坏事故预警等制度。

推进府澴河（孝感段）横向流域生态补偿机制建立。孝感市人民政府先后印发《澴河流域生态补偿方案》《孝感市府河流域生态补偿方案》，全面启动实施横向流域生态补偿，开展流域水质断面监测考核，孝感市生态环境局、孝感市财政局每月通报监测考核和保证金扣减奖励情况。统筹中央和省级专项资金使用，大力支持开展流域水生态保护项目。2021年孝感市共获得中央水污染防治资金1.42亿元，用于支持府澴河流域生态修复补偿。孝感市生态环境局邀请武汉市生态环境局开展汉孝交界断面联合执法，联合印发《交界断面联合执法方案》，协同推进流域保护共治。

推进汉南河水环境综合整治工程、四湖总干渠西六支渠水环境治理工程、城南河人工湿地水质净化工程。潜江汉南河水环境综合整治工程项目总投资6.6亿元，已完成潜江经济开发区工业污水处理厂项目一期工程等6个工程。四湖总干渠西六支渠水环境治理工程总投资3036.58万元。城南河人工湿地水质净化工程总体项目总投资6673.74万元，正在抓紧编制实施方案。

（湖北省武汉城市圈研究会）

编辑：刘家连
校对：卢永会

大事记

1月

2日

△武汉四环线主线正式贯通，全长148千米，是连接武汉六大新城组群的快速通道。

△武汉轨道交通8号线二期工程、11号线三期葛店段同步开通。随着武汉轨道交通11号线三期葛店段的开通，鄂州市因此成为湖北省第二个拥有地铁的城市。

8日

武汉通发售2021"牛卡"，武汉通"升级"变成"省内通"。

12日

武汉市召开优化营商环境大会。大会发布《关于集中治理庸懒散慢乱浮现象，促进干部担当作为的实施意见》。

14日

武汉市召开推进跨境电商高质量发展动员会。

20日

△武汉阳逻港物流枢纽铁水联运分拣区启动建设。

△《中国城市夜经济影响力报告（2020）》正式发布，武汉市首次成为中国夜经济影响力十强城市。

2月

1日

武汉城市圈环线高速大随至汉十段（孝感北段）正式通车。至此，全长560千米、历经13年建设的武汉城市圈环线高速公路"画圆"。

3日

科技部火炬中心发布2020年度新增国家级科技企业孵化器名单，武汉新增5家国家级科技企业孵化器，总量达41家。

4日

交通运输部发布《关于公布北京市交通委员会等交通强国建设试点单位的通知》，正式批准武汉市开展交通强国建设试点工作，武汉市成为全国唯一特批的省会试点城市。

8日

台湾海峡首艘5000吨级大型海事巡航救助船"海巡06轮"，在中国船舶武船集团双柳造船基地正式下水，该船列编后将成为台湾海峡最大的海事巡航救助船。

9日

武汉科创企业四方光电股份有限公司在上海证券交易所科创板正式上市，股票代码"688665"。

18日

△中共武汉市委、武汉市人民政府召开加快打造"五个中心"建设现代化大武汉暨优化营商环境大会。

△武汉市启动光谷科创大走廊建设。该项目按照"一核一轴三带多组团"布局，以东湖科学城为核心，辐射带动鄂州、黄石、黄冈、咸宁四市科技创新、产业升级和人才集聚。

27日

△武汉市举行2021年一季度重大项目集中开工活动。集中开工项目共215个，总投资3305.4亿元。

△东湖新技术开发区武汉人工智能计算中心项目正式开工，是国内首家具有公共服务性质的人工智能算力基础设施。

28 日

由国药集团中国生物武汉生物制品研究所和中国科学院武汉病毒研究所共同研发的新型冠状病毒灭活疫苗正式上市,这是国内第三个获批附条件上市的新冠疫苗。国药集团中国生物中部产业基地同日在武汉揭牌。

3 月

1 日

武汉市发布《关于实施武汉市长江通江支流禁渔期制度的通告》,从 3 月 1 日零时至 6 月 30 日 24 时止,在长江、汉江"十年禁渔"基础上,武汉市举水河、倒水河、滠水河、府河、金水河、东荆河 6 条通江支流进入季节性禁渔期。

6 日

武汉市公共卫生应急指挥系统建成使用,该系统与国家、省、市共 45 个系统实现数据互通,全面整合 913 家在汉医疗机构电子病历、检验检查结果等数据,及 23 家市直单位及委、办、局涉疫数据。

16 日

2021 第十三届武汉国际绿色建筑材料博览会在武汉国际博览中心开幕。

20 日

武汉轨道交通产业创新基地项目集中签约开工。共签约 34 个项目,总投资 652 亿元。

23—24 日

"相约春天赏樱花"经贸洽谈暨武汉市一季度招商引资项目签约大会、中欧(武汉)投资合作对话会、美资企业走进武汉座谈会、中德(武汉)经贸合作云交流会等一系列招商引资及经贸交流活动在武汉举行。

31 日

△武汉市召开"高效办成一件事"改革视频会议。全面推行"五个一"(一次告知、一表申请、一窗办理、一网通办、一体管理),着力营造一流营商环境。

△武汉、鄂州、黄冈三市农业综合执法支队就长江禁捕跨界水域协同执法签订合作协议,建立健全长江流域重点水域跨界水域协同执法机制。

4 月

2 日

湖北省区域发展布局暨县域经济工作推进会在武汉召开。会议明确要聚焦武汉城市圈同城化,加快推进"1+8"九个城市规划同编、交通同网、科技同兴、产业同链、民生同保。中共湖北省委、湖北省人民政府印发《关于推进"一主引领、两翼驱动、全域协同"区域发展布局的实施意见》。

4 日

中共武汉市委召开常委会会议,专题听取武汉城市圈同城化发展联席会第一次会议筹备情况,审议相关文件草案,研究部署武汉城市圈同城化发展相关工作。

5 日

武汉城市圈同城化发展工作推进会在武汉召开,九市发改部门主要负责人协商推进武汉城市圈同城化相关事宜。

7 日

武汉城市圈区域协同立法第一次联席会议在武汉召开,审议通过武汉城市圈区域协同立法框架协议。会议由中共武汉市人大常委会党组书记、主任胡立山主持。会议强调九市人大常委会要加快推动武汉城市圈区域协同立法破题开篇,用法治力量助推打造武汉城市圈升级版、加快武汉城市圈同城化发展步伐。

8—11 日

第三届世界大健康博览会在武汉举行。活动由武汉市卫生健康委员会主办,九市行业主管部门和医联体负责人共 50 余人共商交流合作事项与推进举措。

13 日

湖北·商飞产业合作座谈会在武汉举行。湖北省和武汉市相关部门、东湖新技术开发区管委会、鄂州市人民政府领导以及武汉航达、航空仪表等企业负责人参会，共同研究中国商用飞机有限责任公司与湖北省合作发展事项。

16日

武汉城市圈空间规划第一次联席会在武汉召开。会议由湖北省自然资源厅、武汉市自然资源和规划局主办，九市自然资源和规划局及华中科技大学、湖北省空间规划研究院等相关单位负责人参加会议。会议明确城市圈各城共同编制一个区域规划，指导城市圈空间发展。

19日

咸宁与武汉两市产业同链、环境共治工作对接座谈会在武汉同步举行。两市经信部门共商推进两地产业协同合作事宜，并对双方承接产业转移、加强上下游产业链合作、共同开拓国内市场等方面达成初步合作共识。两市生态环境部门围绕斧头湖协同治理机制、大气污染防治联防联控机制和长江流域生态补偿机制开展研讨，并达成初步共识。

23日

中共武汉市委办公厅、武汉市人民政府办公厅印发《关于成立市推进武汉城市圈同城化发展暨武鄂同城化发展工作领导小组的通知》，明确领导小组成员及下设机构等。

26日

中共湖北省委常委、武汉市委书记王忠林，武汉市委副书记、武汉市人民政府市长程用文率队前往孝感市、咸宁市等地考察对接，共商推动武汉城市圈同城化发展。

30日

武汉四环线全线通车运营，武汉市第11座长江大桥——武汉青山长江大桥同日正式投入使用。

5月

6日

△住房和城乡建设部、工业和信息化部发布通知，武汉等6个城市被确定为智慧城市基础设施与智能网联汽车协同发展第一批试点城市。

△中共武汉市委副书记、武汉市人民政府市长程用文率队前往黄冈市、鄂州市、黄石市调研对接，共商推动武汉城市圈同城化发展。

8日

武汉开通中国内地首条拉美货运航线，实现16小时航运直达墨西哥城。

10日

武汉市人大常委会主任胡立山和中共武汉市委副书记、市纪委书记、市监察委员会主任张曙率队前往仙桃市、潜江市、天门市调研，对接武汉城市圈同城化工作。

12日

湖北、安徽、江西、湖南、重庆五省（市）在武汉举行长江"十年禁渔"联合执法合作协议签约活动。

13日

首颗"武汉造"卫星在武汉国家航天产业基地下线。

16日

2021年武汉科技成果转化首场对接会在光谷科技会展中心举行，45个科技成果转化项目现场签约。

18日

△武汉城市圈"一主引领、两翼驱动、全域协同"区域和县域产业协同发展座谈会在武汉召开，九市经信部门主要负责人共同研究城市圈产业协同发展框架。

△武汉市文化和旅游局负责人率队分赴武汉城市圈八个兄弟城市，与当地文旅部门现场接洽、沟通，形成《"武汉城市圈旅游年卡"建设实施方案（草案）》。

△武汉长江日报传媒集团有限公司依托长江网成立武汉城市圈新闻中心，并推出《9城同兴》特刊。同日，长江网（小程序端）推出城市圈频道。

19日

武汉城市圈同城化发展联席会第一次会议在武汉召开。会议审议通过《武汉城市圈同城化发展三年行动方案（2021—2023年）》，九市共同签署《武汉城市圈同城化发展合作框架协议》。

23 日

武汉市与孝感市签订《武汉孝感市域（郊）铁路工程建设框架协议书》，协议明确两市在水陆联运、公交延伸、高速建设、断头路联通、旅游路对接等方面加强合作，以交通同城推进孝汉同城化进程。

24 日

2021"火红夏日好拼搏"经贸洽谈暨武汉市第二季度招商引资项目签约大会于武汉举行，由近百名世界 500 强企业、知名跨国公司和央企、民企高管以及"1+8"城市圈各城市代表出席参加。会上集中签约 141 个项目，总投资额 3838.66 亿元。

25 日

武汉城市圈公路项目对接会在武汉召开，武汉市、咸宁市、鄂州市、黄石市四市就武汉城市圈公路项目对接开展合作。

27 日

武汉跨境电商货物首次搭乘中欧班列向海外仓发货，标志着武汉跨境电商开创又一新的出口贸易模式。

29 日

阳逻港—吴家山—杜伊斯堡水铁联运测试班列正式发车。

31 日

△"红色武汉·英雄城市"精品线路入选文化和旅游部、中共中央宣传部、中共中央党史和文献研究院、国家发展和改革委员会推出的"建党百年红色旅游百条精品线路"。

△华为武汉研究所项目、武汉人工智能计算中心正式投运，武汉超算中心建设启动。

6 月

1 日

△武汉市人民政府召开市政府常务会议，审议《关于加快武汉区域金融中心建设的若干支持政策》《武汉市"十四五"城市更新改造规划及 2021 年度城市更新计划》等内容。

△华中师范大学科技园、武汉理工大学科技园被认定为第十一批国家大学科技园。

4 日

武汉市人民政府发布武汉首批共 271 个数字经济应用场景，聚焦人工智能、区块链、5G、工业互联网、北斗与卫星互联网等五大技术应用领域。

6 日

"同心筑梦·同城共进"2021 武黄同城暨黄石（光谷）产业投资推介会在武汉举行。活动由中共黄石市委、黄石市人民政府主办，共签约新材料、电子信息、智能制造及文旅等项目 33 个，总金额 175 亿元。

8 日

武汉城市圈"民生同保"政务服务工作座谈会在武汉召开，研究建立工作推进机制和落实政务服务"跨市通办"事项。

9 日

武汉产业创新发展研究院成立大会在武汉举行。同日，武汉产业创新发展研究院发布公开遴选院长公告，面向海内外公开遴选院长 1 名、副院长 3 名。

10 日

东湖科学城及重大科技项目开工建设。高端医学生物成像设施、中国船舶通信与电子信息技术研发基地等 5 个重大科技项目和项目配套的科学服务中心以及周边路网集中开工。中共湖北省委书记、湖北省人大常委会主任应勇出席活动并宣布项目开工，省委副书记、湖北省人民政府省长王忠林致辞。

11 日

武汉城市圈同城化水务工作第一次座谈会在武汉召开，明确了水务同城化发展"五同五共"的工作思路和重点任务。

17 日

武汉城市圈九城同步开设"武汉城市圈通办综合窗口"，106 项政务服务事项实现"跨市通办"。

18 日

武汉城市圈生态环境第一届合作会在武汉召开，九市生态环境局共同签订《武汉城市圈城市生态环境合作协议书》。

22日

武汉城市圈首家离岸科创园黄石（武汉）离岸科创园开园。该园占地面积26万平方米，致力于打造研发试验中心、招才引智中心、科技金融中心、企业孵化中心和成果转化中心五个中心，首期入驻企业研发中心机构33家。

28日

武汉城市圈九市公共资源交易（政府采购）中心在武汉市民之家签署合作备忘录。

30日

湖北省港口集团有限公司在武汉正式成立。

7月

1日

武汉、黄冈两市招商部门签订《推进武汉城市圈同城化发展产业同链战略合作框架协议》，明确在信息共享、协同招商、招才引智等方面开展合作。

2日

《孝感市轨道交通线网规划（2021—2035）》专家评审会在汉召开，孝感市相关部门（区、市）、武汉市发展和改革委员会、武汉地铁集团有限公司等单位负责人和专家参加会议。

6日

△武汉城市圈交通一体化工作联席会在黄冈召开，九市交通部门共同签订《武汉城市圈交通一体化三年行动共同宣言》。

△阳逻国际港水铁联运二期工程全球推介会举行。该工程项目是长江干线港口12个重点水铁联运设施联通项目之一，对于武汉建设港口型国家物流枢纽城市、打造"五个中心"具有重要意义。

8日

△湖北省政协主席黄楚平到黄冈市调研武汉城市圈同城化发展工作。

△中国信息通信科技集团有限公司5G产业项目落地武汉东湖新技术开发区暨中信科移动公司战略投资人签约活动在武汉举行。

12日

武汉东湖新技术开发区管理委员会与黄冈市政府签订《建设光谷科技创新大走廊战略合作协议》。由东湖新技术开发区、黄冈市合作共建的光谷黄冈科技产业园正式开园，园区现场与东湖新技术开发区科技创新局、武汉高科国有控股集团有限公司签订共建"黄冈（光谷）科技创新中心"协议；园区还分别与武汉大学科技园、华中科技大学科技园签订"科技创新孵化"协议。

13日

△黄石市人民政府与黄冈市人民政府签订《武汉城市圈同城化发展示范区战略合作框架协议》。

△商务部等8部门印发《关于公布第一批全国供应链创新与应用示范城市和示范企业名单的通知》，武汉市成功入选首批10个示范城市，长飞光纤光缆股份有限公司、九州通医药集团股份有限公司等4家企业入选全国94家示范企业。

△武汉大学中南医院·安陆市普爱医院医疗联合体签约暨"武汉大学中南医院安陆普爱医院"揭牌仪式在孝感市安陆市举行。

16日

△武汉城市圈九市法院系统在武汉召开联席会议，共同签订《武汉城市圈九市司法协作机制框架协议》。

△孝感市中心医院与武汉儿童医院组建专科联盟。

27日

武汉东湖新技术开发区人才政策3.0发布会暨东湖科学城人才生态建设大会召开。会上，"东湖科学城招贤榜"发布70个百万元年薪岗位；3551人才注册服务平台首次发布，第十四批"3551光谷人才计划"同期启动申报。

28日

湖北省推进区域发展布局实施工作领导小组第一次会议在武汉召开。会议审议通过《武汉城市圈同城化发展实施意见》《武汉城市圈同城化发展三年行动方案（2021—2023年）》和《武汉城市圈同城化发展2021年度工作要

《点》等文件，并于8月11日正式印发。

29日

武汉、黄冈两市招商部门签订《推进武汉城市圈同城化发展产业同链战略合作框架协议》。

31日

武汉市举行第三季度重大项目集中开工活动。集中开工亿元以上重大项目共161个，总投资2158亿元。

8月

1日

阳逻国际港集装箱水铁联运二期项目开港通车运行。

2日

武汉市第400万辆机动车在武汉市公安局交通管理局车辆管理所登记。至此，武汉机动车保有量居全国第八位。

21日

武汉国家航天产业基地研发生产的"快舟·新洲"号火箭从武汉出发，出征酒泉卫星发射中心，准备择机发射。

27日

"激昂金秋正奋进"经贸洽谈暨武汉市第三季度招商引资项目集中签约大会在武汉举行，城市圈各市共同参会，现场签约138个高能级投资合作项目，总额达4122亿元。

29日

国内最大的城市道路单管双层隧道——武汉和平大道南延线隧道段工程正式开挖，计划于2023年建成通车。

31日

武汉城市圈空间规划第二次联席会在武汉召开。会议由湖北省自然资源厅主办，武汉城市圈九市自然资源和规划局负责人共同探讨武汉城市圈空间发展新蓝图。

9月

1日

湖北全省金融支持重大项目融资活动走进黄石市。10余家省级金融机构与晶芯半导体、新兴管业等47个亿元以上重大项目对接，并签订共计246亿元的融资合作协议。同日，黄黄高铁轨道全线贯通，并与武冈城际黄冈东站顺利接轨。

2日

中共湖北省委书记应勇到武汉市新洲区调研推动经济社会高质量发展工作。应勇着重强调，要切实发挥武汉和武汉城市圈龙头引领和辐射带动作用，推动"一主引领、两翼驱动、全域协同"区域发展布局成势见效。

3日

《武汉城市圈港口一体化发展三年行动计划纲要（2021—2023年）》开展专题咨询，提出，构建以武汉港为核心，咸宁、鄂州、黄冈、黄石等长江四市港口为支撑，孝感、仙桃、潜江、天门等汉江四市为辅助的多圈层集装箱港口集群。武汉市正式发布《东湖科学城建设发展规划》，规划实施七大湖北实验室、九大科学装置、九大创新中心、七大重点板块构成的"7997"科创平台项目。

4日

△武汉城市圈同城化发展办公室在武汉正式揭牌成立运行，并举行第一次全体会议，审议通过《武汉城市圈同城化发展办公室工作规则》，九市联合组建武汉城市圈同城化发展办公室。

△全国首个"城市一朵云"——武汉智慧城市云基础设施及服务（简称"武汉云"）正式启用。同日，烽火、腾讯、麒麟软件等企业及武汉大学、华中科技大学等高校共同组建的武汉云数字经济产业创新联合体揭牌。首批17家行业头部企业签约入驻武汉云数字经济总部区。

5日

中共国务院发展研究中心党组成员、办公厅主任余斌一行到孝感市调研武汉城市圈国土空间规划实施情况。

6日

国家发展和改革委员会在微

信公众号上向全国推介武汉以国家营商环境评价标杆城市为坐标系,全面推进"一事联办"的做法。

7日

武汉东湖新技术开发区高新大道(三环线—外环线)综合改造工程完成全部收尾工作并通车,双向14车道为武汉市城区内最宽的道路之一。

8日

鄂州市人民政府与黄石市人民政府签订《武汉城市圈同城化发展示范区战略合作框架协议》,明确双方将在规划、交通、产业、环保、民生保障等方面开展深入合作,共同推进对接事宜,优势互补,竞合发展,协力打造武汉城市圈同城化发展示范区。

10日

长江中游三省协同推动高质量发展座谈会在武汉举行。中共江西省委书记刘奇、湖南省委书记许达哲、湖北省委书记应勇出席会议并讲话。会议审议通过《深化协同发展加快绿色崛起——长江中游三省战略合作总体构想》,审议并签署《长江中游三省协同推动高质量发展行动计划》《长江中游三省省会城市深化合作方案》《长江中游三省"通平修"绿色发展先行区建设框架协议》《长江中游三省文化旅游深化合作方案》《洞庭湖生态经济区五市深化协作工作方案》《九江市、黄石市、鄂州市、黄冈市人民政府关于深化跨江合作推进区域融合发展的框架协议》六个合作文件。

10—11日

中共湖南省委书记许达哲,省委副书记、湖南省人民政府省长毛伟明率领党政代表团到武汉市考察,中共湖北省委书记应勇,省委副书记、湖北省人民政府省长王忠林陪同考察,并召开湖北·湖南两省合作发展交流座谈会,共担使命、共抓机遇,同题共答、同频共振,共建长江中游城市群、推动中部地区加快崛起,打造全国重要增长极。

13日

中共武汉市人大常委会党组书记、主任胡立山率队到鄂州市调研对接武汉城市圈区域协同立法工作。

16日

湖北省港口集团有限公司(鄂州)三江港正式开通。该港是长江中游南岸的核心港区,湖北省"十三五"最大的在建港口工程和全国第三批多式联运示范工程,国内唯一涵盖"水铁公空"四种运输方式的示范工程。主要建设5000吨级泊位8个,前期1~4号泊位已开通。

17日

棋盘洲长江公路大桥正式通车。该桥为武汉城市圈环线中的过江通道,长约3.3千米,两岸连接线长约18.6千米,是国家规划的长江干流过江通道之一。大桥通车后,结束了黄石市阳新县和黄冈市蕲春县居民轮渡过江的历史;从蕲春开车到黄石仅需20分钟,比原有车程缩短40分钟;从蕲春到武汉的行程也大为缩短;还有利于湖北省"公转水"多式联运发展,降低黄石新港棋盘洲港区企业的物流成本。

18日

武汉城市圈第一次科技同兴联席会在武汉召开,审议通过《武汉城市圈科技同兴协调机制》《武汉城市圈科技同兴三年行动方案(2021—2023)》和《武汉城市圈科技同兴2021年度工作要点》,达成《武汉城市圈科技资源共享合作协议》和《武汉城市圈科技平台共建合作协议》。

22日

△国家统计局公布最新城市评级,武汉城区人口995万人,位列特大城市,在全国排第八名。

△武汉市获批A级物流企业50家,累计达265家,连续三年位居全国第二(仅次于上海)。其中,5A级17家,居中部城市首位。

23日

△武汉城市圈同城化水务发展第二次联席会议在武汉召开,审议通过《武汉城市圈同城化发展水务工作协调机制》《武汉城市圈河道采砂联管联治工作方案》,并深入研究其他事项。

△2021年全球创新指数公布,武汉再次大步前进,连续3年上升,位列世界城市集群第二十五位、中国城市第六位。

24 日

武汉城市圈住房公积金同城化发展联席会第一次会议在武汉召开，九市住房公积金中心共同签署《武汉城市圈住房公积金中心关于推进住房公积金同城化发展的合作协议》。

25 日

武穴长江大桥和赤壁长江大桥正式通车。武穴长江大桥是国道 G220 东营至深圳公路跨越长江的控制性工程，湖北省规划的"七纵五横三环"高速公路网中"纵一线"麻城至阳新高速公路的组成部分。赤壁长江公路大桥是世界跨度最大的钢混结合梁斜拉桥，是湖北省"六纵五横一环"公路运输网的重要组成部分，主桥长 1380 米，主跨 720 米。

26 日

中国长江三峡集团有限公司总部从北京回迁到湖北，落户武汉。

27 日

长江中游三省（江西、湖北、湖南）旅游合作发展联盟成立暨旅游消费大联动启动仪式在武汉黄鹤楼公园举行。作为首届中国（武汉）文化旅游博览会的重要配套活动，当日成立的长江中游三省旅游合作发展联盟宣布，三省将共同践行联盟宗旨，共同塑造长江国际旅游品牌，共同推进旅游市场一体化建设，共同激发长江旅游消费潜能，共同健全联盟交流合作机制，塑造区域文化旅游新格局、新动力，推动三省文化旅游高质量发展。

28 日

△鄂州至咸宁高速公路正式通车，正式建成武汉城市圈的"鄂东环线"。该路连接黄冈、鄂州、黄石和咸宁四市，是湖北省调整公路网"九纵五横三环"中的组成部分。

△孝感市汉川市至武汉市东西湖区城际公交专线 W102 路正式开通，无缝对接武汉地铁 1 号线和 6 号线（二期在建），汉川市再添一条直通武汉地铁的城际公交。

30 日

2021 中国城市国际传播影响力排名公布，武汉位列第二。

10 月

8 日

武汉城市圈同城化发展办公室秘书处集中联合办公。

10 日

根据全国主要城市文旅部门发布的"十一"游客接待量和旅游收入，武汉游客接待量突破 2000 万人，高居全国第一位，旅游消费力居全国第四位。

12 日

△2021 全球数字贸易大会暨武汉（汉口北）商品交易会在武汉拉开帷幕。

△武汉、鄂州两地人社部门签订《武鄂人社同城发展战略合作协议》。

14 日

武汉城市圈招商主管部门第一次联席会议在武汉召开，审议通过《武汉城市圈产业招商工作三年行动方案》。

15 日

2021 世界智慧城市大奖（中国区）在上海揭晓，武汉获得 2021 世界智慧城市（中国区）大奖，将代表中国区参加全球智慧城市大奖的角逐。

18 日

武汉天河机场 T2 航站楼改造工程正式开工建设。总投资 16.87 亿元，改造后设计容量为 1500 万人次／年。

19 日

△黄冈市人民政府与湖北联投集团有限公司签订全面战略合作协议。

△全国首个城市级智能网联道路建设标准在武汉正式立项。

22 日

中国建筑第三工程局有限公司与黄冈市人民政府签订政企战略合作协议。

23 日

中共湖北省委副书记、湖北省人民政府省长王忠林到鄂州花湖机场调研并现场办公，要求按照省委部署，一鼓作气，全力攻坚，确保年底建成校飞，加快推进全省集疏运体系高质量发展。

25—26 日

2021年武汉城市圈政协主席论坛在仙桃市举行，会议围绕"同心筑梦、同城共进，全力加快同城化发展"协商建言。湖北省政协主席黄楚平出席会议并讲话。

26 日

武（汉）黄（石、冈）城际铁路全线贯通。

28 日

△工业和信息化部办公厅印发《关于启动新能源汽车换电模式应用试点工作的通知》，武汉市是全国11个试点城市之一。

△长江流域湖北段首个水上急救站在汉口滨江武汉海事码头趸船上正式启用。

29 日

武汉城市圈劳动保障监察合作第一次协商会议在武汉举行，九市劳动保障监察机构负责人共同签署《城市圈劳动保障监察合作备忘录》。

11 月

2 日

燕矶长江大桥及接线工程初步设计获得湖北省交通运输厅批复。该桥是鄂黄第二过江通道的主桥，距鄂州花湖机场仅5千米，受航空限高、航道限宽、断裂带限位等因素影响，采用1860米悬索桥一跨过江，为当前世界跨度最大的双层四主缆悬索桥，上层为高速公路，下层为城市快速路，总投资137.7亿元。

3 日

国家科学技术奖励大会在北京举行，武汉高校院所主持完成的9个项目分获一、二等奖。

8 日

武汉、孝感两地人社部门签订《汉孝人社同城发展战略合作协议》。

11 日

黄石市人民政府与武汉东湖新技术开发区管理委员会签署《建设光谷科技创新大走廊战略合作协议》。

22 日

咸宁市民之家正式启用，咸宁市直、咸宁高新区、咸安区政务服务中心实现"三合一"，进"一扇门"可办理1100多个审批服务事项。

25 日

武汉城市圈外事港澳工作第一次联席会议在武汉召开，九市联合签署《武汉城市圈外事港澳工作合作协议书》。

26 日

武汉城市圈旅游年卡正式发布。该卡由九市文旅局联合发行，武汉旅体集团腾旅科技公司负责建设、运营，年卡发行售价230元，持卡人可畅游九市多家优质景点、场馆和游玩项目。

30 日

武汉城市圈"跨市通办"第二批213项高频事项清单发布。

12 月

1 日

孝感、武汉两市招商部门签订《武汉城市圈同城化发展产业招商战略合作框架协议》。

2 日

△国家发展和改革委员会发布"十四五"首批国家物流枢纽建设名单，武汉获批建设陆港型国家物流枢纽。

△中共湖北省委书记应勇，省委副书记、湖北省人民政府省长王忠林到黄石（武汉）离岸科创园调研武汉城市圈同城化工作进展情况。

△武汉城市圈同城化发展座谈会在黄冈召开。中共湖北省委书记应勇出席会议并讲话，省委副书记、湖北省人民政府省长王忠林主持会议并讲话。会议明确以"九城同心"推动"发展共进"，全力打造最具活力、最具竞争力、最具影响力的省域城市圈。座谈会上，省发展和改革委员会和武汉城市圈九市分别汇报实施区域发展布

局、推进武汉城市圈同城化发展等情况。

3日

△武汉城市圈住房公积金同城化发展联络办公室第一次全体会议召开。会议明确了住房公积金同城化发展运行和工作机制，并通过《武汉城市圈住房公积金同城化发展三年行动方案》。

△"决胜时刻勇冲刺"经贸洽谈暨武汉市第四季度招商引资项目签约大会举行。四季度武汉市累计签约项目155个，签约总额4219.28亿元。

10—11日

湖北省部分全国人大代表和省人大代表分组赴九市，专题视察武汉城市圈同城化发展建设情况。全国人大代表，湖北省人大常委会党组书记、常务副主任王玲在武汉主持召开工作座谈会，听取省、市相关工作情况汇报，与会代表围绕"五同"提出意见建议。

16日

鄂州市第三代社保卡加载"武汉通"功能。

17日

湖北省教育厅组织华中科技大学、华中农业大学、湖北中医药大学、湖北工程学院等高校到孝感市孝昌县开展孝汉同城化发展科技支撑对接活动。

21日

△武汉、黄石两市人社部门签订《武汉黄石人社同城化高质量发展战略合作框架协议》《武汉市、黄石市劳动能力鉴定专家共享合作协议》。

△"九城同心 广电同兴"2021武汉城市圈广电大会在武汉召开，九市签署《武汉城市圈广播电视台（融媒体中心）关于推进同城化发展的合作协议》。

24日

武汉、咸宁两市生态环境局签订跨市流域突发水污染事件联防联控协议。

26日

武汉市轨道交通5号线、6号线二期、16号线同步开通运营，新港线等5个工程开工建设。

27日

武鄂市域铁路正式纳入湖北省"十四五"铁路发展规划。

29日

鄂州花湖机场建成校飞。

30日

△京港高铁安（庆）九（江）段正式通车，黄冈市黄梅县从此接入国家高铁路网体系。

△武汉入选"2021中国最具幸福感城市"榜单。

31日

△武汉市获得"2021中国领军智慧城市"称号。

△武汉城市圈首届政企交流会—湖北省国际交流合作协会鄂州考察交流对接会在鄂州市临空经济区会议中心召开。

（武汉市地方志编纂委员会办公室 等）

编辑：刘家连
校对：卢永会

武汉城市圈概览

基本情况

【概况】 武汉城市圈,又称武汉"1+8"城市圈,是以国家中心城市武汉为圆心,覆盖周边约100千米半径范围内的黄石、鄂州、黄冈、孝感、咸宁、仙桃、天门、潜江8个城市所组成的城市联合体,土地总面积5.83万平方千米,是湖北经济发展最密集、经济实力最强的区域,是长江中游城市群三大城市组团之一,是实施促进中部地区崛起战略、全方位深化改革开放和推进新型城镇化的重点区域。武汉城市圈成员城市包括1个副省级城市、5个地级市、3个省直管市、7个地级市代管县级市和15个县。具体为:武汉市(包括13个市辖区)、黄石市(包括黄石港区、西塞山区、下陆区、铁山区、大冶市、阳新县)、咸宁市(包括咸安区、赤壁市、嘉鱼县、通城县、崇阳县、通山县)、黄冈市(包括黄州区、麻城市、武穴市、团风县、红安县、罗田县、英山县、浠水县、蕲春县、黄梅县、龙感湖管理区)、孝感市(包括孝南区、应城市、安陆市、汉川市、孝昌县、大悟县、云梦县)、鄂州市(包括鄂城区、华容区、梁子湖区)、仙桃市、天门市、潜江市。另外,还有3个观察员城市:荆州市洪湖市、荆门市京山市、随州市广水市。

2021年,武汉城市圈常住人口3310.95万人,实现国民经济生产总值30101.41亿元。

【区位优势】 武汉城市圈区域优势明显,联接"东中西"三大地带,是长江经济带和中部崛起两大国家战略区域叠加的中心位置,也是中部地区承接长三角一体化发展能级的重要载体,更是长三角辐射带动长江上游乃至广大中西部的战略链接,在全国区域发展格局中地位十分重要。武汉作为武汉城市圈中心城市,与上海、重庆、广州、北京距离都在1000千米左右,是"交通强国建设试点城市""综合交通枢纽示范城市""米字型高铁枢纽城市"和"陆港型国家物流枢纽",已经形成"铁水公空"等多模式齐全的立体交通网络,有"祖国立交桥"之誉,是中国内陆最大的水陆空交通枢纽、长江中游航运中心,其高铁

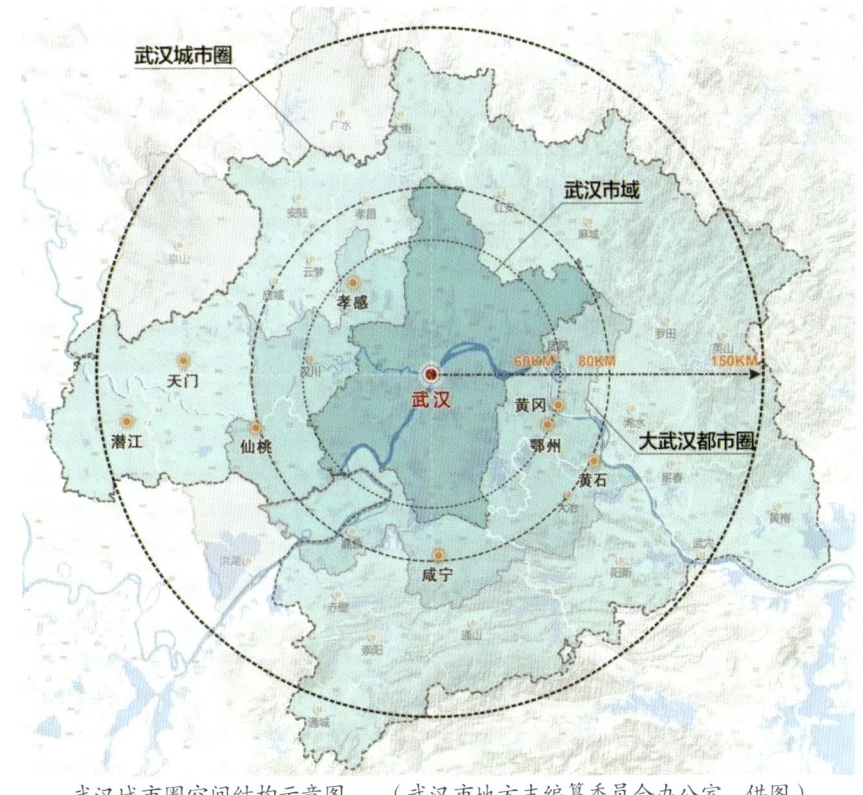

武汉城市圈空间结构示意图　　(武汉市地方志编纂委员会办公室　供图)

网辐射大半个中国，是华中地区唯一可直航全球五大洲的城市。

【自然资源】 武汉城市圈位于江汉平原向大别山南麓低山丘陵过渡地带，地形属残丘性河湖冲积平原，平坦平原和垄岗平原约占圈域面积的一半。圈域内江河纵横，湖泊众多，港汊塘堰和沟渠星罗棋布，形成水资源丰富、水域辽阔的显著特点。长度5千米以上河流1000多条，大小湖泊约800个，水域面积约7000平方千米，水资源总量充沛，地下水丰富。矿产资源呈不均匀分布，品类较多。其中，武汉市非金属矿丰富，建筑石料用砂岩、建筑石料用灰岩、建筑用白云岩、建筑用砂、水泥用灰岩、制灰用灰岩、玻璃用砂岩、熔剂用灰岩、冶金用白云岩、冶金用石英岩、膨润土、石膏等12种矿产分布集中度较高，大中型矿床或矿产集中地占资源储量的80%以上，膨润土、熔剂石灰岩、硅石、玻璃石英砂岩储量居全省第一，熔剂白云岩、石膏储量居全省第二。黄石市矿产资源丰富，有金属、非金属、能源和水气矿产共4大类、76种，铁、铜、金、锶等14种矿产资源储量居湖北省首位。鄂州市金属矿资源主要有铁、铜、钼等，非金属矿资源有煤、硬石膏、沸石、膨润土、珍珠岩、花岗石等矿种；探明铁矿储量2.5亿吨，居全省第二位；含铁品位45%~60%，平均品位52%，且含铀、钴、镓、金、银等伴生元素。孝感市石膏、岩盐和矿泉水资源比较丰富，矿床埋藏适中，具有良好的开采技术条件；磷矿资源比较丰富，易采易选，但品位较低；石材品种多、质量好，是省内主要萤石产地之一。黄冈市非金属矿产资源和地热资源丰富，其中，罗田三里畈温泉自涌水温达81℃。咸宁市有矿产资源59个矿种、69个亚矿种，其中，钽、铍、稀土砂、锑、钾长石、钠长石、白云母、镁白云岩8种矿产和地热资源居全省同类储量之首。仙桃、潜江、天门三地石油、天然气、岩盐资源丰富。

发展概貌

【产业基础】 武汉城市圈内工业门类齐全，第三产业较为发达。武汉工业基础雄厚，形成以冶金、机械、汽车等为支柱的综合性工业基地。黄石、鄂州凭借其交通优势和资源禀赋，形成以冶金、能源、建材为主的原材料生产基地。咸宁、黄冈二市发挥农业、生态环境、旅游资源等方面的优势，形成绿色农副产品加工、轻纺、机电、中医药生产基地以及面向武汉城市圈的生态旅游、休闲度假基地。孝感及仙桃、潜江、天门四市利用矿产资源及在轻纺、化工等方面的后发优势，形成以优质农产品加工、纺织服装业、化学工业、医药及专用机械生产基地。同时，武汉城市圈在光电子信息、汽车制造和服务、大健康和生物技术等新兴产业领域方面，发展也较为迅速，正在形成世界级产业集群。

【战略推进历程】 2002年6月10日，中国共产党湖北省第八次代表大会报告提出：武汉市要着眼于提高综合竞争力，构筑在国际竞争中有比较优势的产业体系和现代化基础设施框架，拓展和完善城市空间布局和功能分区，形成武汉经济圈，更好地发挥对全省的辐射带动作用。2003年，湖北省先后组织召开加快推进武汉城市圈建设研讨会和专家座谈会，形成《关于加快推进武汉城市圈建设的若干意见》。2003年11月8日，湖北省召开"推进武汉城市圈建设的理论研讨会"，全国人大常委会副委员长丁石孙出席。2004年4月，湖北省政府下发《关于武汉城市经济圈建设的若干问题的意见》，明确提出武汉城市圈建设的基本思路。这标志着武汉城市圈战略从研究论证阶段进入全面推进阶段。2006年4月，国务院出台《关于促进中部地区崛起的若干意见》，"武汉城市圈"列为中部四大城市群之首。2007年12月14日，国务院批准武汉城市圈为全国"两型"社会建设综合配套改革试验区。

2013年，国家发改委批复《武汉城市圈区域发展规划（2013—2020年）》。2020年12月，中共湖北省委十一届八次全会提出，要紧扣一体化和高质量发展要求，着力构建"一主引领、两翼驱动、全域协同"的区域发展布局。

2021年3月，中共湖北省委

办公厅、省政府办公厅发出《关于成立湖北省推进区域发展布局实施工作领导小组的通知》，明确要求在省推进区域发展布局实施工作领导小组之下，建立武汉城市圈同城化发展协调机制，由武汉市委书记担任召集人，武汉市市长，黄石市、鄂州市、孝感市、黄冈市、咸宁市、仙桃市、天门市、潜江市党委和政府主要负责人为组成人员，省直成员单位配合。4月，中共湖北省委、省人民政府印发《关于推进"一主引领、两翼驱动、全域协同"区域发展布局的实施意见》。同月，武汉市成立推进武汉城市圈同城化发展暨武鄂同城化发展工作领导小组。5月，武汉城市圈同城化发展联席会第一次会议在武汉召开，九市负责人共同签署《武汉城市圈同城化发展合作框架协议》。8月，湖北省推进区域发展布局实施工作领导小组印发《武汉城市圈同城化发展实施意见》《武汉城市圈同城化发展三年行动方案（2021—2023年）》《武汉城市圈同城化发展2021年度工作要点》《省有关单位支持三个城市圈（群）发展2021年度工作清单》。9月，武汉城市圈同城化发展办公室第一次全体会议在武汉召开，武汉城市圈同城化发展办公室正式揭牌。12月，武汉城市圈同城化发展座谈会在黄冈召开。会议强调，以"九城同心"推动"发展共进"，全力打造最具活力、最具竞争力、最具影响力的省域城市圈，全力打造"引领湖北、支撑中部、辐射全国、融入世界"的全国重要增长极。

【目标定位】 2021年，湖北省推进区域发展布局实施工作领导小组印发的《武汉城市圈同城化发展三年行动方案（2021—2023年）》提出，要围绕"便捷、创新、开放、共享、绿色、活力"城市圈建设，统筹推进武汉城市圈基础设施、产业协同创新、对外开放、公共服务、生态环保、要素市场等6个领域同城化发展，加快形成空间结构清晰、城市功能互补、要素流动有序、产业分工协调、交通往来顺畅、公共服务均衡、环境和谐宜居的现代化城市圈格局，到2023年，武汉国家中心城市功能显著提升，武汉城市圈竞争实力、辐射带动能力、区域经济活力显著增强，高水平基础设施、基本公共服务、现代产业体系等领域同城化建设取得明显进展，同城化水平显著提高，地区生产总值达到3.4万亿元，年均增长10%左右，人均地区生产总值超过10万元，城镇人口达到2200万人，常住人口城镇化率达到68%。2021年8月出台的《武汉城市圈同城化发展实施意见》提出：到2025年，武汉基本建成国家中心城市，经济总量在全国同类城市中实现进位，人均地区生产总值达到16万元，建设用地亩均地区总值达到80万元，研发经费投入强度迈入全国前五；武汉城市圈同城化发展走在中部地区前列，地区生产总值在全省占比提高1~2个百分点，常住人口城镇化率提高到70%以上，建成具有全国影响力的城市圈，成为长江经济带重要增长极和高质量发展样板。到2035年，武汉全面建成国家中心城市，武汉和武汉城市圈参与国际分工、集聚全球资源的整体竞争力大幅增强，在支撑长江经济带、中部地区崛起、长江中游城市群重大战略实施、参与全球竞争合作中发挥更大引领作用，成为全国重要增长极。

【经济社会发展】 2021年，武汉城市圈实现地区生产总值30101.41亿元，比上年增长14.2%，占全省比重达到60.2%，在全国主要省域城市圈中位居前列。中心城市武汉市地区生产总值实现1.77万亿元，较上年增长12.2%，在全国城市经济总量中排名第九位。

2021年，武汉城市圈共实现农林牧渔及服务业增加值2492.86亿元，工业增加值11140.82亿元，全社会固定资产投资额20003.90亿元，社会消费品零售总额12654.36亿元，进出口总额4247.40亿元，年末全金融机构（含外资）本外币存款余额为4.90万亿元，金融机构（含外资）本外币贷款余额为5.05万亿元。武汉城市圈在校中小学生366.60万人，幼儿园在园幼儿103.48万人；公共图书馆54所，博物馆133所，群众艺术馆（文化馆）246所；卫生事业机构1.73万所，床位16.28万张，卫生技术人员23.67万人（其中，医生9.08万人，注册护师、护士12.16万人）。

（武汉市地方志编纂委员会办公室）

编辑：刘家连

校对：卢永会

区域发展布局与规划同编

机构机制

【湖北省区域发展布局实施领导小组成立】2021年3月5日,湖北省区域发展布局实施工作领导小组成立,由中共湖北省委书记、湖北省人民政府省长任组长,省委副书记、武汉市委书记、分管副省长和武汉市人民政府市长、襄阳市委书记、宜昌市委书记任副组长,成员由省委、省人民政府有关副秘书长,襄阳市、宜昌市人民政府主要负责人,其他市、州、直管市、神农架林区党委和政府主要负责人,省委组织部、省委宣传部、省委政研室(省委改革办、省委财经办)、省发展和改革委员会、省教育厅、省科技厅、省经信厅、省公安厅、省民政厅、省财政厅、省人社厅、省自然资源厅、省生态环境厅、省住建厅、省交通运输厅、省水利厅、省农业农村厅、省商务厅、省文旅厅、省卫健委、省政府国资委、省市场监管局、省统计局、省医保局、省政府扶贫办、省地方金融监管局主要负责人(主要负责人由省领导担任的,第一副职参加)组成。

领导小组负责领导推动"一主引领、两翼驱动、全域协同"区域发展布局实施工作。领导小组组长负责召集领导小组全体会议,一般一年召开1~2次,研究审议"一主引领、两翼驱动、全域协同"区域发展布局的重大规划、重大政策,部署年度重点工作,根据工作需要召开专题会议协调解决重大问题。领导小组副组长根据工作需要可以领导小组名义召开专题会议,协调解决相关区域和领域重大问题。

领导小组办公室设在湖北省发展和改革委员会,省委财经办等配合做好相关工作,省发展和改革委员会主任兼任办公室主任。领导小组办公室负责承办领导小组全体会议、专题会议,起草年度工作要点、会议纪要、工作简报等,协调、推进、督办领导小组议定事项。

【武汉城市圈同城化发展协调机制建立】2021年3月5日,武汉城市圈同城化发展协调机制在湖北省区域发展布局实施工作领导小组领导下成立。由中共武汉市委书记担任召集人,武汉市市长,黄石市、鄂州市、孝感市、黄冈市、咸宁市、仙桃市、天门市、潜江市党委和政府主要负责人为组成人员,省直成员单位配合。负责研究制定武汉城市圈同城化发展实施意见、三年行动方案和年度工作重点,协调解决武汉城市圈

2021年5月19日,武汉城市圈同城化发展联席会首次会议在武汉会议中心举行

(武汉市地方志编纂委员会办公室 供图)

发展中存在的困难问题等。武汉市人民政府负责日常工作。

5月19日,武汉城市圈同城化发展联席会第一次会议审议通过武汉城市圈同城化发展协调机制。武汉城市圈同城化发展工作采用两级运行机制,由决策层和协调执行层组成。决策层即武汉城市圈同城化发展联席会(以下简称"联席会"),协调执行层包括武汉城市圈同城化发展办公室(以下简称"武圈办")和武汉城市圈同城化发展专题工作组(以下简称"专题工作组")。联席会是武汉城市圈同城化发展的审议决策机构,由中共武汉市委书记召集,会议出席范围为城市圈九市市委书记、市人民政府市长及发改部门主要负责人。联席会的主要职责是负责审议和决策武汉城市圈同城化发展中长期发展规划、实施意见、三年行动方案和年度工作要点,审议和决策武汉城市圈同城化发展的重大事项、重大工程、重大项目,审议武圈办、专题工作组提请决策的其他事项。联席会下设武圈办和专题工作组。武圈办是综合协调机构,负责统筹协调和督促检查等具体工作。专题工作组是武汉城市圈同城化发展各领域的牵头单位和具体事项的实施主体。

武圈办由九市联合组建,主任由武汉市人民政府常务副市长兼任,副主任由其他八市人民政府常务副市长兼任,执行副主任由武汉市发展和改革委员会主任兼任,成员由其他八市发展和改革委员会主任组成。5个专题工作组分别在规划建设、科技与金融、产业(招商)、生态环境和公共服务等5个领域组建。各专题工作组组长由武汉市人民政府分管副市长兼任,副组长由其他八市对口分管副市长兼任,执行副组长由武汉市有关市直部门主要负责人兼任,成员由其他八市有关市直部门单位主要负责人组成。

【武汉城市圈各市同城化发展领导小组相继成立】 2021年4月,武汉市成立推进武汉城市圈同城化发展暨武鄂同城化发展工作领导小组,中共武汉市委主要领导任组长,武汉市人民政府主要领导任第一副组长,相关市领导任副组长,市直有关部门和各区主要负责人为成员,协调推进武汉城市圈同城化发展各项工作。城市圈其他八个城市均成立相应的同城化发展工作领导小组。黄石市成立融入武汉城市圈同城化发展工作领导小组,鄂州市成立推进武汉城市圈同城化发展暨武鄂同城化发展工作领导小组,孝感市成立孝汉同城化发展工作领导小组,黄冈市成立推进区域发展布局实施工作领导小组,咸宁市成立推动"武咸同城"发展领导小组,仙桃市成立推进武仙同城化发展工作领导小组,天门市成立推进武汉城市圈同城化发展工作领导小组,潜江市成立推进全省区域发展布局实施工作领导小组。

(湖北省武汉城市圈研究会)

重要会议和活动

【概况】 2021年,武汉城市圈九市同步推进同城化各项工作。九市先后召开区域协同立法、空间规划、科技、交通等多领域联席会议,共同签署《武汉城市圈同城化发展合作框架协议》等合作

2021年12月21日,《武汉城市圈广播电视台(融媒体中心)关于推进同城化发展的合作协议》签约仪式 (武汉市地方志编纂委员会办公室 供图)

协议37项，同步推进《武汉城市圈同城化发展实施意见》《武汉城市圈同城化发展三年行动方案（2021—2023年）》落地见效。九市联合在武汉市组建武汉城市圈同城化发展办公室，集中办公，挂图作战。多市召开不同层级的同城化工作推进会，部分相邻交通设施建设、水务合作、生态环境合作、公共交易、产业招商等方面携手合作，共同加快融入武汉城市圈同城化进程。

【武汉城市圈同城化发展联席会第一次会议】 2021年5月19日，武汉城市圈同城化发展联席会第一次会议在武汉召开。武汉城市圈九市一致达成合作共识，共同签署《武汉城市圈同城化发展合作框架协议》；审议通过《武汉城市圈同城化发展实施意见》《武汉城市圈同城化发展三年行动方案（2021—2023年）》《武汉城市圈同城化发展2021年度工作要点》和《武汉城市圈同城化发展协调机制》，会后报送至湖北省区域发展布局实施领导小组办公室。

【湖北省推进区域发展布局实施工作领导小组第一次会议】 2021年7月28日，湖北省推进区域发展布局实施工作领导小组第一次会议在武汉召开。会议听取区域发展布局推进情况工作汇报，审议通过《武汉城市圈同城化发展实施意见》《武汉城市圈同城化发展三年行动方案（2021—2023年）》《武汉城市圈同城化发展2021年度工作要点》等文件。8月11日，文件正式印发实施。

【《武汉城市圈同城化发展三年行动方案（2021—2023年）》印发】 2021年8月11日，湖北省推进区域发展布局实施工作领导小组印发《武汉城市圈同城化发展三年行动方案（2021—2023年）》。《方案》提出，未来3年，要围绕"便捷、创新、开放、共享、绿色、活力"城市圈建设，统筹推进武汉城市圈基础设施、产业协同创新、对外开放、公共服务、生态环保、要素市场等6个领域同城化发展，加快形成空间结构清晰、城市功能互补、要素流动有序、产业分工协调、交通往来顺畅、公共服务均衡、环境和谐宜居的现代化城市圈格局；到2023年，武汉城市圈地区生产总值要达到3.4万亿元，年均增长10%左右，人均地区生产总值超过10万元，城镇人口达到2200万人，常住人口城镇化率达到68%。《方案》对交通、水利、能源、信息、市政等区域基础设施建设，创新驱动和产业集群建设，实施高水平对外开放，公共服务共建共享，区域生态系统和生态空间保护，统一市场建设等都分别提出了具体的工作任务。

【武汉城市圈同城化发展座谈会】 2021年12月2日，武汉城市圈同城化发展座谈会在黄冈召开。座谈会上，湖北省发展和改革委员会及武汉、黄石、鄂州、孝感、黄冈、咸宁、仙桃、潜江、天门等市相关负责人分别汇报实施区域发展布局、推进武汉城市圈同城化发展等情况。中共湖北省委书记应勇强调，城市抱团成圈发展既是客观规律，也是未来趋势。要深入学习贯彻党的十九届六中全会精神，全面贯彻习近平总书记考察湖北、参加湖北代表团审议时的重要讲话精神，锚定武汉城市圈打造"全国重要增长极"目标

2021年12月2日，武汉城市圈同城化发展座谈会在黄冈召开。图为座谈会现场

（武汉市地方志编纂委员会办公室　供图）

定位,强化"九城就是一城"理念,用系统思维整体推进武汉城市圈跨越式发展,以"九城同心"推动"发展共进",全力打造最具活力、最具竞争力、最具影响力的省域城市圈,全力打造"引领湖北、支撑中部、辐射全国、融入世界"的全国重要增长极。中共湖北省委副书记、省长王忠林主持座谈会并讲话。

中共湖北省委书记应勇在会上强调,区域发展布局实施一年来,武汉城市圈同城化发展破题开篇、态势良好。"九城就是一城"的共识正在形成。工作机制基本建立、运行顺畅,出台的武汉城市圈空间发展规划、三年行动方案、年度工作要点,为推进同城化提供了有力保障。

城市抱团成圈发展既是客观规律,也是必然趋势。在经济全球化背景下,现代经济发展主要依托区域经济,区域经济发展主要依托城市经济、城市群经济。区域发展既要靠中心城市引领,也要靠城市圈带动。当前,我国区域发展布局中,北有京津冀、东有长三角、南有粤港澳、西有成渝。中部其他省份都在奋力拼抢,如果武汉城市圈起不来,中部地区崛起重要战略支点就建不成,湖北就有可能塌陷。

武汉城市圈发展有优势有基础有条件,潜力很大,完全有能力,也应当打造成为全国重要增长极。要锚定"打造全国重要增长极"目标定位,真正将武汉城市圈打造成为"引领湖北、支撑中部、辐射全国、融入世界"的全

2021年5月19日,武汉城市圈九市签订同城化发展合作框架协议

(黄石市档案馆 供图)

国重要增长极。武汉城市圈与成都都市圈、重庆市、长株潭城市群相比较,主要总量指标排在首位、发展质量指标居于前列、发展速度指标总体领先。但武汉城市圈的辐射力、影响力和美誉度与经济实力、综合优势不大相称,在国家战略中的地位和区域影响力与自身禀赋不对称。要塑造城市精神,厚植文化底蕴,做强城市圈软实力,提高武汉城市圈的辐射力、影响力和美誉度。

以系统思维整体推进武汉城市圈跨越式发展。要进一步强化"九个城市就是一个城市"理念,以改革的办法破解制约整体发展的壁垒,推动从局部融合到全面融合、从硬件融合到软件融合、从外在融合到内生融合,实现高质量发展、高水平协同、高能级引领,把自身良好条件和坚实基础转化为发展优势,加快打造全国重要增长极。要准确定位、主动争位,形成"强核、壮圈、带群"多点支撑

格局。武汉要做优主城、做强四副,实现组团联动、统筹协同,跨江发展、区域一体,发挥好武汉的辐射引领带动作用。黄石、鄂州、黄冈要依托武汉这个"龙头",主动融入、深度融合,做好临空经济和依托长江新区发展这两篇大文章。孝感、咸宁要加快汉孝咸同城化,建成武汉市"新外延"。仙桃、天门、潜江要争当县域经济发展排头兵,以小板块实现大发展,打造湖北的"小昆山"。

【武汉城市圈区域协同立法第一次联席会议】2021年4月7日,武汉城市圈区域协同立法第一次联席会议在武汉召开。中共湖北省人大常委会党组书记、常务副主任王玲出席会议并讲话。武汉市人大常委会党组书记、主任胡立山主持会议。武汉、黄石、鄂州、孝感、黄冈、咸宁、仙桃、天门、潜江九市人大常委会分别作交流发言。会议通过《湖北武汉城市

圈区域协同立法框架协议》。

协议提出，九市人大常委会应当围绕推动区域协同发展，深入开展立法调研，围绕生态环境、交通一体化、公共服务、产业协作、科技创新、文化旅游等重点领域，提出关联度高且需多方协同的立法建议，应提交联席会议研究商定。九市人大常委会在编制本市年度立法计划时，应当积极对接武汉城市圈同城化发展战略，主动征求武汉城市圈其他市人大常委会的意见，优先安排促进武汉城市圈同城化发展的立法项目。

根据协议，武汉城市圈区域协同立法实行联席会议制度。在湖北省人大常委会统筹协调和指导下，联席会议由九市人大常委会轮流负责召集和组织，一般每年召开一次，协商协同立法的重要制度安排和具体立法项目，协调解决工作中的困难和问题。年内，《湖北省武汉城市圈人大立法项目协同办法》分别由城市圈九市人大常委会主任会议讨论通过。武汉市人大常委会先后到鄂州、黄石、咸宁等市人大开展区域协同立法调研；组织相关市直单位、各专门（工作）委员会开展立法调研；委托中南财经政法大学专家团队进行城市圈区域协同立法课题研究，形成部分研究成果。

【武汉城市圈空间规划第一次联席会】 2021年4月16日，武汉城市圈空间规划第一次联席会在武汉召开。会议由湖北省自然资源厅、武汉市自然资源和规划局主办，九市自然资源和规划局及华中科技大学、湖北省空间规划研究院等相关单位负责人参加会议。会上，九市达成三项共识：共同推进临界地区发展，加强城市间横向衔接，推动用地、交通、产业、生态、基础设施、科技创新、文化、旅游、安全等关键要素一体化布局，探索跨区域协同规划编制和实施机制；共同推进规划实施，明确城市圈规划建设实施的时序，建立远期有蓝图、中期有计划、近期有项目的规划传导机制，扎实推进规划实施；建立共同工作机制，在全省武汉城市圈同城化发展协调机制框架下，建立部门联席议事机制，制定联席会工作规则，凝聚合力，共同推进城市圈规划建设。

（湖北省武汉城市圈研究会）

【《武汉城市圈政务服务"跨市通办"合作协议》签署】 2021年4月21日，武汉城市圈"清减降"专项行动座谈会在武汉召开。会上，武汉、黄石、鄂州、黄冈、孝感、咸宁、仙桃、天门、潜江9地政务服务管理部门主要负责人共同签署《武汉城市圈政务服务"跨市通办"合作协议》，武汉城市圈之间政务服务将告别"两头跑"。

协议明确，九市依托湖北省一体化政务服务平台，推进政务服务网互联互通、电子证照信息共享，优化审批服务流程，统一标准、相互授权，实现政务服务异地受理、远程办理、协同联动。推动营商环境重点领域、民生领域等"一地受理、一次办理"，提升政务服务便利度和企业群众获得感。

协议约定，由九市政务服务管理部门共同组织梳理、编制发布"跨市通办"事项，成熟一批，推出一批。各市分别在政务服务大厅设置综合性"跨市通办"专窗。对企业群众提出的"跨市通办"申请，由专窗工作人员提供政策咨询、业务指导、代收代办等服务，事项归属地审批部门进行受理审

2021年4月21日，武汉城市圈九市政务服务管理部门主要负责人共同签署"跨市通办"合作协议 （武汉市地方志编纂委员会办公室 供图）

核发证。

【武汉城市圈农科创新联盟成立】2021年5月27日，武汉城市圈农业科技创新联盟在武汉正式揭牌。该联盟由武汉市农业科学院联合"1+8"城市圈农科院（所）、湖北省科技信息研究院、"1+8"城市圈农技推广部门、"1+8"城市圈农业龙头企业及新型农业经营主体等，共同发起成立。成立联盟有助于充分发挥武汉的龙头引领和辐射带动作用，助力光谷科技创新大走廊战略实施，推进武汉城市圈农业科技同兴，构建协同创新格局，共谋同城一体发展。联盟理事长单位武汉市农科院代表联盟与湖北省科技信息研究院签订"'100+N'开放协同创新体系"协议。

【《武汉城市圈城市生态环境合作协议》签订】2021年6月18日，第一届武汉城市圈城市生态环境合作会在武汉市生态环境局举行，武汉城市圈九市生态环境局共同签订《武汉城市圈城市生态环境合作协议书》，九市计划用3年时间，全面加强城市生态环境合作。合作事项涵盖九大方面：开展城市圈大气污染联防联控；实施城市圈水污染防治共治共保；加强城市圈固体废物处置利用，推进"无废城市圈"建设；实现城市圈生态环境信息共享；城市圈联合开展生态环境监管执法；建立城市圈生态环境安全及污染事故应急处置联动机制；推进环境政务服务同城化办理；推动生态环境规划研究和协同立法，环保督察反馈问题整改；开展科研、评估、环保产业等技术合作和学术交流，完善合作保障机制。

2021年6月18日，第一届武汉城市圈城市生态环境合作会在武汉市举行（武汉市地方志编纂委员会办公室　供图）

【《武汉城市圈司法协作机制框架协议》签订】2021年7月16日，武汉城市圈司法协作机制框架协议签约仪式在武汉市中级人民法院举行。签约内容重点聚焦营商环境、创新发展、民生保障、生态保护和依法行政等领域，致力于整合司法资源、加强协调联动，推动区域内法院间多层次多领域司法合作。司法协作协议包含司法协作机制的整体框架协议，诉讼服务、在线调解、跨域执行等办案领域协议，环梁子湖水域环境资源保护司法协作，加强临空经济区建设司法协作等专项协议。

武汉城市圈九市法院统一立案标准，确保九城法院立案范围、立案程序、立案流程等诉讼服务规范一致。当事人要求跨域立案的，协作法院将接收诉讼材料，通过湖北移动微法院等实现网上跨域立案，并及时通知管辖法院，管辖法院将进行在线审查，符合立案条件的审核后依法予以立案。武汉城市圈区域内的异地执行事项也将通过执行事项委托平台互相委托办理。

（武汉市地方志编纂委员会办公室）

【武汉城市圈同城化发展办公室第一次全体会议】2021年9月4日，武汉城市圈同城化发展办公室第一次全体会议在武汉召开。会议听取五个专题组关于武汉城市圈同城化发展有关工作推进情况汇报，审议通过《武圈办工作规则》，审议《京山、广水、洪湖三个既往观察员城市有关需求清单》。会议决定，由武汉城市圈九市联合组建的武汉城市圈同城化发展办公室当天在武汉市正式挂牌运行。武圈办实行"实体运行、集中办公，民主协商、平等合作，开放团结、互助互补"原则，下设秘书处，由九市选派专人组建，由武汉市指派1名局级干部担任专职负责人，在武汉市发展和改革委员会办公。其主要职责是贯彻落实武汉城市圈同城化发展联席会重大决策部署，协调推进武汉城市圈同城化发展的重大事项和具体工作；组织编制武汉城市圈同城化发展中长期发展规划、三年行动方案和年度工作要点；统筹和协调武汉城市圈同城化发展专题工作组有关工作；组织召开武圈办会议，指导协调轮值市举办武汉城市圈同城化发展联席会；承担武汉城市圈同城化发展工作日常联络协调和联席会交办的其他事项等。秘书处负责落实处理武圈办日常工作。

【武汉城市圈第一次科技同兴联席会】 2021年9月18日，武汉城市圈第一次科技同兴联席会在武汉召开。会议审议通过《武汉城市圈科技同兴协调机制》《武汉城市圈科技同兴三年行动方案（2021—2023）》和《武汉城市圈科技同兴2021年度工作要点》，九市共同签署《武汉城市圈科技资源共享合作协议》《武汉城市圈科技平台共建合作协议》。

武汉市科技局发布2021—2023年武汉城市圈科技同兴平台共建、项目共谋、主体共育、资源共享、活动共办"五共"新举措。加快建设一批重大科技基础设施群，构建湖北省实验室体系，推动国家和省重点实验室等重大创新平台共建共享，跨区域合作共建一批有影响力的科技创新平台。围绕武汉市"965"产业体系，九城联合发布"揭榜挂帅"关键核心技术需求榜单，谋划一批重大基础设施、科技创新项目，建立城市圈同城化发展重大项目库。

建立城市圈科技同兴协调机制，开放共享城市圈创新资源，支持武汉研发设计、小试中试、检测检验、孵化转化等，探索科学仪器开放共享领域的使用机制。共同推进城市圈创新平台建设，推进重大科技基础设施、湖北实验室、重点实验室、工程技术中心、企业研发中心等创新合作平台共建共享，支持武汉重大创新平台到城市圈城市设立分支机构。

到2023年，武汉城市圈创新链与产业链深度融合，逐步形成"研发在武汉、转化在城市圈，孵化在武汉、加速在城市圈，头部在武汉、链条在城市圈，主链在武汉、配套在城市圈"的科技创新和产业一体化发展模式，自主创新能力和区域创新活力全面提升。

【武汉城市圈住房公积金同城化发展联席会第一次会议】 2021年9月24日，武汉城市圈住房公积金同城化发展联席会第一次会议在武汉举行，九市住房公积金管理中心代表共同签署《武汉城市圈住房公积金中心关于推进住房公积金同城化发展的合作协议》。协议明确，加快推进住房公积金数据共享和系统共建，一体开展住房公积金异地个人住房贷款业务，协同建立灵活就业人员缴存使用住房公积金政策体系。扎紧织密住房公积金资金运作风险"防护墙"，不断扩大住房公积金跨地通办业务范围，定期开展住房公积金从业人员交流培训，逐步实现住房公积金政策协同等，实现九市住房公积金"政策互同、管理互动、系统互联、数据互享、风险互控、服务互鉴"新格局。

【武汉城市圈政协主席论坛】 2021

2021年9月18日，武汉城市圈第一次科技同兴联席会在武汉召开

（陈洁 摄）

区域发展布局与规划同编

2021年10月25日至26日,武汉城市圈政协主席论坛在仙桃举行

(仙桃市史志研究中心　供图)

年10月25日至26日,武汉城市圈政协主席论坛在仙桃。武汉城市圈武汉、黄石、鄂州、孝感、黄冈、咸宁、仙桃、天门、潜江9个成员市,及洪湖、京山、广水等3个观察员城市的政协主席,围绕"同心筑梦,同城共进,全力加快同城化发展"主题,开展协商建言。湖北省政协主席黄楚平出席并讲话。论坛上,武汉市发展和改革委员会通报有关进展情况,武汉城市圈各成员单位、观察员单位交流发言,协商通过《2021年武汉城市圈政协主席论坛(仙桃)纪要》。

中共湖北省委常委、武汉市委书记王忠林在会见出席论坛的各地市政协主席时表示,政协主席论坛这一机制对深化城市圈一体化发展起着十分重要的协商建言作用,希望大家多提意见建议,在"十四五"规划编制、交通基础设施建设、科技成果转化、招商引资项目落地等方面探索更多合作,推动更多资源要素在城市圈集聚共享,为湖北加快疫后重振和长江中游城市群建设作出新的更大贡献。

本次论坛商定,2022年武汉城市圈政协主席论坛由天门市政协承办。

【武汉城市圈开放数据创新应用大赛】 2021年11月23日,2021"烽火杯"武汉城市圈开放数据创新应用大赛(WOIDC大赛)在武汉市民之家完成初赛评审,职业赛道25个团队、高校赛道49个团队进入决赛。此项大赛由武汉城市圈九市政务服务和大数据管理局联合主办,武汉市信息中心、武汉市大数据协会承办,由武汉烽火信息集成技术有限公司、腾讯云计算(武汉)有限责任公司、武汉大数据产业发展有限公司、武汉神路信息咨询有限公司协办。大赛推荐数字经济、智慧应急、智慧民生、城市治理、文化教育、数字乡村6个赛题,参赛选手可选择推荐赛题或自定义赛题;围绕赛题方向,发现问题,选定应用场景,分析用户需求,充分利用武汉市公共数据开放平台和武汉城市圈九城的开放数据,融合社会数据或自带数据,设计创意解决方案。大赛自9月16日启动,吸引来自武汉大学、华中科技大学、电子科技大学、中山大学、澳门科技大学等国内知名院校和北京、上海、浙江、江苏、山东、黑龙江等地的优秀企业,共计314支队伍报名参赛,其中高校队伍204支、职业队伍110支,最终提交初赛作品172份。

大赛历时4个月,经初赛评审,评选出25支职业赛道团队和49支高校赛道团队进入决赛。经过层层选拔,27件作品从全国900多名选手组成的314支参赛队伍中脱颖而出,分别斩获职业赛道和高校赛道一、二、三等奖,另有36支队伍获得优秀奖。

【武汉城市圈外事港澳工作第一次联席会议】 2021年11月25日,武汉城市圈外事港澳工作第一次联席会议召开,九市市委外办共签《武汉城市圈外事港澳工作合作协议书》。协议明确,建立武汉城市圈外事港澳工作交流合作机制。建立联席会议制度,健全武汉城市圈外事港澳工作联席会议工作机制,各成员单位每年轮流举办联席会议,加强沟通协调,促进城市圈外事港澳工作交流与合作的经常化、制度化。加强对外开放合作重大课题研究,针对外事港澳重大政策的贯彻执行、融入"一带一路"建设、推动武汉城市圈增强国际影响力、城市国际化水平提升、城市对外宣传等共性问题，确定研究课题，开展共同调研和规划制定。探索建立武汉城市圈外事信息统筹共享机制，积极利用国际友城等整体外事资源助推城市开展对外交流合作，推荐国际友城及其他代表团顺访彼此城市，促进区域国际交流合作深入发展。共同推进重大国际性活动的信息互通，互鉴互学，以活动为桥梁和平台，充分展示武汉城市圈城市独立而联合的城市形象，促进武汉城市圈对外交流合作协同发展。

【武汉城市圈广电大会】 2021年12月21日，2021武汉城市圈广电大会在武汉召开。武汉、黄石、鄂州、黄冈、孝感、仙桃、天门、潜江、咸宁等广播电视台负责人共同签署《武汉城市圈广播电视台（融媒体中心）关于推进同城化发展的合作协议》。协议明确共建共用城市治理平台和新媒体传播平台，打通信息通道和接口等16项合作事项，建立联席会议工作机制，构建全媒体传播体系，携手推进武汉城市圈广电媒体同城化发展。

（武汉市地方志编纂委员会办公室）

【黄石黄冈《武汉城市圈同城化发展示范区战略合作框架协议》签订】 2021年7月13日，黄石、黄冈两市签订《武汉城市圈同城化发展示范区战略合作框架协议》，共同推动规划衔接、基础设施、产业发展、生态环境、公共服务等合作，并围绕黄石长江大桥改扩建、跨江港口经营合作、协同招商、园区共建、劳务合作、公积金互认互贷等14个具体合作事项深入交流讨论，达成初步合作意见。浠水县和黄石港区深化区县合作，发挥毗邻地区优势，新启动9亿元的共建项目，合力打造"一江两岸"跨江合作示范区。

两市约定，抢抓长江中游城市群协同发展和武汉城市圈建设重大机遇，健全常态化交流合作机制，明确合作方向，项目化清单化，推进各项合作事项落实落地。

（黄石市档案馆 黄石市"同城办"）

【鄂州黄石《武汉城市圈同城化发展示范区战略合作框架协议》签订】 2021年9月9日，鄂州市人民政府与黄石市人民政府签订《武汉城市圈同城化发展示范区战略合作框架协议》，明确双方在规划、交通、产业、环保、民生保障等方面开展深入合作，共同推进对接事宜，优势互补，竞合发展，协力打造武汉城市圈同城化发展示范区。共同探索利益共享机制，携手打好"临空"牌，共同打造湖北省对外开放"空中出海口"。

【全国民用机场建设管理工作会议】 2021年11月30日至12月1日，全国机场建设管理工作会议在鄂州市召开。中国民航局党组书记、局长冯正霖讲话，中共湖北省委副书记、湖北省人民政府省长王忠林致辞，中共中国民航局副局长董志毅主持会议。会议总结2021年度四型机场建设情况并发布《四型机场示范项目2021年度进展材料汇编》白皮书。

会议明确"十四五"时期机场建设"一二三三四"民航总体工作路线图，大力推行现代工程管理，打造民用机场品质工程，树立中国机场建设品牌，持续推进民航机场建设高质量发展。会议介绍了"十四五"民用运输机场建设规划，发布并解读了《关于打造民用机场品质工程的指导意见》《推动民航智能建造与建筑工业化协同发展行动方案》。"建成鄂州专业性货运枢纽机场""推进武汉等机场改扩建"已列入"十四五"民用运输机场建设规划重点项目。

会议期间，来自中国民航局、全国各机场负责人及业界专家近200人齐聚一堂，参观"四型机场"成果展和即将建成校飞的中国首座专业性货运机场——鄂州花湖机场。

（鄂州市档案馆 鄂州市"同城办"）

【孝汉同城化工作推进会】 2021年3月16日，孝感市召开孝汉同城化工作推进会。会议指出，推进孝汉同城化发展是历届市委、市政府坚定不移的战略选择，是孝感立足自身优势推进高质量发展的关键举措。会议强调，构建孝汉同城化发展新格局要注重选准路径。要突出重点，在深入推进"五个一体化""五个同标准对接"的基础上，坚持有所为有所不为，率先在交通一体化和要素一体化上实现新突破，充分发挥好孝感区位优势、成本优势、环境优势。要错位发展，深入调查研究，发挥各自优势，推动产业深度融合，推进分工协作，实现功能互补；要用好"两只手"，发挥政府、市场两个作用，广泛开展对接，发挥联动效应；要克服等靠思想，多层次、多层面主动出击，不断丰富同城化路径。构建孝汉同城化发展新格局还要注重谋好项目。要放开思路，既要牵手武汉、对标武汉，更要打好武汉牌，扩大吸引力；要加强项目牵引，加强可行性分析，建立项目库，列出项目清单，拟订方案强力推进，以高质量项目推动同城化迈上新台阶。会议要求，要按照中共湖北省委建立武汉城市圈同城化发展协调机制要求，强化组织领导、政策研究、工作对接、考核督办，为把孝感打造成武汉城市圈副中心作出新的贡献。

6月16日，中共孝感市委、孝感市人民政府召开孝汉同城化发展工作第二次推进会，贯彻落实武汉城市圈同城化发展联席会第一次会议精神，研究部署下一阶段孝汉同城化重点工作。会议强调，认识上要"四变"。思想变实践，绝不能坐而论道，必须起而行之；机遇变现实，抢抓窗口期，增强紧迫感；工作变机制，推动孝汉对接常态化、机制化；同城变实效，崇尚实干，追求实绩，让工作有新变化、群众有新感受、发展有新气象。方法上要"三借"，借势抓同城化建设，明确优先序，突出交通先行，不断谋划新项目、加大新投入、支撑新发展；借力抓区域化发展，放大区位优势，打好武汉牌，加快建平台、注商标、迎主体、降成本、增优势、促发展；借机抓同城化交融，发挥汉孝一家亲优势，加强组织、机构、群众间交流互动。作风上要"六抓"，抓统，站位发展全局，加强统筹调度，扎实有力推进；抓用，坚持以用为本，确保措施精准适用；抓早，善于下先手棋，把先发优势转化为发展胜势；抓实，坚持把既有项目与未有项目、市场选择与政府推动、理性转移与科学站位分开，把实事办实；抓细，强化标准意识，从细处着手，努力破解难题；抓常，立足当前、着眼长远，久久为功、一抓到底。

【《武汉孝感市域（郊）铁路工程建设框架协议书》签订】 2021年5月23日，孝感市人民政府与武汉地铁集团有限公司在孝感签订《武汉孝感市域（郊）铁路工程建设框架协议书》，双方将共同推进武汉、孝感市域（郊）铁路工程建设，计划近期完成规划编制及上报。武汉市交通发展战略研究院介绍市域（郊）铁路线型和站址初步建议。武汉市人民政府副市长刘子清，中共孝感市委副书记、孝感市人民政府市长熊征宇，武汉市黄陂区、东西湖区和相关部门负责人出席签约仪式。同时，孝感正在抢抓武汉城市圈大通道建设机遇，一体推动汉孝交通规划布局和连通贯通，全力争取武汉地铁向孝感临空经济区延伸，市域铁路向汉川延伸。

（孝感市史志研究中心
孝感市"两型办"）

【武汉东湖新技术开发区与黄冈市《建设光谷科技创新大走廊战略合作协议》签订】 2021年7月12日，武汉东湖新技术开发区管理委员会与黄冈市人民政府签订《建设光谷科技创新大走廊战略合作协议》，双方在光谷联合建设黄冈（光谷）科技创新中心；联合建设技术创新平台，推进科技成果转化，

武汉东湖新技术开发区管委会与黄冈市人民政府签订《建设光谷科技创新大走廊战略合作协议》

（胡小军 摄）

推进科技金融深度融合、人才互动交流。武汉新能源研究院、武汉智能装备工业技术研究院在黄冈设立协同创新中心；武汉工程大学、湖北中医药大学与黄冈市企业共建产业技术研究院；武汉大学科技园、华中科技大学科技园分别在黄冈设立分园。

同日，光谷科技创新大走廊黄冈功能区启动。黄冈功能区发展分"三步走"：2021年，建成科技创新体系基本健全、中高端产业集聚发展的创新廊道；到2035年，建成省内创新创业网络重要枢纽，若干重点产业具有全国竞争力，成为光谷科创大走廊的重要节点；到2049年，建成具有全国影响力的产业转移核心承载区、创新创业生态示范区、科技成果转化中心、创新型人才高地。

（武汉市地方志编纂委员会办公室）

规划编制与合作对接

【概况】 2021年，《武汉城市圈同城化发展实施意见》《武汉城市圈同城化发展三年行动方案（2021—2023年）》《武汉城市圈同城化发展2021年度工作要点》《武汉城市圈同城化发展协调机制》《武汉城市圈同城化发展办公室工作规则》《武汉城市圈同城化发展合作框架协议》相继出台，完善了武汉城市圈同城化发展的顶层设计和相应的协调机制、工作步骤，城市圈规划建设同步推进。

积极推进编制规划对接。武汉城市圈各城市同步制定当地融入武汉城市圈同城化发展的实施意见、三年行动方案、任务清单，编制或修订各项专项规划。黄石市出台《光谷科创大走廊黄石功能区发展规划》；鄂州市将葛店经济技术开发区全域纳入《武汉大都市区交通基础设施规划》；孝感市对接武汉市专题编制"孝感中心城区至武汉同城化快速道路交通系统规划"和《孝感市轨道交通线网规划（2021—2035）》，打造"轨道上的城市圈"；咸宁市编制《光谷科技创新大走廊咸宁功能区发展规划（2021—2035年）》并印发实施。

开展重点专项规划编制。《武汉城市圈空间规划》形成阶段性成果，《武汉城市圈市域（郊）铁路网规划》通过全国专家评审，并纳入国家发展和改革委员会城市和小城镇改革发展中心统筹编制的《湖北省都市圈市域（郊）铁路规划》，上报至湖北省发展和改革委员会。启动武汉城市圈功能区规划、生态保护和利用规划等专项研究。推进编制《武汉城市圈中长期发展规划》《武鄂同城化发展规划》《汉孝同城化发展规划》《武咸跨界合作示范区发展规划》《武仙同城化发展规划》《湖北花湖临空经济区总体规划》《黄鄂黄全国枢纽城市总体规划》《梁子湖旅游发展规划》等专项规划。

（湖北省武汉城市圈研究会）

【光谷科技创新大走廊发展战略规划（2021—2035年）】 2021年2月4日，湖北省人民政府办公厅印发《关于印发光谷科技创新大走廊发展战略规划（2021—2035年）的通知》，对光谷科技创新大走廊建设进行全面部署。《光谷科技创新大走廊发展战略规划》（以下简称《规划》）提出，光谷科技创新大走廊定位于打造世界级科技产业创新策源地、武汉"两个中心"建设核心承载区、长江中游城市群协同发展先行区、湖北省高质量发展引领区，到2025年，科技创新达到世界先进水平，大走廊区域内R&D经费内部支出占

光谷科技创新大走廊"一核一轴三带多组团"空间布局示意图

（武汉市地方志编纂委员会办公室　供图）

地区生产总值的比重超过3%，高新技术企业突破12000家，高新技术产业增加值占地区生产总值的比重超过30%；到2035年，大走廊建成全球创新网络的重要枢纽，东湖科学城建设成为全球创新高地。

《规划》提出构建"一核一轴三带多组团"科技产业空间布局。"一核"为东湖科学城，规划面积约100平方千米，强化源头创新、成果转化、企业培育和新兴产业生成4大功能，打造大走廊核心动力源。"一轴"为创新发展联动轴，以东湖科学城为中心，串联武鄂黄黄咸（武汉、鄂州、黄冈、黄石、咸宁）城市主要功能板块和重要创新平台。"三带"为三条创新产业带，即光电子信息产业带、大健康产业带和智能产业带。"多组团"为若干特色功能组团，包括大光谷创新组团、红莲湖—葛店科创组团、花湖机场临空组团、环大冶湖智造组团、黄冈特色产业组团、香城绿色产业组团。

《规划》提出未来15年的主要任务为四个方面：打造"高水平"东湖科学城创新极核，以湖北实验室引领，打造重大科技基础设施群，建设交叉前沿研究平台，推进"双一流"大学和学科建设，构建原始创新战略力量，推动前沿产业技术研发转化，培养引进硬核科技企业，完善新兴产业育成机制；推进"跨区域"五城产业承接协同，突出武汉引领地位，发挥鄂黄黄咸比较优势，围绕产业链和创新链，重点打造世界级光电子信息产业带、国际一流的大健康产业带、具

2021年5月28日，武汉城市圈同城化空间发展交流对接会在仙桃市举行，来自华中科技大学、湖北省空间规划院、武汉市自然资源和规划局的专家（负责人）以及仙桃市相关部门负责人参加会议　（仙桃市史志研究中心　供图）

有国际竞争力的智能产业带，发展壮大各类特色产业集群，增强产业链上下游协作，推动产业融合发展；强化"多要素"资源聚集，深入推进科技成果转移转化，加强科技金融产品与服务创新，加快多种要素聚集，提高科创资源配置效率；推动"同城化"协同发展，推进基础设施与数字基础设施一体化建设，探索跨区域成本共担、利益共享机制，形成研发在武汉、制造在各地、孵化在武汉、壮大在各地的同城化、一体化发展机制，加快构建科学合理、协同高效的整体发展格局。

（武汉市地方志编纂委员会办公室）

【东湖科学城规划建设】东湖科学城是光谷科技创新大走廊的创新极核。2021年9月，《东湖科学城建设发展规划》正式印发。规划范围100平方千米、统筹范围160平方千米、拓展范围260平方千米，横向依托高新大道、纵向依托未来大道建设。战略定位是创建湖北东湖综合性国家科学中心主体区和武汉国家科技创新中心的核心承载区，成为国家高水平科技自立自强的战略支点、武汉城市圈高质量发展的强力引擎，引领中部地区和长江中游城市群创新发展。总体发展目标是瞄准打造全球光电信息科技创新中心、全球生命健康科技创新中心、全球碳中和工程科技创新中心，及全球智能制造产业创新中心。共设七大功能区，其中，大设施集聚区、实验室集聚区、科教融合园区等三大功能区，聚焦科学价值和技术价值创造；光电信息产业集聚区、生命健康产业集聚区、创新发展服务示范区等三大功能区，聚焦经济价值和社会价值创造；创新创业示范区聚焦科学、技术、经济和社会价值融合创造。

东湖科学城建设实施"三步走"战略：到2025年，东湖科学城主体框架基本建成，湖北东湖综合性国家科学中心建设取得实质性突破；到2035年，东湖科学城核心功能全面实现，支撑湖北东湖综合性国家科学中心和武汉国家科技创新中心进入领先行列；2050年，东湖科学城将成为科学特征凸显、创新要素集聚、策源能力突出、科创活力迸发、具有核心竞争力的世界一流科学城。

2021年，东湖科学城启动建设七大重点板块。在光谷科学岛板块，科学城展厅建成投入使用，武汉人工智能计算中心实现运营；在九峰山科技园板块，编制完成园区产业规划，年底基本完成项目主体结构施工；在生命AI中心板块，武汉产业创新发展研究院挂牌运营，武汉国家级人类遗传资源样本库建成启用，国家重大公共卫生事件医学中心项目启动建设，生物创新园二期的Ⅰ期项目竣工；在中国科学院东湖科学中心板块，作物表型组学研究、深部岩土工程扰动模拟设施完成地勘；在数字经济产业园板块，产业园一期建成封顶；在科学城主中心板块，湖北省科技馆建成开馆，光谷中央生态大走廊项目一期建成开园，中国光谷人力资源服务产业园挂牌运营，"五馆一中心"项目完成可研编制，国际社区项目开工建设；在硅谷小镇副中心板块，硅谷立方开工建设，国际人才社区部分结构完成施工，硅谷小镇科技园启动全球招商。

推动重大科创平台落地。7个湖北实验室挂牌运营，东湖实验室一期首开区建成，九峰山实验室土建工程封顶。国家精密重力测量完成中期评估，脉冲强磁场优化提升等3个设施项目纳入国家"十四五"专项规划，高端生物医学成像设施项目建议书和可研报告获湖北省发展和改革委员会批复。数字建造、智能设计与数控等2个国家技术创新中心获批复。武汉量子技术研究院、新一代人工智能研究院等一批前沿交叉研究平台挂牌成立或签约落地。

出台系列支持政策。围绕企业主体、硬核科技、创新人才等，先后出台"高企十条"、"硬核科技十条"、科学城人才发展等创新性政策，加速企业主体培育、创新人才集聚。全年净增高企1000家以上，有效期内高企总数突破4200家，完成科技型中小企业评价入库3045家，新认定502家瞪羚企业，5家光谷企业入围德勤"中国高成长50强"。率先探索实施人才注册制、举荐制、积分制，发布东湖科学城招贤榜，首批35家单位提供60余个百万年薪岗位，新增引进2名国家重点联系专家、18名省级高层次人才，新增参保留汉大学生527万人。

【武汉市国土空间"十四五"规划】 2021年12月，武汉市人民政府办公厅研究批复了《武汉市国土空间"十四五"规划》（以下简称《规划》）。《规划》按照国家中心城市、长江经济带核心城市目标，立足打造"五个中心"，以"优布局、强功能"为核心，建立"区域—市域—重点功能区"的空间保障体系，实施推进武汉城市圈同城化、市域空间格局提升、重点功能区片3大行动计划，构建市域"主城做优、四副做强、城乡一体、融合发展"空间格局，提出支撑"五个中心"建设的29个市级重点功能区，并打造两江四岸等10个标志性区域。《规划》重点按照"主城做优、四副做强、城乡一体、融合发展"的空间格局，落实"五个中心"建设的空间需求。"主城做优"着力优化主城人口规模、高端要素、先进功能，挖掘主城人文价值，提升空间品质，培育多元创新空间，打造国家中心城市"主中心"。特色化发展四个主城副中心，推进杨春湖、鲁巷、南湖、汉江湾分别打造特色服务业集聚区。《规划》提出，至2025年，武汉市常住人口达到1380万人，城镇建设用地规模达到1200平方千米。

【武汉城市圈空间规划】 2021年，武汉市自然资源和规划局牵头联合城市圈八个城市自然资源和规划局，建立武汉城市圈空间规划联席议事机制，共同开展《武汉城市圈空间规划》编制。4月、8月分别组织召开两次武汉城市圈空间规划联席会，研讨城市圈各城市规划设想和诉求；9月，邀请国务院发展研究中心研究员余斌等权威专家就城市圈空间发展战略进行研讨；10月，联合城市圈八个兄弟城市规划局共同开展"规划同编"工作营活动，全面深入研讨规划编制过程中的实际问题。年内，《武汉城市圈空间规划》

形成阶段性成果，并于12月22日经武汉市人民政府专题会审议通过。

（武汉市地方志编纂委员会办公室）

【《光谷科技创新大走廊黄石功能区发展规划（2021—2035年）》】
2021年6月9日，黄石市《光谷科技创新大走廊黄石功能区总体发展规划》正式印发实施。该规划围绕黄石长江中游城市群区域性科创中心的发展定位，以建设光谷科创大走廊副中心、武汉国家"两个中心"分中心为目标，着力打造光谷科创大走廊协同创新示范区、科技成果转化承载区和产业协作发展示范区。依托光谷东黄石科创岛、环大冶湖科学城和环磁湖应用科技创新中心，承接武汉重大科技创新平台及其分支机构，布局建设若干前沿引领技术创新平台和产业共性技术研发平台，联合攻关一批关键共性技术、前沿引领技术、现代工程技术和颠覆性技术，打造武汉国家科技创新中心和综合性国家科学中心分中心。围绕主导产业和新兴产业，建立"众创空间—孵化器—加速器—产业园区"的完整孵化链条，建设聚焦专业领域的科技成果转移转化功能集聚区；培育离岸科创平台、技术转移服务机构和人才队伍，构建多渠道、多层次、高效率的科技成果转化承接体系，打造中部一流的科技成果转移转化承载区。依托黄石功能区"四区N园"，加快推动与武鄂黄咸在产业布局、园区建设、要素供给、机制创新等方面的协作，构建产业联动协作的体制机制，促进城市功能互补、产业错位布局和特色化发展，形成科学合理、富有竞争力的区域产业协作体系，打造具有全国影响力的产业协同发展示范区。

规划发展目标，建设一条创新主轴带，以黄石临空经济区为起点，向东串联黄石大冶湖高新技术产业开发区、开发区·铁山区、西塞山区、黄石新港（物流）工业园区，向北联动下陆区和黄石港区、对接鄂州花湖机场打造临空产业聚集区，向西对接光谷承接科研创新和产业转移，打造横贯东西、纵横南北的临空创新发展带。打造三个创新极，以环大冶湖科学城、光谷东黄石科创岛、环磁湖应用科技创新中心为创新极，集聚高端创新资源，布局重大技术研发平台，打造区域科技创新源头。以临空创新发展带为主轴带，以环大冶湖科学城、光谷东黄石科创岛、环磁湖应用科技创新中心为创新极，培育壮大新材料、电子信息、智能装备、生命健康、节能环保五大特色产业，布局建设开发区·铁山区电子信息组团、环大冶湖智能制造组团、大冶湖高新区有色金属组团、下陆区节能环保组团、西塞山临江特钢组团、新港临港产业组团、大冶湖南岸生命健康组团、黄石临空经济组团等八大特色功能组团，形成"一带三极五基地八组团"的创新空间布局。

到2025年，黄石功能区创新能力明显增强，支撑黄石跻身国家创新型城市行列、建成长江中游同类城市最具创新活力之城。R&D经费支出占地区生产总值的比重达到3%，高新技术企业突破700家，高新技术产业增加值占地区生产总值的比重达到28%。省级以上新型研发机构超过120家，每万名就业人员中研发人员达到75人/年，集聚一批高层次科技人才和高水平创新团队，形成一批具有全国影响力的创新成果。建

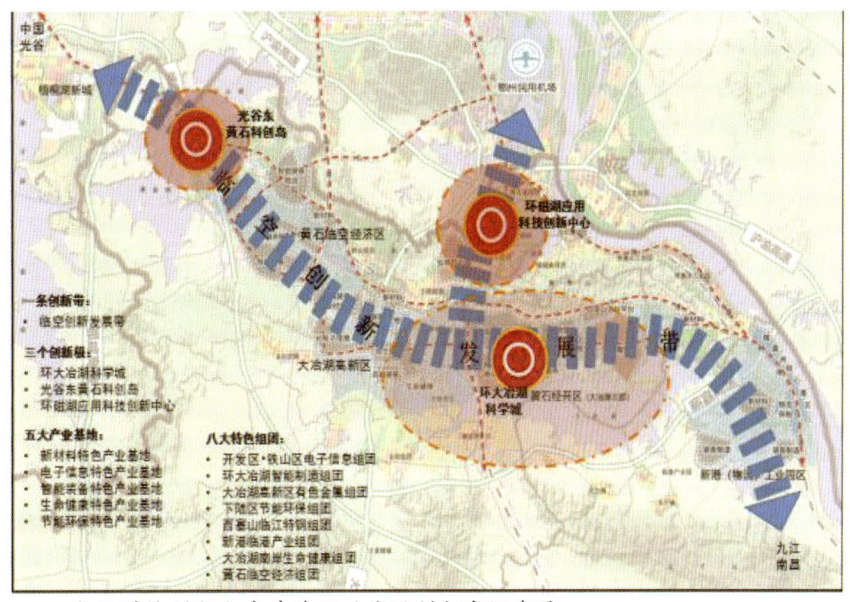

光谷科技创新大走廊黄石功能区创新空间布局

（摘自黄石市政府网站）

成3个以上国家级创新型产业集群和特色产业基地,在国内外产业分工和价值链中的地位显著提升,助力黄石建成国家创新型城市和长江中游同类城市最具创新活力之城。

到2035年,黄石功能区区域创新能力显著增强,建成光谷科创大走廊副中心和武汉国家"两个中心"分中心。黄石功能区构建起一个全方位、立体式、充满生机的创新创业生态系统,培育一批领军型科技创新企业,建成一批国内有影响力的科研机构,突破一批行业共性技术和关键核心技术,转化一批先进适用重大科技成果,打造若干具有全球竞争力的产业集群,创新驱动成为经济社会发展的主要动力,黄石功能区在长江中游城市群创新驱动发展中发挥引领作用,成为湖北建设科技强省的重要力量。

(摘自黄石市人民政府网站)

【《光谷科技创新大走廊咸宁功能区发展规划(2021—2035年)》】

2021年8月4日,咸宁市正式印发实施《光谷科技创新大走廊咸宁功能区发展规划(2021—2035年)》。该规划以全面加强与光谷的空间、产业、资源、政策协同为目标,构建以咸宁高新技术产业开发区等八大片区为核心区,以嘉鱼、赤壁为沿江创新带,以通城县、崇阳县、通山县为三大创新极的"一核驱动、一带推进、多极联动"创新空间布局。

一核:咸宁主城区创新发展核心区。以建设产业技术研究院、技术创新中心、创新创业基地等多类型创新创业机构和聚集高层次人才,引进高等学校、科研院所建立科研机构为主要任务,同时肩负促进科技与产业融合、营造富有活力的创新创业生态等责任。规划范围涵盖梓山湖大健康示范区、武咸(贺胜)战略发展区、咸宁高新技术产业园区、官埠城乡融合发展试验区、咸宁国家农业科技园区(向阳湖)、咸安经济技术开发区、咸嘉临港新城(产业园区)、森林温泉大旅游产业示范区,总用地面积650平方千米。

一带:赤壁、嘉鱼沿江创新发展带。产业布局按照"技术先进、竞争优势明显、内生增长能力强、关联强度高"等原则,立足咸宁市自身产业发展基础,积极对接科技创新大走廊三大产业,重点发展大健康、光电子信息、新材料、智能以及现代服务业。规划范围涵盖赤壁市(重点涵盖赤壁高新技术产业园区、蒲纺工业园、赤壁省级农业科技园区以及华润·赤壁长江经济带乡村振兴示范区)、嘉鱼县(重点涵盖嘉鱼经济开发区)

多极:通城、崇阳、通山创新发展极。以创新驱动引领新旧动能转换先行区,涵盖通城县、崇阳县、通山县三地。各县依托自身资源禀赋,与核心区、创新带科技资源产生联动,加快发展大健康、新材料、光电子信息等产业,打造以绿色为底色的特色创新极。

产业布局按照"技术先进、竞争优势明显、内生增长能力强、关联强度高"等原则,立足咸宁市自身产业发展基础,积极对接科技创新大走廊三大产业,重点发展大健康、光电子信息、新材料以及现代服务业。

到2025年,光谷科技创新大走廊咸宁功能区"一核、一带、多极"创新空间布局基本形成,建成光谷科技创新大走廊特色产业增长极和转型发展示范区。R&D经费支出占GDP的比重达2.0%,

光谷科技创新大走廊咸宁功能区创新空间布局

(摘自咸宁市人民政府网站)

高新技术企业数量达400家,高新技术产业增加值占地区生产总值的比重达20%,省级以上创新平台数量达60家。企业创新主体地位明显加强,科技成果转化步伐明显加快,光电子信息、大健康、新材料、现代服务业等特色产业发展层级显著提升。

到2035年,光谷科技创新大走廊咸宁功能区建设完善,咸宁建成国家创新型城市。R&D经费支出占GDP的比重达3.0%,高新技术企业数量达700家,高新技术产业增加值占地区生产总值的比重达30%,省级以上创新平台数量达100家。全市经济实力、科技实力、综合实力显著增强,形成适合科技产业"领跑"发展需求的创新创业生态,营造高端创新人才向往的人居环境,探索出具有咸宁特色的科技创新大走廊建设发展新路径。

（摘自咸宁市人民政府网站）

【**37项武汉城市圈同城化共建协议签署**】 2021年,武汉城市圈九市相关部门围绕落实《武汉城市圈同城化发展三年行动方案(2021—2023年)》,推进"五同"（规划同编、交通同网、科技同兴、产业同链、民生同保）建设,推进相关合作项目以及改革事项的对接,就立法、铁路工程建设、水务合作、生态环境合作、公共交易、产业招商等,签署37项合作协议。

（湖北省武汉城市圈研究会）

【**《武汉城市圈公路建设一体化三年行动方案（2021—2023）》**】 2021年10月,武汉市推进同城化发展工作领导小组正式发布《武汉城市圈公路建设一体化三年行动方案（2021—2023年）》。着力推进圈内各市基础设施互联互通,打造1小时通勤圈。织密区域高快

2021年武汉城市圈各类专项规划编制情况一览表

序号	规划名称	工作进度
1	《武汉城市圈市域（郊）铁路网规划》	通过全国专家评审
2	《武汉城市圈功能区规划》	阶段性成果
3	《武汉城市圈生态保护和利用规划》	进行中
4	《武汉城市圈中长期发展规划》	进行中
5	《武鄂同城化发展空间规划》	初步成果
6	《武鄂同城化轨道交通线网衔接规划》	通过专家评审
7	《鄂州市梁子湖区旅游发展规划（2022—2035）》	进行中
8	《湖北花湖机场临空经济区发展总体规划》	进行中
9	《汉孝同城化空间规划》	开展前期工作
10	《汉孝同城化发展规划》	进行中
11	《孝感市轨道交通线网规划（2021—2035）》	通过专家评审
12	《孝感中心城区至武汉同城化快速道路交通系统规划》	通过专家评审
13	《武咸跨界合作示范区发展规划》	开展前期工作
14	《武仙同城化发展规划》	开展前期工作
15	《湖北花湖临空经济区总体规划》	开展前期工作
16	《黄鄂黄全国枢纽城市总体规划》	进行中
17	《梁子湖旅游发展规划》	开展前期工作
18	《光谷科技创新大走廊国土空间规划》	通过省政府审查
19	《光谷科技创新大走廊黄石功能区发展规划》	印发实施
20	《光谷科技创新大走廊咸宁功能区发展规划》	印发实施
21	《光谷科技创新大走廊（咸宁段）国土空间规划》	进行中

2021年武汉城市圈同城化共建协议一览表

序号	签约时间	专题会	协议名称
1	4月7日	武汉城市圈区域协同立法第一次联席会议	《武汉城市圈区域协同立法框架协议》
2	5月19日	武汉城市圈同城化发展联席会第一次会议	《武汉城市圈同城化发展合作框架协议》
3	5月23日	《武汉孝感市域（郊）铁路工程建设框架协议书》签约会	《武汉孝感市域（郊）铁路工程建设框架协议书》
4	6月6日	"同心筑梦·同城共进"武黄同城暨黄石（光谷）产业投资推介会	新材料、电子信息、智能制造等33个投资协议，总金额175亿元
5	6月11日	"1+8"城市圈同城化发展水务工作座谈会	会议研究讨论三年行动方案、2021年工作要点，签署协同合作备忘录。
6	6月18日	第一届武汉城市圈城市生态环境合作会	《武汉城市圈城市生态环境合作协议书》
7	6月28日	九市公共资源交易（政府采购）中心座谈会	九市公共交易（政府采购）中心共签合作备忘录
8	7月1日	武汉市、黄冈市《推进武汉城市圈同城化发展产业同链战略合作框架协议》签字仪式	《推进武汉城市圈同城化发展产业同链战略合作框架协议》
9	7月12日	光谷黄冈科技产业园正式开园仪式	武汉东湖新技术开发区管委会与黄冈市人民政府签订《建设光谷科技创新大走廊战略合作协议》
10	7月13日	黄石市、黄冈市《武汉城市圈同城化发展示范区战略合作框架协议》签字仪式	《武汉城市圈同城化发展示范区战略合作框架协议》
11	7月16日	武汉城市圈九市法院系统召开联席会议	《武汉城市圈司法协作框架协议》
12	7月29日	黄冈市推进武汉城市圈同城化发展暨7月招商引资项目签约大会	武汉市、黄冈市招商部门签订《推进武汉城市圈同城化发展产业同链战略合作框架协议》
13	9月9日	鄂州市、黄石市《武汉城市圈同城化发展示范区战略合作框架协议》签字仪式	《武汉城市圈同城化发展示范区战略合作框架协议》
14	9月14日	武汉市人民政府与东软集团股份有限公司座谈会	《东软集团南方研发基地项目投资合作协议》
15	9月18日	武汉生态环境投资发展集团有限公司与国家开发银行湖北省分行战略合作协议书签字仪式	《武汉生态环境投资发展集团有限公司与国家开发银行湖北省分行战略合作协议书》
16	9月18日	武汉城市圈第一次科技同兴联席会	《武汉城市圈科技同兴三年行动方案（2021—2023）》、《武汉城市圈科技同兴2021年度工作要点》及相关协议
17	9月24日	武汉城市圈住房公积金同城化发展联席会第一次会议	《武汉城市圈住房公积金中心关于推进住房公积金同城化发展的合作协议》
18	9月24日	2021智慧城市与智能建造高端论坛暨武汉科技成果转化对接活动·"双智"专场	国内多所高校专家团队提供18项科技成果，并与湖北省、武汉市及区属企业签订成果转化协议
19	10月12日	武汉市、鄂州市《武鄂人社同城发展战略合作协议》签字仪式	《武鄂人社同城发展战略合作协议》
20	10月19日	黄冈市与湖北省联投集团有限公司座谈会	《黄冈市与湖北省联投集团全面战略合作协议》
21	10月29日	武汉城市圈劳动保障监察合作第一次协商会议	《城市圈劳动保障监察合作备忘录》
22	11月8日	武汉市、孝感市《汉孝人社同城发展战略合作协议》签字仪式	《汉孝人社同城发展战略合作协议》

续表

序号	签约时间	专题会	协议名称
23	11月11日	《建设光谷科技创新大走廊战略合作协议》签字仪式	《建设光谷科技创新大走廊战略合作协议》
24	11月25日	武汉城市圈外事港澳工作第一次联席会议	《武汉城市圈外事港澳工作合作协议书》
25	12月1日	孝感市、武汉市《武汉城市圈同城化发展产业招商战略合作框架协议》签字仪式	《武汉城市圈同城化发展产业招商战略合作框架协议》
26	12月21日	武汉、黄石两市人社部门同城化合作签字仪式	《武汉黄石人社同城化高质量发展战略合作框架协议》《武汉市、黄石市劳动能力鉴定专家共享合作协议》
27	12月21日	"九城同心、广电同兴"2021武汉城市圈广电大会	《武汉城市圈广播电视台（融媒体中心）关于推进同城化发展的合作协议》
28	12月24日	武汉市、咸宁市《跨市流域突发水污染事件联防联控协议》签字仪式	《跨市流域突发水污染事件联防联控协议》

速路网，构建以武汉为核心的"七环二十四射多联"高快速路网体系。畅通公路网，实施高速公路繁忙拥堵路段扩容工程，加密高速公路出口。以统一标准和时序建设公路通道，拓宽瓶颈路、建设骨干路。按照"建设一批、新开一批、谋划一批"要求，力争三年内推动公路建设项目102个，总里程约2646千米，估算总投资3674.5亿元；备选项目28个，总里程约817.2千米，估算总投资1088.1亿元。

加密高速公路网。以高速公路扩容和加强市际公路衔接为重点，加快圈域高速公路网络化建设，加密高速公路网，增加高速公路出口。力争推动高速公路重大项目共36个（其中，建设10个，新开17个，谋划9个），总里程约1511.1千米，估算总投资2919.5亿元。加快建设武汉至阳新高速（含武汉至鄂州段和黄石段）、武汉至大悟高速公路（含武汉至河口段和河口至鄂豫界段）、硚口至孝感高速公路（京港澳高速至终点段）、武汉绕城高速公路中洲至北湖段改扩建、沪蓉高速红安联络线（武汉至红安高速公路）、麻安高速麻城东段、鄂黄第二过江通道（燕矶长江大桥）、赤壁长江公路大桥等10个项目。争取2021年新开新港高速双柳长江大桥及接线工程、武汉至重庆高速公路武汉至天门段等10个项目。2022年新开汉南过江通道（簰洲湾长江大桥）及接线工程、武汉城市圈大通道北段（黄陂至新洲段）等4个项目；2023年新开武汉城市圈大通道孝感北段（孝汉应高速公路北延伸线）、武汉城市圈大通道孝感南段（孝汉应高速公路南延伸线）等9个项目。

完善国省干线网络。加快推进国省干线快速化改造，完善快速公路网络。力争推动国省干线项目共45个（其中，建设11个，新开16个，谋划18个），提质升级里程约847.7千米，估算总投资476.6亿元。加快建设G107孝感市肖港至张公堤段改建工程、G234后湖至熊口段改建工程等11个项目。争取2021年新开G106阳新县沿镇至黄土坡段改建工程、G107东西湖段快速化改造工程等6个项目；2022年新开G234熊口至张金段改建工程、G318潜江境苏港至丫角段改扩建工程等5个项目；2023年新开G106新洲区邾城至团风段改扩建工程、G106黄石铁山至大冶段改建工程（含隧道）等5个项目。谋划G106新洲区邾城至余家寨段改扩建工程、G106鄂州碧石至黄石铁山段改扩建工程18个项目。

推进县乡公路建设。着力推进市际"瓶颈路"建设，力争推动地方道路项目21个（其中，建设6个，新开7个，谋划8个），总里程约287.2千米，估算总投资278.3亿元。加快建设孝南区毛陈至天河机场北公路、观音湖至清凉寨旅游公路等6个项目。争取2021年新开红莲湖新区高新四路（对接东湖新技术开发区未来一路）、红莲湖新区望湖一路（对接东湖新技术开发区科技五路）、短咀里湖桥拓宽工程、葛店大道等4

个项目；2022年新开红莲湖新区高新六路（对接东湖新技术开发区未来一路）、红莲湖新区未来二路（对接东湖新技术开发区未来二路）、葛店开发区友谊大道（对接青山区青化路）等3个项目。谋划光谷长江大桥及接线工程、法舒线延长线等8个项目。

【《武汉城市圈城际公交运营一体化三年行动方案（2021—2023年）》】2021年10月，武汉市推进同城化发展工作领导小组正式发布《武汉城市圈城际公交运营一体化三年行动方案（2021—2023年）》。3

武汉城市圈公路建设一体化项目清单（2021—2023年）

序号	项目名称	行政区划	技术标准	里程（千米）	投资（亿元）	项目进度	责任单位
	一、高速公路（36个）			1511.1	2919.5		
1	武汉绕城高速公路中洲至北湖段改扩建工程	武汉	高速公路	31.2	42.7	建设	武汉市人民政府
2	麻安高速公路麻城东段	黄冈	高速公路	15.92	16.18	建设	黄冈市人民政府
3	大广高速公路黄冈至鄂州段改建（燕矶长江大桥）	黄冈、鄂州	高速公路	26	147	建设	黄冈市人民政府、鄂州市人民政府
4	武汉至阳新高速公路武汉至鄂州段	武汉、鄂州	高速公路	34.7	86.7	建设	武汉市人民政府、鄂州市人民政府
5	武汉至阳新高速公路黄石段	黄石	高速公路	91.0	136.9	建设	黄石市人民政府
6	武汉至大悟高速公路武汉至河口段	武汉、孝感	高速公路	77.2	160.3	建设	武汉市人民政府、孝感市人民政府
7	武汉至大悟高速公路河口至鄂豫界段	孝感	高速公路	48.3	55.2	建设	孝感市人民政府
8	硚口至孝感高速公路（京港澳高速至终点段）	武汉、孝感	高速公路	12	26	建设	武汉市人民政府、孝感市人民政府
9	沪蓉高速红安联络线（武汉至红安高速公路）	黄冈	高速公路	27.7	27.87	建设	黄冈市人民政府
10	赤壁长江公路大桥	咸宁、荆州	高速公路	11.2	32.49	建设	咸宁市人民政府、荆州市人民政府
11	新港高速双柳长江大桥及接线工程	武汉、鄂州	高速公路	34.4	161.2	2021年新开	武汉市人民政府、鄂州市人民政府
12	武汉至重庆高速公路武汉至天门段	武汉、孝感、天门	高速公路	91.3	218.7	2021年新开	武汉市人民政府、孝感市人民政府、天门市人民政府
13	武汉至松滋高速公路武汉段	武汉	高速公路	12	33	2021年新开	武汉市人民政府
14	京港澳高速公路豫鄂界至军山段改扩建工程	武汉、孝感	高速公路	158	216	2021年新开	武汉市人民政府、孝感市人民政府
15	武汉城市圈大通道孝汉应高速（福银高速至武荆高速段）	孝感	高速公路	34.5	76.18	2021年新开	孝感市人民政府
16	鄂州机场高速公路一期工程	鄂州	高速公路	13.18	24.1	2021年新开	鄂州市人民政府
17	鄂州机场高速二期（武黄高速至鄂咸高速段）	鄂州、黄石	高速公路	28.8	56.53	2021年新开	鄂州市人民政府、黄石市人民政府
18	通山至武宁高速公路湖北段	咸宁	高速公路	45.7	70.45	2021年新开	咸宁市人民政府
19	赤壁长江大桥东延段	咸宁	高速公路	21	21	2021年新开	咸宁市人民政府

续表

序号	项目名称	行政区划	技术标准	里程（千米）	投资（亿元）	项目进度	责任单位
20	蕲春至太湖高速公路蕲春东段	黄冈	高速公路	50.5	63	2021年新开	黄冈市人民政府
21	汉南过江通道（簰洲湾长江大桥）及接线工程	武汉、咸宁	高速公路	68.2	195	2022年新开	武汉市人民政府、咸宁市人民政府
22	武汉城市圈大通道北段（黄陂至新洲段）	武汉、黄冈	高速公路	65	180	2022年新开	武汉市人民政府、黄冈市人民政府
23	武汉城市圈大通道南段（江夏至鄂州段）	武汉、鄂州	高速公路	37	110	2022年新开	武汉市人民政府、鄂州市人民政府
24	武汉至松滋高速公路仙桃至洪湖段	荆州、仙桃	高速公路	48.0	85	2022年新开	荆州市人民政府、仙桃市人民政府
25	武汉城市圈大通道孝感北段（孝汉应高速公路北延伸线）	孝感	高速公路	25.59	50.3	2023年新开	孝感市人民政府
26	武汉城市圈大通道孝感南段（孝汉应高速公路南延伸线）	孝感	高速公路	43.52	100.4	2023年新开	孝感市人民政府
27	六安（鄂皖界）至黄梅高速公路	黄冈	高速公路	126	176	2023年新开	黄冈市人民政府
28	沪渝高速公路武汉至黄石段改扩建工程	武汉、鄂州、黄石	高速公路	54.9	71.3	谋划	武汉市人民政府、鄂州市人民政府、黄石市人民政府
29	沪渝高速公路武汉至潜江段改扩建工程	武汉、仙桃、潜江	高速公路	128	181	谋划	武汉市人民政府、仙桃市人民政府、潜江市人民政府
30	硚口至孝感高速公路西延线	孝感	高速公路	50.3	99	谋划	孝感市人民政府
31	大广高速新增东方山互通及连接线	黄石、鄂州	新增出口	9.1	10.14	谋划	黄石市人民政府、鄂州市人民政府
32	武英高速石桥铺互通	黄冈	新增出口	4.1	1.35	谋划	黄冈市人民政府
33	京港澳高速中伙铺互通	咸宁	新增出口	5	5	谋划	咸宁市人民政府
34	随岳高速剅河互通	仙桃	新增出口	3	3	谋划	仙桃市人民政府
35	汉宜高速潜江东互通	潜江	新增出口	7.3	4.8	谋划	潜江市人民政府
36	杭瑞高速慈口互通	咸宁	新增出口	4	4	谋划	咸宁市人民政府
	二、国省干线（45个）			847.7	476.6		
1	G107孝感市肖港至张公堤段改建工程	孝感	一级公路	37.2	25.3	建设	孝感市人民政府
2	G234后湖至熊口段改建工程	潜江	一级公路	10.7	2.5	建设	潜江市人民政府
3	G318周矶至丫角段改扩建工程	潜江	一级公路	34.1	6.3	建设	潜江市人民政府
4	G347新洲段（内园滩至红岭）改建工程	武汉	一级公路	22.0	23.3	建设	武汉市人民政府
5	S105至S244市政化升级改造项目	孝感	一级公路	8.4	4.36	建设	孝感市人民政府
6	S108武汉段府河大桥工程	武汉	一级公路	6.9	13.2	建设	武汉市人民政府

续表

序号	项目名称	行政区划	技术标准	里程（千米）	投资（亿元）	项目进度	责任单位
7	S112 辛安渡至朱湖公路改造工程	武汉、孝感	三级公路	4	0.5	建设	武汉市人民政府、孝感市人民政府
8	S247 潜江汉江大桥工程	潜江、天门	一级公路	6.7	6.4	建设	潜江市人民政府、天门市人民政府
9	S247 潜江汉江大桥至渔洋公路工程	潜江、监利	一级公路	50.3	13.2	建设	潜江市人民政府
10	S322 总口至熊口段改建工程	潜江	一级公路	20.1	4.7	建设	潜江市人民政府
11	S350 白鹭湖至张金段改建工程	潜江	二级公路	21.7	1.1	建设	潜江市人民政府
12	G106 阳新县沿镇至黄土坡段改建工程	黄石	一级公路	14.89	4.97	2021年新开	黄石市人民政府
13	G107 东西湖段快速化改造工程	武汉、孝感	一级公路	10.35	72.2	2021年新开	武汉市人民政府、孝感市人民政府
14	G347 黄冈市团风段举水河大桥新建工程	武汉、黄冈	一级公路	2.8	5.7	2021年新开	武汉市人民政府、黄冈市人民政府
15	G347 黄冈市黄州至团风段改建工程	黄冈	一级公路	27	12.2	2021年新开	黄冈市人民政府
16	G347 天门市皂市至杨秀段改扩建工程	天门	一级公路	5	1.38	2021年新开	天门市人民政府
17	S122 武汉至咸宁出口公路武汉段天子山大桥	武汉、咸宁	一级公路	2.3	9	2021年新开	武汉市人民政府、咸宁市人民政府
18	G234 熊口至张金段改建工程	潜江	一级公路	29.8	12.1	2022年新开	潜江市人民政府
19	G318 潜江境苏港至丫角段改扩建工程	潜江、荆州	一级公路	10.1	3.0	2022年新开	潜江市人民政府、荆州市人民政府
20	S109 蔡孝线西段（运铎公园至柏刘公路段及蔡甸城区段新建工程）	武汉、孝感	二级公路	8.68	5	2022年新开	武汉市人民政府、孝感市人民政府
21	S213 李谢线九真至彭市汉江大桥段新建工程	天门、仙桃	一级公路	38.05	22.70	2022年新开	天门市人民政府、仙桃市人民政府
22	S269 潜江周矶至老新段改建工程	潜江	一级公路	30	11.48	2022年新开	潜江市人民政府
23	G106 新洲区邾城至团风段改扩建工程	武汉、黄冈	一级公路	9.88	5	2023年新开	武汉市人民政府、黄冈市人民政府
24	G106 黄石铁山至大冶段改建工程（含隧道）	黄石	一级公路	41.01	20.7	2023年新开	黄石市人民政府
25	G107 江夏区改扩建工程（南段）	武汉、咸宁	一级公路	33.3	23.3	2023年新开	武汉市人民政府、咸宁市人民政府
26	G351 阳新县三溪至毛坪段改建工程	黄石	一级公路	25.52	14.27	2023年新开	黄石市人民政府
27	汉江二桥及接线工程（S214 省道改线）	仙桃、天门	一级公路	20.68	12.7	2023年新开	仙桃市人民政府、天门市人民政府
28	G106 新洲区邾城至余家寨段改扩建工程	武汉、黄冈	一级公路	19	12	谋划	武汉市人民政府、黄冈市人民政府
29	G106 鄂州碧石至黄石铁山段改扩建工程	鄂州、黄石	一级公路	8.53	7.5	谋划	鄂州市人民政府、黄石市人民政府
30	G318 仙桃市国家级高新区至蔡甸改线工程	仙桃	一级公路	19.47	5.1	谋划	仙桃市人民政府
31	G347 东西湖段杨湾至孝感东山头段	武汉、孝感	一级公路	10	5	谋划	武汉市人民政府、孝感市人民政府

续表

序号	项目名称	行政区划	技术标准	里程（千米）	投资（亿元）	项目进度	责任单位
32	G347孝南区东山大堤至云梦联合桥段改扩建工程	孝感	一级公路	20	6	谋划	孝感市人民政府
33	G348东西湖段107国道至汉丹铁路段	武汉、孝感	一级公路	3.4	4	谋划	武汉市人民政府、孝感市人民政府
34	S102武赤线江夏段一级公路改扩建工程	武汉、咸宁	一级公路	19.1	14	谋划	武汉市人民政府、咸宁市人民政府
35	S103东荆河特大桥及接线工程（汉洪二通道）	武汉、荆州、仙桃	一级公路	12.15	14.66	谋划	武汉市人民政府、荆州市人民政府、仙桃市人民政府
36	S105柏林全官桥改扩建工程	武汉、孝感	一级公路	10.8	5.3	谋划	武汉市人民政府、孝感市人民政府
37	S114蔡甸索河至汉川高山段及高官山至汉蔡快线连接线段项目	孝感	一级公路	7.32	2.28	谋划	孝感市人民政府
38	S115黄陂区祁家湾至泡桐段改扩建工程	武汉、孝感	一级公路	28.5	9	谋划	武汉市人民政府、孝感市人民政府
39	S115孝昌京珠李集互通至黄陂区改扩建工程	武汉、孝感	一级公路	43	3.4	谋划	武汉市人民政府、孝感市人民政府
40	S116松林岗至姚集	武汉、孝感	二级公路	34	1.7	谋划	武汉市人民政府、孝感市人民政府
41	S121武梁线梁子湖南北咀大桥	武汉、鄂州	一级公路	2.2	5.1	谋划	武汉市人民政府、鄂州市人民政府
42	S269兴隆汉江大桥新建工程	潜江、天门	一级公路	11.74	17.21	谋划	潜江市人民政府、天门市人民政府
43	S314黄石段改建工程	黄石	一级公路	34.16	18.59	谋划	黄石市人民政府
44	S321汉仙线改建工程（湘口至仙桃段）	武汉、仙桃	一级公路	11	3.3	谋划	武汉市人民政府、仙桃市人民政府
45	S322潜江市熊口东大垸至运粮湖段改建工程	潜江、荆州	一级公路	21.82	5.9	谋划	潜江市人民政府、荆州市人民政府
	三、县乡公路（21个）			287.2	278.3		
1	孝南区毛陈至天河机场北公路	武汉、孝感	一级公路	19.14	14.92	建设	武汉市人民政府、孝感市人民政府
2	观音湖至清凉寨旅游公路	武汉、孝感	三级公路	6.8	0.77	建设	武汉市人民政府、孝感市人民政府
3	梁子湖环湖公路鄂州段	武汉、鄂州	三级公路	93.52	10.3	建设	武汉市人民政府、鄂州市人民政府
4	葛店开发区人民西路（对接东湖高新科技一路）	武汉、鄂州	城市道路	1.5	0.8	建设	武汉市人民政府、鄂州市人民政府
5	葛店开发区高新五路（对接东湖新技术开发区科技一路）	武汉、鄂州	城市道路	1.3	0.6	建设	武汉市人民政府、鄂州市人民政府
6	红莲湖新区新城大道（对接东湖新技术开发区未来三路）	武汉、鄂州	城市道路	2.68	3.5	建设	武汉市人民政府、鄂州市人民政府
7	红莲湖新区高新四路（对接东湖新技术开发区未来一路）	武汉、鄂州	城市道路	1.26	1.2	2021年新开	武汉市人民政府、鄂州市人民政府
8	红莲湖新区望湖一路（对接东湖新技术开发区科技五路）	武汉、鄂州	城市道路	0.96	0.5	2021年新开	武汉市人民政府、鄂州市人民政府
9	短咀里湖桥拓宽工程	武汉、鄂州	城市道路桥梁	0.9	0.8	2021年新开	武汉市人民政府、鄂州市人民政府

续表

序号	项目名称	行政区划	技术标准	里程（千米）	投资（亿元）	项目进度	责任单位
10	葛店大道	武汉、鄂州	城市道路	6.2	9	2021年新开	武汉市人民政府、鄂州市人民政府
11	红莲湖新区高新六路（对接东湖新技术开发区未来一路）	武汉、鄂州	城市道路	1.85	1.9	2022年新开	武汉市人民政府、鄂州市人民政府
12	红莲湖新区未来二路（对接东湖新技术开发区未来二路）	武汉、鄂州	城市道路	1.3	4.68	2022年新开	武汉市人民政府、鄂州市人民政府
13	葛店开发区友谊大道（对接青山区青化路）	武汉、鄂州	城市道路	10.2	3.2	2022年新开	武汉市人民政府、鄂州市人民政府
14	光谷长江大桥及接线工程	武汉	一级公路	14.67	125.9	谋划	武汉市人民政府
15	法舒线延长线	武汉、鄂州、咸宁	二级公路	20.8	11	谋划	武汉市人民政府、鄂州市人民政府、咸宁市人民政府
16	汉川城区至汉蔡高速索河入口一级公路	武汉、孝感	一级公路	18.5	10.23	谋划	武汉市人民政府、孝感市人民政府
17	蔡店至夏店公路工程（大悟段）	武汉、孝感	二级公路	7.5	0.75	谋划	武汉市人民政府、孝感市人民政府
18	黄石南北大通道（一期）工程	黄石	一级公路	6	48	谋划	黄石市人民政府
19	潜江园林至返湾湖公路工程	潜江	一级公路	22.08	19.48	谋划	潜江市人民政府
20	武深高速公路法泗连接线	武汉、咸宁	一级公路	3	1.2	谋划	武汉市人民政府、咸宁市人民政府
21	王英水库旅游公路	黄石	三级公路	47	9.6	谋划	黄石市人民政府

年时间完善、新开、谋划33条城际公交线路，改造、新建、谋划30个城际公交换乘站，有条件场站配套建设车辆调度、邮件转运等功能设施。实现城际公交"零距离"换乘，力争公交进站率达90%。推广圈域城乡公交一卡通用，加快实现城市圈内城市乘坐公共汽车九城通刷。至2023年，圈内城市公交无缝衔接，基本实现城际公交一体化运营。

加快推动城市圈全域公交化改造，实现武汉与周边城市城际公交无缝衔接。三年内完善城际公交线路4条、新开城际公交线路22条、谋划城际公交线路7条共计33条。2021年完善4条城际公交线路、计划新开行6条城际公交线路；2022年计划新开行10条城际公交线路；2023年计划新开行6条城际公交线路、谋划储备7条城际公交线路。

建设城际公交换乘站。三年内计划改造城际公交换乘站23个、新建城际公交换乘站1个、谋划城际公交换乘站6个共计30个。按要求新建或改造既有公交场站、道路客运场站，满足车辆停靠、调度、司乘人员休憩等功能，有条件换乘站点配套建设交邮合作站。2021年计划改造升级7个公交换乘站；2022年计划新建1个公交换乘站、改造升级10个公交换乘站；2023年计划改造升级6个公交换乘站、谋划储备6个公交换乘站。

（武汉市地方志编纂委员会办公室）

【"孝汉同城"发展实施意见】2021年5月24日，孝感市印发《孝汉同城化发展实施意见》，明确提出，推进孝汉交通、产业、市场要素、基本公共服务、生态环保等同城化发展，建设武汉城市圈同城化发展示范城市。计划3年内推动总投资3677亿元，156个重大项目取得实质性进展，34个孝汉合作重大事项落地见效。

武汉城市圈城际公交运营一体化公交线路清单（2021—2023年）

序号	开通年限	线路信息	性质	运营方案	对接城市
1	2021年	蔡甸地铁四号线—柏林公交换乘站—汉川一中	已有	—	—
2	2021年	蔡甸—柏林公交换乘站—马口	规划	新开通马口城际公交至公交换乘站	孝感市
3	2021年	东西湖地铁一号线/六号线—码头潭公交换乘站—汉川城区	规划	新开通汉川城际公交至公交换乘站	孝感市
4	2021年	东西湖—H89路—东山公交换乘站—21路—孝南	规划	延伸孝南21路公交至公交换乘站	孝感市
5	2021年	黄陂—P98路—界河公交换乘站—22路—孝南	规划	延伸孝南22路公交至公交换乘站	孝感市
6	2021年	黄陂—P55路—丰山公交换乘站—客运班线—孝昌	规划	延伸黄陂P55路公交至公交换乘站	孝感市
7	2021年	黄陂—P101路—长岭岗公交换乘站—觅儿寺公交—红安	规划	延伸黄陂觅儿寺公交至公交换乘站	黄冈市
8	2021年	新洲—Z235路—大埠公交换乘站—团风1路—团风	已有	—	—
9	2021年	东湖新技术开发区—909路—梧桐湖公交换乘站—（鄂城—大垅）班线—鄂城	已有	—	鄂州市
10	2021年	江夏—J201路—贺站公交换乘站—客运班线—咸安	已有	—	咸宁市
11	2022年	东西湖—H85路—闸口公交换乘站—古田一路轻轨机站—额头湾轻轨站—汉川城区	规划	新开通汉川6路至公交换乘站	孝感市
12	2022年	青年路公交换乘站—汉川6路	规划		
13	2022年	黄陂—P72路—河口公交换乘站—客运班线—大悟	规划	新开通黄陂P72路至公交换乘站	孝感市
14	2022年	黄陂—P72路—河口公交换乘站—（红安—河口）公交—红安	规划	延伸黄陂P72路至公交换乘站	黄冈市
15	2022年	黄陂木兰乡—环湖公交—觅儿寺公交换乘站—（红安—八里）公交—红安	规划	延伸黄陂环湖公交至公交换乘站	黄冈市
16	2022年	黄陂—P91路—李先念纪念园公交换乘站—李先念纪念园旅游公交—红安	规划	延伸黄陂P91路至公交换乘站	黄冈市
17	2022年	新洲—Y316路—上店公交换乘站—105路—红安	规划	延伸红安105路至公交换乘站	黄冈市
18	2022年	新洲新城—Z501路—淋山河公交换乘站—团风201路—团风	规划	延伸新洲Z501路公交至公交换乘站	黄冈市
19	2022年	新洲—Z229路—余家寨公交换乘站—客运班线—麻城	规划	新开新洲余家寨城际公交至公交换乘站	黄冈市
20	2022年	经开（汉南）—245路—湘口公交换乘站—客运班线—仙桃	规划	新开仙桃城际公交至公交换乘站	仙桃市
21	2023年	黄陂—P120路—姚山公交换乘站—客运班线—孝昌	规划	新开孝昌城际公交至公交换乘站	孝感市
22	2023年	新洲—Z225路—沙河公交换乘站—客运班线—麻城	规划	新开麻城城际公交至公交换乘站	黄冈市
23	2023年	新洲—Z223路—潘塘公交换乘站—客运班线—麻城	规划	新开麻城城际公交至公交换乘站	黄冈市
24	2023年	东湖高新—909路—梧桐湖公交换乘站—东风农村公交专线—黄石临空经济区公交换乘站—金牛公交换乘站—大冶	规划	延伸东风农村公交专线至公交换乘站	黄石市
25	2023年	江夏—J205路—湖泗公交换乘站—湖泗公交—大冶	规划	新开大冶城际公交至公交换乘站	黄石市
26	2023年	江夏—沿天下山大道公交—湖泗公交—咸安	规划	新开咸安城际公交至公交换乘站	咸宁市

武汉城市圈城际公交运营一体化公交换乘站建设任务清单（2021—2023年）

序号	建设年限	地点	换乘站名称	建设性质	对接城市	建设主体
1	2021年	武汉东西湖区	东山公交换乘站	改造		武汉市东西湖区人民政府
2		武汉黄陂区	界河公交换乘站	改造	孝感市	武汉市黄陂区人民政府
3		孝感孝昌县	丰山公交换乘站	改造		孝感市孝昌县人民政府
4		武汉黄陂区	长岭岗公交换乘站	改造	黄冈市	武汉市黄陂区人民政府
5		武汉新洲区	大埠公交换乘站	改造		武汉市新洲区人民政府
6		鄂州梁子湖区	梧桐湖公交换乘站	改造	鄂州市、黄石市	鄂州市梁子湖区人民政府
7		武汉江夏区	贺站公交换乘站	改造	咸宁市	武汉市江夏区人民政府
8		武汉蔡甸区	柏林公交换乘站	新建		武汉市蔡甸区人民政府
9		武汉东西湖区	码头潭公交换乘站	改造	孝感市	武汉市东西湖区人民政府
10		武汉东西湖区	闸口公交换乘站	改造		武汉市东西湖区人民政府
11		武汉江汉区	青年路公交换乘站	改造		武汉市江汉区人民政府
12	2022年	孝感大悟县	河口公交换乘站	改造		孝感市大悟县人民政府
13		黄冈红安县	觅儿寺公交换乘站	改造	黄冈市	黄冈市红安县人民政府
14		黄冈红安县	李先念纪念园公交换乘站	改造		武汉市黄陂区人民政府
15		武汉新洲区	上店公交换乘站	改造		武汉市新洲区人民政府
16		黄冈团风县	淋山河公交换乘站	改造	黄冈市	黄冈市团风县人民政府
17	2022年	武汉新洲区	余家寨公交换乘站	改造		武汉市新洲区人民政府
18		武汉经开区	湘口公交换乘站	改造	仙桃市	武汉经济技术开发区管理委员会
19		武汉黄陂区	姚山公交换乘站	改造	孝感市	武汉市黄陂区人民政府
20	2023年	武汉新洲区	沙河公交换乘站	改造	黄冈市	武汉市新洲区人民政府
21		武汉新洲区	潘塘公交换乘站	改造		武汉市新洲区人民政府
22		黄石大冶市	黄石临空经济区公交换乘站	改造	黄石市	黄石市大冶市人民政府
23		黄石大冶市	金牛公交换乘站	改造		黄石市大冶市人民政府
24		武汉江夏区	湖泗公交换乘站	改造	黄石市、咸宁市	武汉市江夏区人民政府

织密交通路网。实施高速公路加密工程,畅通"武汉—孝感—豫南"南北向大通道、"武汉—孝感—宜昌"东西向通道,将孝感全域建成武汉市新外延;推进武汉地铁、市域铁路向孝感境内延伸,融入轨道上的武汉都市圈;加快建设孝感西客运换乘枢纽,探索推行孝汉高速公路、城际铁路"月票制",推进汉孝多种交通方式无缝衔接。

深化协作配套。推进光电子信息、智能装备、航空制造、新能源汽车、生物医药等产业配套发展,打造武汉"四大国家级产业基地"协作配套首选地。其中,将依托3家整车生产企业及50余家汽车零部件企业,做大做强孝感汽车零部件产业园,支持三江万山纯电动客车、物流车、中重型货车及氢燃料电池重型货车等新车型研发生产,打造武汉新能源汽车及零部件产业配套基地。

共享公共服务。推动两地政务服务联通互认,实现人才服务、医疗保险、养老救助、住房公积金、网上便民警务等政务服务一体通办;推进孝汉两地户口迁移"一站式"电子办理,探索户籍准入年限同城化累计互认。

(摘自《湖北日报》)

【"武咸同城"发展实施方案】
2021年8月18日,咸宁市"武咸同城"发展领导小组办公室印发《咸宁市推动"武咸同城"发展实施方案》。方案明确,要切实践行"九个城市就是一个城市"理念,同心筑梦、同城共进,全力加快武咸同城化发展,打造武汉功能拓展重要承载区和产业转移新高地。

推进基础设施互联互通。努力推动实现全域通达武汉1小时。加快推进武汉至咸宁至南昌高铁、常德至岳阳至咸宁至南昌高铁等铁路建设,重点推进赤壁长江大桥东延段、咸宁至九江高速公路等建设,全力协调武咸快速通道天子山大桥、107国道武汉至咸宁段改扩建、102省道武赤线改扩建、簰洲湾长江大桥等项目建设。加快建设一批客运与城市公共交通换乘枢纽,推进多种交通方式无缝衔接。全力推进长江综合门户港及公铁水联运项目,推动与武汉新港合作,发展水运口岸和临港经济区,实现发展一体化、营运同城化,打破制约咸宁融入国内大循环、国际国内双循环的瓶颈。推进咸宁机场前期工作,联动天河机场、花湖机场互为备降机场,发展临空经济。加强水利基础设施建设。协同武汉推进斧头湖清淤及综合治理工程、簰洲湾堤除险加固工程,联动武汉建立健全跨界河湖工作机制、联防联控机制,共同推进跨界河湖综合利用和联合执法。跨越发展清洁能源产业,全力打造千万千瓦级核蓄风光储一体化清洁能源大基地。

推进产业协同创新发展。协同武汉"光谷""数谷",积极发展数字经济。推进光谷科技创新大走廊咸宁功能区建设。推动形成与"光谷"战略协调、规划整合、设施相通、创新衔接、产业协同和服务同城的发展格局,加快构建"一核一轴三带多组团"创新空间布局,将武汉科创优势转化为咸宁发展优势。主动承接武汉高校外迁和功能外溢,建设咸宁"武汉南"大学城。举全市之力,发展大健康产业。以先进制造业为着力点,带动产业协作。

推动更高水平协同开放。积极融入"一带一路"建设,主动对接中欧班列(武汉)、"渝新

2021年11月26日至28日,咸宁市康养旅游项目参加首届中国(武汉)文化旅游博览会 　　(咸宁市史志研究中心 供图)

欧"国际铁路联运大通道等对外经济通道，全力参与万里茶道世界文化遗产跨国联合申报，打造万里茶道源头城市"咸宁品牌"。实施统一的市场准入负面清单制度，探索推进行政审批无差别化受理，推动标准共商共通、检测认证结果互认。纵深推进"放管服"改革，加快推进土地、劳动力、资本、技术、数据等要素市场化配置改革。

推进公共服务共建共享。加快推进教育、医疗、社保、医保、公积金、公共交通、旅游、户籍管理、养老基本公共服务"九同"工程，建立以社保卡为载体的"一卡通"服务管理模式。统筹建设政务服务"一张网"，实现公共管理、政务服务、社会治理、空间地理等领域信息同城化。创新社会协同治理模式。建立毗邻地区重大工程项目选址协商机制。

推进生态环境共保联治。打造城市生态保护屏障，与武汉开展排污权、用能权、用水权、碳排放权等方面合作，协同建设"武汉南、咸宁北"环城生态带。共同推进长江大保护，建立健全联席会议机制，推动重要流域湖泊系统的协同治理，推进跨界水体水质信息共享和污染源协同管理，提升武汉、咸宁两地生态宜居水平。

推进同城机制建立完善。探索建立互利共赢的税收利益分享机制和征管协调机制，加强区域内税收优惠政策的协调，促进公平竞争。探索城乡建设用地增减挂钩指标和耕地占补指标交易机制，完善能源消费总量和强度双控制度，

参与要素市场平台共建。加强金融基础设施、信息网络、服务平台一体化建设，争取在汉金融机构在咸宁协同布局，争取湖北省、武汉市国有企业与咸宁市共同组建合资公司或同城化发展投资基金。推动各类审批流程标准化和审批信息互联共享，建立市场监管协调机制，实施守信联合激励和失信联合惩戒。

（咸宁市史志研究中心
咸宁市"同城办"）

【"武仙同城"发展实施意见】
2021年8月27日，中共仙桃市委、仙桃市人民政府印发《关于加快建设武汉城市圈西翼中心城市　打造江汉平原明星城市的实施意见》，明确全方位推进仙桃与武汉规划衔接、产业对接、交通连接、科教承接、服务链接，深度融入武汉大都市区，加快推进全域协同发展，构建融入武汉城市圈同城化发展的新增长极、新动力源。

推进交通对接联网。加强公路、铁路、水运、航空等交通基础设施建设，持续推进与武汉连接的交通基础设施"增密、互通、提质"，完善东接武汉、辐射周边的综合交通网络。重点推进武汉至仙桃城际铁路向洪湖和监利延伸、武汉至松滋高速公路仙桃段、G318仙桃高新区至蔡甸改线工程、汉江二桥及接线工程、随岳高速䢴河互通、仙桃3C运输机场及外载荷基地、仙桃港区综合码头二期等工程建设，谋划江汉平原货运铁路仙桃东向彭场延伸、沪渝高速武汉至仙桃段改扩建、沪渝高速敦厚互通、杜柳互通西移等项目实施，推动"公铁水空"集疏运体系建设和多式联运发展，构建仙桃到周边城市"一小时通勤圈"。

推进产业对接配套。全方位承接武汉产业转移，共建产业链供应链，共同打造国家先进制造业产业集群。对接武汉经济技术开发区，做实武汉经济技术开发区龙华山工业园，配套发展汽车

仙桃市沙湖国家湿地公园一角　　　　　（仙桃市史志研究中心　供图）

零部件产业，融入车谷产业创新大走廊。对接武汉东湖新技术开发区，做实武汉国家生物医药基地仙桃生物产业园，配套发展智能装备制造、新能源新材料、电子信息技术、生物医药等产业，融入光谷科技创新大走廊。对接武汉临空港经济技术开发区，配套发展空港物流、临空制造、跨境电商等产业，共建临空临港枢纽经济带。依托仙桃高新技术产业开发区，承接武汉高新技术产业生产配套环节、资本密集型产业加工制造环节转移，建设仙桃市产业协作先行区。

推进要素对接互通。按照"研发在武汉、生产在仙桃、孵化在武汉、加速在仙桃"模式，引导市内企业与在汉高校、科研院所共建创新孵化与技术攻关平台，建立武仙产学研用深度融合和科技资源共享机制，提升科技成果转化率。积极与省直相关单位开展"厅市会商"，实施"城市合伙人计划"，吸引在汉院士专家、博士服务团、科技特派员等中高端科技人才来仙开展技术支持。依托武汉农村综合产权交易所，推进农村资源跨区域交易、同城化流动，盘活仙桃"三农"资源。推动武仙港口深层次整合，共同开拓国内外联动航线、提升港口集疏运能力，打造航运贸易快捷通道，共推一体化港航服务。积极对接设立武汉城市圈产业引导子基金。

推进生态对接共治。加强汉江、通顺河、东荆河等流域和沙湖、排湖等水体自然形态的保护和修复，重点实施武仙洪湖湿地生态绿楔项目、沙湖国家湿地公园保护和修复项目、洪道河湿地生态修复、纳河（四方河）生态保护修复及配套等工程。建立常态化跨区域生态补偿、生态环境协同保护、环境污染与破坏事项预警等制度，联合开展生态环境执法，共同打击违法排污行为。

推进服务对接同享。大力配合实施武汉城市圈教育、医疗、社保、医保、公积金、公共交通、旅游、户籍管理、养老基本公共服务等"九同"工程，灵活运用合作共建、设立分支、委托管理、组建联合体等形式，争取更多在汉高校在仙桃设立分校区或独立学院、与在汉医院共建更多医联体，推动武汉优质公共服务资源向仙桃延伸。加快建设政务服务"一张网"，推进政务服务网互联互通、电子证照信息共享，推进高频政务服务事项"跨市通办""一网通办""24小时自助办"，共同构建更高水平的城市基本公共服务体系。

（仙桃市史志研究中心）

【"武天同城"发展实施方案】
2021年6月23日，天门市印发《关于加快融入武汉城市圈同城化发展的实施方案》，明确依托武汉、融入武汉、服务武汉、发展天门的总体思路，深化创新协同、产业协作、市场联动、开放互动、服务共享，推进规划同编、交通同网、科技同兴、产业同链、民生同保，深度融入武汉城市圈，加快同城化发展。

推进基础设施互联互通。打造武汉城市圈西部重要交通枢纽，构建功能配套、安全高效的现代化基础设施体系。推进大通道建设。全力推进沿江高铁（天门段）、武渝高速武汉至宜昌段建设，加快跨市域国、省道建设，打通与周边城市"断头路""瓶颈路"，优化和提档升级一批国省干线，构建联动江汉平原的两个1小时通勤圈。推动汉江天门港与武汉新港合作共建，推进汉北河Ⅲ级航道整治。加快天门通用机场建设。依托武天高速天门城区互通、江汉平原货运铁路天门货运站布局建设现代物流产业园、粮食物流产业园，构建"通道+枢纽+网络"的现代物流体系。加强水利防灾减灾能力建设。实施"一江三河"水系连通工程、汉北河流域系统治理工程、沉湖至汉江排水通道工程、石家河地区水资源配置工程等一批跨流域、跨区域的重大水利基础设施和水资源保障建设项目，全面提升水利支撑保障能力。

推动现代产业协作共兴。实施创新驱动发展战略，对接武汉科创资源，加强创新协同、产业链协同，推动支柱产业高端化、智能化、绿色化，打造具有区域竞争力的特色产业和战略性新兴产业集群，把天门建成武汉的"菜篮子"、"米袋子"、现代制造的加工厂、科研成果的转化地。打造纺织服装、生物医药、装备制造、农副产品深加工四大主导产业，培育电子信息、高端装备制造、新能源、新材料、大健康五大战略性新兴产业，主动对接武汉"光芯屏端网"产业，加快融入车谷产业创新大走廊，积极承接新兴产业布局和转移，培育一批具有较强竞争力的战略性新兴产业集群。推动天门经济开发区与武汉东湖新技术开发区、武汉经济技术开发区合作共建园外园、飞地经济等合作,承接产业配套。推进光谷·天门科技城建设,积极承接武大科技园、光谷生物城等重点园区产业转移和创新成果转化。支持企业与城市圈高校、科研院所共建研发机构,深化校企合作、校校合作,柔性引进、柔性使用高校、科研院所高端人才。

强化公共服务共建共享。推动与圈内城市教育资源共建共享、社会保障互联互通、医疗资源共享、养老融合发展、人才资源互认共享、文化体育旅游联动合作、政务服务联通互认,扩大优质公共服务资源供给。

加强生态环境共保共治。推动跨界水污染、大气复合污染问题综合整治,加强饮用水源地保护,推进多污染物协同减排和精细化管理。统筹山水林田湖草一体化保护和修复,实施汉江、天门河、汉北河等流域系统治理,推进"一江三河"水生态修复与治理、汉江流域水污染治理和水资源保护利用等重点工程,建立常态化跨区域生态补偿机制,改善主要河湖水生态环境。加强与城市圈内城市交流合作,完善联合环境执法机制,共同应对突发水环境事件、重污染天气等问题。

推进要素市场一体化。主动对接武汉城市圈科技金融改革创新专项改革试点,推进金融产业与服务同城化,推动区域内企业授信标准统一、授信额度共享、信贷产品通用,增加有效金融服务供给。加强与武汉科技资源共享服务平台共建,实现知识产权信息共享互动、技术成果交易及金融服务无缝对接。加强政府数据开放共享,共同培育数据要素市场。推动土地要素市场化配置,深化产业用地市场化配置改革,提高土地资源配置效能和节约集约利用水平。

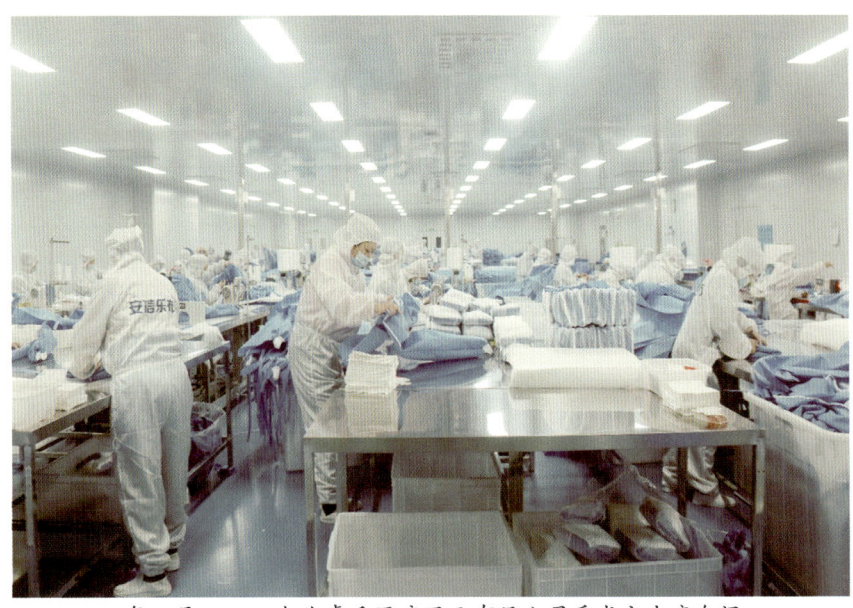

2021年4月14日,湖北卓乐医疗用品有限公司手术衣生产车间

(天门市文化和旅游局 供图)

(天门市文化和旅游局
天门市"同城办")

编辑:刘家连
校对:卢永会

交通同网与基础设施建设

区域高快速路网建设

【概况】2021年，武汉城市圈九市共同编制《武汉城市圈交通一体化发展三年行动方案（2021—2023年）》，以及公路建设、城际公交运营、审批服务等专项领域三年行动方案。建设武汉城市圈大通道（六环线），推动武大、武阳、沿江等对外通道提升扩容，加快高速环线和放射线的建设进程，构建"六环二十四射多联"的高快速路网布局，达到全市域"30—60—90"3个圈层时效目标（30分钟主城互通、60分钟市域辐射、90分钟大都市区直达），实现以武汉为核心的沿城镇发展轴带高快速路、城市轨道、城际铁路、市域铁路等复合交通走廊。扩容高速公路，衔接市际公路，加快圈域高速公路网络化建设；拓宽瓶颈路，建设骨干路，完善"环形+放射"高速路网布局。大随至汉十段高速公路、棋盘洲长江公路大桥、赤壁长江大桥、武穴长江公路大桥相继通车，麻城至安康高速公路麻城东段即将通车，武汉至大悟、武汉至阳新、武汉至红安等一批高速公路建设加快推进，湖北国际物流核心枢纽配套的鄂州机场高速公路一期工程建设全面推进，G107、S115、S116等一批国、省道改扩建项目顺利实施，高快速路网加快形成，市际公路通达能力进一步提升。全面梳理武汉城市圈断头路瓶颈路项目情况，扎实推进"硬联通"行动，打通33条断头路、瓶颈路。推进城际公交一体化发展，新开通5条城际公交线路。推进城市圈城市公交一卡通用，加快实现城市圈内城市乘坐公共汽车同城通刷，鄂州、仙桃、天门、孝感、黄石等市（区、县）已实现一卡通刷。城市圈内各城市间"一小时通勤圈"和"一日生活圈"正加快形成。

【武汉城市圈环线高速公路全线通车】2021年，2月1日，武汉城市圈环线高速大随至汉十段（孝感北段）正式通车，至此总里程约560千米的武汉城市圈环线高速公

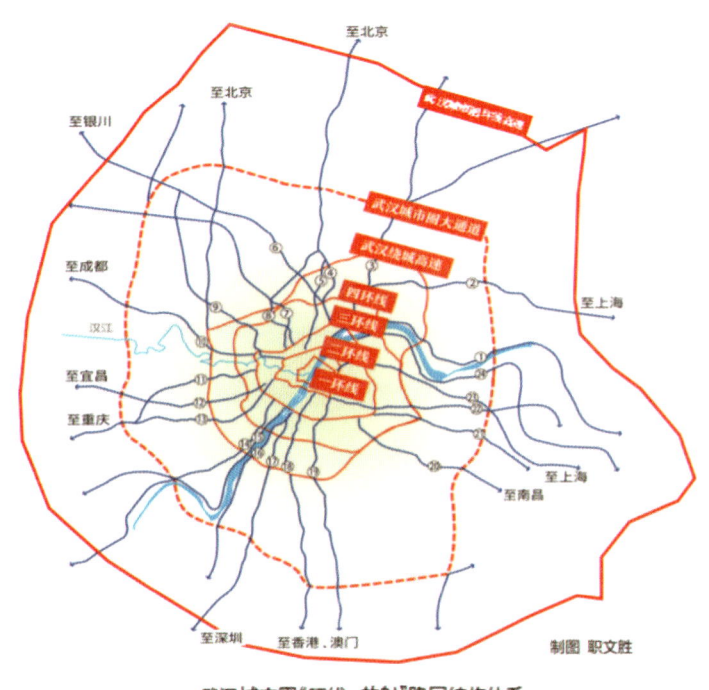

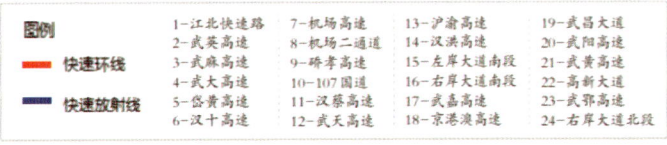

武汉城市圈环线高速公路网示意图　　（湖北省武汉城市圈研究会　供图）

路全线通车,沿线串起黄石、黄冈、咸宁、嘉鱼、洪湖等20多个城市。

大随至汉十段起于广水市杨寨镇,接麻竹高速公路大随段,途经广水、孝昌、安陆、云梦4县市,止于安陆市南城肖杨林,在汉十高速对接武汉城市圈环线高速公路孝感南段,全长46.62千米。2018年5月20日开工。

武汉城市圈环线高速公路(武汉七环线)是《湖北省公路水路交通运输发展"十二五"规划》中规划的"七纵五横三环"高速公路网中的一环,是武汉至城市圈八个城市的1小时交通圈,至周边重要城市的2小时交通圈。此前,东部环线大(庆)广(州)高速公路麻城至黄石段于2015年底通车;南部环线蕲(春)嘉(鱼)高速公路黄石至咸宁段于2013年12月26日通车;西部环线S43孝(感)仙(桃)高速公路孝昌至仙桃段孝感于2018年底通车。北部环线麻(城)竹(溪)高速公路麻城至大悟段于2020年10月1日通车。嘉鱼大桥于2019年11月28日通车。

(湖北省武汉城市圈研究会)

【武汉都市区环线高速公路建设】
2021年9月28日,武汉都市区环线高速公路东段(鄂咸高速)建成通车。区环线位于武汉绕城高速公路与武汉城市圈环线高速公路之间,途经武汉市、孝感市、咸宁市、鄂州市、黄冈市,整个项目分东、南、西、北4个路线段及新港高速公路双柳长江大桥、簰洲湾长江大桥两座长江大桥,环线全长约360千米。其中,武汉市统筹建设里程约205千米、孝感市建设里程103千米、鄂州市建设里程52千米。计划"十四五"期内全面建成。

北段正公开招标工程勘察设

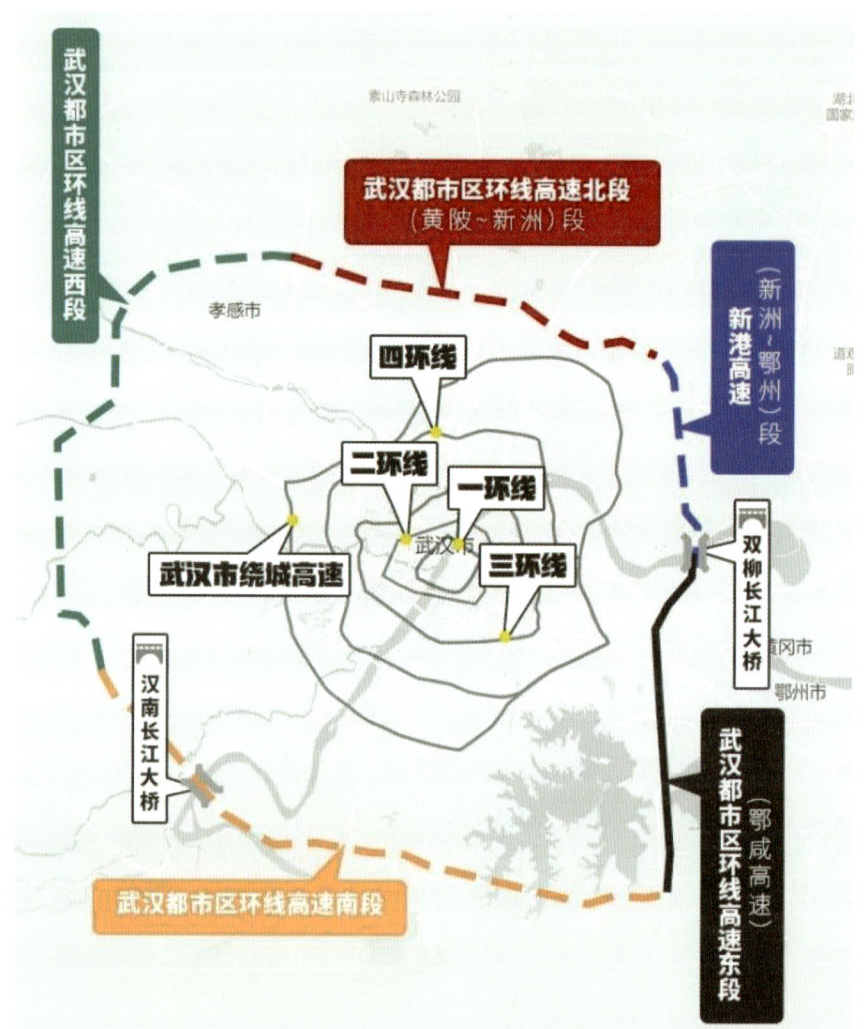

武汉都市区环线高速公路示意图　　(湖北省武汉城市圈研究会　供图)

2021年武汉都市区环线高速公路各路段基本情况一览表

路段名称	起始位置(途经地区)	里程(千米)
东段(华容至梁子湖段)	双柳大桥南岸接线—梁子湖区太和镇	52
双柳长江大桥及接线	汉新公路(新洲)—双柳长江大桥—(鄂州华容)黄鄂高速	34.7
南段(江夏至梁子湖段)	京港澳高速公路—鄂咸高速公路	35
西段(孝感段)	蔡甸区—汉川市—云梦县—孝感城区—黄陂区	34.16
汉南簰洲湾长江大桥及接线	蔡甸区—汉南区—嘉鱼县簰洲湾镇—江夏区	71.04
北段(黄陂至新洲段)	孝感市孝南区—武汉市黄陂区—黄冈市红安县—武汉市新洲区	67.17

计单位，南段正在开展前期工作，西段孝汉应高速项目完成征地、拆迁和"三场一地"建设；双柳长江大桥完成工程可行性研究报告编制，汉南簰洲湾长江大桥进入施工前期准备阶段。

【武（汉）天（门）高速公路（武汉至汉川段）互通建设】 2021年12月8日，武汉经天门至宜昌高速公路（嵩阳枢纽互通）项目在武汉市蔡甸区索河镇打下第一根试桩。项目是武汉城市圈公路路网"六环二十四射"中的一条射线，也是规划中的武汉至重庆高速公路的组成部分，被纳入国家高速公路网。起于武汉市蔡甸区玉贤街道杨新村北侧，经汉川市境，对接武汉至天门高速公路城市圈环线高速至随岳高速段，全长约53.58千米。其中，武汉市境内约9.76千米，汉川市境内约43.82千米，设计速度120千米/小时，双向六车道，投资概算154.2亿元。至年底，除天门市以外，武汉与城市圈域内其他城市均有高速公路直接连通。该项目建成后，天门将融入武汉1小时经济圈。

（湖北省武汉城市圈研究会）

【武（汉）阳（新）高速二期建设】 2021年，武汉至黄石市阳新高速二期工程持续施工。至年底，武汉至阳新高速公路武汉至鄂州段完成投资49亿元，占年度计划投资26.7亿元的18.4%；项目累计完成投资40亿元，占总工程量的88.9%。武阳高速公路起于武汉东湖新技术开发区凤凰山互通，沿凤莲大道跨梧桐湖后进入鄂州境界，止于武汉至阳新高速公路黄石段。路线主线长约34.6千米，其中，武汉段16.7千米，鄂州段17.9千米，高架桥占比95%；全线采用双向六车道高速公路标准，设计速度100千米/小时。至年底，完成总体工程94%。

【湖北省道S203黄石段建设】 2021年7月，湖北省道S203黄石段正式开工。项目起于黄石港区九厢地，通过黄石大道北延段，与新改建的S203鄂州段顺接，途中上跨黄石港上港闸，下穿黄石长江公路大桥后，沿现有堤防展线前行，依次途经沈家营、湖北华电黄石电厂、原华新包装厂旧址、海观山、胜阳港、黄石港，在黄石轮渡码头处采用高架桥与黄石大道并线，跨越沿湖路后落地，与现有黄石大道并行，终点止于西塞街办事处，线路全长16.18千米，设计速度60千米/小时，按一级公路兼城市道路标准建设，路基宽度20~33米，投资概算9.29亿元，分两段施工，建设工期36个月。

【棋盘洲长江公路大桥通车】 2021年9月17日，棋盘洲长江公路大桥通车。大桥南起黄石市阳新县，北接黄冈市蕲春县，是国家规划的长江干流过江通道之一，也是武汉城市圈环线高速公路跨越长江的重要桥梁。桥梁全长3328米，主桥长1038米，是一座单跨悬索桥，于2016年6月3日动工兴建，总投资39.86亿元。通车后，黄冈、黄石之间再添一条过江通道，从蕲春到阳新开车仅20分钟，比原有车程缩短40分钟，结束两岸百姓靠轮渡过江的历史。大桥分流沪渝高速、福银高速过江车辆，缓解鄂东长江大桥通行压力。

（黄石市档案馆 黄石市"同城办"）

2021年9月17日，棋盘洲长江公路大桥正式通车，黄石市阳新县和黄冈市蕲春县居民靠轮渡过江的历史从此结束 （黄石市档案馆 供图）

【鄂（州）黄（冈）第二过江通道建设】 2021年，鄂州至黄冈第二过江通道建设（燕矶长江大桥及接线）持续施工。至年底，鄂州段完成投资3亿元，完成主桥桩基及锚碇、引桥及接线桥梁桩基、土石方和主桥承台围堰施工。黄冈段完成投资30亿元，占总投资的21.8%。完成大桥北岸主塔墩哑铃形双壁钢围堰封底，进入承台施工阶段。该项目地处黄冈和鄂州两市交界处，北岸为黄冈市黄州区，南岸为鄂州市燕矶镇，高速公路全长26.12千米，城市快速路全长9.22千米，投资概算125.61亿元，于2020年10月18日开工建设，总工期54个月。其中，燕矶长江大桥主跨1860米，采用双层钢桁梁悬索桥结构，上层为设计速度100千米/小时的六车道高速公路，下层为设计速度80千米/小时的四车道城市快速公路。该通道是湖北国际物流核心枢纽体系的重要组成部分，投用后，黄冈城区到鄂州花湖机场仅需15分钟车程。

【鄂州至咸宁高速公路通车】 2021年9月28日，鄂州至咸宁高速公路通车。鄂咸高速是湖北省"九纵五横四环"高速公路网中的一纵，也是武汉都市区环线高速东段起点位于鄂州市华容区赵咀村，连接黄（冈）鄂（州）高速，终点位于黄石市大冶市金牛镇东侧的余家畈，连接蕲（春）嘉（鱼）高速通往咸宁。线路全长63.2千米，设计速度100千米/小时，总投资83.7亿元，于2016年3月29日开工建设。起点至长港段约16.9千米，按双向六车道建设，长港至终点段按四车道建设。共设置6个收费站、1个梁子湖服务区和1个太和停车区。鄂咸高速通车后，与黄鄂高速、武汉城市圈外环高速形成一条新的鄂东地区南北纵向大通道和省际快速出口公路，是串联武汉、鄂州、黄石、黄冈等地区众多临港新城和临港产业园的一条重要快速集疏运通道，同时也结束了梁子湖区境内不通高速公路的历史。

（鄂州市档案馆 鄂州市"同城办"）

【硚（口）孝（感）高速二期建设】 2021年，硚孝高速公路二期工程持续施工。至年底，完成桥梁工程的92%、路面工程的30%。项目起于京港澳高速灯塔互通，止于孝感市毛陈镇焦湖村，路线全长12千米（武汉段4.3千米，孝感段7.9千米），主线采用四车道高速公路标准，总投资19.8亿元。该项目于2018年底开工，主要建设内容包括桥梁7座、互通式立交1处（东山互通）、服务区1处（东山服务区）、主线收费站及匝道收费站各1处、连接线1千米，全线桥梁占比达81%。其中灯塔枢纽互通至主线收费站段设计速度100千米/小时，主线收费站至焦湖段设计速度80千米/小时，连接线采用设计速度60千米/小时。

【武（汉）大（悟）高速二期建设】 2021年，武汉至孝感市大悟县高速公路二期工程全年紧张施工。至年底，武汉至大悟高速公路武汉至河口段完成投资79.68亿元，占年度计划投资60.0亿元的132.8%；累计完成投资125.0亿元，占总工程量的78.0%。武大高速是湖北省"九纵五横四环"高速公路网中的一纵，也是打通武汉城市圈22条瓶颈路段之一，项目路线全长约126千米，按双向六车道设计，总投资185.2亿元。以麻竹高速公路为界，2019年起

施工中的硚孝高速二期工程　　　　　　（徐一帆　摄）

分南北两段施工。南段起于武汉市解放大道下延线，经黄陂区罗汉寺、长轩岭、姚家集等地，止于孝感市大悟县河口镇，全长约78千米。其中，武汉市境70千米，大悟境8千米。通车后，大悟到武汉车程仅需1小时。

【孝汉应高速建设】 2021年，孝汉应高速公路项目孝感段控制性工程五个标段全面开工。至年底，完成下穿高铁桥梁，路基土方完成2.2%，桥梁桩基完成约15%。孝汉应高速是武汉城市圈内环线的一部分，线路起于孝感市孝南区肖港镇幸王村，接福银高速公路，途经云梦县、应城市，止于汉川市麻河镇竹林垸，全长34.5千米，设计速度120千米/小时、路基宽34.0米，按双向六车道高速公路标准建设，共设桥梁12座，其中，特大桥5座，互通式立体交叉5处，总投资约76.18亿元，建设工期36个月。

（孝感市史志研究中心
孝感市"两型办"）

【麻（城）安（康）高速麻城东段建设】 2021年底，黄冈市麻城至陕西省安康市高速公路麻城东段通过交工验收。项目是G4213麻城至安康高速的最后一段，是全省正全力打通的139条断头路瓶颈路之一。该段高速东连大广高速，西接麻武高速和麻安高速红安段，全长15.87千米，采用双向四车道高速公路标准建设，设计速度100千米/小时，总投资约16.18亿元。途经麻城铁门、宋埠2个乡镇，跨越举水河、106国道、麻武铁路、沪蓉铁路，共设大、中桥14座，分离式互通3个，设置铁门西收费站，连接S325省道。该高速的建成将有利于麻安、大广、沪蓉三条高速围成的三角形区域周围的300多万群众融入武汉城市圈"一小时通勤圈"，助推大别山革命老区振兴。

【武汉至红安高速建设】 2021年1月30日，武汉至黄冈市红安县高速公路（沪蓉高速红安联络线）项目正式开工建设。至年底，黄冈市红安南枢纽大桥、高桥河大桥、阮家畈大桥开始上构施工，路基土石方完成约52%工程量。项目起于黄冈市红安县觅儿寺镇新型产业园西侧的董湾村陈家田附近，与沪蓉高速相接，经高桥东、汪家湾，在刘家塝与麻安高速相交，止于红安县城区云台村，与红安县发展大道相接。全线采用双向四车道高速公路标准，设计速度100千米/小时，路基宽度26米，设互通式立交3处（觅儿西枢纽互通、红安南枢纽互通、高桥互通），路线全长约27.7千米，总投资27.87亿元，建设工期36个月。项目建成后，从红安县主城区开车到武汉市只需1小时。

（黄冈市史志研究中心
黄冈市"同城办"）

【武（汉）松（滋）高速建设】 2021年12月10日，武汉至荆州市松滋市高速公路武汉段项目正式开工。项目起于汉南区水洪口，设水洪枢纽互通与武监高速相接，于蔡甸区港洲村设消泗互通后与武松高速仙桃至洪湖段项目相接，采用双向六车道标准建设，设计速度120千米/小时，线路全长约11.8千米，总投资约30亿元。武松高速公路是湖北省"九纵五横三环"中重要的联络通道，是武汉至荆州间的又一条高速通道。武松高速沿长江布设，也被称为沿江高速公路，与汉宜高速基本平行，是打通武汉至宜昌的重要路段，便于武汉城市圈与洪湖、荆州联系，缓解沪渝高速交通压力。武松高速公路起点位于汉洪高速，经过仙桃南部、洪湖北、监利市、江陵县、公安县，终点为松滋市，大部分路段在长江以北，在江陵经观音寺长江大桥过江，转至长江以南进入松滋，拟于"十四五"期间建设完成。武松高速项目分5段建设，由武汉段、仙桃至洪湖段、万全至监利段、监利至江陵段、江陵至松滋段（含观音寺长江大桥）等5段高速组成，全长约222千米。其中，监利至江陵段已于2017年建成通车，仙桃至洪湖段进入施工前期准备阶段。

（湖北省武汉城市圈研究会）

【通山至武宁高速公路（湖北段）建设】 2021年1月20日，咸宁市通山县至江西省九江市武宁县高速公路（湖北段）正式开工。该项目是湖北省"十三五"规划的高速公路重点项目（阳新至咸丰高速公路咸宁段），也是幕阜山片区扶贫攻坚的重点项目。项目起于通山县南林桥镇咸通高速南林桥收费站，至九宫山二号隧道（鄂赣省界），向东南延伸至江西省九江市武宁县。起点对接咸通高速公路，并与杭瑞高速相连；终点与大广高速、永武高速对接。其中，咸宁境内全长46.15千米，主线按设计速度100千米/小时的双向四车道高速公路标准建设，整体式路基宽度26米、分离式路基宽度13米。总概算71.04亿元，建设工期48个月。

【武深高速公路崇阳连接线建设】2021年底，武汉至深圳高速公路G0422咸宁市崇阳连接线建成通车。该项目起于崇阳县人民大道和香山大道交会处，终点接武深高速公路崇阳西互通，线路全长17.8千米，按一级公路标准建设（其中杨家湾至崇阳西互通段4.7千米为二级公路标准），路基宽度24.5米，双向四车道沥青混凝土路面，设计速度80千米/小时，投资概算5.11亿元。于2019年7月动工建设，工期两年半。

【赤壁长江公路大桥通车】2021年9月25日，咸宁市赤壁长江公路大桥正式通车。大桥是武汉城市圈环线高速公路的重要节点，起于洪湖市乌林镇，止于赤壁市赤壁镇，主桥长1380米，主跨720米，主塔采用"H"形设计，北主塔高217.33米，南主塔高223米，是世界跨度最大的钢混结合梁斜拉桥。全线双向六车道，按照一级公路标准建设，设计速度100千米/小时。该桥通车后，洪湖市和赤壁市两地的通行时间

2021年9月25日，赤壁长江公路大桥正式通车运营

（咸宁市史志研究中心　供图）

由原来的2小时缩短至5分钟。

（咸宁市史志研究中心
咸宁市"同城办"）

【武穴长江公路大桥通车】2021年9月25日，武穴长江公路大桥通车。连接黄冈市武穴市与黄石市阳新县的武穴长江公路大桥是国道G220东营至深圳公路跨越长江的控制性工程，也是湖北省"七纵五横三环"高速公路网中麻阳高速公路的组成部分。武穴长江公路大桥公路起于武穴市四望镇新屋岭，与麻阳高速对接，设武穴西枢纽互通与沪渝高速公路相连；止于阳新县枫林镇，对接杭瑞高速湖北段，线路全长30.99千米。其中，长江大桥长3355米，主桥为主跨808米的双塔单侧混合梁斜拉桥。全线设计速度100千米/小时，建有特大桥1座、中桥6座、小桥1座、隧道4座、分离式立交6处、互通式立交5处。在武穴市境内设立武穴西（四望）、武穴南（城区）两处收费站、1处服务区（武穴服务区），总投资58.86亿元。大桥建成通车后，车辆过江只需5分钟，结束鄂赣长江两岸群众坐轮汽渡过江出行的历史，湖北武穴、阳新与江西瑞昌三地将携手迈入同城时代。

（黄冈市史志研究中心
黄冈市"同城办"）

【城市圈国道、省道干线快速化改造】2021年，武汉市推进107国道（京港线）东西湖段快速化改造工程建设。该路段是东西湖区西部路网中唯一一条贯通全区的城市快速路，但存在局部拥堵严重、车种混行严重、交通品质亟待提高等问题，此次改造的起点为高桥二路，终点至三环线额头湾立交东西湖区与硚口区界附近，全长约10.38千米；改造以"高架+地面"形式进行，主线改造为城市快速路兼一级公路，辅道改造为城市主干路，全线改造为

双向六至八车道，设置5组平行匝道，在一清路设置一座人行天桥等。改造同时，拆除1999年建成通车的吴家山高架桥；新建四环线互通立交1座，与四环线收费站通道形成匝道直接衔接，规划建设包括2条左转匝道和2条右转匝道，变成区域货运交通转换的交通枢纽；改造额头湾立交桥，新建长约950米、宽26米的双向六车道的高架，拆除三环线病害桥梁段约500米，新建涡轮式全互通立交总长度约5612米。改造工程完工后，可打通拥堵节点，实现沿线客货分离、快慢分离，从三环线额头湾立交向西可快速出城。开展江城大道南延线快速化改造、武昌大道快速化改造、高新大道综合改造等项目前期准备工作，力争建成左岸大道南段、右岸大道南段等4个通道。至"十四五"期末，武汉市形成20条对外联系高快速通道，实现城市圈基础设施互联互通。

至年底，鄂州市共改造国道、省道危桥16座。完成G316鄂州市泽林至樊口段改建工程土石方及桥梁施工、G106城区至分水岭段改建工程、G106武黄高速南互通接线工程收尾工作、G106碧石治超站段路面改造工程和G106碧石至世纪新峰水泥厂段路面改造工程；完成G316华容龙华路至汀桥段大修工程。

孝感市107国道孝感市肖港至武汉市张公堤段（107国道孝感外迁段）改建工程竣工，于5月10日正式通车。该工程于2017年12月1日正式开工，路线全长37.2千

2021年9月28日，孝感市城际公交专线W102路（孝感市汉川市至武汉市东西湖区码头潭地铁站）正式开通　　　　　　（孝感市史志研究中心　供图）

米。其中，新建路段28.5千米，利用老路加宽改扩建路段长8.7千米，项目总投资19.4亿元，按一级公路标准建设，双向六车道，设计时速80千米。作为孝感城区东外环线，与西南外环线新316国道顺利相接，孝感城区外环线已初步成形。

黄冈市G347黄州至团风段改建工程（团风段）、S234红安八里至韩集段改建工程、G220麻城市商家垸（鄂豫界）至边店段新建工程均已全面开工建设；G346红安县二程至上新集段改建工程用地预审获批，正同步开展工可、初设报批等工作。

仙桃市完成47.35千米国省干线快速化改造。其中，318国道胡场至毛嘴段改建工程17.32千米，321省道彭场至仙桃城区段改建工程20.03千米，455省道仙桃市318国道至排湖绿道段改建工程10千米。

潜江市实施5条国省道干线快速化改造。247省道改造工程一、二、三标段建成通车，四、五标段完成部分施工，潜江汉江大桥主桥斜拉桥箱梁施工完成88%。234国道后湖至熊口段改建工程完成7千米路面、7.34千米路基。322省道总口至熊口段一级公路改扩建工程完成东荆河大桥墩柱及部分梁板预制、东干渠桥完成半幅桥梁主体工程、熊农加宽段完成1.9千米路基施工。350省道白鹭湖至张金段改建工程完成2千米路面、7.5千米路基施工。318国道改造工程后湖至苏港段完成全部基路施工。

天门市推进公路提级改造，全年完成投资约6.75亿元。其中，一级公路项目S247省道潜江汉江大桥工程（天门段）完成2.89千米路基，完成投资约5036万元；升级改造S214省道张洪线天仙公路段，年内完成10千米，约占总工程量的42%。

（武汉市地方志编纂委员会办公室）

【市际断头路、瓶颈路建设】　2021

年，武汉城市圈内城市推进33条断头路、瓶颈路建设。武汉市全面梳理武汉城市圈断头路、瓶颈路项目情况，推进"硬联通"行动。建成S112辛安渡至朱湖公路（武汉段、孝感段）、红莲湖新区与东湖新技术开发区未来三路对接（武汉段）、红莲湖新区境内高新四路与东湖新技术开发区境内高新六路（鄂州段）以及双峰山至黄陂木兰景区旅游公路（武汉段、孝感段）等武汉城市圈断头路、瓶颈路项目。鄂州市葛店人民西路、高新五路与光谷科技一路对接；与东湖新技术开发区共同推进高新大道短咀湖桥段拓宽改造；完成金山大道至武汉大学新校区全路段提升改造，推进新城大道与未来三路连接线、高新大道东延线建设；高新六路、高新七路、未来二路等断头路与武汉同步推进。咸宁市对接107国道、102省道武汉段、武深高速法泗连接线升级改造等项目，将境内102省道及法泗连接线咸宁段均升级为一级公路，107国道咸安段升级改造工程正加快建设。G230黄冈市红安南段建成通车，G106团风段、S334红安段全线加快建设，G347举水河大桥进入前期工作。至年底，共建成断头路、瓶颈路项目15个。

【城际公交一体化发展】 2021年，武汉城市圈各市推进城际公交一体化发展。九市共同编制《武汉城市圈城际公交运营一体化三年行动方案（2021—2023年）》，提出3年内谋划开通33条城际公交线路，新改建30个城际公交换乘站，有条件场站配套建设车辆调度、邮件转运等功能设施，进一步提升同城化水平。武汉市加快推动城际公交线路开通，建设城际公交换乘站，实现武汉公交与周边城市公交"零距离"换乘。新开通5条城际公交线路。武汉301、101城市公交分别延伸到鄂州市葛店开发区和华容区华容镇。孝感市开通汉川市至武汉市蔡甸区柏林、武汉市东西湖区码头潭2条城际公交线路。咸宁市对接武汉市，改造贺站公交驿站，实现咸安区至贺胜客运班线与江夏区J201路实现换乘运营。黄石市2路公交延伸至鄂州市花湖工业园区。

推进城市圈城市公交一卡通互联互通，加快实现城市圈内城市乘坐公共汽车同城通刷。鄂州、仙桃、天门、孝感（孝感市城区及汉川、安陆、应城）和黄石（大冶）等市已实现一卡通刷。

（湖北省武汉城市圈研究会）

2021年武汉城市圈市际断头路、瓶颈路建设情况一览表

类　别	项目名称	建设状态
断头路	省道S112辛安渡至朱湖公路（武汉段）	完工
	省道S112辛安渡至朱湖公路（孝感段）	完工
	红莲湖新区与东湖新技术开发区未来三路对接（武汉段）	完工
	红莲湖新区与东湖新技术开发区未来三路对接（鄂州段）	完工
	红莲湖新区境内高新四路与东湖新技术开发区境内高新六路（鄂州段）	完工
	红莲湖新区境内望湖一路与东湖新技术开发区境内科技五路对接	完工
	203省道黄石至鄂州段（黄石段）	续建
	203省道黄石至鄂州段（鄂州段）	续建
	葛店开发区境内人民西路与东湖新技术开发区境内科技一路对接（武汉段）	续建
	葛店开发区境内人民西路与东湖新技术开发区境内科技一路对接（鄂州段）	续建
	硚口至孝感高速公路二期（武汉段）	续建
	硚口至孝感高速公路二期（孝感段）	续建
	红莲湖新区境内文创大道与东湖新技术开发区境内龙泉大道（鄂州段）	续建
	葛店大道	续建
瓶颈路	双峰山至黄陂木兰景区旅游公路（武汉段）	完工
	双峰山至黄陂木兰景区旅游公路（孝感段）	完工
	省道S105柏林至官桥改扩建工程孝感段	续建
	省道S115黄陂区天河至祁家湾段改扩建工程	续建
	国道G107武汉至咸宁段改扩建工程（咸宁段）	续建

轨道交通建设

【概况】 2021年，武汉城市圈推动干线铁路、城际铁路、市域铁路、城市轨道交通"四网融合"多层次轨道交通网络建设，沿江高铁武汉至宜昌段开工建设，黄黄高铁、郑万高铁湖北南段开展静态验收，阳逻国际港水铁联运二期项目开港通车。推进阳逻港、三江港、白洋港疏港铁路建设，加强高铁快运和空铁联运能力布局研究，优化完善武汉、襄阳、宜昌、荆门、麻城枢纽布局，提高运输保障和点线协调能力。加大协调力度，优化施工组织，解决武汉枢纽两条联络线、武汉东站、宜万线棚洞等重难点问题。开通武汉地铁11号线三期，运营5条城际铁路，将武汉和黄石、鄂州、孝感、黄冈、咸宁、仙桃联通。

【沿江高铁（沪渝蓉高速铁路）湖北段建设】 2021年9月25日，新建上海至重庆至成都沿江高铁武汉至宜昌段正式开工建设。沿江高铁全线长约2100千米，分别由上海至南京至合肥高铁、合肥至武汉段、武汉枢纽直通线、武汉至宜昌段、宜昌至涪陵段、涪陵至重庆段、成渝中线铁路7个项目构成，总投资约5500亿元。7个项目中4个涉及湖北，省内新建正线全长约892千米，计划总投资约2335亿元，占全线总投资的42%，为三峡工程之后湖北最大建设项目。

沿江高铁武汉至宜昌段正线全长313千米，设汉口（既有）、汉川东、天门北、京山南、钟祥南、荆门西、当阳西、宜昌北8座车站，桥隧占比85%，设计时速350千米，项目总投资522.7亿元，建设总工期4年。武汉枢纽直通线起自汉十高铁云梦东站，经新建孝感南站、汉阳站及白沙洲长江大桥过江，联通武九客专及武广高铁，新建线路全长约107千米，投资估算508亿元，项目可研待批，初步设计待审。合肥至武汉段省内部分经麻城、红安至武汉，新建正线163.3千米，设麻城北、红安、长江新区和武汉天河4座车站，投资估算422亿元，项目可研待批，初步设计待审。宜昌至涪陵段东起宜昌市，向西经长阳、五峰、鹤峰、恩施、利川至重庆市，其中湖北段将新建正线326.2千米，投资估算881.7亿元，项目可研待审。全线建成后，上海至成都将由目前14个小时压缩至6个多小时。

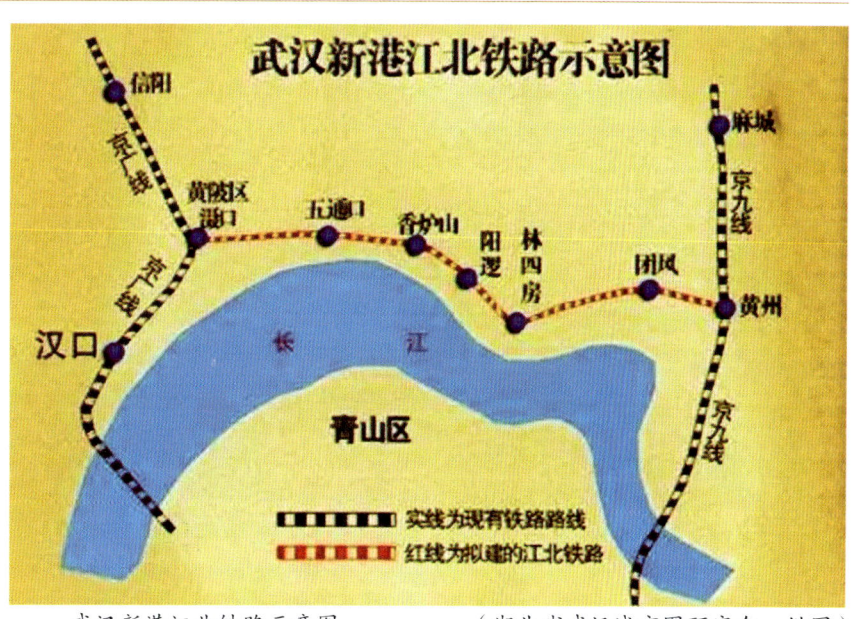

武汉新港江北铁路示意图　　　　（湖北省武汉城市圈研究会　供图）

【武汉新港江北铁路建设】 2021年，武汉新港江北铁路全线唯一一座隧道——九龙宫隧道施工进入攻坚阶段。武汉新港江北铁路位于长江以北，西起武汉市黄陂滠口站，东至黄冈市黄州站，全长80.39千米，建设标准为电气化一级铁路，时速120千米，是全国"四纵四横"铁路专线规划的一条货运铁路，也是武汉长江中游航运中心核心港——武汉新港重要的铁路集疏运通道。建成后可以实现铁水公多式联运，可与京广、京九铁路相连。

【国家粮食现代物流（武汉）基地暨国家稻米交易中心铁路专用线建设】 2021年，国家粮食现代物流（武汉）基地铁路专用线项目取得中国铁路武汉局集团有限公司批复，工可、初设及施工图设计完成，其中，土地预审获湖北省批复。国家粮食现代物流（武汉）基地暨国家稻米交易中心铁路专用线从正在建设中的武汉新港江北铁路引入国家粮食现代物流（武汉）基地。至年底，项目正式用地申报、环评报告编制、征地拆迁等前期工作有序推进。

（湖北省武汉城市圈研究会）

【市域铁路建设】 2021年，武汉城市圈市域铁路建设取得新进展。5月23日，孝感市人民政府与武汉地铁集团有限公司签订《武汉孝感市域（郊）铁路工程建设框架协议书》，共同推进武汉、孝感市域（郊）铁路工程建设，协议约定，武汉地铁将向孝感临空经济区延伸，市域铁路将向汉川延伸。10月13日，武汉至鄂州市域铁路《武鄂市域铁路预可行研究报告项目竞争性磋商公告》发布，中铁第四勘察设计院集团有限公司中标，线路起自东湖新技术开发区光谷中心城，止于鄂州市临空经济区，全长64千米；其中，地下线长约30.8千米，高架线长约33.2千米；设车站18座，其中地下站10座，高架站8座，平均站间距约3.7千米。10月21日，武汉至咸宁市域铁路《武咸市域（郊）铁路规划研究采购项目中标（成交）结果公告》发布，武汉市交通发展战略研究院、中铁第五勘察设计院集团有限公司联合中标，线路对接武汉地铁7、9号线，规划起自轨道9号线花山北路站，止于咸宁南站，全程64.99千米，设站11座，平均站间距6.50千米；其中，咸宁市境内23.88千米，设站点4座。

【武汉轨道交通建设】 2021年，

2021年12月26日，武汉轨道交通5号线开通初期运营。图为5号线特色站——彭刘杨站内景 （武汉市地方志编纂委员会办公室 供图）

武汉轨道交通建成通车轨道交通5号线、6号线二期、16号线（汉南线）工程，新增通车里程约75千米。

轨道交通5号线全长35.1千米，其中高架段7.6千米，地下线27.2千米，过渡段0.3千米，起自中医药大学站，止于武汉站东广场站。该线路设站25座，高架站4座，地下站21座，其中换乘站10座。全线共设11个特色站，线路标志色为首义红。线路位于长江南岸，南北向贯穿武昌全镇，是武汉轨道交通首条全自动运行线路。

轨道交通6号线二期全长7千米，均为地下站，起自6号线一期工程终点金银湖公园站（不含），经金山大道止于新城十一路站。该线路连通6号线一期，设站5座，其中换乘站2座。线路设1个特色站，线路标志色为鹦鹉绿。

轨道交通16号线（汉南线）全长33.1千米，其中高架段18.5千米，地下线12.8千米，过渡段1.8千米，起自纱帽周家河站，止于国博中心南站。该线路设站12座，高架站5座，地下站7座，其中换乘站2座。线路设1个特色站，线路标志色为芙蓉红。16号线（汉南线）是一条联系汉南与主城区的快速轨道交通线路，弥补了汉南沿江区域轨道交通覆盖空白，支撑了武汉经济技术开发区"大车都"板块发展。

12月26日，轨道交通新港线一期、5号线二期、16号线二期、12号线连接线工程和轨道交通信息化云平台项目五大工程开工。

【武汉地铁11号线三期鄂州葛店段开通】 2021年1月2日，武汉地铁11号线三期鄂州葛店段开通运营。线路全长约23.4千米，全为地下线，由武汉东站至葛店站，设站14座，设长岭山车辆段与综合基地1座，是湖北省首条、全国第4条跨市域的地铁线路，鄂州市由此成为湖北省首个拥有地

2021 年武汉地铁集团有限公司运营轨道交通线路情况一览表

线路	里程（千米）	线路类型	车站（座）	区间	开通时间	全年客运量（万乘次）	日最高客运量（万乘次）
1号线	37.8	高架线	32	径河站—汉口北站	一期2004年7月28日开通，二期2010年7月29日开通，汉口北延长线2014年5月28日开通，径河延伸线2017年12月26日开通	10607.61	41.92
2号线	60.7	地下线和高架线混合	38	天河机场站—佛祖岭站	一期2012年12月28日开通，机场线(北延线)2016年12月28日开通，三期工程（南延线）2019年2月19日开通	27122.51	126.12
3号线	30.1	地下线	24	宏图大道站—沌阳大道站	2015年12月28日开通	12148.53	49.80
4号线	50.4	地下线和高架线混合	37	武汉火车站—柏林站	一期2013年12月28日开通，二期2014年12月28日开通，三期（蔡甸线）2019年9月25日开通	17190.47	75.97
5号线	35.1	地下线和高架线混合	25	武汉站东广场站—中医药大学站	2021年12月26日开通	125.28	26.38
6号线	43.0	地下线	32	东风公司站—新城十一路站	一期2016年12月28日开通，二期2021年12月26日开通	10661.05	44.55
7号线	47.6	地下线	26	园博园北站—青龙山地铁小镇站	一期2018年10月1日开通，纸坊线(7号线南延线)2018年12月28日开通	10696.37	49.33
8号线	39.1	地下线	26	金潭路站—军运村站	一期2017年12月26日开通，三期2019年11月6日开通，二期2021年1月2日开通	8092.87	37.01
11号线	23.4	地下线	14	武汉东站—葛店南站	一期2018年10月1日开通，三期2021年1月2日开通	1942.94	10.14
16号线	33.1	地下线和高架线混合	12	国博中心南站—周家河站	2021年12月26日开通	12.44	2.49
阳逻线（21号线）	35	地下线和高架线混合	16	后湖大道站—金台站	2017年12月26日开通	1668.77	8.37
线网	435.3		282			100268.85	460.10

铁的地级市。

（武汉市地方志编纂委员会办公室）

【黄石沿江疏港铁路二期建设】 2021年2月，黄石沿江疏港铁路二期工程动工。至年底，完成投资2.7亿元，完成钻孔灌注桩44%、承台51%、墩柱30%。工程线路自既有新港货运支线铁路终点站棋盘洲车站南段引出，终点至工业园区站，正线长9.68千米，建设内容包括与线路相关的桥梁、隧道、站场、建筑和配套设施，总投资8.97亿元，建设工期24个月。

【黄石山南铁路适应性改造工程】 2021年，黄石山南铁路适应性改造工程接近尾声。至年底，龙山站主体基本建成，上跨桥工程、涵洞工程、路基附属轨道工程、站调楼均完成施工。该工程位于黄石市东北部月亮山南麓，接轨于大冶附属线罗家桥站，经黄石境内罗家桥、四棵、汪仁、龙山、西塞等地，建设内容主要包括罗家桥站改造、山南铁路既有线改造（路基病害整治、线路全封闭等）及增设龙山站，工程投资概算3.83亿元，工期18个月。

（黄石市档案馆 黄石市"同城办"）

【黄（冈东）黄（梅东）高铁建设】 2021年12月20日，黄冈东至黄梅东高速铁路开始静态验收，进入准运营阶段。该线路位于黄冈市境内，是《国家中长期铁路网规划》"八纵八横"中武杭高铁、京九高铁的组成部分，也是

黄（冈东）黄（梅东）高铁线路示意图　　（摘自《人民铁道》）

武冈城际铁路的延伸线。线路从武汉至黄冈城际铁路引出，向东南经浠水县、蕲春县、武穴市、黄梅县，于黄梅东站接入安九铁路，正线全长125.2千米，设计时速350千米，总投资177亿元，于2018年12月10日全线开工建设，建设工期3.5年。沿途设黄冈东站、浠水南站、蕲春南站、武穴北站、黄梅东站共5座车站，其中浠水南站、蕲春南站、武穴北站为新建车站。通车后，武汉至九江时间缩短至1小时，至南昌只需2小时，到安庆只需90分钟，至杭州只需3小时。

【安（庆）九（江）高铁湖北段开通】2021年8月29日，安徽省安庆市至江西省九江市高铁湖北段完成全线铺轨。安九高铁湖北段位于黄梅县内，线路长51.01千米（含鳊鱼洲长江大桥），设黄梅东站、孔垄北站2个车站；在孔垄北站通过孔垄上下行联络线与既有京九铁路相连，在黄梅东站与在建黄黄高铁相连。安九高铁起于安徽省西南部的安庆市，途经湖北省东南部的黄梅县，终到江西省北部的九江市，是《国家中长期铁路网规划》中"八纵八横"高速铁路中沪汉蓉沿江高铁和京港高铁的重要组成部分。该线路北接合(肥)安(庆)、合(肥)蚌(埠)、京沪高铁，南连武(汉)九(江)、(南)昌九(江)等线路，正线长约170.9千米，设计时速350千米。其中，安徽段于2021年2月21日实现正线轨通。

【京九高铁阜阳至黄冈段建设】2021年12月9日，国务院印发《"十四五"现代综合交通运输体系发展规划》，京九高铁阜阳至黄冈段列入国家铁路网建设重点工程。该项目作为国家高铁网"八纵八横"主通道京港（台）通道京九高铁组成部分，起自安徽省阜阳市，途经安徽省的阜南县，河南省的淮滨县、固始县、潢川县、光山县、新县，湖北省的红安县、麻城市、新洲区、团风县、黄州区，全长约324千米，投资概算425.6亿元。其中，黄冈境内约90千米，投资概算138亿元。2020年10月，中国国家铁路集团有限公司完成京九高铁阜阳至黄冈段设计招投标；2021年3月，设计单位中铁第四勘察设计院集团有限公司完成项目预可研报告编制，上报国铁集团待审。

【麻城石材铁路专用线建设】2021年3月3日，全国首条石材铁路专用线——黄冈市麻城石材铁路专用线项目开工建设。麻城石材铁路专用线线路作为麻城石材产业重大配套项目，起于京九铁路周铁岗站，止于朱家垸矿区内的朱家垸站，线路全长11.38千米。新建石材园站和朱家院站两个车站，并在石材园站设有石材园货场一座。建设周期18个月，设计货物运量将于2025年达到404万吨。该线路实现与京九线、阳逻港"铁水联运"无缝对接，可大幅降低石材的物流成本。

（黄冈市史志研究中心

黄冈市"同城办"）

长江中游航运中心建设

【概况】2021年，武汉城市圈九市全力推动长江中下游航运中心建设。武汉新港加快打造中部地区枢纽港。出台《武汉新港（武汉市）发展"十四五"规划》《关于推动将武汉建成中部地区枢纽港实施方案》。加快构建船队优势,优化定型近海直航船型、汉江及三峡集装箱船型设计方案,全面启动"智慧港口""智慧船舶""智慧口岸"等新基建项目建设,驱动航运中心建设转型发展。长江干线武汉至安庆段6米水深航道整治工程交工验收,投入试运行;长江中游荆江河段航道整治二期工程可行性研究报告已通过交通运输部审查;长江支流涢水、富水航道整治工程开工建设。汉江河口至蔡甸段航道整治工程已经全面完成,蔡甸至兴隆航道整治工程工可报告通过行业审查。武汉港阳逻国际港集装箱铁水联运二期码头工程开港运营,黄石港棋盘洲三期码头工程开工建设,荆州煤炭铁水联运储配基地一期码头工程交工验收。

(湖北省武汉城市圈研究会)

【长江航道武汉至安庆段工程完工】 2021年3月26日,长江干线武汉至安庆段6米水深航道整治工程全面完工,并投入试运行。至此,1万吨级江海船舶可常年直达武汉,形成一条"畅行鄂赣皖,通达江浙沪"的"水上高速路"。建设安庆至武汉6米水深、武汉至宜昌4.5米水深航道(简称"645"工程),为国家《长江经济带发展规划纲要》和交通运输部水运"十三五"发展规划中的重点项目。其中,"645工程"主体工程之一武安段于2018年10月开工建设,起于武汉天兴洲,止于安庆皖河口,全长386.5千米,系统整治罗湖洲、戴家洲等7个碍航滩段,要求实现航道水深6米、航宽200米、部分重点碍航滩段航宽不低于110米、弯曲半径1050米的建设目标,工程总投资37.44亿元。长江航务管理局在建设过程中坚持"生态优先,绿色发展"理念,投入生态建设专项资金,建成生态护岸15.4千米,生态固滩146万平方米,生态涵养区3处,增殖放流鱼苗600余万尾,形成了绿色航道建设成套技术。据测算,武安段工程运行后,可拉动区域GDP增长450余亿元。

【武汉新港建设】 2021年,武汉新港加快打造中部地区枢纽港,编制《武汉新港(武汉市)发展"十四五"规划》,深化《关于推动将武汉建成中部地区枢纽港实施方案》。加快构建船队优势,优化定型近海直航船型、汉江及三峡集装箱船型设计方案,全面启动"智慧港口""智慧船舶""智慧口岸"等新基建项目建设,驱动航运中心建设转型发展。阳逻国际港集装箱水铁联运二期工程开港通车。全年完成集装箱吞吐

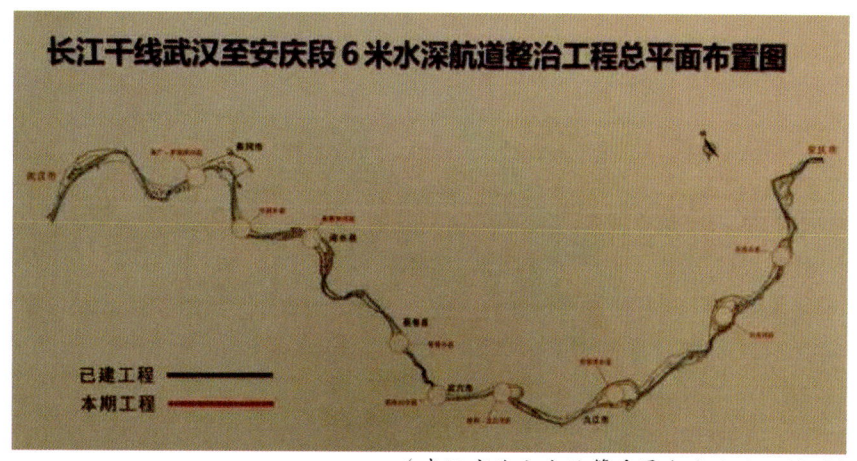

(武汉市地方志编纂委员会办公室 供图)

量243.62万标箱(为便于计算集装箱数量,国际上以20英尺长的集装箱为标准箱,也称国际标准箱单位,用来表示船舶装载集装箱的能力,也是集装箱和港口吞吐量的重要统计和换算单位。英文全名为Twenty-foot Equivalent Unit,缩写为TEU),比上年增长26.0%。武汉新港空港综合保税区完成进出口货值146亿元,增长80.0%,首次跨越100亿元大关。武汉航运交易所完成交易额78.6亿元,增长36.6%。电子口岸通关业务总量299875笔,增长38.7%。

【武汉新港航运新通道建设】 2021年,武汉新港加快构建中部陆海联运大通道。国际通道建设聚焦日本、韩国直航运输,扶持保障武汉至日本集装箱直航航线,航线实际运行成本、运行时间、航线效益均好于预期。加快运力拓展,完成2艘武汉至日本、4艘武汉至韩国近洋直达专用船舶建造准备。10月底开通武汉至韩国近洋直达班轮航线。中日韩航线全年开行80余航次,运输1.29万标箱,超额完成目标任务。拓

展直航覆盖面，聚焦国际中转业务，推动直航航线连接中欧班列，新增日本—武汉—蒙古海铁联运通道；对接韩国干线公司，提前布局韩国—武汉—欧洲（中亚）双向国际中转通道。聚焦航贸一体化发展，12月16日举行中国湖北—日本关西江海联运带路互通合作项目签约活动暨中国湖北—日本经贸合作对接会。对接釜山港、韩国贸易振兴机构，提前谋划中韩双向贸易通道，将通道优势转化为开放成果。

国内通道创新建设多样化内贸运输通道，延伸开通武汉至济宁航线，提升运河航线运营水平；新增开通武汉至黄石城际水上穿巴，促进武汉城市圈一体化发展；推动沿海进疆新通道，开通武汉至宁波舟山直达航线、武汉至营口直达航线，助力国内大循环。

【**武汉阳逻国际港铁水联运二期建设**】2021年8月1日，武汉阳逻国际港集装箱水铁联运二期项目开港通车，实现水铁联运无缝衔接。这个长江中上游最大的水铁联运基地，是国家第一个铁路装卸自动化码头，是长江中上游第一个智慧集装箱码头。

阳逻集装箱水铁联运项目作为中部地区枢纽港建设的核心项目，是国家长江干线港口12个重点水铁联运设施联通项目之一，旨在实现"铁港同场、运营同场、查验同场、信息同场"一体化。项目由武汉中远海运港口码头有限公司与武汉新港江北铁路有限责任公司合作，改造既有铁路线

2021年8月1日，武汉新港阳逻国际港集装箱水铁联运二期项目开港通车　　　　　　　　　　　　　　　　（武汉市地方志编纂委员会办公室　供图）

路，新建集装箱堆场和铁路专用线，实现从集装箱港区码头到国家路网间的"无缝对接"。项目铁路专用线从新港江北铁路香炉山车站引出，直达阳逻港集装箱码头，专用线长约2千米，打通从港口至吴家山车站"最后一公里"的铁路运输瓶颈。通过水路运抵该港口的国内、国际货物可以直接通过火车前往吴家山站，然后搭乘中欧班列、跨境班列前往欧洲及中亚等国家。

项目位于武汉市新洲区阳逻经济技术开发区，建设内容主要包括三大块，即将原有4个5000吨级件杂货码头泊位改造为可靠泊"1140"船型的集装箱泊位，年设计能力75万标准集装箱；铁路装卸场自江北铁路香炉山站东端接轨后向南引入1束铁路线，新建1个装卸作业区及配套堆场，满足2条装卸作业线整列作业，年集装箱水铁联运作业能力40万标准集装箱；附属作业区为水铁联运工程提供配套增值服务，包括拆装箱、洗修箱、空箱堆存等业务。此外，项目同步植入"5G+"等智慧元素，将建成全国第一个铁路装卸自动化码头、内河首座智慧码头，推动长江传统港口向绿色智慧新型港口转型升级。10月26日，进入常态化运营阶段。

（武汉市地方志编纂委员会办公室）

【**黄石港棋盘洲港区三期建设**】2021年，黄石新港棋盘洲港区三期建设项目全面施工。项目位于长江蕲春水道右岸、黄石新港（物流）工业园区，规划建设1万吨级泊位8个，年吞吐量2200万吨，总投资约18.48亿元。项目建成后，棋盘洲港区的年通过能力将超过5000万吨，成为长江中游规模最大的现代化大型中转枢纽港。

（黄石市档案馆　黄石市"同城办"）

【**鄂州三江港开通运营**】2021年

9月16日，鄂州三江港正式开通运营。三江港是湖北港口资源整合后首个开通运营的综合性港口，是长江中游南岸的核心港区，也是目前国内唯一涵盖"铁水公空"4种运输方式的示范工程。三江港工程总投资15.5亿元，于2015年11月开工，一期工程岸线长度1090米，建有8个5000吨级泊位，其中件杂货泊位4个，多用途泊位4个，年设计吞吐量为630万吨、20万标箱，总占地面积40.43公顷，可停靠万吨级货轮。8个泊位及后方堆场基本建成，此次开通三江港1~4号泊位。

（鄂州市档案馆）

【黄冈港浠水河航道整治】 2021年10月，黄冈市浠水县河航道整治工程正式开工建设。该项目是湖北省、市、县重点建设项目，起于浠水县河兰溪镇河口，止于清泉镇宝塔村，全长17.3千米，总投资1.2亿元。项目分航道疏浚工程一标段、航道疏浚工程二标段、航道信息化工程、航标工程四个标段实施，建设工期24个月。

（黄冈市史志研究中心
黄冈市"同城办"）

【武汉至襄阳汉江航道整治工程】 2021年，汉江航道整治工程进入攻坚阶段。年内，汉江河口至蔡甸段航道整治工程全面完成，汉川至蔡甸航道整治工程接近尾声，蔡甸至兴隆航道整治工可报告通过行业审查。汉江襄阳（襄阳铁桥）以下至河口段1000吨级航道基本贯通。按照《湖北省内河航道规划（2017—2030年）》，通过实施汉江航道整治工程，实现丹江口以下达到3级航道标准，形成"干支衔接、网络畅通、运转高效、绿色生态"的内河航道水运体系。

2017年底，武汉启动汉江蔡甸汉阳闸至南岸嘴段航道整治工程，历时3年整治，该段航道由曾经的Ⅲ级提升到Ⅱ级标准，2000吨级船舶可常年通航。汉江孝感市汉川至武汉市蔡甸航道整治工程于2018年12月动工，通过整治，将长42千米的航道由Ⅳ级提升至Ⅲ级标准，实现1000吨级船舶通航，中洪水期还可季节性通航2000吨级船舶。

（湖北省武汉城市圈研究会）

【仙桃港区综合码头二期建设】 2021年，仙桃港区综合码头二期项目进入施工前期准备阶段。该项目位于仙桃市长埫口镇鄢湾村，规划新建2个1000吨（兼顾2000吨）级散杂货泊位及相应配套设施；设计散杂货年吞吐量125万吨，项目投资概算2.4亿元。项目建成后，仙桃港年吞吐量将提升至190万吨。

（仙桃市史志研究中心）

【潜江泽口港区综合码头建设】 2021年，潜江港泽口港区综合码头一期工程进入征地拆迁阶段。项目位于汉江黄家场滩段右岸泽口河段，岸线长度390米，占地面积14.58公顷，投资概算4.21亿元，由湖北港口集团汉江有限公司建设。规划建设4个1000吨级泊位，其中，件杂货泊位1个，通用泊位1个，散货泊位2个，年设计通过能力290万吨。建成后将以长江、汉江运输为纽带，结合江汉平原货运铁路及疏港公路，形成两江联运、水陆联运、铁水联运的新格局。

（潜江市档案馆）

国际航空客货双枢纽建设

【概况】 2021年，武汉天河机场T2航站楼改造工程开工建设，第三条遗产及配套机坪项目开展前期工作。2021年，武汉市民航客运量1099.12万人，比上年增长37.2%；旅客周转量124.88亿人千米，增长34.1%。民航货运量20.80万吨，增长97.8%；货物周转量10.48亿吨千米，增

2017—2021年武汉天河机场主要生产指标完成情况表

指标（单位）	2017年	2018年	2019年	2020年	2021年
旅客吞吐量（万人次）	2312.94	2450.04	2715.02	1280.21	1979.66
货邮吞吐量（万吨）	18.50	22.16	24.32	18.94	31.60
完成飞机起降（万架次）	18.28	18.67	20.20	11.12	17.34

长 154.7%。武汉天河机场国内外航点总数 134 个，比上年增加 36 个；通达 129 个城市，增加 34 个；定期航线 212 条，增加 65 条。国内通航点 113 个，通达城市 109 个，其中，客运通航点 112 个，货运通航点 4 个，客货运均通达通航点 3 个。国内航线 193 条，其中，客运航线 189 条，货运航线 4 条。国际及地区通航点 21 个，通达 18 个国家及地区的 20 个城市；其中，客运通航点 6 个，货运通航点 17 个，客货运均通达通航点 2 个。国际及地区航线 19 条，其中，客运航线 6 条，货运航线 13 条。武汉天河机场完成航空旅客吞吐量 1979.66 万人次，比上年增长 54.6%；货运邮吞吐量 31.60 万吨，增长 66.8%；起降运输航班 17.34 万架次，增长 55.9%。其中，国际及地区旅客吞吐量 5.72 万人次，下降 74.2%；国际及地区货邮吞吐量 14.57 万吨，增长 191.4%。在汉运营航空公司 43 家，其中，基地航空公司 3 家。武汉机场 CAPSE（民航旅客服务测评）旅客满意度达到 4.05 分，位列国内千万级参评机场第九位，比上年提升 1 位。

武汉市启动汉南通用机场改扩建工程，按照 A2 级机场标准，打造中部地区乃至全国规模最大、基础设施最完善的通航机场。全国民用机场建设管理工作会议在鄂州召开，鄂州花湖机场建成校飞，花湖机场通航在即，武汉城市圈打造航空客货"双枢纽"的步伐加快。

2021 年 5 月 8 日，武汉至墨西哥城定期国际货运航线成功首航

（武汉市地方志编纂委员会办公室　供图）

【天河机场国际及地区航线拓展】2021 年，武汉国际客运航线逐步恢复，国际货运航线加快拓展。2021 年，武汉天河机场新开 5 条国际及地区货运航线，天河机场国际及地区货运航线达 15 条。3 月 30 日，武汉浩翰国际货运代理有限公司开通至印度德里国际货运航线，每周 3 班，该航线是印度香料航空公司首次在汉执行的国际货运航线，执飞机型为波音 737 全货机，单班最大载运量 20 吨，搭载的货物以电子产品、跨境电商货物为主，货物流向印度境内多个主要城市，弥补武汉至印度航空货运航线的空白。顺丰控股股份有限公司开通河内航班，每周 2 班。4 月 26 日，顺丰控股股份有限公司开通香港航班，每周 4 班。5 月 8 日，上海美凯航空服务有限公司开通墨西哥城航班，每周 2 班。5 月 10 日，武汉浩翰国际货运代理有限公司开通孟买航班，每周 2 班。

国际及地区客运航线逐步恢复。4 月 19 日，继中国澳门、韩国首尔、新加坡、巴基斯坦后第五条国际及地区客运航线——印尼雅加达往返武汉客运航线恢复，由印度尼西亚狮子航空公司 B737-900 型飞机执飞，每周一班。国泰航空有限公司恢复香港客运航线。国内干支线航网不断拓展。年内新开至敦煌、嘉峪关、张掖、唐山、济宁、潍坊、威海、中卫、徐州、梧州、万州、武夷山、凯里、巫山等 22 个支线机场的航线。

【天河机场航空运输运营品质提升】2021 年，武汉天河机场推进运输运营品质提升。全面推进"民航服务质量标准建设"专项活动，持续补强服务短板，点亮"楚天情"服务品牌。按照"三严"工作要求，持续优化疫情常态化防控举措，统筹落实各项安全服务工作。严格执行进出港旅客健康码查验和体温检测工作，按流程安置健康异常旅客。增加楼内手部清洁消毒产品配备，加强机场航站楼公共区域通风和消毒，对旅客直接接触的行李手推车"一用一消毒"，电梯轿厢、电梯扶手、饮水机等旅服设施每两小时消毒一次，自助托运设备每日消毒不少于四次。所有入境航班客货保障人员实行专班专人，轮班作业。对于包机入境的航班，武汉天河机场严格落实疫情防控各项要求，加强协调与配合，按照"一机一方案"制定保障措施，优化地面保障流程，提升转运效率及服务质量。对于国内中高风险地区来汉航班，协调航空公司削减或停飞来自中高风险地区的客运航班，加强中高风险地区来汉航班信息通报，及时掌握人员信息，采用专用车辆、专用通道从机下转运到专用区域保障，与正常旅客流程隔离。武汉天河机场T3航站楼入境通道全程设置硬隔离措施，入境人员实施全封闭隔离管理；通道区域及时进行防疫消杀，人员不交叉、设备不混用。进一步织密扎牢外防输入防线，全封闭改造国际入境流程防疫设施，设立国内首例全封闭式的防疫通道；增设防疫垃圾专用转运通道，医疗垃圾和生活垃圾转运处理完全隔离；新建T3航站楼防护服脱卸区，确保防疫一线的工作人员能够在卫生安全的环境下使用等。全年保障入境客运航班361架次，入境货运航班2657架次。通过建立"提档升级、联合高效、运行协调"的工作机制，不断提升航班正常性水平，平均始发正常率达94.1%，航班正常性加权平均值达90.8%，两项局方考核指标分别排名全国24个二千万级以上机场第一名和第四名，蝉联中南地区第一名。武汉天河机场投诉率比上年下降10.2%，在2021年10月全国航空运输消费者投诉机场排名中名列第一。

【天河机场双跑道独立离场运行模式启用】2021年1月4日，天河机场双跑道独立离场运行模式正式启用，国航CA8219、东航MU2545航班同时从机场东、西跑道起飞。

2016年8月18日，武汉天河机场第二跑道投入使用。根据航线最低间隔的安全要求，一直采用"一起一降"的双跑道隔离运行模式。随着航班量快速增长，单跑道离场容量已趋近饱和，该模式已不能满足机场发展需求。2020年12月30日，武汉天河机场获中国民用航空局批复，航班高峰小时容量标准由39架次提升为42架次。天河机场分三阶段实施双跑道独立离场运行：提前组织对机场地面滑行程序进行优化，更新升级机场导航设备设施，合理安排机位停放，做好信息对接传递；逐步实施航班间距缩短，自2020年12月31日起将进港航空器落地间隔由6千米缩小至5.6千米，自2021年1月4日起试运行双跑道同时起飞、单跑道落地模式；运行一段时间后，天河机场将研究实施双跑道独立平行运行方案。

【天河机场T2航站楼改造项目开工】2021年10月18日，武汉天河机场T2航站楼改造项目开工建设。项目包括T2航站楼改造工程、航站楼室外工程、机坪改造工程、陆侧道路交通改造工程，总建筑面积15.51万平方米，为两层半式国内旅客航站楼，总投资16.87亿元，改造后设计容量为1500万人次/年。

2021年9月18日，武汉天河机场T2航站楼改造工程开工

（武汉市地方志编纂委员会办公室　供图）

T2航站楼改造工程从外观一体化、内部整体现代化、信息智慧化、商业智能化、运营少人化等方面进行设计。优化与完善功能流程。在保持各楼层主要功能和旅客流线不变的基础上，增加疫情流调流程，完善中转、行李、货物等流程，提升航站楼功能品质和工作效率，提高旅客舒适度。优化商业功能布局及业态。保留现有商业夹层，新增安检区和安检后夹层商业区，以及地下一层餐厅区，形成集餐饮＋零售＋休闲娱乐为一体的复合业态，满足旅客多样化需求。营造现代大气、通透明亮的精装风格。内部装饰以"星河璀璨、律动涟漪"为主题，以"浪花"星河图案作为大厅中心，以"涟漪"势态向两侧扩散，形成动态波浪形吊顶，体现"天河"文化和"大江大湖"的武汉地域特色。推进"智慧机场"建设。在传统弱电和民航弱电的基础上，新增基础云平台、OneID平台、智能安防平台、智慧能源等12个智慧化系统。并建立智能安防平台，实现人脸识别、智能分析、视频追踪和安全态势感知等功能。行李系统及成套设备功能升级，采用双通道安检模式，优化输送线路。

【天河机场第三条跑道及配套机坪项目建设】 2021年10月11日，武汉天河机场第三跑道及配套机坪项目预可行性研究报告获国家发展和改革委员会批复。主要建设内容包括新建一条3200米长、45米宽的4E级跑道，一条3200米长、23米宽的平行滑道；跑道双向设置Ⅰ类精密进近系统，配套建设助航灯光、供电、给排水、消防等设施，项目批复概算27.5亿元。跑道建成后，武汉天河机场将形成一跑道可独立起降使用，二跑道起飞、三跑道降落的近距离跑道系统；每年可增加6万~8万架次航班，每天高峰小时可增加15~18个架次的运力。

（武汉市地方志编纂委员会办公室）

【鄂州花湖机场建设】 2021年1月7日，中国民用航空局综合司批复鄂州民用机场定名为"鄂州花湖机场"，英文名称"EZHOU HUAHU AIRPORT"。11月15日，花湖机场跑道工程、灯光工程、通信工程、导航工程、气象工程和监视工程完工，并于当月底完成预验收。12月29日，机场主体工程基本完工，机场校飞成功，黄山降高，机场北降高，500千伏吉磁线迁改，110千伏燕杨线迁改和机场供水、供电、供气等配套工程提前完工；机场高速一期基本建成，机场转运中心、花马湖防洪能力提升工程等项目加快建设，花湖机场入选国家民航局首批"四型机场"示范项目，并获得2项国际、13项国内BIM大奖。

鄂州花湖机场（IATA代码为EHU，ICAO代码为ZHEC）位于鄂州市鄂城区燕矶镇杜湾村，机场性质为客运支线、货运枢纽机场，是湖北省与顺丰速运共同建设的国际物流核心枢纽机场，是国家"十三五"重大生产力布局项目和湖北省"十三五"重大投资项目。该项目于2017年12月20日开工建设，包括机场工程、转运中心及顺丰航空公司基地工程和供油工程等，初步用地规模12平方千米，近期投资概算320.63亿元。飞行区跑道滑行道系统按满足2030年旅客吞吐量150万人次、货邮吞吐量330万吨的目标设计，航站区、转运中心等设施按满足2025年旅客吞吐量100万人次、货邮吞吐量245万吨的目标设计。

【鄂州机场高速公路一期建设】 2021年1月1日，鄂州机场高速公路一期工程开工。至年底完成路基主体工程，完成投资进度10亿元。项目是湖北省综合交通运输重点规划项目，是鄂州花湖机场唯一快速出口通道，也是湖北省首条智慧高速公路。起于鄂州市花马湖西侧黄山北，上跨武鄂高速公路，设东庙枢纽互通与武鄂高速公路相接，止于泽林镇陈桥村韩伏泗北，上跨武黄高速公路，设陈桥枢纽互通与武黄高速公路相接，路线全长13.04千米，总投资23.6亿元；全线采用双向六车道标准建设，设计速度120千米/小时；应用光栅传感技术，布设光栅传感器1.6万个，融合监控、雷达等传感技术，使全路段具备"触觉＋视觉＋探测"多重感知功能。

（鄂州市档案馆 鄂州市"同城办"）

【武汉城市圈通用机场建设】 2021年，武汉市启动汉南通用机场改扩建工程，将原有1600米跑道延长至2400米改为滑行道，新建一条 2400 米跑道，主体工程年内完工，并将申报 A2 级机场，地铁 16 号线直达航站楼，打造中部地区乃至全国规模最大、基础设施最完善的通航机场。中国航空工业 605 研究所（即中国特种飞行器研究所）大型物流无人机项目（投资 100 亿元）签约落户武汉经济技术开发区（汉南区），依托汉南通用机场，打造物流无人机产业核心。

咸宁市开展通用机场规划编制前期工作。规划建设 1 座高标准民用运输机场，飞行区等级 4C，跑道长度 2800 米；配套建设航空产业园，发展飞行运营、展销、维护、改装和托管等业务，重点发展航空培训、航空物流、飞机维修、飞机展销、无人机研发和制造、航空+养老+医疗产业等。

（武汉市地方志编纂委员会办公室
咸宁市史志研究中心）

2021 年武汉市社会物流主要统计指标完成情况统计表

指标	单位	2020 年	2021 年	比上年增减
社会物流总额	亿元	36828.51	42826.48	16.3%
社会物流总费用	亿元	2063.09	2272.73	10.2%
社会物流总费用与 GDP 比重	%	13.21	12.8	−0.4%
社会物流总收入	亿元	1525.59	1694.56	11.1%
物流业增加值	亿元	1409.83	1617.11	14.7%
物流业增加值占 GDP 比重	%	9.03	9.13	0.1%
物流业增加值占第三产业比重	%	14.60	14.62	0.02%

2021 年 11 月 1 日，"武汉—钦州—东南亚铁海联运班列"由中铁联合国际集装箱有限公司武汉中心站始发，武汉开行至东南亚"铁海联运"班列中部陆海国际大通道再添新线路　　（武汉市地方志编纂委员会办公室　供图）

综合交通枢纽建设

【概况】 2021 年 12 月，武汉入选首批国家物流枢纽建设名单，获批建设陆港型国家物流枢纽。湖北省港口集团有限公司揭牌成立，作为武汉港口型国家物流枢纽的建设运营主体，主导武汉阳逻、鄂州三江、宜昌白洋 3 个全国多式联运示范工程运营。汉口客运中心工程持续紧张施工，年内完成投资 5.02 亿元，累计完成投资 19.44 亿元；汉口北国际多式联运物流港项目主体工程完工；汉欧国际物流园项目进入施工前期准备工作阶段。黄石市湖北海虹物流园项目一期工程建成投用。黄冈西综合交通枢纽工程加快建设，新建两条股道、进站地道基本完工。武汉城市圈交通一体化发展重点实施城市圈公路建设、公交运营一体化、跨城审批等工作，全年推进 178 项综合交通项目建设，其中续建 44 个、新开工 87 个、完工 47 个。武汉市综合交通投资累计完成 466.5 亿元，交通运输、仓储和邮政业增加值增长 37.9%。新签约 1 亿元以上项目 6 个，新增 A 级以上物流企业 60 家，A 级企业总数达到 261 家，位列全国第二。

【武汉国家物流枢纽建设】 2021 年 12 月，武汉入选首批国家物流枢纽建设名单，获批建设陆港型国家物流枢纽。武汉陆港型枢纽地处武汉市西部，长江、汉江以北，武汉临空港经济技术开发区内，紧邻汉丹铁路、京港澳高速、沪蓉高速、107 国道等物流大通道，规划建设总占地面积 231.27 公顷，由吴家山铁路物流基地、武汉新港空港综合保税区（东西湖园区）、汉欧国际物流园三大功能板块组成，空间上形成"一基地、两园区"的总体布局。该片区已建成铁路装卸线7条、集装箱堆场9万平方米、海关监管区约4.5万平方米、商品车作业场地5.3万平方米，拥有铁路口岸、进口整车指定口岸、国际快件监管中心等功能设施，国内国际班列直达成都、昆明、上海、广州等国内重要枢纽城市和欧亚大陆34个国家77个城市。

2018年12月，国家发展和改革委员会、交通运输部印发《国家物流枢纽布局和建设规划》，将武汉列为陆港型、港口型、生产服务型、商贸服务型和空港型等5个国家物流枢纽承载城市。2020年，武汉市获批港口型国家物流枢纽建设城市。

【湖北省港口集团有限公司成立】
2021年4月，中共湖北省委、湖北省人民政府作出加快全省港口资源整合的决策部署，以武汉港航发展集团有限公司为主体，按照"资产整合+业务重组"模式，整合湖北省属国企及长江、汉江沿线各市州（即襄阳市、宜昌市、黄石市、荆州市、荆门市、鄂州市、黄冈市、咸宁市、恩施州、潜江市10个地市州）的国有港口资产，组建湖北省港口集团有限公司。6月30日，公司挂牌成立。9月5日，公司通过国家5A级综合服务型物流企业评估。9月底，湖北省港口集团有限公司完成资产整合，推进"六个一批"（营运一批港口、开辟一批通道、整合一批企业、实施一批项目、协同一批业务、置换一批贷款）工作。

整合后，湖北省港口发展实现"规划一体化、建设一体化、管理一体化、运营一体化"；港口货物吞吐能力从1亿吨增长至2.05亿吨，其中，集装箱吞吐能力从230万标准箱增长至480万标准箱；码头泊位数从68个增长至187个；覆盖通航里程从720千米增长至1545千米，其中，长江新增505千米，汉江新增320千米。

湖北省港口集团有限公司作为武汉港口型国家物流枢纽的建设运营主体，是武汉陆港型国家物流枢纽、宜昌港口型国家物流枢纽的主要参与者，主导武汉阳逻、鄂州三江、宜昌白洋3个全国多式联运示范工程运营。主要拥有四大业务板块，分别为港口经营、综合运输（包括江海航运、公路客运、道路货运、多式联运、汉欧班列）、港航服务及物贸供应链、港航投资建设（包括港产城开发、交通建设）。湖北省港口集团有限公司全年完成营业收入122.14亿元，比上年同口径（下同）增长32.0%；利润总额2.5亿元，增长近4倍；资产总额492.35亿元，增长20.5%；所有者权益152.38亿元，增长20.1%。投入营运的18家二级子公司，有13家的营业收入、10家的利润总额实现两位数增长。全年港口货物吞吐量完成1.06亿吨，增长17.7%；集装箱吞吐量完成172.61万标准箱，增长24.4%；商品车完成116.56万辆，增长15.1%，继续保持内河第一位、全国第三位；集装箱铁水联运完成5.93万标准箱，增长32.5%。全年完成项目及股权投资62.6亿元，比上年增长18.9%。多式联运海关监管中心、阳逻港三期海关监管设施、多式联运示范园分拣区检测区、集装箱港区智能闸口等重点项目建成。1月18日，阳逻港在长江中上游港口中率先实现5G信号全覆盖。以汉欧班列为依托的武汉陆港型国家物流枢纽获批，中标随（州）信（阳）高速公路项目，新荣客运站地块挂牌出让，阳逻国际港铁水联运二期及周边53.73公顷土地收储完成，阳逻国际港核心区裕亚北地块14.2公顷具备挂牌条件，航运产业总部区股权收购完成。硚孝高速二期、粮食保税加工项目、长江航运中心、新港临江汇、汉口客运中心、金口商品车物流园、咸宁公路港物流园、博乐新型建材产业基地、汉欧国际物流园等重大项目稳步推进。

【汉口客运中心建设】2021年，汉口客运中心工程持续紧张施工。至年底，完成基坑支护工程第一道、第二道支撑和土方开挖，第一层、第二层栈桥剪刀撑安装和1#塔楼塔吊基础施工，完成投资5.02亿元，累计完成投资19.44亿元。汉口客运中心毗邻汉口火车站，其前身为金家墩客运站，作为汉口火车站配套工程，占地面积3.61万平方米，于1994年建成并投入使用。2017年3月全面停业，进行封闭改扩建施工。作为武汉市四大中心客运站之一和汉口火车站的重要配套设施，汉口金家墩客运站改造完成后将更名为汉口客运中心，规模是前期的4倍，设计每天发送旅客2.9

万人次，高峰期极值可达 8 万人次。此次扩建工程包含一座客运站、2 栋办公塔楼和 1 栋 4 层高的商业配套设施。其中，客运站总建筑面约 12.96 万平方米，商业服务设施总建筑面积 15 万平方米。1 号塔楼 44 层，总高度 193 米；2 号塔楼 15 层，总高度 64.8 米。为节约地面土地资源，汉口客运中心建有一共三层地下大型客车停车场、社会车辆停车场及配套用房。计划 2024 年春运期间全面恢复运输服务功能，并与地铁、火车、公交、出租车、私家车等多种运输方式有效衔接，来汉旅客尤其是通过汉口火车站中转的旅客届时出行将更加便捷。

【汉口北国际多式联运物流港建设】
2021 年，汉口北国际多式联运物流港项目主体工程完工，建成 9 栋大宗物资现货期货指定交割库和综合办公楼，基本具备运营条件，可提供纯碱、钢材、棉花等大宗物资的公铁联运、装卸存储、现期货交割等多元化物流服务，正申报省级多式联运示范工程。项目位于武汉市黄陂区汉口北综合物流园内，园区毗邻武汉北铁路编组站和滠口铁路货场，规划占地面积 216 公顷，依托铁路积极融入国家"一带一路"建设，打造成华中地区国际公铁联运物流枢纽，武汉首个集、仓、配、运一体化的枢纽型物流园。

【汉欧国际物流园建设】 2021 年，汉欧国际物流园项目进入施工前期准备工作阶段。项目是中欧班列（长江号）的重要配套工程，是湖北省、武汉市交通物流发展"十四五"规划重点项目，也是集班列服务、公铁集运、智能仓配、冷链加工、平台信息服务、供应链金融等多业态为一体的国际现代化综合物流园。位于东西湖区高桥五路以东、惠安大道以北，规划用地面积约 14.33 公顷，由物流仓储区和武汉铁路进境粮食、肉类、水果海关指定查验区两大功能区构成，总投资约 8.6 亿元，由湖北有港口集团有限公司投资建设。建成后，可提供海关查验、集装箱作业、公铁集运、智能仓配、冷链物流、电商服务等多项功能服务。

（湖北省武汉城市圈研究会）

【湖北海虹物流园建设】 2021 年 10 月，湖北海虹物流园项目一期工程建成投入使用。该物流园位于黄石市大冶市金湖街道办事处，是 2020 年湖北省重点工程、中南五省唯一可装卸乙醇的专用铁路项目。按功能划分为铁路装卸区、仓储区、化工区。项目建成运营后可为劲牌有限公司等企业提供物流服务，节省物流成本，实现年运输能力 100 万吨，并实现铁水联运（新港物流园）、铁空联运（花湖机场），业务辐射鄂、赣、湘等省。项目分三期建设，其中，一、二期项目占地面积约 11.53 公顷，固定资产投资 5 亿元，建设标准为年装卸酒精 6 万吨、煤炭 24 万吨，主要为劲牌有限公司和周边企业提供基酒、乙醇、煤炭、焦炭、矿石等大宗货物的运输、仓储服务；三期项目占地面积约 12.60 公顷，建设标准为年装卸酒精 30 万吨、煤炭 30 万吨、钢材 40 万吨，主要为劲牌有限公司和华鑫钢铁有限公司、大冶市新冶特钢有限责任公司等周边企业提供火车运输服务，并可辐射安徽、江西、湖南等周边省份。

（黄石市档案馆 黄石市"同城办"）

【黄冈西综合交通枢纽建设】 2021 年，黄冈西综合交通枢纽工程持续施工，新建两条股道、进站地道基本完工。该项目是黄黄高铁的配套工程，由铁路站场和地方政府配套辅助设施建设两部分组成。铁路站场投资概算 2.13 亿元主要是新建两条股道，将站台由原来的"两台两线"升级为"两台四线"，站台长度由原来的 230 米延长到 450 米，可停靠 16 节车厢动车组；新建总建筑面积 1.31 万平方米的铁路站房，可容纳最多 1600 名乘客进站；新增设 8 米宽进站地道一条，原有站房地道改为出站通道。地方配套辅助设施建设投资概算 2.58 亿元，主要包括新建枢纽综合服务楼、地下室，改扩建站前广场、连接道路等，其中建筑面积 1.71 万平方米。至年底，新增旅客进站地道竣工，完成全部独立基础、基础梁施工和部分结构梁、柱施工，累计完成投资约 4600 万元。黄冈西站站区改造工程完成地下停车场主体结构等施工任务，累计完成投资约 5000 万元。

（黄冈市史志研究中心 黄冈市"同城办"）

能源水利设施建设

【概况】 2021年，武汉城市圈各城市启动疫后重振的能源提升工程。推进陕电入鄂、川藏水电入鄂，提高三峡电能湖北留存比例，争取省外电力输入1000万千瓦以上。推进大别山电厂二期工程、仙桃电厂等大型高效电源项目建设。新增风电200万千瓦、光伏发电400万千瓦。建成陕北至湖北±800千伏特高压直流输电工程。建成监利—潜江输油管道、三峡翻坝运输成品油管道项目。重点建设潜江地下盐穴储气库，武汉安山、白浒山和黄冈等地LNG储气库，黄石LNG罐箱基地，形成潜江、武汉、鄂东三大储气基地。实施水利补短板工程。武汉市实施防洪提升工程，打造世界滨水生态名城，完善防洪排涝设施体系；鄂州市投资47.86亿元实施花马湖防洪能力提升工程；孝感市全力推进汉江下游、府澴河、汉北河和澴水河流域防洪系统治理。

【外电输入工程】 2021年4月12日，湖北省正式印发"十四五"及二〇三五远景目标规划。规划提出，实施新能源倍增行动，打造百万千瓦级新能源基地，新增新能源装机千万千瓦以上，风电、光伏发电成为新增电力装机主体。推进地热能、氢能等开发利用，做好以咸宁核电为重点的核电厂址保护。发挥火电基础性保障支撑作用，有序推进负荷中心及浩吉铁路沿线清洁高效电源建设。提高火电机组灵活性和调节能力，有序推进抽水蓄能电站建设。加强储能技术装备等研发与应用，实施一批风光水火储一体化、源网荷储一体化示范项目。推进电力体制改革，完善中长期交易，加快现货市场建设，有序放开发用电计划。健全可再生能源消纳保障机制、市场化推进机制。加强能源监测预警和需求侧管理，引导和激励用户参与系统调峰，细化完善能源保供应急预案。

实施千万千瓦外电输入工程，推进陕电入鄂、川藏水电入鄂，提高三峡电能湖北留存比例，争取省外电力输入1000万千瓦以上。国家电网武汉供电公司促成武汉市人民政府与国家电网湖北省电力有限公司签订《武汉电网"十四五"建设战略合作协议》，"十四五"期间武汉电网计划投资367亿元，是"十三五"时期的2.5倍，占湖北省电网投资总额的35%。推动"特高压靠城、超高压进城"部署落地。陕北—湖北特高压直流工程通过168小时试运行，投运后每年可为湖北输送陕西风、光、火电400亿千瓦时。荆门—武汉特高压交流工程正式开工，完成江北500千伏输变电工程可研，江南500千伏输变电工程进入预可研阶段。

【电厂建设】 2021年，武汉市开展"虚拟电厂"试点项目。利用数字经济市场化的手段，引导客户科学用电，达到电网宏观交通填补效果，可实现局部降低监控负荷70万千瓦，折合电网基建投资12.8亿元，减少碳排放300万吨。年内，武汉星火垃圾焚烧发电厂二期等4个项目进入设备采购阶段。其中，武汉市星火垃圾焚烧发电厂二期项目位于青山区武汉化工区八吉府街与青山区星火村交界处，规划建设日处理生活垃圾1000吨+餐厨废弃物200吨，主要配置2台600吨/日垃圾焚烧机械炉排炉、1台30MW凝汽式汽轮发电机组等，总投资6.99亿元。

华电湖北发电有限公司—湖北华电黄石阳新太子98MWp渔光互补光伏发电项目（PC）建设有序推进。黄冈市建设3座农光互补光伏发电项目。其中，大别山发电有限责任公司和麻城市能源投资开发有限公司共同投资71.6亿元，建设装机容量130万千瓦农光互补示范基地，规划用地面积约1741公顷；中清能绿洲科技股份有限公司投资5.8亿，建设100兆瓦农光互补发电项目，占地面积153公顷；浙江正泰新能源开发有限公司投资6亿元建设，建设100兆瓦渔光互补光伏电站及附属工程，流转池塘面积约133公顷。咸宁市与华润电力、中广核集团签订打造咸宁千万千瓦级核蓄风光储一体化清洁能源大基地合作框架协议，争取湖北省下达新能源项目容量规模108.3万千瓦。赤壁、嘉鱼、通城3县（市）入选全国整县屋顶分布式光伏开

江汉盐穴储气库地面采注站一角　　　　　（潜江市档案馆　供图）

发试点县。咸宁（崇阳）静脉产业园垃圾焚烧发电项目正式并网发电运营，服务崇阳、通城、通山三县固废处理，包括生活垃圾焚烧发电、餐厨垃圾处理、市政污泥处理、炉渣综合利用等，垃圾先经过发酵无害化处理后，再焚烧发电。满负荷运转一小时能发电近2万度，年发电量约1.6亿度，服务人口约140万。通山大幕山抽水蓄能发电项目、赤壁500千伏输变电工程、华润电力蒲圻电厂三期项目正在开展前期工作。

【油气管网工程】 2021年5月19日，湖北省人民政府发布《湖北省能源发展"十四五"规划》。实施千公里油气管网工程，建成监利—潜江输油管道，建设三峡翻坝运输成品油管道，建设西气东输三线湖北段、川气东送二线湖北段，推进宜昌、咸宁、十堰、恩施等地天然气支线建设。12月20日，黄冈市中燃（天然气）高压管网改造工程（英山罗田支线）开工建设，项目全长约270千米，涉及黄州区、团风县、浠水县、武穴市、黄梅县、龙感湖管理区、英山县、罗田县及白莲河示范区，建设门站2座、调压站13座、清管站2座、阀室4座，投资概算6.8亿元，建设工期2年，项目建成后年供气量为5.2亿立方米。年内，黄冈市中燃高压管网改造工程东西线项目完成勘察设计工作。

【天然气储气设施建设工程】 2021年，武汉城市圈多市推进天然气储气设施建设。武汉市安山LNG（液化天然气）储存基地二期扩建工程于10月30日竣工并投入运行，新增液化天然气储存能力3万立方米（气态1800万立方米），液化天然气储存能力提高到5万立方米（气态3000万立方米），提升武汉市天然气的储气调峰能力。

黄冈LNG储气设施项目为湖北疫后重振补短板能源提升工程重点项目，总投资33亿元，分二期建设。其中，一期项目于2020年12月29日正式开工，利用黄冈LNG工厂预留场地，建设1座8万立方米LNG混凝土全容储罐、1套气化能力120万立方米/天的LNG增压气化设施以及配套设施，并改造3套LNG装卸车系统，投资概算4.6亿元。至年底，8万立方米储罐承台基本浇筑完成。投产后，将提供4800万立方米应急调峰能力。

江汉盐穴天然气储气库位项目于2020年底正式开工，利用潜江市地下2000多米的盐穴建设储气库，布置40座井，设计总库容48.09亿立方米，其中有效工作气量28.04亿立方米，总投资100亿元。该项目分两期三阶段建设。其中，一期一阶段建设4口先导试验井，分别为王储1、3、6、8号井，建设周期为2020年至2026年；二阶段建12口井，建设周期为2027年至2035年。二期建24口井，计划于2035年开始建设。至年底，王储6号井主体工程基本完工。

【防洪提升工程】 2021年，武汉城市圈多市实施防洪提升工程。武汉市围绕打造世界滨水生态名城，完善防洪排涝设施体系。推进两江四岸江滩通道闸口改造及整治提升工程。全面完成42处重点易积水点集中整治，累计新、改、扩建各类排水管网140余千米；九峰连通渠全线通水；金融港泵站二期扩建、石洋泵站建成投运，新增排涝流量35立方米/秒，后湖泵站二期扩建工程、黄孝河明渠扩宽、罗家港泵站一期扩建、盘龙城泵站、挖沟泵站等加快推进；建设武汉市内涝积水监测预警系统，安装110处积水智能监测设备。新洲区龙口闸、涨渡湖闸、武湖闸、蔡甸区汉阳闸除险加固完成主体工程建设，府澴河出口河段综合整治一期工程等项目开工建设；新洲区鄢家河、黄陂区夏家寺河、蔡甸区庙五河等中小河流治理工程主体工程完成；黄陂区界河、江夏区新河等治理工程全面推进。

鄂州市投资47.86亿元实施花马湖防洪能力提升工程。全年完成投资2.28亿元，退垸还湖面积9.42平方千米，改造8处二级排涝泵站，新建连通渠470米、堤防2.66千米，整治花马湖港和4条河道；水生态修复面积约6.28平方千米；新建机场东片区排水工程。孝感市推进汉江下游、府澴河、汉北河和溾水河流域防洪系统治理。汉江下游堤防除险加固投资计划全部下达，溾水河综合治理（0.7亿元）已获湖北省水利厅批准；府澴河流域系统治理（5.2亿元）可研报告、童家湖湖堤治理项目（1.0亿元）可研报告已向湖北省发展和改革委员会报审。

黄冈市完成防洪提升工程投资17.3亿元，加快实施长江干流治理、主要支流及中小河流系统治理、湖堤加固、水库除险加固、排涝泵站建设等一批项目；完成浠水、黄州境内长江干堤4段崩岸共9.49千米治理；启动境内长江干流堤防提档升级工程，基本完成前期地质勘查和工程设计工作；全市防洪保护圈基本形成。

咸宁市编制《咸宁斧头湖湖底泥清淤及综合整治技术方案》。投资4020万元，实施高桥河（梁子湖最大入湖河流）流域（咸安部分）系统治理工程，对高桥河干流及支流总计10.58千米河道进行整治，包括河道清淤疏浚、堤防护岸加固以及拆除重建牛鼻潭拦河闸。年内，完成项目形象进度20%。

【供水保障能力建设工程】 2021年，武汉市提高供水安全保障能力。老旧小区二次供水改造3年计划全面完成，2019—2021年计划改造1160处，累计改造1200处，惠及市民47万户、160万人。新建改造供水管网56千米。蔡甸城关水厂新建一期供水工程并网通水，设计供水能力10万吨/日。阳逻二水厂新建工程等项目加快实施。加快构建"双水源"城市，推进梁子湖应急水厂建设。持续优化"获得用水"营商环境，武汉连续3年入选全国标杆优异城市。

鄂州市投资3.39亿元，新建20万吨/日净水的城东水厂；投资3.27亿元，建设城乡供水管网工程，敷设管网总长85.8千米，供水规模42万吨/日；投资3.54亿元，改造主城区供水管网及老旧小区供水设施，年内完成投资2600万元，完成十字街、建设街、小北门等支线管网和丰润园小区、市中心医院小区、意佳福小区等小区二次加压设备的增设及改造。孝感市为支持武汉市东西湖区、黄陂区等地补水抗旱和改善水生态，启动新沟闸、东山头闸向武汉地区放水2600万立方米。

（湖北省武汉城市圈研究会）

编辑：刘家连
校对：卢永会

科技同兴与创新协同发展

区域创新平台建设

【概况】 2021年，武汉市积极推进"总部在武汉，生产在周边""研发在武汉，转化在周边""孵化在武汉，加速在周边"的科技创新和产业发展模式，支持城市圈其他八个城市在武汉建立离岸创新中心和企业研发中心，支持武汉科技成果在周边转化。9月18日，武汉城市圈第一次科技同兴联席会在武汉召开。会议审议通过《武汉城市圈科技同兴协调机制》《武汉城市圈科技同兴三年行动方案（2021—2023年）》和《武汉城市圈科技同兴2021年度工作要点》，九市科技部门共同签署《武汉城市圈科技资源共享合作协议》和《武汉城市圈科技平台共建合作协议》。持续推进创新平台建设，成立一批国家重点实验室和省重点实验室，多市组建工业技术研究院和创新园区，政府财政支持力度明显增强。

【国家重点实验室建设】 2021年，武汉市争创国家级科技创新平台。跟进科技部关于国家重点实验室优化重组的政策要求，指导25个国家重点实验室实现优化提升。落实省部会商推进机制，新获批"纺织新材料与先进加工技术""精细爆破"2家省部共建国家重点实验室。发挥科教资源优势，依托华中科技大学新获批建设国家数字建造技术创新中心、国家智能设计与数控技术创新中心2家国家技术创新中心。"人与动物共患传染病""园艺作物生物学"等多个国家重点实验室申报取得新进展。截至年底，武汉地区共有国家重点实验室29家。

【国家工程实验室建设】 2021年，国家发展和改革委员会开展国家工程研究中心优化整合工作，分两批对349家国家工程研究中心和国家工程实验室进行优化整合，191家获准纳入新序列，其中，湖北有7所工程研究中心入选国家工程研究中心系列。新入列的国家工程研究中心以国家和行业战略需求为出发点，聚焦解决经济社会发展中的"卡脖子"技术问题，打造成为提升产业创新效率、推动创新链产业链深度融合的国家战略科技力量。

【国家信息光电子创新中心建设】 2021年，国家信息光电子创新中心（以下简称"创新中心"）不断完善公司化经营机制，孵化新技术、挖掘新业务，多款产品和核心业务取得突破，研发人才队伍得到进一步充实。在工业和信息化部2021年度评估中获得良好，在全部国家制造业创新中心中位列第五位。全年实现营业收入2273万元，比上年增长26.8%，主要为技术服务收入和产品销售收入。年度费用总额为7456万元，其中，研发费用6708万元，占比90.0%。

创新中心继续聚焦信息光电子关键共性技术的研发方向，在多维度突破光电子芯片性能瓶颈，通过持续加大研发投入，在超高速硅光调制技术、石墨烯相干接收机、超高速硅光探测技术、光电协同光接收机、光互连用1.6Tb/s硅光收发芯片、基于硅光收发器的16 Tb/s 10000km 光传输验证、超高速空间光无线通信、高速封装工艺技术等核心技术攻关上完成突破；实现高灵敏度光传感器件、高速光调制器、量子QKD通信核心光电器件、100G相干硅光收发芯片、400G数通硅光收发芯片、400G相干硅光收发芯片等的产业化。硅光产品成果入选中国科协2020年度"科创中国"先导技术榜单（电子信息类十项之一）；联合研制的"具有数字辅助分布驱

2021 年武汉城市圈国家重点实验室一览表

序号	实验室名称	依托单位	批准时间
1	波谱与原子分子物理国家重点实验室	中国科学院武汉物理与数学研究所	1986 年
2	淡水生态与生物技术国家重点实验室	中国科学院水生生物研究所	1987 年
3	材料复合新技术国家重点实验室	武汉理工大学	1987 年
4	煤燃烧国家重点实验室	华中科技大学	1988 年
5	材料成形与模具技术国家重点实验室	华中科技大学	1988 年
6	测绘遥感信息工程国家重点实验室	武汉大学	1989 年
7	作物遗传改良国家重点实验室	华中农业大学	1992 年
8	水资源与水电工程科学国家重点实验室	武汉大学	2003 年
9	农业微生物学国家重点实验室	华中农业大学	2003 年
10	病毒学国家重点实验室	武汉大学、中国科学院武汉病毒研究所	2004 年
11	地质过程与矿产资源国家重点实验室	中国地质大学(武汉)	2004 年
12	数字制造装备与技术国家重点实验室	华中科技大学	2006 年
13	岩土力学与工程国家重点实验室	中国科学院岩土力学研究所	2007 年
14	光纤通信技术和网络国家重点实验室	武汉邮电科学研究院	2008 年
15	光纤制备技术国家重点实验室	长飞光纤光缆有限公司	2010 年
16	大地测量与地球动力学国家重点实验室	中国科学院测量与地球物理研究所	2011 年
17	强电磁工程与新技术国家重点实验室	华中科技大学	2011 年
18	杂交水稻国家重点实验室	武汉大学、湖南杂交水稻研究中心	2011 年
19	硅酸盐建筑材料国家重点实验室	武汉理工大学	2011 年
20	生物地质与环境地质国家重点实验室	中国地质大学(武汉)	2011 年
21	生物质热化学技术国家重点实验室	阳光凯迪新能源集团有限公司	2011 年
22	省部共建耐火材料与冶金国家重点实验室	武汉科技大学	2013 年
23	电网环境保护国家重点实验室	中国电力科学研究院武汉分院	2015 年
24	桥梁结构健康与安全国家重点实验室	中铁大桥局集团有限公司	2015 年
25	特种表面保护材料及应用技术国家重点实验室	武汉材料保护研究所有限公司	2015 年
26	作物育种技术创新与集成国家重点实验室	中国种子生命科学技术中心(武汉)	2015 年
27	省部共建生物催化与酶工程国家重点实验室	湖北大学	2018 年
28	省部共建纺织新材料与先进加工技术国家重点实验室	武汉纺织大学	2021 年
29	省部共建精细爆破国家重点实验室	江汉大学	2021 年

注:此名录不含国家研究中心。

2021 年武汉城市圈国家工程实验室一览表

序号	国家工程研究中心名称	牵头建设单位	主管部门(单位)
1	微生物农药国家研究中心	华中农业大学	教育部
2	光纤传感技术与网络国家研究工程中心	武汉理工大学	教育部
3	制造装备数字化国家工程研究中心	华工制造装备数字化国家工程研究中心有限公司	教育部
4	教育大数据应用技术国家工程研究中心	华中师范大学	教育部
5	下一代互联网接入系统国家工程研究中心	华中科技大学	湖北省发展和改革委员会
6	船海工程机电设备国家工程研究中心	武汉船用机械有限责任公司	中国船舶集团有限公司
7	光纤通信技术国家工程研究中心	武汉邮电科学研究院有限公司	中国信息通信科技集团有限公司

动器和集成 CDR 的 50Gb/s PAM4 硅光子发射机"入选 2020 年度"中国半导体十大研究进展";联合研制的"超高波特率 LiNbO3 薄膜相干光调制芯片"入选 2020 年度"中国光学十大进展";"100Gb/s 光通信核心光器件关键技术"获得湖北省科技进步一等奖;联合研制的"100G/200G 硅光芯片相干收发芯

片"入选2020年国资委"十大国有企业数字技术成果"和《中央企业科技创新成果推荐目录(2020年版)》。创新中心的100G硅光芯片、25G APD芯片、Tb/s光传输器件、Pb/s光纤传输系统等一系列技术成果在国家"十三五"科技创新成就展亮相。

创新中心全年新增申请发明专利48项,授权发明专利14项。新发表学术论文17篇。新立项国家和行业标准及研究课题17项,其中联合牵头2项行业标准和研究课题,参与起草国家标准1项、行业标准和研究课题14项。

2021年,创新中心共面向社会招聘引进高水平技术人员9名,培养研究生7名,充实了研发力量,扩充了人才储备。创新中心共有正式员工51名,其中博士15名,硕士14名,初步形成了一支以高学历人才为主力的创新人才队伍。2021年,创新中心肖希入选国家"万人计划"青年拔尖人才和湖北省"青年拔尖人才培养计划",王磊、胡晓、张宇光等入选"3551光谷人才计划",胡晓还入选了中国通信学会的青年英才培养计划。

【国家数字化设计与制造创新中心建设】2021年,国家数字化设计与制造创新中心(以下简称"创新中心")聚焦关键共性技术研发,围绕核心工业软件的自主可控、激光与新型显示装备的"卡脖子"补短板、机器人化装备的数字化转型与智能化升级三大工程,年度研发投入4388.16万元;实现营业收入4267.92万元,比上年增长36.6%;净利润198.75万元,增长27.3%。在研国家重大项目共计9项,其中牵头承担项目5项,参与项目4项,项目整体研发进度均达到预计目标。申报知识产权63项,其中,发明专利15项,实用新型专利8项,外观设计20项,软著20项;获得授权25项,其中,发明专利5项,实用新型3项,外观设计1项,软著16项。

创新中心全年在多学科数字化智能设计技术、高效高功率激光制造技术、多机器人测量/加工一体化技术、机器人高精加工技术、超精密制造技术等方面取得技术突破。3项科研成果通过2021年省部级奖公示:"大型水动力装备机器人化加工关键技术及其应用"获湖北省科技进步一等奖;"新型显示器件高分辨率喷印制造技术与装备"获湖北省技术发明一等奖;"先进红外光学元件超精密制造关键技术与核心装备"获中国商业联合会科技进步特等奖。此外,"三维可制造性分析系统(3DDFM)App集成应用解决方案"成功入选工业和信息化部"2021年工业互联网App优秀解决方案"。

创新中心全年共签订企业服务合同44项,合同金额7181.33万元。研制的国内首台(套)大型水轮机机器人在位修复加工系统,于6月交付并成功应用于葛洲坝大型轴流式水轮机修复加工。研制的移动式在位机器人修复加工关键技术与成套装备,中标中国核工业集团有限公司、中国长江电力股份有限公司项目。研制的高铁铝合金车顶焊接检测清洗一体系统,在中车青岛四方机车车辆股份有限公司得到应用。研制的大口径光学元件智能机器人抛光系统,实现350mm以上光学元件超精密加工,打破了德国蔡司、日本JTEC、法国赛峰等国际巨头

2021年9月10日,中国电子科技集团公司第十四研究所智能制造首席专家胡长明(中)到国家数字化设计与制造创新中心考察

(武汉市地方志编纂委员会办公室 供图)

的制造技术封锁，并服务于航天科技五院和八院、航天科工8358所、中国工程物理研究院、中船重工七一七所等单位和企业。

创新中心专兼职人员达190人。其中，博士研究生学历（含博士在读）45人，硕士研究生学历（含硕士在读）72人，具有研究生学历人数比例达61.6%。全年聚焦航空航天、高端电子制造、激光/超精密加工等行业，举办（参加）2021年未来显示技术及制造装备高峰论坛、第十三届珠海国际航展、2021全球数字经济大会·数字仿真技术论坛、第七届中国（国际）商业航天高峰论坛、第十八届"中国光谷"国际光电子博览会等论坛、会议共9场，研讨行业未来技术发展趋势。

【国家数字建造与安全技术创新中心建设】 2021年，国家数字建造与安全技术创新中心按照"1平台+N园区"模式建设和运营，总投资2亿元。国家数字建造与安全技术创新中心以华中科技大学为技术依托，以产研院公司为成果转化实体，以产业联盟为创新网络，围绕工程数字化设计与分析、工程物联网与智能互联、智能工程装备与建筑机器人、工程大数据与智能工程产品等"卡脖子"关键共性技术开展攻关，打造数字建造核心技术研发平台。

国家数字建造技术创新中心聚焦数字化设计与CIM、智能感知与工程物联网、工程装备智能化与建造机器人、工程大数据平台与智能服务等关键共性技术开展

2021年11月25日，位于东湖新技术开发区高新大道的湖北省科技馆新馆开始试运行　　　　　（武汉市地方志编纂委员会办公室　供图）

攻关，按照"1+N"建设模式，通过加强有关高校、科研院所、龙头企业和新型研发机构的紧密协同，引导金融社会资本和产业资本等加大投入，促进数字建造创新链、产业链上多主体、多要素协同创新与融合发展，为数字建造领域提供高质量源头技术供给，重点突破数字建造软件、网络、硬件和平台的技术瓶颈，建成持续开放的研发创新平台及产业创新园区，形成一支长期且稳定从事数字建造关键核心技术及其产品化、产业化攻关的高水平战略突击队，有力支撑国内工程建造领域企业和产业创新能力提升，增强数字建造领域核心竞争力，打造具有国际影响力、竞争力的数字建造技术创新高地，为推动中国建造转型升级和高质量发展发挥战略支撑引领作用。

【光电国家研究中心建设】 2021年，武汉光电国家研究中心聚焦信息光电子、能量光电子和生命光电子三大领域重大科学和技术问题，开展基础前沿和交叉创新研究。"高速大容量智能多维复用与处理芯片"等3项成果亮相国家"十三五"科技创新成就展，脑光学高清成像领域新突破等3项成果入选中国光学十大社会影响力事件，无源温控技术科技服务北京冬奥会，研制成功全国首台铁路轨道强化与修复车辆。高端生物医学成像设施获省发展和改革委员会批复，依托建设的湖北光谷实验室全面启动运行。

全年新增各类科研项目306项，合同经费超过4.16亿元，实到经费超过5.27亿元。其中获批国家自然科学基金61项，重点研发计划（含课题）7项，国家重大专项1项，其他部委项目6项，省部级项目35项，军工科研项目48项，国际合作项目2项，企事业单位横向合作140项。武汉光电国家研究中心获得省部级奖励9项，其中骆清铭牵头的项目获黄家驷生

2021 年武汉城市圈省级重点实验室一览表

序号	实验室名称	依托单位	城市
1	长江流域环境水科学	中国地质大学（武汉）	武汉
2	流域水安全保障	长江勘测规划设计研究有限责任公司	武汉
3	海洋地质资源湖北省重点实验室	中国地质大学（武汉）	武汉
4	航天动力先进技术湖北省重点实验室	湖北航天技术研究院总体设计所	武汉
5	古生物与地质环境演化湖北省重点实验室	中国地质调查局武汉地质调查中心	武汉
6	中医肝肾研究及应用湖北省重点实验室	湖北省中医院	武汉
7	农产品营养品质与安全湖北省重点实验室	湖北省农业科学院	武汉
8	畜禽病原微生物学湖北省重点实验室	湖北省农业科学院	武汉
9	综合能源电力装备及系统安全湖北省重点实验室	武汉大学	武汉
10	口腔颌面发育与再生湖北省重点实验室	华中科技大学	武汉
11	先进存储器湖北省重点实验室	华中科技大学	武汉
12	肝胆胰疾病湖北省重点实验室	华中科技大学	武汉
13	持久性有毒污染物环境与健康危害湖北省重点实验室	江汉大学	武汉
14	光学信息与模式识别湖北省重点实验室	武汉工程大学	武汉
15	科技大数据湖北省重点实验室	中国科学院武汉文献情报中心	武汉
16	代谢与相关慢病湖北省重点实验室	武汉大学	武汉
17	蔬菜种质创新与遗传改良湖北省重点实验室	湖北省农业科学院	武汉
18	海绵城市建设水系统科学湖北省重点实验室	武汉大学	武汉
19	果蔬加工与品质调控湖北省重点实验室	华中农业大学	武汉
20	流域关键带技术演化湖北省重点实验室	中国地质大学（武汉）	武汉
21	爆破工程湖北省重点实验室	江汉大学（原武汉爆破有限公司）	武汉
22	人工智能与智慧学习湖北省重点实验室	华中师范大学	武汉
23	电网雷击风险预防湖北省重点实验室	国网电力科学研究院武汉南瑞有限责任公司	武汉
24	职业危害识别与控制湖北省重点实验室	武汉科技大学	武汉
25	新材料力学理论与应用湖北省重点实验室	武汉理工大学	武汉
26	心血管病遗传与分子机制湖北省重点实验室	华中科技大学	武汉
27	细胞稳态湖北省重点实验室	武汉大学	武汉
28	土壤环境与污染修复湖北省重点实验室	华中农业大学	武汉
29	铁路轨道安全服役湖北省重点实验室	中铁第四勘察设计院集团有限公司	武汉
30	太阳能高效利用及储能运行控制湖北省重点实验室	湖北工业大学	武汉
31	工程建模与科学计算湖北省重点实验室	华中科技大学	武汉
32	复杂系统先进控制与智能制动化湖北省重点实验室	中国地质大学（武汉）	武汉
33	智能地学信息处理湖北省重点实验室	中国地质大学（武汉）	武汉
34	医学信息分析及肿瘤诊疗湖北省重点实验室	中南民族大学、湖北省肿瘤医院	武汉
35	污染泥土科学与工程湖北省重点实验室	中国科学院武汉岩土力学研究所	武汉
36	区域开发与环境响应湖北省重点实验室	湖北大学	武汉
37	计算科学湖北省重点实验室	武汉大学	武汉

续表

序号	实验室名称	依托单位	城市
38	分子诊断湖北省重点实验室	武汉市中心医院	武汉
39	应用毒理湖北省重点实验室	湖北省疾病预防控制中心	武汉
40	生物质纤维与生态染整湖北省重点实验室	武汉纺织大学	武汉
41	农业生物信息湖北省重点实验室	华中农业大学	武汉
42	交通物联网技术湖北省重点实验室	武汉理工大学	武汉
43	化工装备强化与本质安全湖北省重点实验室	武汉工程大学	武汉
44	河湖生态修复及藻类利用湖北省重点实验室	湖北工业大学	武汉
45	海工结构新材料及维护加固技术湖北省重点实验室	中交武汉港湾工程设计研究院有限公司	武汉
46	发育源性疾病湖北省重点实验室	武汉大学	武汉
47	地理过程分析与模拟湖北省重点实验室	华中师范大学	武汉
48	中枢神经系统肿瘤发生与干预湖北省重点实验室	中国人民解放军中部战区总医院	武汉
49	智能信息处理与实时工业系统湖北省重点实验室	武汉科技大学	武汉
50	植物抗癌活性物质提纯与应用湖北省重点实验室	湖北第二师范学院、武汉华肽生物科技有限公司	武汉
51	移植医学技术湖北省重点实验室	武汉大学	武汉
52	武陵山区特色资源植物种质保护与利用湖北省重点实验室	中南民族大学	武汉
53	内河航运技术湖北省重点实验室	武汉理工大学	武汉
54	绿色轻工材料湖北省重点实验室	湖北工业大学	武汉
55	激光先进制造技术湖北省重点实验室	华工科技产业股份有限公司	武汉
56	地震预警湖北省重点实验室	中国地震局地震研究所	武汉
57	地球内部多尺度成像湖北省重点实验室	中国地质大学(武汉)	武汉
58	智能无线通信湖北省重点实验室	中南民族大学	武汉
59	运动训练监控湖北省重点实验室	武汉体育学院	武汉
60	油料脂质化学与营养湖北省重点实验室	中国农业科学院油料作物研究所	武汉
61	药物靶点研究与药效学评价湖北省重点实验室	华中科技大学	武汉
62	水射流理论与新技术湖北省重点实验室	武汉大学	武汉
63	食品营养与安全湖北省重点实验室	华中科技大学	武汉
64	流域水资源与生态环境科学湖北省重点实验室	长江水利委员会长江科学院	武汉
65	粮食作物种质创新与遗传改良湖北省重点实验室	湖北省农业科学院	武汉
66	工业烟尘污染控制湖北省重点实验室	江汉大学、中钢集团天澄环保科技股份有限公司	武汉
67	暴雨监测预警湖北省重点实验室	中国气象局武汉暴雨研究所	武汉
68	重组烟叶应用技术研究湖北省重点实验室	湖北中烟工业有限责任公司	武汉
69	肠病湖北省重点实验室	武汉大学	武汉
70	现代汽车零部件技术湖北省重点实验室	武汉理工大学	武汉
71	工业气体净化与精制湖北省重点实验室	华烁科技股份有限公司	武汉
72	智能机器人湖北省重点实验室	武汉工程大学	武汉
73	冶金工业过程系统科学湖北省重点实验室	武汉科技大学	武汉
74	消化系统疾病湖北省重点实验室	武汉大学	武汉

续表

序号	实验室名称	依托单位	城市
75	湿地演化与生态恢复湖北省重点实验室	中国科学院武汉植物园、中国地质大学	武汉
76	农作物重大病虫草害防控湖北省重点实验室	湖北省农业科学院	武汉
77	工业生物技术湖北省重点实验室	湖北大学	武汉
78	工程结构分析与安全评定湖北省重点实验室	华中科技大学	武汉
79	法庭科学湖北省重点实验室	湖北警官学院	武汉
80	肿瘤生物学行为湖北省重点实验室	武汉大学	武汉
81	遗传调控与整合生物学湖北省重点实验室	华中师范大学	武汉
82	冶金矿产资源高效利用与造块湖北省重点实验室	武汉科技大学	武汉
83	岩土与结构工程安全湖北省重点实验室	武汉大学	武汉
84	天然药物化学与资源评价湖北省重点实验室	华中科技大学	武汉
85	昆虫资源利用与害虫可持续治理湖北省重点实验室	华中农业大学	武汉
86	宽带无线通信与传感器网络湖北省重点实验室	武汉理工大学	武汉
87	船舶和海洋水动力湖北省重点实验室	华中科技大学	武汉
88	应用数学湖北省重点实验室	湖北大学	武汉
89	心血管病湖北省重点实验室	武汉大学	武汉
90	生物质资源化学与环境生物技术湖北省重点实验室	武汉大学	武汉
91	燃料电池湖北省重点实验室	武汉理工大学	武汉
92	煤转化与新型炭材料湖北省重点实验室	武汉科技大学	武汉
93	流体机械与动力工程装备技术湖北省重点实验室	武汉大学	武汉
94	矿物资源加工与环境湖北省重点实验室	武汉理工大学	武汉
95	控制结构湖北省重点实验室	华中科技大学	武汉
96	化学品分类与鉴定湖北省重点实验室	湖北省出入境检验检疫局	武汉
97	分子影像湖北省重点实验室	华中科技大学	武汉
98	动物胚胎工程及分子育种湖北省重点实验室	湖北省农业科学院	武汉
99	材料化学与服役失效湖北省重点实验室	华中科技大学	武汉
100	有机高分子光电功能材料湖北省重点实验室	武汉大学	武汉
101	铁电压电材料与器件湖北省重点实验室	湖北大学	武汉
102	人的发展与心理健康湖北省重点实验室	华中师范大学	武汉
103	化学电源材料与技术湖北省重点实验室	武汉大学	武汉
104	动物营养与饲料科学湖北省重点实验室	武汉轻工大学（原武汉工业学院）	武汉
105	道路桥梁与结构工程湖北省重点实验室	武汉理工大学	武汉
106	催化材料科学湖北省重点实验室	中南民族大学	武汉
107	作物病害监测和安全控制湖北省重点实验室	华中农业大学、孝感学院	武汉 孝感
108	肿瘤侵袭转移湖北省重点实验室	华中科技大学同济医学院	武汉
109	现代制造质量工程湖北省重点实验室	湖北工业大学	武汉
110	数字化纺织装备湖北省重点实验室	武汉纺织大学	武汉

续表

序号	实验室名称	依托单位	城市
111	生物信息与分子成像湖北省重点实验室	华中科技大学	武汉
112	生物无机化学与药物湖北省重点实验室	华中科技大学	武汉
113	生物靶向治疗研究湖北省重点实验室	华中科技大学	武汉
114	神经系统重大疾病湖北省重点实验室	华中科技大学	武汉
115	雷达与无线通信技术湖北省重点实验室	武汉大学	武汉
116	过敏及免疫相关疾病湖北省重点实验室	武汉大学	武汉
117	钢铁冶金新工艺湖北省重点实验室	武汉科技大学	武汉
118	电力安全与高效湖北省重点实验室	华中科技大学	武汉
119	中药生物技术湖北省重点实验室	湖北大学	武汉
120	智能互联网技术湖北省重点实验室	华中科技大学	武汉
121	油气勘探开发理论与技术湖北省重点实验室	中国地质大学（武汉）	武汉
122	数字流域科学与技术湖北省重点实验室	华中科技大学	武汉
123	集群与网格计算湖北省重点实验室	华中科技大学	武汉
124	环境与灾害监测评估湖北省重点实验室	中科院武汉测量与地球物理研究所	武汉
125	湖北省教育信息化研究中心	华中师范大学	武汉
126	新型反应器与绿色化学工艺湖北省重点实验室	武汉工程大学	武汉
127	数字制造湖北省重点实验室	武汉理工大学	武汉
128	数学物理湖北省重点实验室（原名最优控制与离散数学）	华中师范大学	武汉
129	抗病毒药物湖北省重点实验室	湖北省丽益医药科技有限公司	武汉
130	机械传动与制造工程湖北省重点实验室	武汉科技大学	武汉
131	环境岩土工程湖北省重点实验室	中国科学院武汉岩土力学研究所	武汉
132	纺织新材料及其应用研究湖北省重点实验室	武汉纺织大学	武汉
133	中药资源与中药化学湖北省重点实验室	湖北中医药大学	武汉
134	预防兽医学湖北省重点实验室	华中农业大学	武汉
135	农产品加工与转化湖北省重点实验室	武汉轻工大学（原武汉工业学院）	武汉
136	核固体物理湖北省重点实验室	武汉大学	武汉
137	工业微生物湖北省重点实验室	湖北工业大学	武汉
138	多媒体网络通信工程湖北省重点实验室	武汉大学	武汉
139	等离子体化学与新材料湖北省重点实验室	武汉工程大学	武汉
140	引力与量子物理湖北省重点实验室	华中科技大学	武汉
141	高分子材料湖北省重点实验室	湖北大学	武汉
142	口腔医学湖北省重点实验室	武汉大学	武汉
143	节能环保制冷压缩机湖北省重点实验室	黄石东贝电器股份有限公司	黄石
144	中药保健食品质量与安全湖北省重点实验室	劲牌有限公司	黄石
145	食用野生植物保育与利用湖北省重点实验室	湖北师范大学	黄石
146	有色金属冶金与循环利用湖北省重点实验室	大冶有色金属集团控股有限公司	黄石
147	肾脏疾病发生与干预湖北省重点实验室	黄石市中心医院、湖北理工学院	黄石

续表

序号	实验室名称	依托单位	城市
148	矿区环境污染控制与修复湖北省重点实验室	湖北理工学院	黄石
149	高品质特殊钢湖北省重点实验室	大冶特殊钢股份有限公司	黄石
150	污染物分析与资源化技术湖北省重点实验室	湖北师范大学	黄石
151	先进焊接技术湖北省重点实验室	湖北三江航天红阳机电有限公司	孝感
152	特色果蔬质量安全控制湖北省重点实验室	湖北工程学院（原孝感学院）	孝感
153	催化材料制备及应用湖北省重点实验室	黄冈师范学院	黄冈
154	经济林木种质改良与资源综合利用湖北省重点实验室	黄冈师范学院、湖北省林业科学研究院	黄冈
155	辐射化学与功能材料湖北省重点实验室	湖北科技学院	咸宁
156	糖尿病心脑血管病变湖北省重点实验室	湖北科技学院	咸宁

2021年武汉城市圈省级技术创新中心一览表

序号	产业创新中心名称	牵头单位	城市
1	湖北省家畜种业技术创新中心	华中农业大学	武汉
2	湖北省动物疫病防控技术创新中心	武汉科前生物股份有限公司	武汉
3	湖北省绿色优质水稻技术创新中心	湖北省农业科学院粮食作物研究所	武汉
4	湖北省智慧水电技术创新中心	中国长江三峡集团有限公司	武汉
5	湖北省疫苗技术创新中心	武汉生物制品研究所有限责任公司	武汉

2021年武汉城市圈国家级临床医学研究中心一览表

临床医学研究中心名称	依托单位	批准时间	城市
妇产疾病国家临床医学研究中心	华中科技大学同济医学院附属同济医院	2014年	武汉

2021年武汉城市圈省级临床医学研究中心一览表

序号	临床医学研究中心名称	依托单位	城市
1	湖北省肝胆胰疾病微创诊治临床医学研究中心	武汉大学中南医院	武汉
2	湖北省盆底疾病临床医学研究中心	武汉大学人民医院/湖北省人民医院	武汉
3	湖北省鼻部炎症性疾病临床医学研究中心	华中科技大学同济医学院附属同济医院	武汉
4	湖北省呼吸重大疾病临床医学研究中心	华中科技大学同济医学院附属协和医院	武汉
5	湖北省儿童神经发育障碍临床医学研究中心	武汉大学儿童医院	武汉
6	湖北省天然高分子生物肝临床医学研究中心	武汉大学中南医院	武汉
7	湖北省重症医学临床医学研究中心	武汉大学中南医院	武汉
8	湖北省肿瘤免疫治疗临床医学研究中心	华中科技大学同济医学院附属协和医院	武汉
9	湖北省影像医学临床医学研究中心	华中科技大学同济医学院附属协和医院	武汉
10	湖北省泌尿外科微创治疗临床医学研究中心	华中科技大学同济医学院附属同济医院	武汉
11	湖北省慢性气道炎症性疾病临床医学研究中心	华中科技大学同济医学院附属同济医院	武汉
12	湖北省胰腺外科临床医学研究中心	华中科技大学同济医学院附属同济医院	武汉

续表

序号	临床医学研究中心名称	依托单位	城市
13	脑卒中后中西医结合康复临床医学研究中心	湖北省中西医结合医院	武汉
14	乳腺癌临床医学研究中心	湖北省肿瘤医院	武汉
15	宫颈癌精准防治临床医学研究中心	武汉市中心医院	武汉
16	肾结石防治临床医学研究中心	武汉大学人民医院/湖北省人民医院	武汉
17	妇科恶性肿瘤临床医学研究中心	湖北省妇幼保健院	武汉
18	急救与复苏临床医学研究中心	武汉大学中南医院	武汉
19	精神医学临床医学研究中心	武汉大学人民医院/湖北省人民医院	武汉
20	创伤显微外科临床医学研究中心	武汉大学中南医院	武汉
21	病毒性肝炎临床医学研究中心	华中科技大学同济医学院附属同济医院	武汉
22	肾脏替代治疗临床医学研究中心	华中科技大学同济医学院附属同济医院	武汉
23	重大疾病精准用药临床医学研究中心	华中科技大学同济医学院附属协和医院	武汉
24	麻醉学临床医学研究中心	华中科技大学同济医学院附属协和医院	武汉
25	眼底激光临床医学研究中心	中国人民解放军中部战区总医院	武汉
26	先天性巨结肠及同源病临床医学研究中心	华中科技大学同济医学院附属同济医院	武汉
27	血液免疫细胞治疗临床医学研究中心	华中科技大学同济医学院附属同济医院	武汉
28	器官移植临床医学研究中心	华中科技大学同济医学院附属同济医院	武汉
29	产前诊断与优生临床医学研究中心	武汉大学中南医院	武汉
30	脑血管急重症临床医学研究中心	武汉大学中南医院	武汉
31	辅助生殖与胚胎发育临床医学研究中心	武汉大学人民医院/湖北省人民医院	武汉
32	肿瘤疾病细胞治疗临床医学研究中心	华中科技大学同济医学院附属协和医院	武汉
33	脊柱外科临床医学研究中心	华中科技大学同济医学院附属同济医院	武汉
34	颌面外科疾病临床医学研究中心	武汉大学口腔医院	武汉
35	结直肠癌临床医学研究中心	湖北省肿瘤医院	武汉
36	血吸虫病临床医学研究中心	荆州市第三人民医院	武汉
37	肾脏病临床医学研究中心	武汉大学人民医院/湖北省人民医院	武汉
38	再生医学临床医学研究中心	武汉市中心医院	武汉
39	腔镜泌尿外科临床医学研究中心	武汉大学中南医院	武汉
40	代谢性心血管疾病临床医学研究中心	华中科技大学同济医学院附属协和医院	武汉
41	慢性创面及糖尿病足临床医学研究中心	华中科技大学同济医学院附属梨园医院	武汉
42	骨创伤救治临床医学研究中心	中国人民解放军中部战区总医院	武汉
43	痴呆与认知障碍临床医学研究中心	武汉大学中南医院	武汉
44	消化疾病微创诊治临床医学研究中心	武汉大学人民医院/湖北省人民医院	武汉
45	糖尿病与代谢病临床医学研究中心	华中科技大学同济医学院附属协和医院	武汉
46	脑卒中临床医学研究中心	华中科技大学同济医学院附属同济医院	武汉
47	老年病防治与保健临床医学研究中心	华中科技大学同济医学院附属同济医院	武汉
48	骨科临床医学研究中心	武汉市普爱医院	武汉
49	烧伤临床医学研究中心	武汉市第三医院	武汉

续表

序号	临床医学研究中心名称	依托单位	城市
50	中医肝病临床医学研究中心	湖北省中医院	武汉
51	新生儿急救临床医学研究中心	湖北省妇幼保健院	武汉
52	脑血管病微创治疗临床医学研究中心	中国人民解放军中部战区总医院	武汉
53	牙体疾病及其修复临床医学研究中心	武汉大学口腔医院	武汉
54	肠病临床医学研究中心	武汉大学中南医院	武汉
55	眼部疾病临床医学研究中心	武汉大学人民医院/湖北省人民医院	武汉
56	微创外科临床医学研究中心	华中科技大学同济医学院附属协和医院	武汉
57	妇科肿瘤临床医学研究中心（国家级）	华中科技大学同济医学院附属同济医院	武汉
58	感染性皮肤病临床医学研究中心	武汉市第一医院/武汉市中西医结合医院	武汉
59	肿瘤临床医学研究中心	武汉大学中南医院	武汉
60	心血管病临床医学研究中心	武汉大学人民医院/湖北省人民医院	武汉
61	血栓与止血临床医学研究中心	华中科技大学同济医学院附属协和医院	武汉
62	肝脏外科临床医学研究中心	华中科技大学同济医学院附属同济医院	武汉
63	食管胃恶性肿瘤临床医学研究中心	黄冈市中心医院	黄冈
64	急性心肌梗死临床医学研究中心	咸宁市中心医院	咸宁

2021年武汉城市圈省级专业型研究所（公司）一览表

序号	专业型研究所名称	申报单位	城市
1	湖北省超声断层成像技术专业型研究所	武汉维视医学影像有限公司	武汉
2	湖北省小动物治疗制剂专业型研究所	武汉康湃特生物科技有限公司	武汉
3	湖北省宏观石墨烯技术专业型研究所	武汉汉烯科技有限公司	武汉
4	湖北省基础设施智能化专业型研究所	武汉众智鸿图科技有限公司	武汉
5	湖北省实验动物模型研究专业型公司	武汉华联科生物技术有限公司	武汉
6	湖北省薄膜材料检测技术及其设备研发专业型研究所	武汉嘉仪通科技有限公司	武汉
7	湖北省碳化硅陶瓷膜技术开发与应用评价专业型研究所	湖北迪洁膜科技有限责任公司	鄂州
8	湖北省可印刷介观太阳能电池技术专业型研究所	湖北万度光能有限责任公司	鄂州
9	湖北省生物活性材料器械技术专业型研究所	湖北中部医疗科技有限公司	鄂州
10	湖北省智能边缘计算专业型研究所	湖北马斯特谱科技有限公司	鄂州

物医学工程奖—技术发明奖一等奖；张新亮牵头的项目获得湖北省自然科学一等奖；江涛牵头的项目获得湖北省技术发明一等奖。发表SCI论文1312篇，其中Science 2篇、Nature 6篇（含合作5篇）、Science系列子刊5篇、Nature系列子刊22篇。申请国内专利233项，涉外专利12项；授权发明专利176项，实用新型专利16项，涉外专利9项，软件著作权11项。

全年引进海内外优秀人才16人，其中教授（含研究员）2人，副教授8人，讲师2人，工程师和职员4人。在站博士后80人，进站24人，在首届全国博士后创新创业大赛中斩获4项银奖（创新赛2项，创业赛2项）。刘买利当选中国科学院院士，王健、华宇获批2021年国家杰出青年基金，李安安获批国家优秀青年基金，王磊入选万人计划科技创业领军人才，郭富民入选国家高层次青年人才，朱本鹏、罗为入选国家特殊支持计划青年拔尖人才，另5人入选湖北省百人，1人入选湖北省青年拔尖人才，3人入选"楚

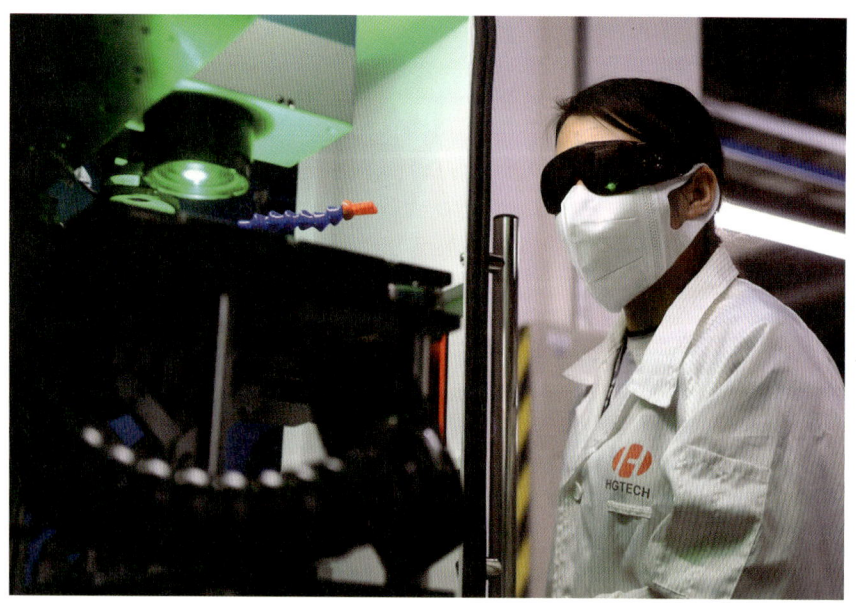
华工科技智能制造产业园中技术人员在操控绿光纳秒钻孔机

（高勇 摄）

天学子"。研究生在"创青春"中国青年创新创业大赛荣获金奖1项，铜奖1项；挑战杯"黑科技"专项赛荣获恒星级作品1项，行星级作品2项；"互联网+"大赛中荣获国赛金奖1项、银奖1项；1人获"王大珩光学奖"。

武汉光电国家研究中心全年主办国际学术会议2次、协办双边研讨会5次；举办2期华中大新国大学术大讲堂、6期武汉光电青年论坛、7期武汉光电论坛、20期神奇光子在线论坛、49期光子学公开课。在研和新增国际合作科研项目共13项，经费计3439万元。在国外大型学术会议作大会或特邀报告39人次，国内大型会议上作大会或特邀报告72次。新增3人入选国际学会会士；4人入选科睿唯安2021年度高被引学者；获2021年度华中科技大学国际交流与合作先进集体。

【武汉城市圈孵化载体建设】 2021年，武汉城市圈各市持续加强科技企业孵化器载体建设，促进全域科技创新创业工作高效开展。至年底，武汉城市圈各市认定国家级科技企业孵化器53个，其中，武汉市46个，黄石市3个，鄂州市2个，孝感市和黄冈市各1个；认定省级科技企业孵化器125个，其中，武汉市71个，黄石市12个，鄂州市6个，孝感市8个，黄冈市15个，咸宁市7个，仙桃市、潜江市和天门市各2个。

武汉市出台《关于推进全市科技众创孵化载体专业化提升的意见》，提出通过鼓励引导行业龙头、在汉高校、投资金融机构、新型研发机构等多元主体新建专业型众创孵化载体，推进现有众创孵化载体专业化升级，到2025年，全市建成科技众创孵化载体总量600家以上（包括建成国家级众创孵化载体总量200家以上），其中专业型众创孵化载体比例不低于50%。落实《武汉市大力推进科技创新提能工作实施方案》，广泛宣传政策，组织在汉高校自办众创孵化载体运营机构或社会化专业运营机构，围绕高校、科研院所周边建设科技企业孵化器和众创空间。启动创新街区建设，开展《武汉市创新街区（园区、楼宇）建设规划（2022—2025年）》编制工作，全方位梳理全市创新资源现状、科技创新规划、创产融合布局、创新服务指南，发布武汉市创新地图互联网查询平台。年内，新获批国家级孵化器5家，武汉理工大学、华中师范大学2家大学科技园新获批国家大学科技园。截至年底，武汉市已建成市级以上众创孵化载体359家，其中国家级载体116家（含5家国家级大学科技园），省级135家；专业型孵化器40家，其中国家级19家，省级14家。

【武汉城市圈新型研发机构建设】 2021年，武汉市推动投资主体多元化、管理制度现代化、运行机制市场化、用人机制灵活化的新型研发机构建设。加强对市级工业技术研究院动态管理，组织对部分工业技术研究院开展绩效审计，推动工业技术研究院开展突破性探索，破解体制机制障碍、释放改革试验红利。6月9日，集科技体制改革创新平台、技术孵化与成果转化平台、创业投资平台、吸引与集聚人才平台、知识产权与生产性服务平台为一体的武汉产业创新发展研究院成立。超前布局量子产业，依托武汉大学新建武汉量子技术研

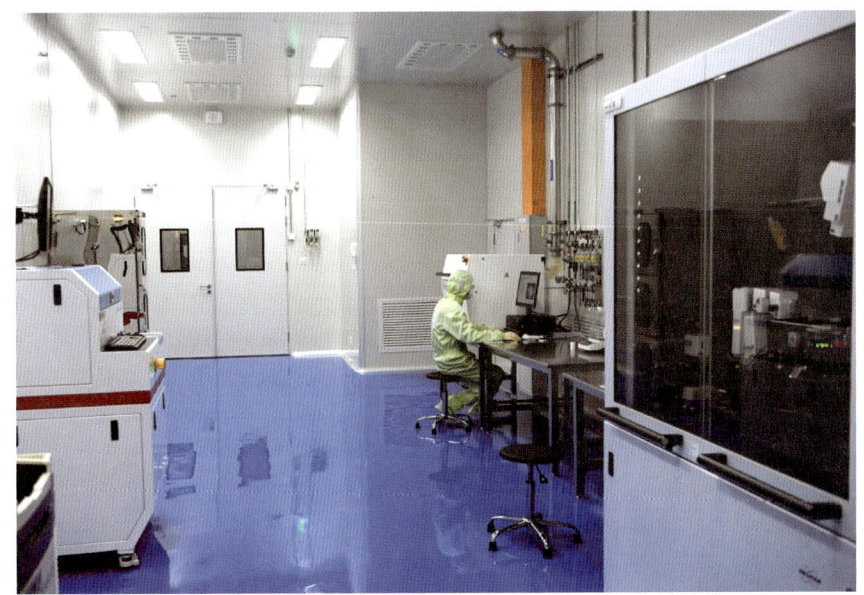
武汉光谷量子技术有限公司外延表征测试间
（武汉市地方志编纂委员会办公室　供图）

究院。鼓励各区探索高水平新型研发机构建设，发挥江汉区金融、数字产业优势，挂牌武汉区块链产业技术研究院。加强省、市、区联动，新获批省级综合型技术创新平台5家、省级产业创新联合体6家。截至年底，武汉地区新型研发机构总数达到89家，其中工业技术研究院23家，省产业技术研究院9家，省产业创新联合体10家，省企校联合创新中心37家，省专业型研究院5家，省综合型技术创新平台5家，主要涉及集成电路、新一代信息技术、智能制造、汽车、生物以及新能源与新材料产业等重点产业领域。

黄石市实现规上企业研发机构全覆盖，200余家企业与在汉35所高校共建222家研发平台，其中，国家级研发平台7个，省级研发平台93个。与华中科技大学、武汉理工大学、湖北工业大学、武汉科技大学等7所高校参与共建10家产业研究院，其中，黄石模具产业研究院、黄石工业互联网产业研究院成功晋升为省级产业研究院。

鄂州市推动科技企业孵化器与武汉高校开展产学研合作，梧桐湖科技企业孵化器华中科技大学鄂州工业技术研究院正式运营。共有国家级科技企业孵化器2个，有省级以上科技企业孵化器5个。

孝感市推进科技型企业与武汉高校及科研院所开展合作，新建专家工作站14个，院士专家工作站发展到102个。组织湖北三江航天江北机械工程有限公司等细分领域龙头企业与武汉高校及科研院所共建企业创新联合体3个。组织武汉福星生物药业有限公司、湖北祥源新材科技股份有限公司等10余家企业与华中科技大学、湖北大学等高校合作，共建新型研发机构，全年申报省级企校联合创新中心51个。

咸宁市推进产业研究院建设，建成省级产业技术研究院4家，培育重点产业技术研究院10家。支持创建国家林业草原桂花工程技术研究中心。省级科技创新平台达到30家，规模以上企业研发机构覆盖率达30.1%。

仙桃市与在汉高校共建6个新技术技术研究院，成立8家博士后工作站、4家院士工作站。

潜江市与在汉高校和科研院所共建8个省级科技创新平台，加快推进绿色化工研究院、高质量发展研究院等项目建设。

天门市与武汉纺织大学共建纺织服装产业技术研究院。全市建成省级以上创新创业平台42个，其中，国家级星创天地1家，省级创新平台21个，省级中试研究基地2个，专家工作站1个。

【武汉城市圈"32232"科技合作工程实施】 2021年，武汉市全力推进"32232"（组织3场项目对接及技术指导会，安排武汉市院士专家20人、科技副总20人、博士服务团30人、科技特派员20人到城市圈开展技术支持）科技合作工程，打造武汉城市圈科技服务品牌。全年共组织开展城市圈项目对接活动10场，签约项目92项。其中，黄冈市组织对接活动3场，签约项目56项；黄石市组织对接活动3场，签约项目22项；孝感市组织对接活动2场，签约项目7项；咸宁市组织对接活动2场，签约项目7项。安排武汉院士专家、科技副总、博士服务团、科技特派员近250人到城市圈各市开展技术支持。中国科学院院士桂建芳借助院士工作站平台与黄石富尔水产苗种有限公司开展项目合作，为"中科三号"异育银鲫大规模苗种生产技术研究和推广示范提供智力支持；中国工程院院士钮新强与黄冈市黄梅县水利局合作，推进华阳河蓄水滞洪区建设工程（湖北段）；中国科学院院士金振民领衔开展"世界地质公园地质遗产保护与可持续发展战略研究"，为大别山世界地质公园可持续发展提供有益参考；中国科学院院士张启发牵头实施"'双水双绿'发展战略研究"，围绕"双水双绿"种养体系开展了深入研究，形成了"双水双绿"产业发展建议；中国地质大学(武汉)教授张欢组织开展"推动武汉城市圈空气污染防治同城化研究"调研，形成了高质量的调研报告和建议，被有关部门采用。武汉高校、科研院所12名专家教授以科技副总身份入职孝感企业，推动产学研合作，解决技术难题。潜江市借力武汉高校集聚地优势，与武汉工程大学、湖北大学等高校签订多项市校合作协议。

【**武汉城市圈科学仪器设备全面共享**】 2021年，"武汉市科学仪器设备开放共享平台"积极对接国家、省级科学仪器设备协作共用平台，将城市圈符合条件的仪器设备纳入"武汉市科学仪器设备开放共享平台"上，其中，黄石市129个、鄂州市77个、黄冈市48个、孝感市168个、咸宁市10个，武汉市企业可以在线预约购买城市圈研究开发检验检测服务，推动城市圈科研设备、技术人才等创新要素跨地市有序流动。

【**武汉科技成果转化平台系统开通城市圈城市端口**】 武汉科技成果转化平台于2018年12月正式上线，是武汉市以网上科技成果与科技服务为核心，集资源集聚展示、对接、服务、管理为一体的"互联网+"、全流程、全要素、立体化的科技服务平台，为武汉地区的企业、高校、科研院所和创新机构提供全方位服务。2021年，平台增设"科技同兴"栏目，展示城市圈各城市的产业优势和特色；推动平台在武汉城市圈内开放共享，为黄石、鄂州、黄冈、孝感、咸宁、仙桃、天门、潜江等八市开通平台共享端口；建设城市圈网上视频对接系统，为武汉城市圈科技同兴工作做好服务支撑。年内，共为城市圈八个城市解决技术需求20批次，推荐企业144家。

2021年武汉城市圈国家级科技企业孵化器一览表

序号	孵化器机构名称	运营主体	城市
1	武汉光联创客星科技企业孵化器	武汉欧微优科技有限公司	武汉
2	湖北高投双创工坊科技企业孵化器	湖北高投双创工坊投资有限公司	武汉
3	恒盛科技企业孵化器	武汉恒盛创客企业服务有限公司	武汉
4	海创云沌口科技企业孵化器	武汉海创云国际企业发展有限公司	武汉
5	武汉凌云光电科技企业孵化器	武汉凌云光电科技有限责任公司	武汉
6	武汉理工园孵化器	武汉理工大科技园股份有限公司	武汉
7	武汉新金科技企业孵化器	武汉新金科技企业孵化器管理有限公司	武汉
8	武汉创星汇科技企业孵化器	武汉创星汇科技园发展有限公司	武汉
9	武汉海创源科技企业孵化器	武汉海创源孵化器管理有限公司	武汉
10	武汉新能源科技企业孵化器	武汉新能源研究院有限公司	武汉
11	武汉兆佳东创科技企业孵化器	武汉兆佳东创科技企业孵化器管理有限公司	武汉
12	武汉海容基科技企业孵化器	武汉海容基孵化器有限公司	武汉
13	湖北科技创业服务中心	湖北科技创业服务中心有限公司	武汉
14	武汉中南民大科技企业孵化器	武汉中南民大科技园运营管理有限公司	武汉
15	武汉武大科技园	武汉武大科技园有限公司	武汉

续表

序号	孵化器机构名称	运营主体	城市
16	武汉生物技术科技企业孵化器	武汉生物技术研究院有限公司	武汉
17	湖北贝壳瑞晟生态创新孵化器	湖北贝壳瑞晟生态创新孵化器有限公司	武汉
18	武汉留学生创业园	武汉留学生创业园管理中心	武汉
19	武汉华中师大科技园文华创意科技企业孵化器	武汉华中师大科技园发展有限公司	武汉
20	武汉华工科技企业孵化器	武汉华工科技企业孵化器有限责任公司	武汉
21	武汉国家农业科技园区创业中心	武汉国家农业科技园区创业中心有限公司	武汉
22	武汉光谷新药创业孵化器	武汉光谷新药孵化公共服务平台有限公司	武汉
23	武汉光谷生物医药孵化器	武汉光谷生物医药孵化器管理有限公司	武汉
24	武汉光谷创意产业孵化器	武汉光谷创意产业孵化器有限公司	武汉
25	武汉光电工研科技企业孵化器	武汉光电工业技术研究院有限公司	武汉
26	武汉高科医疗器械企业孵化器	武汉高科医疗器械企业孵化有限公司	武汉
27	武汉东湖新技术创业中心	武汉东湖新技术创业中心有限公司	武汉
28	湖北国知专利创业孵化器	湖北国知专利创业孵化园有限公司	武汉
29	武汉普天科技企业孵化器	武汉普天孵化器管理有限公司	武汉
30	经开智造科技企业孵化器	武汉经开科创服务有限公司	武汉
31	汉口高新技术创业服务中心	汉口高新技术创业服务中心	武汉
32	OVU创客星	武汉创客星孵化器有限公司	武汉
33	烽火创新谷	武汉烽火创新谷管理有限公司	武汉
34	武汉岱家山科技企业孵化器	武汉岱家山科技企业孵化器有限公司	武汉
35	武汉杨园教育科技创业园	武汉杨园教育科技创业园有限公司	武汉
36	武汉欣欣中信科技孵化器	武汉欣欣中信科技孵化器有限公司	武汉
37	武汉威仕科技企业孵化器	武汉威仕科技企业孵化器有限公司	武汉
38	青山区高新技术创业服务中心	武汉市青山区科技金融创新促进中心	武汉
39	武汉市洪山高新技术创业服务中心	武汉市洪山高新技术创业服务有限责任公司	武汉
40	武汉市工科院科技园孵化器	武汉市工科院科技园孵化器	武汉
41	武汉三新材料孵化器	武汉三新材料孵化器有限公司	武汉
42	武汉理工孵化器	武汉理工孵化器有限公司	武汉
43	武汉火凤凰云计算孵化器	武汉火凤凰云计算孵化器管理有限公司	武汉
44	武汉华创源科技企业孵化器	武汉华创源科技企业孵化器有限公司	武汉
45	武汉海峡高新技术创业服务中心	武汉海峡高新技术创业服务中心	武汉
46	武汉光电谷科技企业孵化器	武汉光电谷科技企业孵化器有限公司	武汉
47	武汉东创研发设计创意园	武汉东创研发设计创意园有限公司	武汉
48	大冶高新技术产业园科技创业服务中心	黄石大冶湖园区科技发展有限责任公司	武汉
49	黄石高新技术创业服务中心	黄石高新技术创业服务中心	黄石
50	光谷联合科技城（葛店）孵化器	湖北科技企业加速器有限公司	黄石
51	梧桐湖科技企业孵化器	华中科技大学鄂州工业技术研究院	鄂州
52	孝感高新技术创业服务中心	孝感高新技术创业服务中心	孝感
53	黄冈大学生科技创业孵化器	黄冈科技创业服务有限公司	黄冈

2021年武汉城市圈省级科技企业孵化器一览表

序号	孵化器机构名称	运营主体	城市
1	武汉岱家山科技企业孵化器	武汉岱家山科技企业孵化器有限公司	武汉
2	武汉武大科技园	武汉武大科技园有限公司	武汉
3	武汉高科医疗器械企业孵化器	武汉高科医疗器械企业孵化有限公司	武汉
4	武汉光谷创意产业孵化器	武汉光谷创意产业孵化器有限公司	武汉
5	武汉留学生创业园	武汉留学生创业园管理中心	武汉
6	武汉市工科院科技园孵化器	武汉市工科院科技园孵化器有限公司	武汉
7	武汉华工科技企业孵化器	武汉华工科技企业孵化器有限责任公司	武汉
8	武汉理工大科技园	武汉理工大科技园股份有限公司	武汉
9	武汉海创源科技企业孵化器	武汉海创源孵化器管理有限公司	武汉
10	武汉岱家山科技企业孵化器	武汉岱家山科技企业孵化器有限公司	武汉
11	武汉武大科技园	武汉武大科技园有限公司	武汉
12	武汉华中师大科技园文华创意科技企业孵化器	武汉华中师大科技园发展有限公司	武汉
13	武汉光电谷科技企业孵化器	武汉光电谷科技企业孵化器有限公司	武汉
14	武汉兆佳东创科技企业孵化器	武汉兆佳东创科技企业孵化器管理有限公司	武汉
15	湖北国知专利创业孵化器	湖北国知专利创业孵化园有限公司	武汉
16	湖北科技创业服务中心	湖北科技创业服务中心有限公司	武汉
17	武汉海容基科技企业孵化器	武汉海容基孵化器有限公司	武汉
18	武汉华工大学科技园	武汉华工大学科技园发展有限公司	武汉
19	武汉创星汇科技企业孵化器	武汉创星汇科技园发展有限公司	武汉
20	武汉东创研发设计创意园	武汉东创研发设计创意园有限公司	武汉
21	OVU创客星	武汉创客星孵化器有限公司	武汉
22	武汉众博科技企业孵化器	武汉众博科技企业孵化器有限公司	武汉
23	武汉海容基科技企业孵化器	武汉海容基孵化器有限公司	武汉
24	武汉光电工研科技企业孵化器	武汉光电工业技术研究院有限公司	武汉
25	武汉普天科技企业孵化器	武汉普天孵化器管理有限公司	武汉
26	海创云沌口科技企业孵化器	武汉海创云国际企业发展有限公司	武汉
27	武汉华创源科技企业孵化器	武汉华创源科技企业孵化器有限公司	武汉
28	湖北高投双创工坊科技企业孵化器	湖北高投双创工坊投资有限公司	武汉
29	武汉国家农业科技园区创业中心	武汉国家农业科技区创业中心有限公司	武汉
30	光联创客星科技企业孵化器	武汉欧微优科技有限公司	武汉
31	武汉优十科技创业园	武汉优十企业孵化器有限公司	武汉
32	武汉华莘科技企业孵化器	武汉华莘创业有限公司	武汉
33	湖北自贸区创星汇产业园	湖北自贸区创星汇产业园运营管理有限公司	武汉
34	烽火创新谷	武汉烽火创新谷管理有限公司	武汉
35	恒盛科技企业孵化器	武汉恒盛创客企业服务有限公司	武汉
36	卓尔青年汇	青年城创业服务（武汉）有限公司	武汉
37	电商云工场创新孵化器	武汉红桃开企业孵化器有限公司	武汉

续表

序号	孵化器机构名称	运营主体	城市
38	新金孵化器	武汉新金科技企业孵化器管理有限公司	武汉
39	斗转科技园孵化器	湖北斗转科技孵化器有限公司	武汉
40	中南民大科技企业孵化器	武汉中南民大科技企业孵化器管理有限公司	武汉
41	武汉东湖新技术创业中心	武汉东湖新技术创业中心有限公司	武汉
42	武汉光谷生物医药科技企业孵化器	武汉光谷生物医药孵化器管理有限公司	武汉
43	经开智造科技企业孵化器	武汉经开科创服务有限公司	武汉
44	武汉凌云光电科技企业孵化器	武汉凌云光电科技有限责任公司	武汉
45	武汉市洪山高新技术创业服务中心	武汉市洪山高新技术创业服务有限责任公司	武汉
46	武汉虹蔚青年科技企业孵化器	武汉虹蔚青年科技企业孵化器有限公司	武汉
47	武汉生物技术科技企业孵化器	武汉生物技术研究院管理有限责任公司	武汉
48	光谷侨邑光电科技企业孵化器	武汉新特光电技术有限公司	武汉
49	武汉三新材料孵化器	武汉三新材料孵化器有限公司	武汉
50	武大珞珈创意园孵化器	武汉武大教育发展有限责任公司	武汉
51	天惠生物科技孵化器	武汉天惠城科技孵化器服务有限公司	武汉
52	武汉杨园教育科技创业园	武汉杨园教育科技创业园有限公司	武汉
53	华商农业科技孵化器	湖北华商农业科技孵化器有限公司	武汉
54	武汉火凤科技企业孵化器	火凤（武汉）集团有限公司	武汉
55	武汉欣欣中信科技孵化器	武汉欣欣中信科技孵化器有限公司	武汉
56	武汉新能源科技企业孵化器	武汉新能源研究院有限公司	武汉
57	武汉市兆富科技创业服务中心	武汉市兆富科技创业服务有限公司	武汉
58	创魔方科技企业孵化器	湖北高新长江云科技发展有限公司	武汉
59	百捷科技企业孵化器	武汉百捷集团科技企业孵化器有限公司	武汉
60	光谷海外人才科技企业孵化器	武汉未来科技城人才企业发展服务有限公司	武汉
61	武汉恒瑞创智科技企业孵化器	武汉恒瑞创智科技企业孵化器有限公司	武汉
62	V+合伙人大厦	武汉银融兴昌信息软件产业园有限公司	武汉
63	创青谷产业园	武汉市创青谷科技孵化器有限公司	武汉
64	同心科技企业孵化器	武汉长江同心科技孵化器有限公司	武汉
65	武汉海峡高新技术创业服务中心	武汉海峡高新技术创业服务中心	武汉
66	武汉双恒信息科技创业园	武汉双恒信息科技创业园有限公司	武汉
67	武汉安环院领创科技企业孵化器	武汉安环院领创科技有限公司	武汉
68	创智园	武汉智慧产业园运营管理有限公司	武汉
69	武汉市江岸区高新技术创业服务中心	武汉市江岸区技术市场管理办公室	武汉
70	创享＋武汉园区	武汉银江创业梦工场企业管理有限公司	武汉
71	武汉创亿港科技企业孵化器	武汉创亿港科技企业孵化器有限公司	武汉
72	武汉阳逻港科技加速器	武汉阳逻港科技加速器有限公司	武汉
73	微果青年孵化中心	武汉微果文化科技孵化有限公司	武汉
74	湖北青年企业孵化器	湖北省青年创业就业促进中心	武汉

续表

序号	孵化器机构名称	运营主体	城市
75	武汉黄金口科技企业孵化产业基地	武汉黄金口科技产业开发有限公司	武汉
76	武汉博纳斯企业孵化器	武汉博纳斯企业孵化器有限公司	武汉
77	5.5互联网产业园	武汉世纪江锦孵化器有限公司	武汉
78	大冶高新技术产业园	大冶高新技术产业园区科技创业服务中心	黄石
79	黄石磁湖汇	黄石磁湖汇产业园管理有限公司	黄石
80	黄石铁山光谷东企业孵化器	黄石金梦创业服务有限公司	黄石
81	湖北黄石青年科技企业孵化器	湖北黄石青年科技企业孵化器有限公司	黄石
82	黄石高新技术创业服务中心	黄石高新技术创业服务中心	黄石
83	黄石光谷联合科技城	湖北光联科技企业孵化器有限责任公司	黄石
84	湖北贝壳瑞晟生态创新孵化器	湖北贝壳瑞晟生态创新孵化器有限公司	黄石
85	阳新县科泰科技孵化器	阳新县科泰科技孵化器有限公司	黄石
86	黄石科瑞智能装备产业园	黄石科瑞智能装备产业园有限公司	黄石
87	黄石浙楚科技企业孵化器	黄石浙楚科技企业孵化器有限公司	黄石
88	华中科技大学鄂州工业技术研究院	华中科技大学鄂州工业技术研究院	鄂州
89	光谷联合科技城（葛店）孵化器	湖北科技企业加速器有限公司	鄂州
90	湖北泰富长江经济带孵化器	湖北泰富长江经济带众创空间股份有限公司	鄂州
91	湖北青苹果之家大学生创业孵化器	湖北青苹果之家大学生创业孵化器科技有限公司	鄂州
92	卓越科技企业孵化器	湖北东鲲孵化器管理有限公司	孝感
93	南方国际创业孵化园	孝感中盛创业服务有限公司	孝感
94	天津湖北商会孝昌科技企业孵化器	湖北鑫铭城投资实业发展有限公司	孝感
95	湖北锦龙孵化器	湖北锦龙创新创业服务有限公司	孝感
96	孝感高新技术创业服务中心	孝感市高新技术创业服务中心	孝感
97	衣谷互联网"+"孵化器服务平台	湖北衣谷电子商务有限公司	孝感
98	华中模具（孝南）孵化器	湖北婺商创业服务有限公司	孝感
99	汉川市新河科技孵化器	汉川市新河科技孵化器有限公司	孝感
100	黄冈大学生科技创业孵化器	黄冈科技创业服务有限公司	黄冈
101	湖北省科技孵化器	湖北中金泰富电子商务产业园有限公司	黄冈
102	大别山革命老区（黄冈）创业指导中心	大别山革命老区（黄冈）创业指导中心	黄冈
103	黄冈鄂东滨江新区百闻创业服务中心	湖北南汇投资管理有限公司	黄冈
104	英山县中小微企业孵化基地	湖北毕昇科技产业发展有限公司	黄冈
105	黄冈市新南投资有限公司	黄冈市新南投资有限公司	黄冈
106	武穴市大学生创业孵化基地	武穴市公共就业和人才服务局	黄冈
107	李时珍国际医药港现代中药科技孵化器	湖北李时珍国际医药港有限公司	黄冈
108	麻城市泰和"智汇园"	麻城市泰和经营管理有限公司	黄冈
109	佰昌大学生创业孵化基地	湖北佰昌科技创业孵化投资有限公司	黄冈
110	麻城市大学生创业孵化基地	麻城市创业指导中心	黄冈
111	李时珍健康产业科技企业孵化器	湖北蕲网电子商务孵化园有限公司	黄冈

续表

序号	孵化器机构名称	运营主体	城市
112	麻城市电子商务创业园	麻城市电子商务管理办公室	黄冈
113	罗田精农电子商务	罗田精农电子商务科技有限公司	黄冈
114	光谷南科技城科技企业孵化器	光谷南（湖北）科技创新服务有限公司	咸宁
115	赤壁华云电商物流孵化产业园	赤壁华云电商孵化产业园有限公司	咸宁
116	通山电商创新创业基地	通山县电子商务服务中心	咸宁
117	赤壁电商科技创业孵化基地	湖北三国鼎盛网络传媒有限公司	武汉
118	湖北易达科技企业孵化器	仙桃市中小企业服务中心	仙桃
119	湖北现代中加科技企业孵化器	湖北现代贝祥科技园管理有限公司	武汉
120	潜江潜网孵化器	潜江潜网孵化器管理有限公司	潜江
121	天门科技创业中心	湖北省天门科技创业中心	天门
122	双创孵化器	双创孵化器（湖北）有限公司	天门

至年底，平台建成科技资源、创新活动、科技同兴、科技政策、科技服务、技术经纪等六大板块，汇集科技成果、技术需求、技术专家、高校院所、企业、服务机构等各类资源，基本实现线上活动展示、成果信息对接、电脑端和移动端覆盖等功能。平台汇集科技成果12998项、技术需求3058项；入驻服务机构201家、企业3449家、高校院所87家，技术专家935人、技术经纪人224人，展演线下大小型科技成果对接活动167场。

【武汉工业技术研究院建设】2021年，武汉市持续支持工业技术研究院（以下简称"工研院"）发展壮大。市科技部门负责人带队实地走访调研2019年之前成立的10家工研院；组织专业机构对部分工研院开展绩效审计，从破解体制机制障碍、释放改革试验红利方面对工研院的改革发展提出建议措施。超前布局量子产业，支持建设武汉量子技术研究院。鼓励各区探索高水平新型研发机构建设，依托江汉区金融、数字产业优势，挂牌武汉区块链产业技术研究院。加强省、市、区联动，新获批省级综合型技术创新平台5家、省级产业创新联合体6家。

【武汉产业创新发展研究院揭牌成立】2021年6月9日，武汉产业创新发展研究院（以下简称"武创院"）成立。武创院由武汉市人民政府创办，主要从事产业战略研究、科学研究与技术研发、科技成果转移转化、科技创新服务、产业投资孵化运营、高端人才引进培育、产业研发创新机构建设，推动全球各类创新要素在汉加速集聚、碰撞、融合，催生科技创新与产业变革的聚变效应。2021年在建成支撑10G/25G/100G

2021年6月9日，武汉产业创新发展研究院成立大会召开

（武汉市地方志编纂委员会办公室 供图）

2021年武汉城市圈省级产业创新联合体一览表

序号	创新联合体名称	承担单位	城市
1	湖北省肿瘤基因诊疗产业创新联合体	武汉凯德维斯生物技术有限公司	武汉
2	湖北省免疫调节药物产业创新联合体	武汉厚先生物医药有限公司	武汉
3	湖北省光纤传感产业创新联合体	武汉烽理系统技术有限公司	武汉
4	湖北省北斗卫星导航与位置服务产业创新联合体	武汉导航与位置服务工业技术研究院有限责任公司	武汉

2021年武汉城市圈省级产业技术研究院一览表

序号	产业技术研究院名称	依托单位	批准时间	城市
1	湖北电子信息材料产业技术研究院	武汉中科先进技术研究院	2020	武汉
2	湖北省光电产业技术研究院	武汉光电工业技术研究院有限公司	2019	武汉
3	湖北省新能源产业技术研究院	武汉新能源研究院有限公司	2019	武汉
4	湖北省新能源汽车产业技术研究院	武汉新能源汽车工业技术研究院有限公司	2016	武汉
5	湖北省地质资源环境产业技术研究院	武汉地质资源环境工业技术研究院有限公司	2015	武汉
6	湖北生物医药产业技术研究院	湖北生物医药产业技术研究院有限公司	2015	武汉
7	湖北省智能装备产业技术研究院	武汉智能装备工业技术研究院有限公司	2014	武汉
8	湖北省激光产业技术研究院	武汉光谷航天三江激光产业技术研究院有限公司	2014	武汉
9	湖北省黄石模具产业技术研究院	湖北黄石科创模具技术研究院有限公司	2020	黄石
10	湖北省中药产业技术研究院	湖北李时珍药物研究有限公司	2019	鄂州
11	湖北省鄂州生命科学产业技术研究院	华中科技大学鄂州工业技术研究院	2019	鄂州
12	湖北省盐产业技术研究院	湖北省益欣盐产业技术研究院有限公司	2019	孝感
13	湖北省中科产业技术研究院	湖北中科产业技术研究院有限公司	2019	黄冈
14	湖北省鄂南特色农业产业技术研究院	咸宁香城特色农业技术研究院有限公司	2021	咸宁
15	湖北省赤壁产业技术研究院	湖北赤壁集技产业技术研究院有限公司	2020	咸宁
16	湖北省咸宁智能机电产业技术研究院	湖北香城智能机电产业技术研究院有限公司	2019	咸宁
17	湖北省仙桃新材料产业技术研究院	湖北聚慧新材料产业技术研究院有限公司	2019	仙桃
18	湖北省小龙虾产业技术研究院	湖北省小龙虾产业技术研究院有限公司	2016	潜江

2021年武汉城市圈省级技术转移示范机构一览表

序号	技术转移示范机构名称	依托单位	城市
1	湖北科技创业服务中心有限公司	湖北科技创业服务中心有限公司	武汉
2	武汉融智技术成果转移有限公司	武汉融智技术成果转移有限公司	武汉
3	湖北智权专利技术应用开发有限公司	湖北智权专利技术应用开发有限公司	武汉
4	武汉岱家山科技企业孵化器有限公司	武汉岱家山科技企业孵化器有限公司	武汉
5	湖北高投赢正医疗科技成果转化中心有限公司	湖北高投赢正医疗科技成果转化中心有限公司	武汉
6	湖北华开数科产业园有限公司	湖北华开数科产业园有限公司	武汉

续表

序号	技术转移示范机构名称	依托单位	城市
7	武汉光电谷科技企业孵化器有限公司	武汉光电谷科技企业孵化器有限公司	武汉
8	摩家企业孵化器（武汉）有限公司	摩家企业孵化器（武汉）有限公司	武汉
9	武汉中科先进技术研究院有限公司	武汉中科先进技术研究院有限公司	武汉
10	武汉创客星孵化器有限公司	武汉创客星孵化器有限公司	武汉
11	中科产业育成（湖北）有限公司	中科产业育成（湖北）有限公司	武汉
12	武汉创天地双创服务有限责任公司	武汉创天地双创服务有限责任公司	武汉
13	武汉市工科院科技园孵化器有限公司	武汉市工科院科技园孵化器有限公司	武汉
14	武汉新能源汽车工业技术研究院有限公司	武汉新能源汽车工业技术研究院有限公司	武汉
15	天使翼（武汉）科技创业发展有限公司	天使翼（武汉）科技创业发展有限公司	武汉
16	武汉海聚科技投资有限公司	武汉海聚科技投资有限公司	武汉
17	武汉君成汇科技咨询有限公司	武汉君成汇科技咨询有限公司	武汉
18	湖北中科产业技术研究院有限公司	湖北中科产业技术研究院有限公司	黄石
19	黄石金梦创业服务有限公司	黄石金梦创业服务有限公司	黄石
20	黄石磁湖汇产业园管理有限公司	黄石磁湖汇产业园管理有限公司	黄石
21	咸宁市生产力促进中心	咸宁市生产力促进中心	咸宁
22	湖北易达科技服务有限公司	湖北易达科技服务有限公司	仙桃

2021年武汉城市圈省级校企创新联合体一览表

序号	校企创新联合体名称	依托单位	合作单位	城市
1	湖北省磷资源综合利用企校联合创新中心	湖北祥云（集团）化工股份有限公司	武汉工程大学	黄冈
2	湖北省绿色新型道路材料企校联合创新中心	湖北国创高新材料股份有限公司	武汉工程大学	武汉
3	湖北省液压压缩机企校联合创新中心	武汉齐达康环保科技股份有限公司	华中科技大学	武汉
4	湖北省高品质休闲食品企校联合创新中心	湖北良品铺子食品工业有限公司	湖北工业大学	武汉
5	湖北省中药资源应用研究企校联合创新中心	李时珍医药集团有限公司	湖北中医药大学	黄冈
6	湖北省农产品质量安全监测预警系统企校联合创新中心	武汉东昌仓贮技术有限公司	华中科技大学材料科学与工程学院	武汉
7	湖北省汽车车身轻量化企校联合创新中心	东风（武汉）实业有限公司	武汉理工大学	武汉
8	湖北省大数据应用工程企校联合创新中心	武汉烽火信息集成技术有限公司	华中科技大学	武汉

续表

序号	校企创新联合体名称	依托单位	合作单位	城市
9	湖北省离散智能装备研发企校联合创新中心	武汉同力智能系统股份有限公司	武汉理工大学	武汉
10	湖北省淀粉深加工企校联合创新中心	武汉中粮食品科技有限公司	武汉轻工大学	武汉
11	湖北省金龙凿岩钎具企校联合创新中心	武穴市长江工具股份有限公司	湖北工业大学	黄冈
12	湖北省智能化纺纱技术企校联合创新中心	武汉裕大华纺织有限公司	武汉纺织大学	武汉
13	湖北省高温材料企校联合创新中心	武汉威林科技股份有限公司	武汉科技大学	武汉
14	湖北省电子与通信类虚实结合企校联合创新中心	武汉凌特电子技术有限公司	湖北工业大学	武汉
15	湖北省虾稻产业链企校联合创新中心	湖北虾乡食品股份有限公司	湖北省农业科学院粮食作物研究所	潜江
16	湖北省大清香固态发酵企校联合创新中心	武汉天龙黄鹤楼酒业有限公司	湖北工业大学科学技术发展研究院	武汉
17	湖北省未来宽带与智慧媒体企校联合创新中心	烽火通信科技股份有限公司	华中科技大学	武汉
18	湖北省精冲成形技术与装备企校联合创新中心	武汉华夏精冲技术有限公司	华中科技大学材料科学与工程学院	武汉
19	湖北大别山绿色功能食品研究与开发企校联合创新中心	湖北大别山药业股份有限公司	黄冈师范学院	黄冈
20	湖北省汽车用钢材轻量化及智能制造企校联合创新中心	武汉日晗精密机械有限公司	武汉科技大学	武汉
21	湖北省智能化无损检测装备企校联合创新中心	武汉中科创新技术股份有限公司	湖北工业大学	武汉
22	湖北省高品质特殊钢校企联合创新中心	大冶特殊钢有限公司	武汉科技大学	黄石
23	湖北省低碳住宅企校联合创新中心	湖北鸿路钢结构有限公司	黄冈职业技术学院	黄冈
24	湖北省大别山道地药材企校联合创新中心	黄冈市卫尔康医药有限公司	湖北中医药大学	武汉
25	湖北省新材料及信息技术企校联合创新中心	武汉比邻科技发展有限公司	武汉大学	武汉
26	湖北省软磁材料及新型电感企校联合创新中心	湖北蕊源电子股份有限公司	湖北工业大学机械工程学院	黄冈
27	湖北省光电高铝玻璃企校联合创新中心	咸宁南玻光电玻璃有限公司	硅酸盐建筑材料国家重点实验室（武汉理工大学）	咸宁
28	湖北省新型传感及通信光纤光缆制造技术企校联合创新中心	烽火藤仓光纤科技有限公司	武汉理工大学	武汉

续表

序号	校企创新联合体名称	依托单位	合作单位	城市
29	湖北省高品质人造石英石企校联合创新中心	湖北钊晟新材料科技有限公司	武汉工程大学	黄冈
30	湖北省荧光增白剂应用技术企校联合创新中心	湖北鸿鑫化工有限公司	武汉纺织大学	黄冈
31	湖北省新型人造石英石企校联合创新中心	湖北宏钊建材有限责任公司	武汉理工大学	黄冈
32	湖北省抗肿瘤原料药、兽用原料药企校联合创新中心	湖北宏中药业股份有限公司	华中科技大学同济医学院药学院	黄冈
33	湖北省天门市有机硅预养护材料制备与应用项目企校联合创新中心	湖北环宇化工有限公司	武汉理工大学	天门
34	湖北省钒基材料企校联合创新中心	崇阳久福科技有限公司	湖北科技学院	咸宁
35	湖北省血液检测材料企校联合创新中心	湖北新德晟材料科技有限公司	湖北大学材料科学与工程学院	鄂州
36	湖北省功能油脂企校联合创新中心	嘉必优生物技术（武汉）股份有限公司	武汉工程大学	武汉
37	湖北省生物质清洁供热及灰渣资源化利用企校联合创新中心	武汉蓝颖新能源有限公司	华中农业大学	武汉
38	湖北省绿色磺化新技术企校联合创新中心	武汉青江化工黄冈有限公司	台州学院	黄冈
39	湖北省果蔬精深加工及植物多肽营养功能食品开发企校联合创新中心	运鸿集团股份有限公司	武汉轻工大学	武汉
40	湖北省新型动力系统企校联合创新中心	武汉高德红外股份有限公司	湖北航天化学技术研究所	武汉
41	湖北省新能源应用企校联合创新中心	咸宁祥天空气能电力有限公司	湖北科技学院	咸宁
42	湖北省潜半夏研发企校联合创新中心	潜江市潜半夏药业股份有限公司	湖北中医药大学	潜江
43	湖北省名优茶生产研发技术领域企校联合创新中心	红安县老君眉茶场	华中农业大学	黄冈
44	湖北省佛手山药企校联合创新中心	湖北万星面业股份有限公司	湖北中医药大学	黄冈
45	湖北省静电显影新材料企校联合创新中心	优彩科技（湖北）有限公司	中南民族大学化学与材料科学学院	黄冈
46	湖北省汽车关键零部件企校联合创新中心	武穴市张榜德诚电子有限公司	黄冈师范学院	黄冈
47	湖北省土壤调理剂与土壤重金属污染修复企校联合创新中心	湖北富之源生物科技有限公司	中国农业科学院农业资源与农业区划研究所	黄冈
48	湖北省天然药物及仿生药物研究与开发企校联合创新中心	湖北福人金身药业有限公司	湖北科技学院	咸宁

续表

序号	校企创新联合体名称	依托单位	合作单位	城市
49	湖北省高电压测试企校联合创新中心	武汉磐电科技股份有限公司	湖北工业大学	武汉
50	湖北省全棉水刺非织造布企校联合创新中心	稳健医疗（黄冈）有限公司	武汉纺织大学	黄冈
51	湖北省饲用微生物企校联合创新中心	湖北博大生物股份有限公司	华中农业大学	黄石
52	湖北省水性树脂企校联合创新中心	武汉仕全兴新材料科技股份有限公司	湖北大学	武汉
53	湖北省智能输送装备关键技术企校联合创新中心	湖北天华智能装备股份有限公司	湖北理工学院机电工程学院	黄石
54	湖北省现代卫生材料企校联合创新中心	湖北中健医疗用品有限公司	湖北科技学院	咸宁
55	湖北省中药现代化企校联合创新中心	健民药业集团股份有限公司	华中科技大学同济医学院药学院	武汉
56	湖北省智能传感器企校联合创新中心	四方光电股份有限公司	湖北工业大学	武汉
57	湖北省农业废弃物肥料化利用企校联合创新中心	湖北光美生物科技股份有限公司	湖北省农业科学院植保土肥研究所	孝感
58	湖北省智慧照明企校联合创新中心	湖北捷科电子技术股份有限公司	湖北第二师范学院	黄冈
59	湖北省兴和电力新材料企校联合创新中心	湖北兴和电力新材料股份有限公司	黄冈师范学院	黄冈
60	湖北省液晶显示器企校联合创新中心	武汉恒发科技有限公司	湖北工业大学	武汉
61	湖北省农林病虫防控企校联合创新中心	湖北百米生物实业有限公司	湖北科技学院	咸宁
62	湖北省高性能纤维增强复合材料企校联合创新中心	咸宁海威复合材料制品有限公司	武汉纺织大学	咸宁
63	湖北省食品用香精企校联合创新中心	泛亚（武汉）食品科技有限公司	武汉理工大学	武汉
64	湖北省大豆产业企校联合创新中心	湖北尝香思食品有限公司	中国农业科学院油料作物研究所	潜江
65	湖北省电子储能新能源材料企校联合创新中心	湖北富奕达电子科技有限公司	湖北工业大学	黄冈
66	湖北省玻璃新材料企校联合创新中心	武汉长利新材料科技有限公司	武汉理工大学	武汉
67	湖北省智能制造企校联合创新中心	湖北成吉智能机械科技有限公司	湖北师范大学	黄石
68	湖北省铁路道岔技术企校联合创新中心	湖北武铁山桥轨道装备有限公司	华东交通大学	黄冈

续表

序号	校企创新联合体名称	依托单位	合作单位	城市
69	湖北省新型管道材料企校联合创新中心	湖北兴欣科技股份有限公司	武汉理工大学	鄂州
70	湖北省监控视频数字化技术企校联合创新中心	武汉烽火众智数字技术有限责任公司	华中科技大学	武汉
71	湖北省心脑血管类药物中间体企校联合创新中心	湖北宇阳药业有限公司	武汉工程大学	孝感
72	湖北省塑料薄膜高性能及功能化企校联合创新中心	湖北富思特材料科技集团有限公司	湖北工业大学	孝感
73	湖北省硅溶胶企校联合创新中心	湖北金伟新材料有限公司	湖北工业大学	仙桃
74	湖北省极薄锂电铜箔材料企校联合创新中心	湖北中一科技股份有限公司	湖北工程学院	孝感
75	湖北省铜加工企校联合创新中心	中铜华中铜业有限公司	湖北理工学院	黄石
76	湖北省甲基化化学品绿色合成工艺研究企校联合创新中心	湖北远大富驰医药化工股份有限公司	湖北大学	黄石
77	湖北省中雅新材料校企联合创新中心	湖北中雅新材料股份有限公司	华中科技大学	黄冈
78	湖北省高品质痛风药及医药中间体企校联合创新中心	黄石法姆药业股份有限公司	湖北理工学院	黄石
79	湖北省智慧城市空间信息GIS系统研究企校联合创新中心	湖北众塑科技股份有限公司	湖北理工学院	黄石
80	湖北省抗感染原料药企校联合创新中心	黄石福尔泰医药科技有限公司	湖北理工学院	黄石
81	湖北省自行小车智能输送系统企校联合创新中心	黄石市中城自动化科技有限公司	湖北理工学院	黄石
82	湖北省高强螺栓企校联合创新中心	湖北登峰高强螺栓有限公司	湖北理工学院	黄石
83	湖北省高性能再生塑料产品企校联合创新中心	湖北运来塑胶科技有限公司	湖北工程学院	孝感
84	湖北省磷资源绿色高效利用企校联合创新中心	湖北省黄麦岭磷化工有限责任公司	武汉工程大学	孝感
85	湖北省自动化仓储物流系统企校联合创新中心	湖北三丰小松自动化仓储设备有限公司	湖北理工学院	黄石
86	湖北省智能输送成套装备企校联合创新中心	三丰智能装备集团股份有限公司	湖北理工学院	黄石
87	湖北省农用微生物菌剂与生物肥企校联合创新中心	武汉合缘绿色生物股份有限公司	湖北大学	武汉
88	湖北省绿色建筑钢结构企校联合创新中心	湖北精诚钢结构股份有限公司	武汉理工大学	黄冈

续表

序号	校企创新联合体名称	依托单位	合作单位	城市
89	湖北省小龙虾新产品创制及副产物高值化加工企校联合创新中心	潜江市昌贵水产食品股份有限公司	湖北省农业科学院农产品加工与核农技术研究所	潜江
90	湖北省稻谷精深加工企校联合创新中心	湖北华苑粮油有限公司	武汉轻工大学	鄂州
91	湖北省新型建材企校联合创新中心	武汉苏博新型建材有限公司	湖北工业大学	武汉
92	湖北省功能性表面活性剂企校联合创新中心	武汉奥克特种化学有限公司	武汉工程大学	武汉
93	湖北省无糖食品企校联合创新中心	黄石市达美滋生物科技有限公司	湖北师范大学	黄石
94	湖北省多功能康复床企校联合创新中心	湖北硕康医疗器械有限公司	湖北工程学院	孝感
95	湖北省特殊合金新材料企校联合创新中心	湖北川冶科技有限公司	武汉科技大学	鄂州
96	湖北省兽药微生物发酵企校联合创新中心	湖北回盛生物科技有限公司	华中农业大学	孝感
97	湖北省富硒蔬菜种植与加工技术企校联合创新中心	湖北红日子农业科技有限公司	华中农业大学	天门
98	湖北省智能储能系统与装备企校联合创新中心	武汉武新电气科技股份有限公司	湖北工业大学	武汉
99	湖北省超净高纯气体新材料技术企校联合创新中心	湖北浠水蓝天联合气体有限公司	三峡大学生物与制药学院	黄冈
100	湖北省新型聚乙烯/尼龙共混型阻隔材料企校联合创新中心	湖北恒标塑胶有限公司	湖北大学	黄冈
101	湖北省视频图像与高清投影工程技术企校联合创新中心	湖北恒颖超科技有限公司	武汉工程大学	鄂州
102	湖北省汽车钢板弹簧企校联合创新中心	湖北神风汽车弹簧有限公司	武汉理工大学材料科学与工程学院	黄冈
103	湖北省无纺布智能网络在线监测企校联合创新中心	恒天嘉华非织造有限公司	武汉纺织大学	仙桃
104	湖北省天然色素与富色食品企校联合创新中心	湖北紫鑫生物科技有限公司	湖北工业大学	黄石
105	湖北省精细磷化学品与新材料企校联合创新中心	武汉联德化学品有限公司	武汉工程大学	武汉
106	湖北省新型聚苯硫醚复合过滤新材料企校联合创新中心	应城市天润产业用布有限责任公司	武汉纺织大学	孝感
107	湖北省特色中药材资源企校联合创新中心	华润三九（黄石）药业有限公司	华中农业大学	黄石
108	湖北省健康食品现代智造企校联合创新中心	武汉森澜生物科技有限公司	华中农业大学	武汉

续表

序号	校企创新联合体名称	依托单位	合作单位	城市
109	湖北省心脑血管药物技术企校联合创新中心	黄冈鲁班药业股份有限公司	上海医药工业研究院	黄冈
110	湖北省表面处理技术企校联合创新中心	湖北韩泰智能设备有限公司	武汉理工大学汽车工程学院	黄冈
111	湖北省新型米酒企校联合创新中心	湖北米婆婆生物科技股份有限公司	湖北工业大学	孝感
112	湖北省锂离子电池正极材料关键技术企校联合创新中心	湖北融通高科先进材料有限公司	中国地质大学（武汉）	黄石
113	湖北省精细化学品研发企校联合创新中心	武汉宜田科技发展有限公司	武汉理工大学	黄冈
114	湖北省健康代糖产品企校联合创新中心	武汉市华甜生物科技有限公司	江汉大学	武汉
115	湖北省柿全产业链企校联合创新中心	湖北食为天药业股份有限公司	湖北省农业科学院果树茶叶研究所	黄冈
116	湖北省聚丙烯小容量注射剂企校联合创新中心	湖北科伦药业有限公司	湖北大学知行学院	仙桃
117	湖北省皮肤护理和消毒技术企校联合创新中心	湖北研妆实业有限公司	湖北大学	孝感
118	湖北省大健康企校联合创新中心	湖北明钼健康科技有限公司	湖北中医药大学	黄冈
119	湖北省粮油机械设备企校联合创新中心	安陆市天星粮油机械设备有限公司	武汉轻工大学	孝感
120	湖北省电力新材料企校联合创新中心	黄冈兴和电线电缆有限公司	黄冈师范学院	黄冈
121	湖北省名优鱼养殖企校联合创新中心	云梦北湖垸水产开发有限公司	华中农业大学	孝感
122	湖北省工业污水处理技术企校联合创新中心	千水清源（湖北）科技有限公司	武汉科技大学	天门
123	湖北省数字农业技术企校联合创新中心	湖北富邦科技股份有限公司	湖北大学	孝感
124	湖北省淡水产品高值化利用企校联合创新中心	武汉梁子湖水产品加工有限公司	湖北省农业科学院农产品加工与核农技术研究所	武汉
125	湖北省抗病毒原料药企校联合创新中心	湖北益泰药业股份有限公司	武汉工程大学	天门
126	湖北省纳米碳材料企校联合创新中心	湖北龙腾电子科技有限公司	武汉大学	孝感
127	湖北省纺织新材料企校联合创新中心	湖北枫树线业有限公司	武汉纺织大学	鄂州
128	湖北省汽车轻量化关键零部件企校联合创新中心	武汉锦瑞技术有限公司	湖北工业大学	武汉
129	湖北省先进混凝土制品企校联合创新中心	湖北正茂新材料科技股份有限公司	武汉理工大学	黄冈

等主流Ⅲ-V和硅基光电子芯片工艺开发和中试验证平台的基础上，投入1.23亿元购置设备，提升芯片封装测试验证平台和应用技术开发平台的核心能力。在封装测试平台方面，形成面向硅光芯片筛检测试的完整能力，系统筛检测试能力超过1000晶圆/月，并服务于全国首款100G硅光收发芯片的量产；建成的光通道精密自动化耦合和高密度高带宽2D/2.5D/3D键合集成研发和中试验证平台，形成自动化精密光耦合、3D打印光子联结、高精密贴片键合等光电集成能力，单件耦合固定耗时小于3分钟，最高可支持100GBaud光电子器件的封装需求，已为国内20余家单位提供封测服务。应用技术开发平台具备成熟的模块化和子系统板卡开发能力，可提供光纤激光器、光学传感、空间光等新兴应用的测试验证和测试服务。全年，武创院共新购置各类设备仪表888台（套），总金额超过3.5亿元。新立项国家和行业标准及研究课题17项，其中联合牵头2项行业标准和研究课题，参与起草国家标准1项、行业标准和研究课题14项；联合华为技术有限公司、中兴通讯股份有限公司、中信科移动通信技术股份有限公司、海信集团有限公司、中国信息通信研究院等国内优势企业，共同开展800Cb/s光收发模块、光电合封技术、量子密钥分发等通信行业标准的制定工作，布局前沿，协同发展。聚焦信息光电子关键共性技术的研发方向，多维度突破光电子芯片性能瓶颈，取得一系列突破，当年申请发明专利48项，授权发明专利14项，新发表学术论文17篇。其中，包括Nature Communications、Advanced Materials、Light: Science & Applications、IEEE JSSC、Photonics Research、ECOCPDP、ACP PDP、ACP invited等高档次期刊和会议文章。武创院研发的硅光产品成果入选中国科学技术协会2020年度"科创中国"先导技术榜单（电子信息类十项之一）；联合研制的"具有数字辅助分布驱动器和集成CDR的50Gb/s PAM4硅光子发射机"入选2020年度"中国半导体十大研究进展"；联合研制的"超高波特率LiNbO3薄膜相干光调制芯片"入选2020年度"中国光学十大进展"；"100Gb/s光通信核心光器件关键技术"获得湖北省科技进步一等奖；联合研制的"100G/200G硅光芯片相干收发芯片"入选2020年国资委"十大国有企业数字技术成果"和《中央企业科技创新成果推荐目录（2020年版）》。

【武汉城市仿真实验室获批自然资源部重点实验室】 2021年7月，武汉城市仿真实验室获批自然资源部重点实验室，是全国首批国土空间规划类重点实验室，构建以"三图"（现状底图、规划蓝图、实施动图）为引领的新时期国土空间规划数据体系。按照《自然资源部科技创新平台管理办法（试行）》相关文件要求，实验室于12月31日正式成立第一届学术委员会，并召开第一次全体会议。学术委员会汇集空间规划、综合交通、区域经济、工程管理、水利水电、地理计算、测绘遥感、建筑设计等众多领域专家学者，邀请中国城市规划设计研究院院长王凯任学术委员会主任，中国工程院院士、国家基础地理信息中心陈军院士、华中科技大学丁烈云任副主任。

2018年4月10日，武汉市召开武汉城市仿真实验室专家研讨会，宣布成立国内首家城市仿真实验室。2019年6月28日，武汉城市仿真实验室技术联盟成立大会召开。2020年10月，武汉城市仿真实验室正式联网上线。

（武汉市地方志编纂委员会办公室）

【鄂州精密测量创新中心建设】 2021年，鄂州精密测量创新中心项目完成前期征地和通水通电通路及地面平整工作。该项目由鄂州市人民政府与中国科学院精密测量科学与技术创新研究院合作，共建沼山地下精密测量科学与技术实验设施和鄂州中科量子技术工业研究院。沼山地下精密测量科学与技术实验设施将依托中科院精密测量创新院的技术支撑，面向国际科技前沿开展量子精密测量物理科学实验，致力于实现重大科学突破、提出重大原创理论、开辟重要学科方向；鄂州中科量子技术工业研究院以量子器件、量子信息、光电信息、生物技术、生物医学工程等技术领域为重点，建立一批产业技术研究平台、孵化平台、服务平台、区域协同创新平台，围绕原子干涉仪、钙离子光钟、汞离子微波钟、重力仪、高场核磁共振技术等聚集一批高端人才，研发转化一批高新技术产业项目，形成较为完善的产业技术创新链。项目占地面积6.67公顷，总投资20亿，分三期建设，其中一期工程建设投资7000万元。

【鄂州市工业技术研究院建设】2021年，鄂州市工业技术研究院获批省级产业技术研究院、省级科技企业孵化器、省级众创空间、省级小型微型创新示范基地、省级技术转移示范机构等平台15项。该研究机构为鄂州市人民政府与华中科技大学于2016年4月合作共建，主攻领域包括推动科技成果转化、培育发展战略性新兴产业、推进人才交流和培养。通过国家级科技企业孵化器认定，实现鄂州市"零的突破"。截至年底，鄂州工研院建成公共和专业技术平台18个，科研实验和产业孵化空间近5万平方米；申报知识产权600余项，孵化出湖北深紫科技有限公司、精微视达医疗科技有限公司、湖北微生元生物科技有限公司、维视医学影像有限公司鄂州分公司等高科技企业60个，其中学校成果转换企业28个；引进高端企业、产业化人才230余名。

（鄂州市档案馆 鄂州市"同城办"）

【孝感市产业技术研究院建设】2021年，孝感市投资2.2亿元，筹建孝感市产业技术研究院，6月底完成楼房建设，开展科研设备采购和安装工作。孝感产业技术研究院、粮油机械制造产业技术研究院两项目列入省科技厅年度建设计划，待专家评审。指导富邦科技公司和摩洛哥磷酸盐集团筹建OCP—富邦亚太联合研发中心，已进入仪器设备安装调试阶段。组织湖北三江航天江北机械工程有限公司等细分领域龙头企业与武汉高校院所共建企业创新联合体3个。组织湖北福星生物科技有限公司、湖北祥源新材科技股份有限公司等10余家企业与华中科技大学、湖北大学等高校合作，深入开展新型研发机构建设。推动湖北省盐产业技术研究院与武汉轻工大学合作开展技术研发和科技成果转化中试基地3个，储备专利成果30多项。推动孝感市科技型企业与武汉高校、科研院所开展科技合作，新建专家工作站14个，累计建立院士专家工作站102个。全年申报省级

孝感华工高理电子有限公司NTC热敏电阻器产品获得国家级制造业单项冠军
（孝感市史志研究中心 供图）

企校联合创新中心51家。

（孝感市史志研究中心）

【仙桃产业技术研究院建设】2021年，仙桃市促成企业与武汉高校联合建立产业技术研究院。8家企业与武汉纺织大学签订企校合作协议，助力非织造布产业产能升级、结构升级、品牌升级；与华中师范大学合作共建仙桃新材料产业技术研究院，推动环氧新材料、复合材料刹车片等关键共性技术研发，被省人民政府列入33家重点建设产业技术研究院之一；与华中农业大学等高校合作共建黄鳝产业技术研究院，组建20余名的黄鳝产业技术创新专家团队，集中攻克黄鳝繁育和精深加工关键环节；武汉理工大学与仙桃新蓝天新材料股份有限公司合作成立湖北聪慧技术研究院，致力于硅烷等新材料的前沿技术研发；武汉工程大学与湖北绿色家园材料技术股份有限公司合作，成立绿色家园

环氧新材料研究院，生产产品质量达到国际领先水平；湖北新鑫非织造布有限公司与武汉纺织大学合作成立仙桃市无纺布生产力促进中心，致力于非织造布材料新领域应用；湖北慧狮塑业有限公司与湖北大学合作致力于包装新材料研发。至当年底，全市有50多家企业与武汉高校进行深度技术合作，有6名高校教授在仙桃企业任科技副总，仙桃市成立8家博士后工作站、4家院士工作站。

（仙桃市史志研究中心）

光谷科技创新大走廊建设

【概况】2021年，光谷科技创新大走廊依托武汉东湖新技术开发区，全力以赴打造创新光谷、富强光谷、美丽光谷"三个光谷"升级版，地区生产总值突破2401.44亿元，比上年增长16.8%，两年平均增速10.8%；工业增加值增长25.9%；高新技术工业投资超过500亿元。新引进泰康科技和大健康总部、华星光电t5、高端光电子器件产业基地等4个百亿级项目，以及腾讯数字产业总部、瑞科吉生物全球总部、亿纬锂能等一批新动能项目，招商引资实际到位资金903.42亿元，实际利用外资24.42亿美元。加快建设长江存储二期、迈瑞医疗等重点项目，联影医疗武汉基地等产业项目建成投用。武汉联想基地产值突破500亿元，百亿级规模以上工业企业达到6家。谋划建设全国首个"星火·链网"区块链基础设施，建成全球灯塔工厂1家，获批国家级智能制造试点示范企业4家，武汉国家工业互联网标识解析顶级节点注册量超过60亿个。

全面启动东湖科学城建设，五大湖北实验室（光谷、珞珈、江城、东湖、九峰山实验室）挂牌运营，3个重大科技基础设施、2个国家技术创新中心获批，武汉产业创新发展研究院、武汉量子技术研究院落户光谷，国家级人类遗传资源库、武汉人工智能计算中心建成运营，光谷黄冈科技园建成开园，签约共建黄石、黄冈等光谷科创大走廊功能区，初步构建科学城的"四梁八柱"。

全年研发经费投入强度87%，比上年增加0.4个百分点，高新技术产业增加值1288.78亿元，占地区生产总值的53.7%。新认定"瞪羚企业"（指创业后跨过"死亡谷"，以科技创新或商业模式创新为支撑，进入快速成长期的企业，也被称为高成长企业，具有成长速度快、创新能力强、专业领域新、发展潜力大、人才密集、技术密集等特点）502家，新增高新技术企业1100家、总数达到4200家。首颗三维相变存储器测试芯片、首款百万像素级双色双波段红外探测器、首台新型显示喷印装备等"光谷原创"重大技术成果问世，中国信息通信科技集团有限公司等10家企业上榜中国企业专利500强。

【光电子信息创新产业带】2021年，武汉东湖新技术开发区光电子信息产业连续4年获得工业和信息化部五星级评价。全国268家基地中，仅6家基地连续4年获评五星，"武汉·中国光谷"已成为代表中国参与全球光电子信息产业竞争的知名品牌。光电子信息产业是湖北武汉重要支柱产业之一，也是"十四五"期间湖北武汉重点发展的战略性新兴产业。2021年诞生国内首颗三维相变存储器测试芯片、1.6Tb/s硅基光收发芯片、国内首款百万像素级双色双波段红外探测器、120W皮秒/40W飞秒激光器、首台套新型显示喷印技术装备等一批重大成果，推动产业技术水平迈向更高台阶。烽火通信科技股份有限公司推出中国首款、拥有自主知识产权的400G相干商用硅光收发芯片，这是目前国际上已报道的、集成度最高的商用硅光集成芯片之一。武汉锐科光纤激光技术股份有限公司与海外巨头IPG较量，在激光设备全球供应链市场占有率分别为27.3%和28.1%，差距已缩小至0.8%。武汉天马微电子有限公司持续保持车载整体市场及仪表市场的双料冠军。长飞光纤光缆股份有限公司海外业务收入达人民币30.86亿元，比上年增长约46.8%，占比首次超过公司全年收入的30%；联合行业内企业组成竞买联合体，收购芜湖启迪半导体有限公司及芜湖太赫兹工程中心有限公司，布局以碳化硅为代表的第三代半导体的工艺研发和制造；还收购巴西Poliron公司，布局巴西及拉丁美洲区域市场。同时,帝尔激光二期、锐科激光华中基地、奔腾激光研制基地进一步夯实激光优势地位,新创元IC载板、凌久微国产GPU研发中心、精测电子高端测试设备、飞恩微电子研发生产基地进一步补全IC产业链,中兴通讯股份有限公司武汉研究所、OPPO华中软件研发与技术能力中心延展通信终端。光电子信息先进制造业集群作为东湖新技术开发区的核心承载区,辐射带动武汉市内其他行政区及黄冈、黄石、孝感、鄂州、潜江等武汉周边城市发展。

【大健康创新产业带】 2021年,武汉光谷大健康创新产业带(国家生物产业基地)发展迅猛。全年完成规模以上工业总产值147.5亿元,比上年增长38%;规模以上服务业收入61亿元,增长14%;其他营利性服务业收入60亿元,增长15%。固定资产投资23亿元,增长96%。其中,工业投资10.9亿元,增长71%。新增入库项目20个,总投资64亿元。其中,工业项目15个,总投资52亿元。新增工业小进规21家,服务业小进规12家,批发业小进限1家;新增申报工业小进规8家,服务业小进规7家,批发业小进限3家;新认定高新技术企业95家,高新技术企业总数达443家。88家企业认定为光谷"瞪羚企业"(指创业后跨过"死亡谷",以科技创新或商业模式创新为支撑,进入快速成长期的企业,也被称为高成长企业,具有成长速度快、创新能力强、专业领域新、发展潜力大、人才密集、技术密集等特点)。招商引资到位资金134.4亿元;实际利用外资2.53亿美元。一批具有带动作用的产业项目正式签约。其中,元鼎康生物、元瑞科吉生物两项目总投资均超

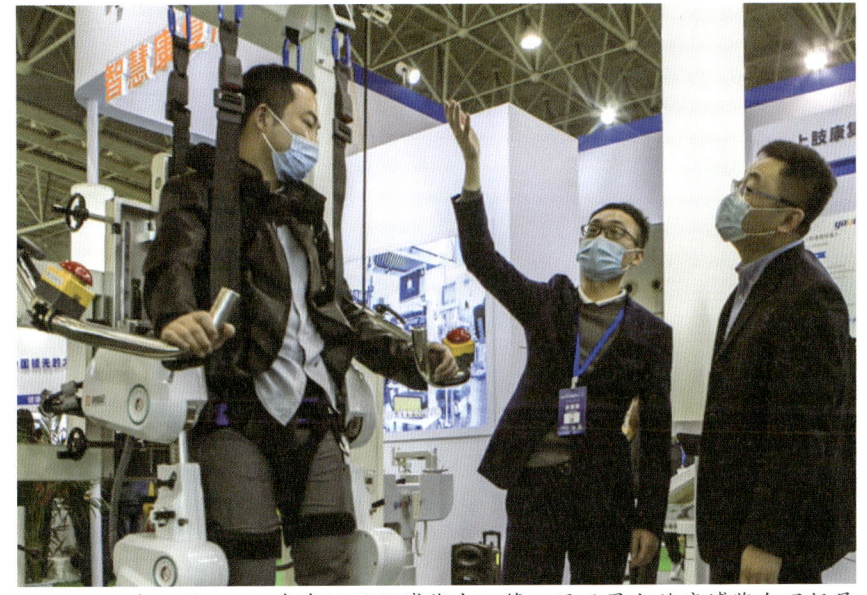

2021年4月8日,在武汉国际博览中心第三届世界大健康博览会现场展示的康复治疗设备　　　　　　　　　(武汉市地方志编纂委员会办公室　供图)

2017—2021年武汉东湖新技术开发区完成经济指标一览表

指标名称	单位	2017年	2018年	2019年	2020年	2021年
国内生产总值	亿元	1470.37	1703.48	1876.77	2001.85	2401.44
产业投资	亿元	360.08	365.75	373.67	471.93	523.26
基本建设投资	亿元	270.39	221.81	223.92	226.31	287.16
财政收入	亿元	338.5	411.94	505.79	337.29	302.60
实际利用外资	亿美元	19.81	23.01	25.81	21.6	24.42
出口额	亿元	105.58	110.92	101.26	659.98	950.6
引进内资	亿元	601.85	638.6	587.8	707.32	—
年销售收入过1亿元企业	个	445	474	441	443	565
年销售收入过10亿元企业	个	91	95	83	89	114
高新技术企业累计	个	1848	2328	2323	3100	4447

注:2017—2019年出口额单位为亿美元。

过60亿元，总投资超过10亿元的生物医药项目4个。《东湖科学城建设发展规划》明确武汉国家生物产业基地"打造全球生命健康科技创新中心"的战略定位。武汉国家级人类遗传资源库正式启用，省部共建高端生物医学成像设施项目建议书获湖北省发展和改革委员会批复，湖北省医疗器械质量监督检验研究院二期项目已完成竣工验收并交付。争取设立国家药品监督管理局医疗器械审评中心医疗器械创新湖北服务站，研究建设国家健康医疗大数据中心（武汉）项目。新获批国家药品监督管理局超声手术设备质量评价重点实验室、药物制剂质量研究与控制重点实验室和农业农村部作物分子育种重点实验室、微生物农药创制重点实验室等4个国家级平台，以及湖北省新药创制综合性技术创新平台等6个省级平台，各级平台总数突破100个。新认定鼎康公司生物药物开发及商业化生产服务平台等公共服务平台3个。全年新获批5个国家一类新药临床试验，新增二类以上医疗注册证238个，其中三类35个、二类203个。新增新兽药证书3个、国家审定新品种11个。东湖新技术开发区全年举办"生物创赢汇"28期，联合政策银行、商业银行、保险机构、担保机构、融资租赁和投资机构等开展多场对接会，帮助企业累计获得股权投资94.15亿元人民币和1.9亿美元，获得银行贷款、融资租赁、中期票据、公司债券等债权融资173.29亿元人民币；推动康圣环球基因技术有限公司在香港交易所上市，武汉华康世纪医疗股份有限公司通过深圳证券交易所创业板审核，报审、报辅导企业数达5家。

【**智能创新产业带**】 2021年，武汉光谷智能创新产业带持续发力。光谷科技创新大走廊集聚人工智能企业120余家，核心产业规模年产值超100亿元，相关产业规模超500亿元，在智能芯片、信息安全、机器视觉、自动驾驶、智慧医疗等领域形成特色。武汉人工智能计算中心正式竣工并投入运营，成为国内首个具有公共服务性质的人工智能算力基础设施，已吸引100多家企业入驻，日均算力使用超过90%，联合孵化出50多类场景化解决方案，覆盖智能制造、智慧城市、数字农业、自动驾驶等应用场景。武汉昇腾人工智能生态创新中心、多模态人工智能产业联盟、武汉人工智能研究院等多个重点项目落地光谷。

【**华星光电第6代半导体新型显示器件生产线扩产项目**】 2021年，武汉华星光电显示技术有限公司投资150亿元，建设一条第6代LTPS LCD显示面板生产线，采用Mini LED/Micro LED显示技术、LTPO背板技术、超高分辨率LTPS技术、触控技术（In-cell Touch、主动笔）生产，月加工1500mm×1850mm玻璃面板4.5万张，产品主要应用于高端旗舰车载、笔电、平板、VR显示面板等中小尺寸高端旗舰显示屏。项目建成后，第6代LTPS LCD显示面板生产线总体产能将达到10万张/月。

【**光通信一体化产业基地项目**】 2021年，武汉光谷着力打造光通信一体化产业基地。该基地主要建设光通信产业研发、系统设备制造、光纤光缆制造、服务器与存储设备制造、5G产业链项目等板块，项目达产后预计年产值将超过700亿元。武汉市有光通信生产企业100多家，覆盖上游光纤光缆、中游光器件及光模块、下游光通信系统设备的光通信完整产业链。其中，光纤光缆国内市场占有率超过60%，国际市场占有率超过25%；光器件国内市场占有率超过40%，国际市场占有率超过12%。武汉市是国家高新技术激光产业化基地，获批激光产业区域集聚发展试点，拥有武汉华工激光工程有限责任公司、武汉楚天激光（集团）股份有限公司、武汉锐科光纤激光技术股份有限公司、武汉安扬激光技术股份有限公司、武汉帝尔激光科技股份有限公司、武汉天琪激光设备制造有限公司等一批龙头（领军）企业，已经形成以激光器、工业激光设备和医疗激光设备等为主的能量激光产业集群，国内市场占有率连续11年超过50%，光纤激光器国际市场占有率超过10%。

【**新型显示液晶面板产业化工程**】 2021年，武汉光谷启动新型显示液晶面板产业化工程项目。该项目基于 ADS 技术，采用 Cu 工艺、非晶硅与 Oxide 兼容的工艺路线，建设玻璃基板月产 12 万片的第 10.5 代薄膜晶体管液晶显示器件（TFT-LCD）生产线，打造目前全球 TFT-LCD 行业最高的世代线；建设若干新型显示及半导体研发制造配套项目；打造全国第一个拥有自主产权的集成电路制造 CMP 关键耗材研发和生产基地和柔性 OLED 有机板材料、发光材料研发及产业化基地；建设泛半导体自动化设备研发生产基地，主要生产新型显示液晶模组、OLED 模组生产线自动化设备，以及半导体相关的精密组装和检测等核心自动化设备。至年底，武汉已成全国最大的中小尺寸显示面板基地，50 多家新型显示产业企业总投资超过 1000 亿元，聚集了天马微电子、TCL 华星、精测电子、鼎龙股份、尚赛光电等一批行业龙头，涵盖玻璃基板、发光材料、检测设备、工业气体等环节，形成完整的新型显示产业链。

【光谷生物创新园二期项目开工】 2021 年 12 月 7 日，武汉光谷生物创新园 I 期项目建成开园，II 期项目全面开工。光谷生物创新园是光谷生物城 7 个专业园区之一，总开发量 64 万平方米，共分三期建设。其中 II 期项目建设总投资 51 亿元，主要建设专业孵化器、药品及医疗器械检测中心、中试放大平台、仪器共享中心、金融服务平台、众创空间等。

【湖北实验室入轨运营】 2021 年 2 月 18 日，在湖北省科技创新大会上，光谷实验室、江夏实验室、珞珈实验室、洪山实验室、江城实验室、东湖实验室、九峰山实验室等 7 个湖北实验室揭牌启动建设工作。武汉市积极落实《湖北实验室建设与运行管理办法》，出台《武汉市支持湖北实验室建设与运行政策措施》，对于获批筹建的湖北实验室，所在区人民政府是建设主体，负责在基础设施、土地、财政投入等方面给予一定保障，确保高质量建设实验室；

2021 年省部共建湖北实验室一览表

名称	项目建设内容	投资额	年限
光谷实验室	对标国家实验室，围绕信息光电子、能量光电子、生命光电子三大领域，聚焦四大研究方向，开展原创性基础科学研究，打造全省光电领域顶级实验室，推动湖北省"光芯屏端网"和大健康万亿级产业集群发展，为"武汉·中国光谷"迈向世界光谷提供战略支撑	每年 5000 万元	长期
珞珈实验室	围绕国家自主可控的空天信息科技发展战略，以世界前沿科学理论创新、重大科技任务攻关和国家大型科技基础设施为主线，以空天战略性前沿技术体系构建与自主核心软硬件研制为目标，开展战略性、前瞻性、基础性、系统性科技创新和集成性、融合性产业化实践	每年 5000 万元	长期
江夏实验室	聚焦新发突发传染病病原前沿基础研究，突破生物安全防护关键核心技术，创制新一代侦检装备和疫苗药物，建设成为国家生物安全与健康领域的高端人才集聚地、原始创新策源地、重大成果输出地，建成生物安全国家实验室或者成为生命健康领域国家实验室的战略骨干力量	每年 5000 万元	长期
洪山实验室	聚焦现代生物技术前瞻性基础研究以及现代种业绿色健康发展关键技术瓶颈的重大突破，全面提升种质资源创新和综合利用的能力，保障粮食主权，成为我国在生物种业前沿基础研究领域最具代表性的学术高峰、重大共性关键技术研究基地和科技成果辐射源头	每年 5000 万元	长期
江城实验室	聚焦以存储器为特色的集成电路产业，布局先进存储前沿技术领域，开展原创性基础科学研究，致力于突破发达国家技术封锁，防范颠覆性技术风险，完善湖北省集成电路产业生态环境，提升产业发展层次和地位，支撑湖北成为中部崛起的战略支点	每年 5000 万元	长期
东湖实验室	利用综合电力和电磁发射技术占据国际制高点的领先优势，建成电磁能领域综合性研究基地和创新高地，形成引领世界电磁能领域科技革命的核心	每年 5000 万元	长期
九峰山实验室	通过与高校、设备材料厂商、制造厂商、化合物半导体设计公司等顶尖伙伴的合作，在化合物半导体的基础研究、装备、材料、工艺、工具等环节持续创新，营造开放创新的氛围，吸引全球顶尖化合物半导体人才，形成全球化合物半导体科研创新高地	每年 5000 万元	长期

在湖北实验室5年建设期内，市、区财政根据省级拨付经费，配套提供年度运行经费补助；支持湖北实验室积极申报国家、省、市科研项目；支持湖北实验室创建国家、省、市各类科技创新平台；支持湖北实验室创新人才引进培育机制，充分利用省、市各类人才政策，集聚一批战略科学人才、科技领军人才、青年科技人才和高水平创新团队新成立7个湖北实验室。年内，光谷实验室、珞珈实验室、江城实验室等人工智能相关实验室已经开展集成光子学、多模态生物医学影像、高精度时空基准与智能导航定位、空天信息人工智能方法与安全技术等人工智能重点方向关键技术研究，截至年底，省、市、区三级共计拨付3.5亿元支持资金。

2021年6月22日，黄石（武汉）离岸科创园开园运营。图为科创园外景
（黄石市档案馆　供图）

【黄石（武汉）离岸科创园建设】
2021年6月，黄石（武汉）离岸科创园正式开园。该项目位于东湖新技术开发区光谷物联港产业园，建筑面积约5.70万平方米，总投资7亿元，是湖北省首个在武汉建立的离岸科创中心，是黄石对接武汉协同创新的重点项目，重点建设研发试验、招才引智、对接资本、企业孵化、成果转化"五大中心"。开园半年，已签约入驻企业和高校科研机构52家，常驻办公人员385人。借助这一平台，上达电子（黄石）股份有限公司等企业与华中科技大学等高校开展产学研合作，黄石惠晶显示科技有限公司与武汉光迅科技股份有限公司等龙头企业建立产业链协同机制。通过"企业出题—部门领题—高校答题"方式，入园的黄石企业研发中心还与高校组建了30个技术创新团队，柔性引进高层次人才61名，共同攻关解决技术难题300多项，武汉高校院所100多项科技成果在黄石转化应用，成功架起黄石积极对接武汉、融入光谷科创大走廊的桥头堡。

【黄石市科技城科创中心建设】
2021年，黄石市科技城科创中心一期项目基本建成，二期项目同步开工。该项目位于大冶湖核心区域，规划总用地面积113.33公顷，建筑面积19.6万平方米，总投资10亿元。其中，一期项目为黄石科创中心，占地面积7.84公顷，投资2.8亿元，于2019年9月开工，主要建设展厅中心、科创大厦、人才公寓等，总建筑面积5.5万平方米。二期项目投资3.8亿元，主要建设国投大厦、会议中心、创新大厦等，为黄石市科技创新成果转化示范基地，总建筑面积5.5万平方米。

【光谷科创大走廊鄂州功能区建设】
2021年，鄂州市启动光谷科技创新大走廊鄂州功能区建设，以红莲湖—葛店科创组团和鄂州机场临空组团为重点，构建"一横一纵"两条创新发展带。举办一季度鄂州市暨光谷科创大走廊鄂州功能区重大项目集中开工活动，启动产业转型升级、社会民生、生态文明等领域22个重大科技项目，总投资约408亿元。与东湖新技术开发区签订共建光谷科创大走廊战略合作协议，将红莲湖科技园纳入东湖科学城拓展范围，将葛店开发区纳入光谷科学岛规划统筹范围。新增省级新型研发机构3家，实现高新技术产业增加值223.3亿元；新增科技型中小企业64个，审查备案高新技术企业66个。全市现有高新技术企业 161 个、国家级专精特新"小巨人"企业 6 个、省级专精特新"小巨人"企业 50 个、隐形冠军企业 61 个。

（鄂州市档案馆　鄂州市"同城办"）

【黄冈（光谷）离岸科创中心】2021 年，黄冈（光谷）离岸科创中心正式投用。黄冈市在武汉东湖新技术开发区大学科技园租赁约 1000 平方米场地，按照构建"前台研发、孵化在武汉，后台转化、生产在黄冈"的协同创新模式运营，选派 5 名专职干部组建驻汉联合招商工作专班。年内，6 家黄冈本土企业进驻并建立研发中心，对接各类创新平台、商会协会、瞪羚企业 60 余家，征集出孵入园、扩产拓能项目信息 13 条，引进投资 8000 万元的虹膜识别、投资 6000 万元的小驴机器人等项目落户黄冈。实际运行过程中发现规模偏小，黄冈市又在光谷核心区内重新选址 10000 平方米场地新建离岸科创中心，委托第三方专业机构运营。

【光谷科技创新大走廊咸宁功能区建设】2021 年，咸宁市启动光谷科技创新大走廊咸宁功能区建设。编制《光谷科技创新大走廊咸宁功能区发展规划》，重点发展光电子信息、大健康、智能产业、数字经济、新材料、新能源、科技服务、现代物流、现代农业、文化创意十大产业，以此为基础发展高新技术产业。集中开工建设光谷科技创新大走廊重点科技和产业发展项目 269 个，总投资约 624 亿元。与东湖新技术开发区签订《建设光谷科技创新大走廊战略合作协议》，合作建设咸宁科技创新中心、科技成果转化加速器、横沟科学城、中国光谷咸宁产业园项目承载区等一批重大科技产业项目，逐步提升光谷核心区产业转移承载力。依托湖北科技学院建设"糖尿病心脑血管病变湖北省重点实验室""辐射化学与功能材料湖北省重点实验室"2 个省级重点实验室，与武汉理工大学共建武汉理工大学咸宁研究院暨数字内容审核基地，赋能咸宁功能区产业发展。

（湖北省武汉城市圈研究会）

车谷产业创新大走廊建设

【概况】2021 年，车谷产业创新大走廊建设依托武汉经济技术开发区（汉南区）（简称武汉经济技术开发区），全力打造万亿级车谷产业创新大走廊，努力建设产城融合、宜居宜业的"车谷副城"。成立科技创新中心，发布"车谷科创 33 条"等创新政策，举办全国"双创周"湖北会场、产业创新大赛和全市科技成果转化对接会等"双创"活动。引进院士、国家"千人计划"等各类高端人才约 500 名，技能人才 2.4 万名，吸引大学生就业创业 1.9 万人。"车谷资本岛"集聚各类投资基金 408 亿元，"车谷人才港"、国家级人力资源产业园车谷园区建成投用。区内国家重点实验室实现"零"的突破，新增省级企业研发机构 6 家、市级"双创"孵化平台 3 家，一批新型研发机构落地建设。全年新增高新技术企业 170 余家，培育"瞪羚企业"95 家、"专精特新"企业 8 家、科技

2021 年 10 月 26 日，智能网联汽车产业链联合党委成立大会暨产业党建论坛在武汉经济技术开发区军山新城·春笋召开

（武汉市地方志编纂委员会办公室　供图）

"小巨人"企业135家。技术合同成交额达20亿元,发明专利授权量比上年增长136.5%。

【"车谷科创33条"出台】 2021年7月7日,武汉经济技术开发区发布《关于促进创新创业创造发展 助力打造国家科技创新中心33条措施》,即"车谷科创33条"。武汉经济技术开发区每年拿出不少于8亿元,用于激励相关企业科技创新。"车谷科创33条"将高新技术企业的区级配套提高到30万元,高于全市平均水平50%;市外迁入的高新技术企业落户发展,区级配套60万元,高于全市平均水平20%。"车谷科创33条"还将支持范围扩展到中小微企业和服务机构。给予新落户的科技型中小微企业最高60万元的创业启动资金支持和200平方米的房租补贴,支持力度超过全市乃至全国同类开发区水平;尤其是"卡脖子"和"揭榜挂帅"等核心技术攻关项目的科研配套比例达到150%,单个项目支持金额可达4500万元,比部分沿海开发区高出一倍以上,在全国范围内也是最高的。"车谷科创33条"还大力支持企业研发机构不断提档升级。新认定为国家级、省级科技创新平台的,最高分别奖励500万元、200万元;对龙头骨干企业研发机构、重点高校科研院所的新型研发机构、国家重点实验室和国家制造业创新中心4类高水平科技创新平台,支持金额可达1亿元以上;院士专家项目,落地支持可达5000万元。"车谷科创33条"还创新改革人才评价机制。企业认定的研发骨干人才,每人每年最高可获得20万元奖励。

【军山新城建设】 2021年7月,武汉经济技术开发区推进园区、街道、平台公司一体化改革,启动建设经开新区·军山新城。军山新城是武汉市"交通强国建设"和"智慧城市基础设施与智能网联汽车协同发展"两个国家试点城市的核心承载区,北接沌口,南通纱帽,西连常福,东望金口,规划面积121平方千米,也是车谷副城的战略支点。园区按照产城融合、创新驱动的发展理念,大力发展总部经济、科技研发、高端制造和现代服务业,军山科创区、凤凰智能制造区、中央活力区、龙灵文旅区和车谷中央公园"四区一园"初具形态。一批创新产业园、科创企业和车谷科创中心相继进驻,武汉新能源汽车工业技术研究院、哈工大机器人集团武汉国际创新研究院、武汉中科先进技术研究院有限公司等科技创新智慧平台相继投入运营,一批智能网联汽车项目和公司总部相继落户,累计集聚科创企业166家,武汉大学"新两院"、武汉理工大"三院"相继签约。引进添韵基金、桐航基金、睿钰基金和中科育成等4只产业基金,基金规模合计达18.5亿元,重点扶持智能网联、电子信息、人工智能等领域创新企业做大做强。引进一批高端人才,开展"黄鹤英才""车谷英才"和博士人才"倍增工程"等人才计划申报推荐工作,新增省级产业技术研究院1家、省级孵化器1家;累计引进院士项目4个,国家级人才5名,省级人才2名,市级人才3名,区级人才5名。至当年底,累计兑付各类企业扶持资金近5亿元。川江池路、黄陵矶大道、硃山路建成通车,城市主干路网基本成型,工业园片区支

2021年7月7日,武汉科技成果转化对接活动·中国车谷专场现场

(武汉市地方志编纂委员会办公室 供图)

路成网成环；设法山三国历史文化公园建成开园，武汉爱莎国际学校主体结构完工，同济国际医学康复中心等重点项目相继开工建设；实施军山新城花田花海项目，启动江滩公园前期工作，完成檀军公路、设法山路、车谷大道、经开大道等景观长廊建设，军山新城碧水蓝天、鸟语花香的城市形态基本形成。

【国家新能源与智能网联汽车基地建设】 2021年，武汉国家新能源与智能网联汽车基地全面构建完善的车路协同智能网联汽车测试体系。建成106千米（双向212千米）全国最大规模的智能化开放测试道路，可满足L4及以上等级车路协同自动驾驶测试运行，累计开放道路里程321千米（双向642千米），规模居全国前列。部署基于数字孪生、泛在感知技术的车城融合管理平台，支持智能网联汽车的测试、研发和管理。出台《促进智能网联汽车产业创新发展若干措施（试行）》，从智能网联汽车产业生态构建、技术研发、产品测试、示范应用等6个方面制定16条扶持措施，对符合条件的企业最高奖励2亿元。引入东风领航、东风悦享、海康智联、元戎启行、亿咖通等智能网联汽车头部企业，发挥清华大学、武汉大学联合实验室等自动驾驶研发创新平台作用，集聚核心零部件、自动驾驶解决方案和出行服务等相关企业50余家，形成以自动驾驶解决方案、芯片、激光雷达、毫米波雷达、高精度地图、V2X等为关键核心技术、关键资源和支撑能力的产业生态圈。支持企业探索商业化运营新方向，投入80余辆各类型车辆，开展涵盖共享出行、公交接驳、清洁环卫和物流配送等6大类应用场景的示范应用。联合东风公司打造Robotaxi领航车队，投入超50辆自动驾驶出租车，开放试乘点22个，累计运行里程近60万千米。开通首条ADAS公交线路，完成236台存量公交车的智能化升级，涉及全区24条公交线路，为1万辆社会车辆加装了车智能通信装置，实现基于车联网的信息交互和协同控制。武汉智能网联汽车测试场十大场景测试区、四大实验室群，以及中部首条F2级别国际赛车道正在同步施工。至年底，多功能区、山地测试区等七大测试区基本完工。

【新能源汽车产业发展】 2021年，武汉经济技术开发区加快推动新能源汽车产业转型。将新能源产业作为"3335"现代产业体系（巩固提升汽车制造、电子电器、食品饮料3大优势产业，强力推进新能源与智能网联汽车、新能源、新材料3大战略产业，重点突破数字经济、现代服务、大健康3大重点产业，发展壮大高端装备、智能建造、通用航空、现代物流、高科技农业5大特色产业）中的重点产业来推动，新能源汽车规模不断扩大、氢能产业集群效应显现。吉利整车及零部件项目、岚图汽车高端新能源乘用车及销售总部、小鹏汽车武汉智能网联汽车制造基地及研发中心、中航锂电动力电池及储能电池武汉基地4个在建项目，投资均在100亿元以上。全年新能源汽车产业产值超过200亿元。东风本田、神龙汽车、东风乘用车、岚图汽车科技有限公司和武汉开沃五大整车企业产量6.5万辆，比上年增长496%；完成产值106.7亿元，增长556%。上市车型共有22款，其中，eNs1、XNV、东风风神E70、岚图FREE和梦想家等纯电动车型17款，CRV、东风标致508L等插电混动和增程式车型5款。东风乘用车实现新能源汽车量产3万辆，渗透率达25%。全区在建汽车产业非工项目8个，总投资约44.3亿元，当年完成投资16.1亿元。初步形成布局合理、科学高效的新能源汽车充电设施体系。累计完成新能源汽车充电基础设施建设任务2.54万个，建成1.29万个，完全具备安装条件的有1.24万个，建成集中式充电站77个。

【武汉理工大"三院"创新平台建设】 2021年6月20日，武汉经济技术开发区与武汉理工大学签署共建武汉人工智能与新能源汽车工业技术研究院协议。共建项目含新能源汽车工业技术研究院、人工智能产业技术研究院、人工智能产教融合示范学院三个部分（简称"三院"），主要围绕突破新能源与智能网联汽车核心技术，支撑武汉经济技术开发区新能源与智能网联汽车产业集群发展；围绕人工智能理论与算法、智能网联汽车、先进智能交通技术、机器人与智能制造、智能康复机器人、人工智能新材料等领域建设研发中心，加快人工智能产业技术发展。其中，新能源汽车工业技术研究院将设立应用技术创新平台、公共检测平台、科技服务平台、投融资平台、产业化平台，建设氢能开发与新能源检测中心、汽车轻量化与零部件智能制造技术中心、新能源汽车动力系统研发与测试中心、大数据与人工智能高性能计算及服务平台，为汽车与新能源产业提供人才高地、技术创新与产业孵化基地支撑。人工智能产业技术研究院以人工智能理论及算法为基础，建设智能网联汽车研究中心等"五大"中心，加快开发人工智能"五大"产业技术。人工智能产教融合示范学院将建设一支300人的以教授为主的教研核心团队，产教融合，培养一支2000~3000人的以专业学位研究生为主的高层次应用技术人才队伍。

【武大"新两院"创新平台建设】2021年7月4日，继武汉经济技术开发区与武汉大学合作共建的重离子医学中心顺利开工后，双方共商拓展合作领域，在武汉经济技术开发区新建武汉大学生物医学工程学院和智慧医疗装备研究院（简称"新两院"），打造世界级大健康领域创新产业集群。武大"新两院"项目拟选址经开新区·军山新城，以重离子医学中心项目为依托，建设集教学、科研、培训、社会服务、产业孵化为一体的生物医学工程学科和创新体系，旨在打造世界一流的生物医学工程类人才培养与创新创业基地。

【东风新能源汽车产业园】2021年底，东风新能源汽车产业园（简称产业园）一号园区和二号园区一期工程基本完成。一号园区位于武汉经济技术开发区创业三路，占地面积8.87公顷，规划建设年产80万套各类控制器、12万套电机和5万套电池系统的制造能力；二号园区位于武汉经济技术开发区风亭二路，占地面积24公顷，布局燃料电池电堆生产、总成装配、中试线、试验室及加氢站等配套设施。产业园内有东风时代（武汉）电池系统有限公司、东风航盛（武汉）汽车控制系统公司、东风电动车辆股份有限公司电驱动工厂、智新科技股份有限公司等单位。产业园在新能源汽车核心"三电"（电池、电机、电控）布局上，已形成40万套电控、20万套扁线电机、28万套电驱动总成、10万套电池系统和30万只IGBT模块的运营能力。其中，智新科技股份有限公司开始自主研发生产的车规级IGBT芯片模块产品正式下线，可年产30万套，解决东风新能源事业发展中IGBT的"卡脖子"问题，现已具备IGBT设计、制造、封装与测试全套能力。电驱动总成工业化能力初步形成，全年实现生产销售3.6万台（套），本部实现营业收入3.73亿元，子公司营业收入11.83亿元。

【小鹏汽车武汉智能网联汽车制造基地项目】2021年4月8日，小鹏汽车武汉智能网联汽车智造基地项目正式落户武汉经济技术开发区。该项目落户通航产业园，占地面积约100公顷，规划建设

2021年9月26日，武汉经济技术开发区、东风汽车集团、中国长江三峡集团、中国一汽集团共同成立电池管理科技公司

（武汉市地方志编纂委员会办公室　供图）

整车及动力总成工厂，设计产能10万辆，总投资100亿元。7月31日，该项目正式启动。至2021年底，项目一期用地面积56.67公顷已完成场平、地勘、桩基施工，正进行主体结构施工。

【羿动电池银行项目】2021年11月20日，东风汽车集团有限公司与中国第一汽车集团有限公司、中国长江三峡集团有限公司、武汉经开投资有限公司签约共建电池银行项目。该项目将对电池银行的商业模式进行全面验证，由东风汽车集团提供车辆，中国一汽集团提供电池，三峡集团提供电力设施，武汉经济技术开发区提供场地和政策扶持。12月17日，一汽股权投资（天津）有限公司、东风汽车集团有限公司、三峡科技有限责任公司、武汉经开区投资有限公司组建羿动新能源科技有限公司，主要聚焦电池租赁、运营等领域，主要从事蓄电池租赁、新能源汽车废旧动力蓄电池回收及梯次利用、新能源汽车换电设施销售等相关业务，以规模化实施电池全生命周期价值管理。计划5年累计总投资100亿元以上。

【东风汽车集团岚图汽车项目】2021年6月30日，东风汽车集团有限公司岚图品牌的首款车型岚图FREE正式量产下线，这是武汉市首个地产高端新能源乘用车型。岚图汽车科技有限公司作为东风汽车集团股份有限公司控股子公司独立运营，利用位于武汉经济技术开发区的原东风雷诺厂区进行生产。岚图FREE自8月8日正式交付起，全年累计交付6791辆，成交均价超33.8万元，用户覆盖全国200多个城市。在"2021中国汽车安全大会暨中国车身大会"中国十佳车身评选中，岚图FREE因车身高强钢占比达75%，其中1500MPa以上热成比例高达31%，在全球车型中首次采用2000MPa铝硅涂层材料的车门防撞梁，斩获2021"中国十佳车身"大奖；采用全球首创TRB+Patch复合结构热成型A柱，并在B柱采用TRB铝硅涂层热成型材料，获得"最佳工艺"大奖。11月19日，岚图第二款车型——全球首款大型豪华电动MPV"岚图梦想家"正式亮相广州车展。

【中创新航动力电池及储能电池武汉基地项目】2021年5月31日，中创新航科技股份有限公司（简称中创新航）与武汉经济技术开发区签约建设动力电池及储能电池武汉基地。中创新航是专业从事锂离子动力电池、电池管理系统研发及生产的高科技新能源公司，行业排名稳居国内前三、全球第七。中创新航动力电池及储能电池武汉基地是中创新航在国内布局的八大产业基地之一，也是武汉首个大型新能源汽车动力电池项目。该项目落地通航产业园，分4期建设，规划用地面积约4公顷。其中，一、二期项目建设同步推进，建设10条动力电池生产线，设计产能20GWh，总投资100亿元。至年底，已完成场平、地勘、桩基施工，正进行主体结构施工。

【国内首款车规级7纳米智能座舱芯片"龙鹰一号"发布】2021年10月28日，湖北芯擎科技有限公司研发的国内首款车规级7纳米智能座舱芯片"龙鹰一号"在

2021年6月30日，东风汽车集团有限公司第5200万辆汽车暨岚图FREE首台量产车下线仪式在岚图汽车工厂总装车间举行

（武汉市地方志编纂委员会办公室　供图）

武汉正式发布。"龙鹰一号"面积仅 83 平方毫米，集成 87 层电路、88 亿个晶体管，内置 8 个 CPU 核心、14 核 GPU、8 TOPS int8 可编程卷积神经网络引擎。该芯片达到 AEC-Q100 Grade 3 级别，采用符合 ASIL-D 标准的安全岛设计，内置独立的 Security Island 信息安全岛，提供高性能加解密引擎，支持 SM2、SM3、SM4 等国密算法，支持安全启动、安全调试和安全 OTA 更新等。2021 年 10 月 28 日，"龙鹰一号"芯片在湖北芯擎科技有限公司上海实验室一次性点亮，创造了国内团队在 7 纳米工艺上车规级超大规模 SoC（系统级芯片）首次流片即成功的纪录。

（武汉市地方志编纂委员会办公室）

武汉临空港经济技术开发区国家网络安全人才与创新基地鸟瞰

（武汉市地方志编纂委员会办公室　供图）

航空港经济综合实验区打造

【概况】 2021 年，武汉城市圈航空港经济综合实验区（简称实验区）建设取得新进展。实验区由武汉、孝感、黄冈、黄石、鄂州 5 个城市的 28 个区县组成，总体规划区面积 4080 平方千米。其中，核心区面积 1080 平方千米，包括武汉空港核心区、鄂州空港核心区。实验区打破行政区划界限，配置土地、资金、产业等要素，统筹协调各地的临空港产业规划。武汉空港核心区重点发展航空现代物流、航空高科技制造、会展商贸等产业，鄂州空港核心区重点发展综合保税物流、航空维修及服务保障、跨境电商、时令生鲜集散商贸等产业。鄂州、黄石、黄冈探索"飞地经济"创新模式。

2021 年，武汉临空港经济技术开发区综合发展水平跃升至国家级经济技术开发区综合考核全国第三十九位、全国园区高质量发展百强第四十四位、全国百强区第七十二位，全年签约引进 1 亿元以上项目 75 个，协议总投资近 1300 亿元。鄂州市临空经济区加快落实征地拆迁，各项配套工程进展顺利，花湖机场实现校飞。黄冈市临空经济区积极对接鄂州花湖机场，编制系列规划，聚焦临空商贸流通、临空加工制造、临空综合服务三大产业方向，几大现代服务业项目相继开工，几个区域总部项目落地运营，各城市功能项目顺利推进，多个房地产项目开盘。

武汉盘龙城经济开发区（临空经济区）新开工 1 亿元以上项目 9 个，完成年度投资 38.8 亿元；续建 1 亿元以上项目 19 个，完成年度投资 119.1 亿元；加快建设武汉天河国际会展中心主场馆主体结构工程，开工建设武汉空港国际体育中心 6 万座专业足球馆，推进众邦金融港、万里茶道、世界贸易大数据中心等武汉国际贸易城项目建设；武汉空港新城第一学校、武汉盘龙外国语小学、武汉市第六医院盘龙城分院区建成并投入使用；持续推进基础设施建设，城市功能日趋完善。

鄂州市临空经济区加快落实征地拆迁，全面完成机场核心区剩余 23 家企业、26 户房屋的拆迁工作；推进配套工程建设，完成电力线路、国防光缆、自来水管网迁改，提前完成机场净空处理工程、机场南北配套工程、500 千伏吉磁线迁改工程、110 千伏燕杨线迁改工程等机场配套工程，为机场校飞创造条件；聚焦智能制造、医疗健康、航空物流、光电子四大主导产业，优先保障重点产业项目用地需求，重点推进空港综合保税区及光电子产业园、医疗健康产业园、智能制造和航空物流产业园以及顺丰产业园"一区四园"建设。空港科技产业园、鄂州现代航空物流产业基地等4个项目相继落地;全年新签约1亿元以上项目16个,总投资272.86亿元;重大招商引资签约项目省外资金到位81亿元。

黄冈市临空经济区积极对接鄂州花湖机场,编制临空经济区概念性规划、产业规划、控制性详细规划等系列规划,实现各项规划有效分解和闭环管理;聚焦临空商贸流通、临空加工制造、临空综合服务三大产业方向,顺丰两个中心、大别山国际博览中心等现代服务业项目相继开工,人福药业、太平洋十三建设集团等区域总部项目落地运营,智慧农博城签约落地,白潭湖城市商业综合体、临空区汽车综合体等城市功能项目顺利推进,多个房地产项目开盘。

【武汉临空港经济技术开发区建设】 2021年,武汉临空港经济技术开发区实现地区生产总值1576.06亿元,按可比价格计算,比上年增长13.8%;完成地方一般公共预算收入123.9亿元,增长19.8%;完成规模以上工业产值2118亿元,增长18.0%;实现社会消费品零售总额482.6亿元,增长13.4%;实际利用外资13.8亿美元,增长13.6%;进出口总额为217.1亿元人民币,增长14.9%。共有市场主体15.66万户,增长19.4%。其中,新登记市场主体3.19万户,增长95.8%。

开展"清文件、减审批、降收费"专项行动,推行惠企政策"免申即享",落实科技创新、智能化改造等政策补贴奖励,助力市场主体轻装上阵。全年签约引进启明星辰信息技术集团股份有限公司启明星辰武汉第二总部等1亿元以上项目75个,协议总投资近1300亿元。开工建设蒙牛鲜奶武汉工厂等53个项目,推动良品铺子休闲食品产业园一期等67个项目建成完工,支持益海嘉里(武汉)粮油工业有限公司加工大米扩建等67个项目实施技改。推进工业企业智能化改造,8家企业获评工业智能化改造示范项目,33家企业获得省级"专精特新"小巨人称号,3家获得国家级"专精特新"小巨人称号。17个项目入围武汉市首批数字经济应用场景。武汉菱电汽车电控系统股份有限公司在科创板成功上市。资质以上建筑业数量占全市总量的七分之一,建筑业产值突破1000亿元;3A级以上物流企业占全市总量近二分之一;高新技术企业数量突破500家,高新技术产业产值突破700亿元。

壮大新型显示产业。支持企业加大对新型显示的研发投入,重点依托武汉京东方光电科技有限公司、康宁显示科技(武汉)有限公司等龙头企业,提升显示面板产能;加快布局整机电视等显示终端生产项目,集聚智能终端产品,推动形成上下游一体化发展。武汉京东方光电科技有限公司实现12万片/月的满产产能,全年工业产值180亿元;追加投资,实施技术改造,整体产能将提升至18万片/月。创维集团Mini LED电视项目成功签约,协议投资65亿元。发展现代物流产业。武汉铁路口岸汽车整车进口口岸通关运行,沃尔沃整车进口项目发运1059台;中欧班列(武汉)全年发运411列,3.86万标箱,发运列数超过上年同期水平;国际快件监管中心全年清关148.26万票,货量2508.98吨,货值约4.79亿元,运营规模不断扩大。规划申报的武汉陆港型国家物流枢纽纳入"十四五"首批国家物流枢纽建设名单。

【武汉盘龙城经济开发区(临空经济区)建设】 2021年,武汉盘龙城经济开发区(临空经济区)实现地区生产总值165.9亿元;规模以上工业增加值26.17亿元,比上年增长4.1%;规模以上利润总额3.52亿元,增长10.0%。完成税收22.12亿元,引进内资152.58亿元,实际利用外资9450万美元,进出口总额2.16亿元。有规模以上工业企业38个,高新技术企业32个。高新技术企业产业增加值3.89亿元,增长11.0%;规模以上企业研发经费支出占GDP比重近0.8%;技术合同交易额18.2亿元,增长10.0%。建有省级以上创新平台4个,盘龙城开发区长江青年城"Z时空"众创空间成为黄陂区首家"国家众创空间"。

加快建设武汉天河国际会展中心主场馆主体结构工程,开工建设武汉空港国际体育中心6万座专业足球馆,推进众邦金融港、万里茶道、世界贸易大数据中心等武汉国际贸易城项目建设。海顿公馆、海玥公馆等9个1亿元以上新开工项目完成年度投资38.8亿元，19个1亿元以上续建项目完成年度投资119.1亿元。引进大唐航程华中区域功能型总部暨智慧能源开发项目。

完善基础设施。盘龙城四小北边道路、盘龙城一中路、航城东路二期实现通车，霞飞路基本建成，黄花涝古镇、二中四小北侧道路刷黑、霞飞路华师附小道路完成硬化。改造升级中城时代水网，完成盘龙新天地、龙城天居园管网等16个渍水点改造和二次供水（一期）12个点位改造工程。武汉首个国家考古遗址公园落子盘龙城，中共湖北省委党校新校区开学，长江青年城交付，卓尔青年汇、小游园启用，象牙博物馆项目启动建设。武汉空港新城第一学校、武汉盘龙外国语小学、武汉市第六医院盘龙城分院建成并投入使用。

（武汉市地方志编纂委员会办公室）

【黄石临空经济区建设】2021年5月，《黄石临空经济区总体方案》获得湖北省人民政府正式批复。黄石临空经济区位于黄石市还地桥镇—铁山区片区，距离鄂州花湖机场26千米、武汉光谷50千米。作为黄石市连接鄂州花湖机场和武汉光谷的门户枢纽，规划面积73.52平方千米，总人口超10万人。黄石临空经济区对接武汉城市圈航空港经济综合实验区总体发展规划，围绕构建长江经济带临空高端制造业集聚区、鄂东临空商贸中心和光谷科技创新大走廊副中心，重点发展智能装备制造、电子信息、生命健康、新材料等高端制造业，加快培育科创服务、跨境电商、平台型总部经济、康养服务、生态旅游业等现代服务业以及生态农业；加快构建多式联运体系，完善综合交通体系，建设生态智慧绿色临空产业园区，探索生态价值与经济价值融合的新发展模式。至2021年底，黄石临空经济区已形成"三纵四横多通道对接"的交通网络。正在规划建设机场高速、光谷东高速等对外辐射路网，"水、陆、空、铁"立体化综合交通格局初步形成。

（黄石市档案馆）

【鄂州市临空经济区建设】2021年，鄂州市临空经济区实现规模以上工业总产值153.1亿元，较上年增长46.2%；限上社会消费品零售总额9344.8万元，增长29.7%；固定资产投资84.9亿元，增长43.8%。地方一般公共预算收入7.55亿元，增长72%；地方一般公共预算支出6.10亿元。服务花湖机场建设。加快征地拆迁，全面完成机场核心区剩余23家企业、26户房屋拆迁；推进配套工程建设，召开协调会40余次，开展基础设施综合设计技术对接，完成电力线路、国防光缆、自来水管网迁改，提前完成机场净空处理工程、机场南北配套工程、500千伏吉磁线迁改工程、110千伏燕杨线迁改工程等机场配套工程，为机场校飞创造条件。发展主导产业。按照临空产业指引等级，聚焦智能制造、医疗健康、航空物流、光电子四大主导产业，优先保障签约重点产业项目用地需求，重点推进空港综合保税区和光电子产业园、医疗健康产业园、智能制造和航空物流产业园以及顺丰产业园"一区四园"建设。空港科技产业园、鄂州现代航空物流产业基地等4个项目相继落地。全年新签约日邮物流枢纽中心、顺丰

黄石临空经济区核心区布局图

三大中心、临空医疗器械产业园等1亿元以上项目16个，总投资272.86亿元；重大招商引资签约项目省外资金到位81亿元。与佳龙汇金（海南）基金管理有限公司合作成立鄂州临空产业发展基金，初设规模20亿元，通过"母基金＋直投＋专项基金"的方式，放大资金杠杆作用，规避政府直接投资风险，解决产业项目落地融资难问题。优化营商环境。临空经济区新建政务服务中心正式启用，开通33个对外服务窗口，集中办理604项行政审批事项。与国网鄂州供电公司签订电网建设合作协议，全面优化网架结构，主干路网新建输配电线路电气部分按照电缆入地标准进行投资和建设，规划建设变电站10座，满足辖区内用电需求。

（鄂州市档案馆 鄂州市"同城办"）

【黄冈临空经济区建设】 2021年1月26日，黄冈市临空经济区管理机构正式获得中共湖北省委机构编制委员会批复。2021年，黄石临空经济区积极对接鄂州花湖机场，编制临空经济区概念性规划、产业规划、控制性详细规划、"十四五"规划及2035远景目标规划，实现各项规划有效分解和闭环管理；聚焦临空商贸流通、临空加工制造、临空综合服务业三大产业方向，先后举办顺丰冷链物流产业合作暨全市5月招商引资签约大会、黄冈互联网电商产业园揭牌仪式暨阿里巴巴（黄冈）客户体验中心、三盟智慧教育基地入驻招商推介活动。年内，顺丰两个中心、大别山国际博览中心等现代服务业项目相继开工，人福药业、太平洋十三建设集团等区域总部项目落地运营，智慧农博城签约落地，白潭湖城市商业综合体、临空区汽车综合体等城市功能项目顺利推进，碧桂园·黄冈之星、铁投·书香林语、澳海·黄州府等房地产项目开盘热销。

（黄冈市史志研究中心）

长江新区建设

【概况】 2021年，武汉长江新区围绕高标准规划建设长江新区、加快建设长江新区副城，提出长江新区管理体制改革方案；提出拟提请省人大常委会先就长江新区行政管理作出相关决定，再开展新区条例立法的工作方案、决定草案；武湖蓄滞洪区安全区调增至98平方千米方案获得长江水利委员会行政许可；长江新区概念规划取得阶段性成果；明确省级新区申报程序，形成省级长江新区总体方案。

【规划编制】 2021年，武汉长江新区加快规划编制工作。与上海同济城市规划设计研究院有限公司、武汉市规划研究院组建工作专班集中办公，扎实开展长江新区概念规划优化、深化。与中国工程院院士吴志强、钮新强、崔愷及全国工程勘测设计大师李晓江等30多位知名专家面对面，开展20多场咨询研讨活动，系统论证新区目标定位、发展规模、发展策略等核心问题。委托国务院发展研究中心、中国城市规划设计研究院、长江设计集团有限公司等国内顶尖研究机构，就新区规划涉及的功能定位、总体目标、人口规模、蓄滞洪区调整等关键问题深化研究，形成10余项专题研究成

长江新区府澴河出口河段综合整治一期主体工程完工 （桂建明 摄）

果，为概念规划研究编制提供有力支撑。开展起步区控规调整，上线"一张图"平台系统，水系统专项规划、智慧城市专项规划、综合能源专项规划结题，起步区城市道路命名规划正式发布，规划体系不断完善。研究出台长江新区新型工业用地（M0）实施方案，推进长江新区规划环境影响评价法定化和区域规划环评试点，启动长江新区CIM平台汇聚BIM（Building Information Modeling，建筑信息模型）数据标准研究工作，建立地下水环境监测体系，筑牢测绘基础，探索智慧城市建设。

【改革创新】 2021年，"批复设立国家级武汉长江新区"纳入武汉市争取中央继续给予支持事项。长江大学城、沿江高铁长江新区站等重大事项前期工作推进顺利。长江新区纳入省市"十四五"总体布局，府澴河出口河段综合整治工程、起步区基础设施工程PPP项目等7个项目纳入省"十四五"规划纲要重大工程项目库。武湖清淤及综合治理工程被列入全省三个试点项目之一。获得债券资金及土地收益基金59亿元。全面推进省市级改革任务，在全市率先制定并出台绿色工地建设导则、绿色智慧建筑导则。探索创新产业政策和建设模式，开展"封闭运行、投产平衡、契约管理、增值获益"的片区综合开发模式研究。承担自然资源部改革项目，在全市率先推进多要素地质调查及成果应用。生命健康创新发展试验区申报得到国务院领导批示，长江经济带绿色发展示范区建设得到湖北省武汉市推动长江经济发展领导小组办公室肯定。

【起步区建设】 2021年，武汉长江新区起步区建设进程加快。全年完成土地储备100.67公顷，土地供应54.07公顷。湖北省交通投资集团有限公司、中交第二航务工程局有限公司等一批重点项目实现供地。谌家矶大道、新区大道主谌家矶再生水厂工程项目加快建设，和谐大道等起步区配套基础设施项目全面铺开，府澴河出口河段综合整治一期主体工程完工。推进一流电网建设、武湖水厂二期配套支管工程等40项市政配套项目，全年完成城建投资约120.3亿元。

【产业培育】 2021年，武汉长江新区产业培育取得新进展。围绕主导产业，先后13次赴京津冀、粤港澳大湾区和长三角地区开展招商引资，全年新签约入库项目16个，签约总金额745亿元。组织开展全球碳中和行动投资洽谈会长江新区专场活动，搭建第三届世界大健康博览会长江新区展馆，协办大健康院士论坛，聘请诺贝尔奖得主迈克尔·莱维特院士为长江新区大健康产业高级科学顾问。长江国际绿创中心项目奠基，国际医院项目完成签约。新增注册重点招商企业17家，注册资本金总额58.2亿元。做实中国高校（华中）科技成果转化中心，签约科技成果转化项目22个。

（武汉市地方志编纂委员会办公室）

编辑：刘家连
校对：卢永会

产业同链与经济共建

产业承接与园区合作

【概况】 2021年,武汉城市圈各城市共同推进先进制造业建链、延链、补链、强链,打造"头部在武汉,链条在城市圈""主链在武汉,配套在城市圈"的一体化发展格局。截至年底,黄石市200多家规上制造业企业与武汉市相关企业建立稳定的产业链配套关系。鄂州市精准对接武汉市"光芯屏端网"万亿级产业集群,加快推进光谷科技创新大走廊鄂州功能区建设,谋划与东湖新技术开发区共建100平方千米的千亿级光电子信息产业基地,鄂州葛店经济技术开发区187家规上企业中,130多家与武汉市有产业链协作关系。孝感全市1100多家规上企业中汉资有200多家。咸宁国家高新技术产业开发区50%以上的企业来自武汉市企业投资。武汉临空港经济技术开发区与孝感市签订友好合作框架协议,并从推进规划和基础设施一体化、产业和市场一体化、科技和人才一体化、公共服务一体化、生态环保一体化等5个方面拟订24项具体合作事项。仙桃市与武汉市共建智能制造、新能源、机械及汽车零部件等产业配套体系。天门市聚焦发展集成电路产业链配套产业,与武汉市共建国家生物产业基地示范园和全省化学原料药清洁生产示范基地,引导龙头企业芯创科技加速技改扩规,月产能超过4亿颗,为武汉强芯补链提供了重要支撑。潜江市以打造长飞科技产业园融入"光芯屏端网"万亿产业集群为抓手,发挥长飞光纤光缆股份有限公司落户后的集聚效应,招引晶瑞化学股份有限公司、湖北鼎龙控股股份有限公司等一大批全国电子材料50强企业。

(湖北省武汉城市圈研究会)

【产业承接转移与园区合作】 2021年,武汉城市圈加快经济产业园区共建,促进武汉城市圈九市之间资源要素优化配置,产业协同布局,区域联动发展。全年共规划28个合作产业园区,其中,东湖(黄石)光电子信息产业园、光谷(黄冈)科技产业园、潜江江汉盐化工业园、武汉经济技术开发区洪湖新滩经济合作区4个园区共建项目已启动(启动是指已有协议)。武汉市作为合作方,已在武汉经济技术开发区洪湖新滩经济合作区和光谷(黄冈)科技产业园2个园区投入资金。

招商引资。4个共建园区与东湖新技术开发区、武汉经济技

武汉经济技术开发区洪湖新滩经济合作区项目起点新滩枢纽

(武汉市地方志编纂委员会办公室 供图)

术开发区建立共同招商机制，年内共同招商30余次。其中，武汉东湖（黄石）光电子信息产业园签约总额较上年增长53.9%，达到365亿元，新引进PCB、新型显示、智能终端等项目43个，总投资365亿元；武汉经济技术开发区洪湖新滩经济合作区2021年固定资产投资在库项目17个，投资额50.08亿元。

产业发展。光谷黄冈科技产业园已投产项目6个，在建项目4个。至年底，园区累计完成固定资产投资5.25亿元，完成产值（营收）2.29亿元，实现税收收入1765万元。武汉经济技术开发区洪湖新滩经济合作区实现规上企业产值52亿元，税收4.5亿元，与共建前相比，增长300多倍，已建成投产项目63个。其中，规模以上工业企业31家，在建项目26个，初步形成绿色新材料、医药化工、汽车零部件3个产业板块。武汉东湖（黄石）光电子信息产业园电子信息产业产值比上年增长62.2%，实现产值125.3亿元，高新技术企业数量增长44.1%，达40家。

开发建设。武汉经济技术开发区洪湖新滩经济合作区一期规划面积约9.4平方千米，完成投资近13亿元，建成"五纵三横"道路，二期总投资6.7亿元，两条道路已交付使用。黄石科技城总投资计划10亿元，一期项目规划建设面积5.5万平方米，展示中心、科创大厦已投入使用，酒店式公寓及3~5层人才公寓施工已基本完成。江汉盐化工业园长飞光纤潜江有限公司由长飞光纤光缆股份有限公司投资4亿元独资建立，长飞信越（湖北）光棒有限公司由长飞光纤光缆股份有限公司和信越化学工业株式会社共同出资建设，注册资本为80亿日元。

模式创新。光谷黄冈科技产业园、武汉经济技术开发区洪山新滩经济合作区采取"共投共建共管"模式，合作双方依托各自区域的发展优势，签订详细的合作协议书，确立园区共建的目标，明确园区共建的基本原则、合作范围和期限、园区产业的定位、园区内机构的设置以及合作的具体内容（财税分成、土地、规划、建设、经济、统计管理等）。

【光谷科技创新大走廊产业发展】
2021年，光谷科技创新大走廊着重依托武鄂黄黄咸（武汉、鄂州、黄冈、黄石、咸宁）既有产业基础，打造3条特色产业带，包括光电子信息创新产业带、大健康创新产业带、智能创新产业带。

光电子信息创新产业带以武汉东湖新技术开发区为核心承载区，辐射带动武汉市内其他行政区及黄冈、黄石、孝感、鄂州、潜江等武汉周边城市。年内，光电子信息创新产业带诞生国内首颗三维相变存储器测试芯片、1.6Tb/s硅基光收发芯片、国内首款百万像素级双色双波段红外探测器、120W皮秒/40W飞秒激光器、首台套新型显示喷印技术装备等一批重大成果。烽火通信科技股份有限公司推出中国首款、拥有自主知识产权的400G相干商用硅光收发芯片。武汉锐科光纤激光技术股份有限公司与海外巨头IPG在激光设备全球供应链市场占有率分别为27.3%和28.1%，差距已缩小至0.8%。武汉天马微电子有限公司持续保持车载整体市场及仪表市场的双料冠军。长飞光纤光缆股份有限公司联合行业内企业组成竞买联合体，收购芜湖启迪半导体有限公司及芜湖

2021年10月27—29日，第十八届"中国光谷"国际光电子博览会在武汉光谷科技会展中心举行　　（武汉市地方志编纂委员会办公室　供图）

太赫兹工程中心有限公司，布局以碳化硅为代表的第三代半导体的工艺研发和制造。

大健康创新产业带全年完成规模以上工业总产值147.5亿元，比上年增长38%；取得规模以上服务业收入61亿元，增长14%；其他营利性服务业收入60亿元，增长15%；完成固定资产投资23亿元，增长96%，其中，工业投资10.9亿元，增长71%。新增入库项目20个，计划总投资64亿元，其中，工业项目15个，计划总投资52亿元。新增工业"小进规"21家，服务业"小进规"12家，批发业"小进限"1家；新增申报工业"小进规"8家，服务业"小进规"7家，批发业"小进限"3家；新认定高新技术企业95家，高新技术企业总数达443家。88家企业认定为光谷"瞪羚企业"。全年招商引资到位资金134.4亿元，实际利用外资2.52亿美元。累计签约1亿元以上产业项目5个，签约金额115.5亿元。总投资60亿元的鼎康生物大规模生物医药研发及商业化定制工厂、总投资62.5亿元的瑞科吉生物全球总部、瑞科生物研发中心、瑞吉生物研发中心及生产基地等一批具有带动作用的产业项目正式签约。

智能创新产业带已集聚人工智能企业120余家，核心产业规模超100亿元，相关产业规模超500亿元，在智能芯片、信息安全、机器视觉、自动驾驶、智慧医疗等领域形成了特色。武汉人工智能计算中心竣工并正式投入运营，成为国内首个具有公共服务性质的人工智能算力基础设施，已吸引100多家企业入驻，日均算力使用超90%，联合孵化出50多类场景化解决方案，覆盖智能制造、智慧城市、数字农业、自动驾驶等应用场景。武汉昇腾人工智能生态创新中心、多模态人工智能产业联盟、武汉人工智能研究院等多个重点项目落地光谷。

（武汉市地方志编纂委员会办公室）

【大健康产业千亿级产业园】 2021年，武汉市集聚国药中联、泰康人寿、九州通、联影医疗、华大基因、人福医药、迈瑞医疗、霍尼韦尔等一批行业龙头企业，拥有光谷生物城、光谷南大健康产业园、汉阳大健康产业发展区等一批产业集聚区，具备从研发、制造到应用的全产业链发展能力，生物医药入选中国首批国家级战略性新兴产业集群。10月22日，泰康科技和大健康总部项目正式落地武汉东湖新技术开发区。该项目是泰康保险集团在北京之外设立的第一个总部基地，以健康险支付+服务为连结，构建医疗、医保、医药改革联动产业平台，打造健康服务和大健康研发生产相结合的线上线下体系，总投资500亿元。江夏区光谷南大健康产业园阶段性完成基建工程。武汉临空港经济技术开发区以九州通医药集团物流有限公司为核心，打造现代医药物流中心，聚焦细分领域形成特色园区。新增1家百亿元医药制造业企业——武汉生物制品研究所；健民药业集团股份有限公司、武汉科前生物股份有限公司、湖北回盛生物科技有限公司等企业产值突破10亿元关口。武汉兰丁智能医学股份有限公司入选国家级专精特新"小巨人"企业，武汉人福药业有限责任公司、武汉健民大鹏药业有限公司等企业成长为省级专精特新"小巨人"企业。有产业"金种子"企业20家，"银种子"企业10余家。

鄂州葛店经济技术开发区大

鄂州市葛店经济技术开发区的东湖高新智慧城 （何景星 摄）

健康产业园入驻企业5个，总投资38.2亿元。其中，康源药业生产基地迁扩项目及唯森制药生产基地迁扩项目分别投资10亿元。大健康产业园位于葛店开发区中西部，紧邻武汉东湖新技术开发区，规划用地面积约232公顷，总投资40亿元，其配套及基础设施项目于2019年6月开工建设；园区承接光谷生物城向东溢出的科技创新资源，扩大光谷生物城对葛店药谷的辐射带动作用，与光谷生物科技城错位发展，共同打造大健康产业集群。计划搬迁和引进生物医药企业30个以上，年产值200亿元，税收20亿元，成为集生物医药研发、生产加工、贸易销售于一体的产业集聚区。

咸宁市作为国家级医养结合试点市，主动融入武汉"965"现代产业体系，推动大健康产业成势见效。健康养老产业率先示范，103家养老机构以不同方式提供医疗服务；其中，民营养老机构19家，引进社会资本42.6亿元，创办托老中心、老年护理院、老年公寓、康复医院等医养结合机构11家。全年大健康产业总体规模648.28亿元，比上年增长11.8%；实现增加值162.16亿元，占GDP的比重为9.3%；大健康产业各类市场主体7.51万个，"医、药、养、健、游、护"一体的大健康产业集群基本成型。

（湖北省武汉城市圈研究会）

【黄石经济技术开发区】 2021年，黄石经济技术开发区（铁山区）主动融入武汉城市圈，加快导入武汉"光芯屏端网"万亿级产业链，进一步延伸PCB（印制电路板，又称印刷线路板，是电子元器件的支撑体和电子元器件电气相互连接的载体）产业链条，形成壮规模、补链节、促升级的电子信息产业发展新格局，并获批先进电子元器件国家创新型产业集群。

共建产业园区。与武汉光谷光电子信息产业园签订战略合作协议。开发区主要领导高位高频推进，全力推动武汉东湖（黄石）光电子信息产业配套园建设、项目招引服务、干部人才交流、产业协同发展等工作。按照"功能齐全、要素充足"的要求，选定智慧显示产业园作为武汉东湖（黄石）光电子信息产业配套产业园的起步区，全力推进起步区的标准化厂房、人才公寓等设施建设，年内完成一期项目竣工验收。全面加强两地科技、产业、人才等各领域交流对接，与光谷光电子信息产业园建设服务中心联合举办光电子信息产业推介会活动，与武汉大学共建黄石电子信息产业研究院，全力打造武黄产业共同体。

构建多点成链、聚链成群产业发展态势。以PCB产业为突破口，向上下游两端延伸，基本形成覆盖PCB、显示终端、半导体、激光的产业链，构建从研发到设计、从制造到检测、从部件到终端产品的完整供应链，实现不出园区即可配套的全循环。PCB产业链聚集有沪士电子、欣兴电子、广合科技等PCB板生产企业25家，其中，全球PCB50五十强企业3家、全国电子电路百强企业14家，PCB设计年产能达4095万平方米，已发展成为全国第一大PCB产业聚集区。显示终端产业链聚集有玻璃盖板、触摸屏、掩膜板、显示模组、显示终端等全产业链企业20余家。主动对接长江存储等头部企业，落户省内唯一晶圆再生企业，实现国内晶圆再生进口替代；半导体材料、半导体设备等配套企业相继落户，半导体设备、封装测试等

2021年6月6日，武黄同城暨黄石（光谷）产业投资推介会在武汉举行

（黄石市档案馆 供图）

一批项目正在洽谈跟进，加快形成半导体产业链。加速布局光通信和激光产业，瞄准产业链最核心环节的激光器，引进国内光纤激光器龙头锐科激光；围绕产业上下游延链补链，引进激光用线束、光器件、光纤激光电源等配套项目10余个，形成从激光元器件到后端服务的激光产业链条。按照"武汉缺什么、黄石补什么，武汉做什么、黄石配什么"的思路，构建协同成圈、错位融圈的产业发展布局。全年引进PCB、新型显示、智能终端等项目43个，总投资365亿元，一批战略性、引领性的龙头企业相继签约落地、建成投产。电子信息产业实现产值125.3亿元，比上年增长62.2%；电子信息高新技术企业发展到40家，增长44.1%。

【中国光谷·黄石产业园】 2021年，武汉东湖新技术开发区管理委员会与黄石市人民政府签约，在黄石共建"中国光谷·黄石产业园"。中国光谷·黄石产业园选址黄石经济技术开发区，首期投资10亿元，占地面积7.13公顷，注册资本5亿元，其中，武汉高科集团占股70%。重点发展光电子、生物工程与新医药、能源环保、机电一体化、新材料、机械制造等产业。按照协议，东湖新技术开发区将自身企业的配套项目优先介绍到中国光谷·黄石产业园落户发展，协助项目在申报、融资、技术等方面争取国家、省各类政策资金的支持，促进双方企业建立长期密切的产业链式生产合作关系。武汉光谷联合股份有限公司投资的"黄石光谷"联合科技城项目也落户黄石。

【黄石科技城】 2021年，黄石科技城一期工程科创中心一期项目获得"2020—2021年度第三批湖北省建筑结构优质工程"奖，并入围第八届CREDAWARD地产设计国际性大奖。

黄石科技城是黄石市建设武汉城市圈同城化发展示范区的战略支点之一。项目占地面积约113公顷，规划总建筑面积140万平方米，总投资65~100亿元，由黄石市高新投公司负责建设和运营，于2019年9月正式开工，按照"整体规划，分步实施"原则，分三期建设。其中，科技城一期（黄石科创中心）项目规划建筑面积19.6万平方米，总投资10亿元（含申请国家专项债6.9亿元）。年内，展示中心、科创大厦、酒店式公寓和3~5层人才公寓已投用，产业投资金融中心、会议中心、工业互联网中心创新中心、工业互联网企业中心、创新大厦主体工程完工，四星级酒店、综合性服务、定制化企业总部和研发中心等配套工程相继动工建设。科技城二期（科技成果转化基地）占地面积9.2公顷，总建筑面积18.3万平方米，总投资约10亿元。主要建筑包括企业办公楼、成果应用研发办公楼、科学实验室、新型科研厂房、标准定制厂房、生活配套设施及景观绿地等。年内，场地平整工作量完成95%。

（黄石市档案馆 黄石市"同城办"）

【鄂州葛店经济技术开发区】 2021年，鄂州市葛店经济技术开发区主动融入东湖高新区发展之中。加强与东湖高新区的沟通对接，多次召开联席会议，着力推进务实合作，推动武鄂同城化再上新台阶。

同步推进规划编制。联合武汉开展葛店开发区现状调研及分析工作，配合编制单位完成武鄂两市关键要素同城化研究。对标武汉规划，协同编制武鄂同城化发展空间规划，并将葛店开发区全域纳入《武汉大都市区交通基础设施规划》和《武汉国家科技创新中心光谷科学岛规划》的统筹范围。

加速推进交通同网进程。与武汉共同打造由铁路、城市轨道交通、干线公路、城市道路等组成的多层次一体化交通运输体系。地铁11号线三期葛店段年初正式开通运营，葛店到达武汉左岭站只需3分钟，每日往返于光谷和葛店的"新武鄂人"已逾万人。启动葛店南站交通枢纽项目，打造高铁、城际铁路、地铁"三铁"融合的无缝换乘交通枢纽。稳步推进武东大道工程、人民西路西延工程、高新五路西延工程施工，其中，高新五路—东湖高新区科技一路连通项目，葛店开发区境内1.3千米道路，年内完成0.7千米路段施工。两地携手推进重要连接点短咀里湖桥拓宽项目，由东湖高新区负责实施，年内项目已开工。

加快推进科技同兴步伐。葛店开发区依托光谷科创大走廊，抢抓武汉科教、人才资源外溢机遇，深化"研发在武汉，转化在鄂州"发展模式，初步形成"起步在高校，发展在光谷、共享在葛店"的全产业链产业体系。研发在光谷、生产在葛店的企业已近100家，全区三分之一的规模以上工业企业直接为武汉配套。区内建立孵化创业平台3家，其中，光谷联合科技城（葛店）投资30亿元，入驻企业约80家；东湖高新智慧城总投资36亿元，已有50家企业入驻；中建·长投·葛店双创谷产业园，投资约50亿元，对标建设国家级科技创新示范基地。

加力构建产业同链体系。围绕光谷"光芯屏端网"和生物医药两大主导产业，主动嵌入，补链强链，构建"一链式产业生态圈"。精准对接武汉"光芯屏端网"万亿级产业链，与光谷共建100平方千米的光电信息产业聚集区，共同打造国家千亿级光电信息产业基地。东湖高新区已在左岭区域布局华星光电、天马电子、国家存储器等百亿级企业，葛店开发区围绕其上下游产业链引进投资120亿元的三安光电项目，其中，一期项目开始试产，二期项目加速建设，累计完成投资60亿元。投资80亿的元芯映光电项目，实验楼、办公楼、食堂主体完工，部分厂房和宿舍楼完成主体施工。投资50亿元的瑞华光电项目，一期项目已点亮试产，二期项目正加快建设。投资10亿元的优炜芯项目，年内已开工建设。"芯屏端网"核心骨干企业基本实现产业链上下游本地协作配套，实现武鄂两地光电显示产业共享共赢。协同发展生物医药产业。对标光谷生物城，投资40亿元建设大健康产业园，承接光谷生物城向东溢出的科技创新资源，与光谷生物科技城错位发展，共同打造大健康产业集群。康源、浩信、葛店人福、华烁、唯森5家企业入园，正在紧张施工。园区配套主干道路已完工，大健康产业园公共服务配套项目正在建设。一批生物医药项目正在跟踪洽谈。融合发展智能制造产业。华工科技、逸飞激光等一批智能制造重大产业项目同时布局光谷和葛店，带动一大批上下游配套企业落户葛店开发区。

【鄂州市红莲湖大数据云计算产业园】 2021年，鄂州市红莲湖大数据云计算产业园华中数字展示中心完工，园区15条市政道路工程正在建设，其中未来三路即将通车，全年完成投资8亿元。征地拆迁工作正在推进中。该项目由鄂州市人民政府与湖北省联合发展投资集团有限公司合作共建，2020年7月27日正式开工建设，总投资额90亿元，主要建设市政道路30条、核心绿轴公园1个、招商展示中心1座以及学校、防护绿地、医院等基础配套设施。按照规划，鄂州红莲湖大数据云计算产业园以大数据与云计算、5G通信网络、网络信息安全产品和服务等新一代信息技术产业为核心，延伸带动智能制造、人工智能、数字经济等相关行业细分领域，培育"光芯屏端网"千亿战略产业集群。

（鄂州市档案馆　鄂州市"同城办"）

【孝感市临空经济区】 2021年，孝感市临空经济区加快高科技产业园建设。17个重大工业项目集中开工建设，总投资64.5亿元。佳兆业空港科技城完成投资8.5亿元，落户企业13家。其中，一期项目已开园，深圳阿美特科技、泰格尔智能装备、银康医疗、极能新能源、深圳海太光缆5个项目入驻；二期项目主体工程建设即将完工，湖北宣尚佳科技、港股上市公司海伦司创新实验中心、叶子冷链科技、弘

孝感市临空区交投产业园

（孝感市史志研究中心　供图）

润创思机械、大门智能安防、慕立新材料包装、全质食品自动化生产线制造7个项目已签约；三期项目厂房主体结构基本完成。交投天河智谷产业园项目9月底竣工，远大智能交通、斯恩科精密机械、武汉鸿海源科技、浙江柳小妞智能科技、武汉振佳宇恒机器人、广东鸿泰压铸模具等9个项目落户。华港产业园项目一期19公顷土地完成征地拆迁平地，所特自动化缝制设备制造、奥力专用汽车、荣新智能物流装备用品3个项目开始主体工程施工；华港产业园二期17公顷土地正在进行场地平整工作，爱特智能维修设备生产、国蒙汽车零部件生产等4个项目已签约；华港产业园10公顷科创城项目正在进行拆迁、场地平整、设计。兰彬医疗项目进入设备安装阶段，红和复合材料军民融合项目完成一期主体结构施工，蓝河水处理环保设备制造、天成医疗、晨康信医药等项目已进场施工。

现代物流园建设提速。开展物流企业整顿清理专项行动，督促运营的5家物流企业按照合同约定建成华中地区转运中心、结算中心。申通快递有线公司实施改扩建项目，投资6.5亿元全面升级仓储设施，将湖北公司总部及结算中心迁至临空区，办公楼、三栋智慧仓库开始基础施工。苏宁孝感临空电商产业园二期项目主体工程完工；华融广德冷链物流项目完成投资1.5亿元，4栋厂房主体工程完工，进入设备安装阶段；复星国药医药物流完成投资50%。天山农夫供应链完成场地平整、设计，即将进场施工。

教育科研园项目持续推进。孝感美珈职业学院项目完成投资近10亿元，一期工程全部竣工，获得湖北省人民政府批复、教育部备案，2021年9月开学招生；二期工程征拆、施工同步进行。武汉轻工大学临空校区项目经过多轮洽谈，正在商定投资协议。

【中国光谷·孝感产业园】2021年，孝感市加快推进光谷·孝感产业园建设。光谷·孝感产业园是孝感市最大的产业园区，主要包括光电子信息产业园、激光产业园两部分。

光电子信息产业园规划面积33.33公顷，已建成标准化电子厂房7万平方米，依托武汉光谷，重点在集成电路、新型显示、光通信、光纤光缆、新一代移动通信、物联网、5G通信等领域引进一批重点项目落户，聚集了第一家光电子信息主板上市企业华工科技，以及华中光电、日本TDK等70多家企业，是湖北省重要光电子生产区。光仪器、光设备、光机电一体化在全国领先，已列入湖北省重点成长型产业集群。其中，华工高理高精度光学测量仪器全国市场占有率为70%，是国内主要光学镜头生产基地。

激光产业园采取重资产建设+优惠政策扶持+企业拎包入住的模式，规划面积66.67公顷。其中，一期项目占地约33.33公顷，总投资10亿元，已引进苏州领创、苏州力士乐、武汉万力威、武汉吉事达、湖北希欧等6家激光企业入驻。同时跟踪洽谈锐科激光、华俄激光、湖北轻工研究院、华夏星光、中圣节水等二十余家激光设备制造及相关配套项目。

【武汉经济技术开发区汉川合作示范区】2021年，武汉经济技术开发区汉川合作示范区实现生产总值606亿元，企业发展到1.22万个，其中，规模以上工业企业415家，从业人员共22万人。规模以上工业总产值1452.9亿元，比上年增长34.1%；规模以上工业增加值318.5亿元，增长20.9%；固定资产投资168.2亿元，增长19%。招商引资总额587.4亿元，增长1.0%。实现利税总额93.6亿元，增长22.1%。

武汉经济技术开发区汉川合作示范区位于汉川市马口、庙头、南河三个乡镇交界处，距离武汉市经济开发区管委会直线距离约30千米，距离武汉市地铁4号线柏林站约20千米，距离汉川市中心城区10千米。该园区毗邻汉宜铁路汉川火车站，规划中的武汉城市圈大通道、武天高速环绕而过，规划启动区面积5平方千米，预留5平方千米，控制面积约60平方千米。其中，一期用地面积约10平方千米，中远期用地面积约30平方千米，是武汉城市圈同城化发展重点功能片区，主要承接武汉智能制造产业项目。武汉经开区和汉川市共同组建园区工作领导小组，负责园区各项工作。设立中共武汉经济技术开发区汉川经济合作区工作委员会、武汉经济技术开发区汉川经济合作区管理委员会，为汉川市委市政府的派出机关，实行一套班子两块牌子。

【云梦隔蒲潭工业园】 2021年，云梦隔蒲潭工业园作为孝汉同城产业转移的重要承接园区，实现地区生产总值10.4亿元。该园区规划总面积16.28平方千米，湖北省人民政府批复核心区面积995.94公顷。园区企业发展到49家，从业人员1500人。其中，规模以上工业企业7家，规模以上工业总产值达9.2亿元，总产值比上年增长130%；规模以上工业增加值5.2亿元，增长271.4%。完成固定资产投资18.4亿元，增长196.5%；招商引资总额16.28亿元，增长56.5%；实现利税1.2亿元，增长58.2%。

园区推动现代化工产业集群做大做强。发挥华祥龙头效应，利用碱、氯、氢、苯的产能优势，引进30万吨离子膜烧碱、70兆瓦生物质热电及副产品氯气、氢气、氯化苯为原材料的化工企业，实现从单一制盐向盐化工裂变。引进威敌生物、武汉超支化树脂、安彩新材料、岩谷气体、华盛锂电等项目，总投资超70亿元。发挥云梦丰富的盐卤特色资源优势，以产品深加工为主线，通过纵向延伸和横向耦合，延伸产业产品链条。推进氯碱装置的技改扩能，加快吃氯、耗碱、用氢产品的延伸发展，形成"146"发展模式（完善烧碱产业基础，延伸氯气、氢气、烧碱、芒硝四条产业链，拓展新材料、医药中间体、精细化工产品、消毒杀菌剂、高纯气体和试剂、资源综合利用六大系列产品）。推行链式招商，招引头部企业、冠军企业、高特精尖企业。新引进湖北科博新材料科技有限公司、湖北安彩新材料科技有限公司、孝感岩谷气体有限公司企业3家，共计投资6.78亿元。培育国家级专精特新"小巨人"企业1家、省级5家，"小进规"企业9家。总投资50亿元的华盛锂电池股份有限公司在科创板成功上市。

（孝感市史志研究中心
孝感市"两型办"）

【黄冈产业园】 2021年，黄冈产业园有规模以上工业企业16家。规模以上工业总产值79.31亿元，比上年增长47.2%；固定资产投资35.15亿元，增长49.6%；完成规模以上工业增加值约20.62亿元，增长53.1%；完成技改投资8.87亿元，增长256.2%；税收收入2亿元，增长17.6%。

全年在建项目43个，总投资131.34亿元；招商引资新签约项目14个，协议投资总额83.7亿元；新开工招商引资重点项目6个，新投产产业项目6个，新增"四上"企业4个，新增年产值过10亿元的企业2家。TCL黄冈智能制造产业园、铭普光磁光通信产品研发生产基地、亿格黄冈智慧产业园、至美印务出版刊物生产制造基地等"产业同链"重点项目签约落地。日处理1.75万吨的污水处理厂和110kV唐家渡变电站相继投入运营，园区规划"七纵十三横"交通路网中的主干道全部建成并通车。

园区位于黄冈市西北部，规划面积19.8平方千米，其中，划给光谷科技园用地2.43平方千米，实际可用地17.37平方千米。按照"研发在武汉、生产在黄冈"的要求，主动对接光谷科技创新大走廊功能区，围绕"光芯屏端网"开展精准招商，承接武汉外溢项目落地，全力做好配套服务。

【光谷黄冈科技产业园】 2021年，光谷黄冈科技产业园投产项目6个，在建项目4个，拟开工项目12个（产业项目、基础设施项目各6个），建成高新技术孵化器5万平方米。全年完成固定资产投资2.02亿元，比上年增长23.0%；实现产值1.06亿元，增长55.0%；实现税收800万元，增长54.9%。

光谷黄冈科技产业园成立于2016年2月，由黄冈市政府与武汉东湖高新区合作共建。2018年1月，双方签订深化合作共建协议，明确将光谷黄冈科技产业园打造成武汉城市圈共建示范产业园，合作期限50年。园区位于黄冈市黄州区主城区以北、黄鄂高速公路以南、团风县方向区域，总规划面积25平方千米，其中，起步区（西区）约1.69平方千米。园区管委会为公益一类正县级事业单位，管理班子由黄冈市和东湖高新区共同派驻。共建双方合资成立武汉光谷黄冈科创投资开发有限公司，注册资本金5亿元，其中，武汉高科集团出资4亿元，黄冈高投公司出资1亿元，用于园区基础设施建设和商住配套设施建设运营。园区主要发展光电子信息、大健康、智能制造装备、高新技术生产性服务业四大主导产业。

【红安经济开发区】 2021年，红安经济开发区推进转型发展，加快整体融入武汉城市圈的步伐。初步形成以长园天弓、深鸿机械等为代表的先进制造产业，以弘美达、千川门窗和海通等为代表的建材家居及配套产业，以武汉商贸学院、武汉城市学院、武汉设计工程学院等为代表的科教服务产业，以正邦饲料、绿色巨龙、根聚地等为代表的现代农产品加工产业，以亮剑大别山军事文化旅游区项目为代表的文旅康养产业。年内，新增落户企业8家，累计落户企业达604家；投产企业390家，其中，工业企业357家；新增开工企业2家，在建企业达到87家。园区高新技术企业47家，其中，规模以上工业高新技术企业37家。

红安经济开发区于2010年12月正式动工建设。2015年9月，红安经济开发区与武汉东湖高新区达成共建"中国光谷·红安高新技术产业园"协议；同年，开发区晋级成为省级高新区。红安经济开发区由新型产业园、融园家具产业园、食品饮料工业园组成，规划土地面积106平方千米（含武汉六环出口3平方千米区域），其中，新型产业园规划面积56平方千米，初步建成中红机电产业园、电力成套设备园、新型材料加工园、中小企业创业园和现代物流园五大"园中园"，建成区面积15平方千米，形成机械电子、生物科技、新型材料、纺织服装、现代物流及服务业五大主导产业。

【武穴电子信息产业园】 2021年3月29日，黄冈市武穴电子信息园启动一期项目C地块建设，规划建设24栋厂房和食堂、超市等配套设施，占地面积20.53公顷，总建筑面积23万平方米，总投资6.5亿元。至年底，一期项目签约企业65家，协议总投资171.1亿元。其中A、B两个地块企业落户37家，90%以上是高新技术企业，可用专利115项，6家企业已进入规上企业行列，企业员工总人数1300人；D地块入驻企业3家，厂房进入投产前的装修阶段。

园区位于武穴经济开发区火车站工业园内，交通区位优势明显，毗邻京九铁路武穴站、沪蓉高速武穴出口和武安杭高铁武穴北站，南距深水良港武穴港15千米，规划面积约333公顷，分四期建设，于2019年10月28日开园。园区围绕"基础元器件、新型显示、智能终端、配套及服务"招商建设，着力打造上下游企业配套、关联企业无缝对接的"光芯屏端网"完整产业链。

（黄冈市史志研究中心 黄冈市"同城办"）

【中国光谷·咸宁产业园】 2021年，咸宁市推进光谷咸宁产业园项目。在东湖新技术开发区内设立"武咸同城发展—咸宁高新区驻东湖新技术开发区办事处"，选派人员驻点工作，重点围绕电子信息、食品饮料、生物医药、智能制造、新材料产业，强化与东湖新技术开发区在项目资源、交流协作方面的对接，承接光谷产业和科技成果外溢。建设咸宁科创金融功能区，主要依托高新区金融信息港两楼（科创大厦、金融大厦）、"市民之家"、咸宁市人力资源服务产业园打造科创金融功能区。作为咸宁产业园承接武汉高校、科研院所等高层次智力资源和科技成果转化的孵化基地。依托高新区智能制造产业园、绿色双创产业

湖北三赢兴光电科技股份有限公司无尘车间　　（魏铼 摄）

园，与武汉高校和科研院所合作建立产业技术研究院，为咸宁科创金融功能区孵化的项目提供研发、实验、检测等加速服务。承接和信光、盛世魔方、中安佳通、金鉴生物、欣泉通信、龟鹤堂健康养老等6个武汉科技型项目；引进华中科技大学、武汉纺织大学等10个武汉高校及科研院所高层次人才创新创业项目。建设咸宁产业园项目承载区，重点打造电子信息产业园、现代装备制造产业园、生物医药产业园、新能源产业园、新材料产业园5个专业园区，作为承接武汉产业转移和高层次人才创业项目的具体承载区。对接武汉东湖高新技术开发区及武汉高科国有控股集团有限公司，分别签订合作共建生物医药产业园和成立专项产业发展基金。

（咸宁市史志研究中心
咸宁市"同城办"）

【**仙桃高新技术产业开发区**】 2021年，仙桃高新技术产业开发区统筹推进招商引资、项目服务、平台建设，成为融入武汉的桥头堡。开发区重点打造智能装备制造产业园、新能源汽车动力系统集成园、B型保税物流园（综保区）和新材料产业园四大园区。华润电力、容百集团、健鼎电子、湖北全康等企业相继落户，企业数量发展到12041个。全年新增规模以上企业43个，规模以上企业总数增至341个，实现规模以上工业企业总产值802.9亿元，工业增加值295.2亿元，比上年增长20.7%；高新技术企业123个，高新技术产业增加值110亿元，增长19.5%；完成税收45亿元，增长19.4%。招商引资总额308.6亿元，实际利用外资2.94亿元。

全年新签约项目19个，其中1亿元以上项目17个，协议引资共480.7亿元。跟踪在谈项目共计29个，其中可以落户启动区北区的项目18个，综合保税区项目3个，新材料产业园项目8个。规模超过10亿元的项目13个，其中新能源新材料行业4个，智能装备制造行业4个，现代服务行业4个，电子信息技术行业1个。

项目建设实行进度全程跟踪。健全落户项目领导包保责任制度，建立项目进度对接、反馈、交流、研判机制，做到项目进展时时掌握，推进项目快落地、早投产，容百新能源、综合保税区、零碳科技产业园、上海致盛、新材料产业园等重点项目均按计划推进。建设问题全程协调，落户服务全程办理。推进"企业吹哨、部门报到、现场服务、实时指导"的工作机制，全面梳理项目建设过程中涉及的审批、论证、部门审核等事项，力求企业"一次不跑"，高新区全程代办、一包到底。

完善平台功能。推进高新区主要平台道路建设，构建内联外通的路网体系。通港公路、东城大道、工业三路等9条主干道建成通车，配建市政排水管网约10千米，高新区骨干路网基本成型，公共设施逐步完善，全康公司、进成公司定制厂房建成投用，新材料产业园B升C有序进行。综合保税区完成省级初审，并上报国务院审批。加快重点区域征地拆迁进度。高新区启动区计划拆迁5898户，已拆2652户，占比约45%。

【**仙桃市彭场工业园**】 2021年，仙桃市彭场工业园引进规模以上企业15家，全园规模以上企业数量增至91家，实现规模以上企业工业总产值135.14亿元；工业增加值较上年下降36.9%；完成固定资产投资34亿元，增长47%；税收10.4亿元。工业用电量2.31亿千瓦时，下降11.62%。园区规划面积14.7平方千米，建成面积10平方千米。

全年落地项目37个，总投资94.34亿元。至年底，项目建成投产的7个，基本完成主体厂房建设的8个，正在进行主体厂房施工的6个，正在进行基础施工的1个，进入施工前期准备工作的6个，完成平面规划设计的7个。新签约项目19个，规划用地总面积90公顷，协议引资42.6亿元。"四基地两中心"创建持续推进，创新中心正建设中试基地物理空间，非织造布检测中心开始试运行，国家级防护物资应急储备基地进入设备安装阶段。基础设施日趋完善，太子湖绿化工程已动工，和平大道南延线、农丰路、南干渠路、汪洲大道东延线、创业路等主干道建设全面启动，其中农丰路、创业路一期工程已通车，剅沟泵站完工，电力、燃气、给排水工程正有序推进。

（仙桃市史志研究中心）

【**潜江市江汉盐化工业园**】 2021年，潜江市江汉盐化工业园全力打造武汉城市圈"光芯屏端网"产业配套示范基地。共有规模以上企业19家,完成工业总产值72亿元,完成固定资产投资34.3亿元,招商引资到位资金42亿元,入库税收1.9亿元。

江汉盐化工业园成立于2008年,是潜江市发挥境内丰富的盐卤资源优势、拉长盐化工产业链条而设立的循环经济工业园区,规划占地面积15.6平方千米,由新化工产业园、微电子材料产业园和长飞科技园三大产业片区组成。2013年国家发改委批准为国家循环化改造示范试点园区,2021年4月湖北省发改委确认为合格化工园区。园区利用盐化产业链中的氢气、氯气、烧碱、蒸汽等资源,先后引进菲利华、新亿宏、长飞光纤、日本信越、法国液化空气、晶瑞、鼎龙、京东方、中巨芯等国内外知名企业落户,打造行业聚集、产业链关联的高水平示范园区。经过十余年的发展,园区循环产业初具雏形,并成为全球最大的光纤预制棒生产基地、全球产业链最完善的光棒光纤产业集群、全球最大的气熔性石英材料生产基地、全球最大的光纤配套用石英材料生产基地四个全球第一和亚洲最大的漂粉精生产基地、亚洲最大的强氯精生产基地两个亚洲第一。

(潜江市档案馆)

【天门市岳口工业园】 2021年,天门市岳口工业园主动对接武汉高新技术产业转移。园区总规划面积7.3平方千米,建成面积4平方千米。至年底,落户企业60家,

天门市岳口工业园鸟瞰图　　　　　　　　　　　(摘自天门市人民政府网站)

已投产28家,其中,生物医药企业12家,新能源新材料企业12家,再生资源利用企业5家,精细化工企业8家。在建企业23家。该园区是湖北生物医药产业优势园区,是江汉平原新材料、新能源产业聚集地,初步形成了以诺邦科技为代表的新能源产业,以延安药业为代表的生物医药产业,以湖北润驰环保科技有限公司、湖北景目环保科技有限公司为代表的资源再生利用产业,以振宇科技为代表的精细化工产业集群雏形。

【武汉国家生物产业基地天门生物产业园】 2021年,武汉国家生物产业基地天门生物产业园签约落户生物产业项目14个,实际到位资金18.7亿元。建成投产生物企业55家(生物医药企业28家,生物农业企业13家,生物能源企业3家,生物制造企业7家,生物环保企业4家),在建12家。共有规模以上生物企业24家、高新技术企业11家、隐形冠军9家、两化融合示范企业8家。其中,生物医药规模以上企业15家,总产值突破200亿元,已发展成为天门市的战略型新兴产业。

该园区成立于2013年,位于天门高新园内,规划占地面积约173公顷,是武汉国家生物产业基地核心区外建设的生物产业聚集区。园区依托湖北华世通生物医药科技有限公司、湖北泰尔生物、湖北德荟生物等骨干企业,引进光谷生物城产业拓展企业,重点发展多肽药物、重组蛋白、细胞生长因子等基因工程项目,聚集产业发展资源,拓展产业链,发展产业群,打造国家级生物医药特色产业基地。

(天门市文化和旅游局
天门市"同城办")

开放合作平台搭建

【概况】 2021年,武汉跨境电子

2021年10月12—26日，2021全球数字贸易大会暨武汉（汉口北）商品交易会在汉举办，来自103个国家的外交使节及商协会负责人、采购商参会

（武汉市地方志编纂委员会办公室　供图）

商务综合试验区建设取得较快发展。跨境电商综试区进出口额达43.48亿元，进出口额比上年翻一番。黄石跨境电子商务综合试验区建设线上综合服务平台，场站管理平台已接入国家跨境电商综合服务平台，实现跨境电子商务备案、通关申报全程无纸化，先后开通跨境电商"9610"进出口、"9710"B2B出口业务。

中国（湖北）自由贸易试验区武汉片区进出口总额1378亿元，增长36.3%（海关口径），占武汉市的41%、全省的25.6%。

开放口岸建设取得新进展。武汉海关深入推进通关便利化，鄂州港区一类水运口岸工程于2月27日正式开工建设。武汉综合保税区差异化发展取得突破。黄石市棋盘洲综合保税区获国务院批复设立。

中法武汉生态示范城入选湖北省近零碳城镇试点示范项目。湖北（孝感）日商产业园入园日资企业30余家，形成产业招商、以商引商的特色外资产业聚集区。

【武汉跨境电子商务综合试验区建设】2021年，武汉跨境电子商务综合试验区实现进出口额43.48亿元，比上年翻一番。其中，进口8.05亿元，出口35.11亿元。

出台跨境电商专项支持政策，完善跨境电商产业载体。武汉跨境电商服务资源中心等4个产业园被列入省级跨境电商产业园，三环国际海外仓、汉口北—美西洛杉矶仓被列入省级公共海外仓。开设湖北首家跨境电商进口O2O自提店，实现2分钟"即买即提"，海外直采商品3万余种，规模和品类在华中地区领先。加速打造产业链、生态链，引导湖北高德红外股份有限公司、武汉金融控股（集团）有限公司等拓展跨境电商新业务，引进菜鸟网络、京东国际、盘古集团、福禄可达、宁波国际物流等运营商。认定4个跨境电商人才培养基地，培养跨境电商人才数量超过2万人。

支持汉口北深化市场采购贸易方式试点。优化市场采购贸易综合管理系统，落实海关简化申报、市场采购贸易方式出口的货物免征增值税等试点政策，探索市场采购与跨境电商贸易平台共用、渠道互通，利用外贸综合服务衔接业务链、物流链、资金链，驱动贸易融合发展，探索"市场采购＋跨境电商＋外贸综合服务企业"发展新路径。带动200余家中小微企业及市场商户拓展外贸发展空间，市场采购贸易方式出口首超200亿元。

发展"传统市场＋外贸新业态"模式，推动本土品牌产品出海。引导汉正街传统商户转型跨境电商，带动武汉、汉川、仙桃、孝感等地动漫服饰、宠物车、童车、手推车、汽配工具产品抢占欧美、日本等海外市场。支持外贸综合服务企业健康发展，建成外贸综合服务中心11个，服务中小微企业超300家，依托外贸综合服务中心设立1亿元退税周转"资金池"，提供"极速"退税服务。

获批二手车出口试点地区，建立健全工作机制，搭建监管服务系统，打通理顺业务流程。

（武汉市地方志编纂委员会办公室）

【黄石跨境电子商务综合试验区建设】2021年，黄石市出台加快跨境电子商务发展的实施意见，明确跨境电商在线交易、通关服务和物流成本、外贸企业转型等相关政策，通过政策引导，扩大跨境电商产业规模，完善产业链，提高产业层次和影响力。黄石跨境电子商务综合试验区加强与武汉海关对接，创新监管方式，设立涵盖事前、事中、事后全过程的标准化监管流程；建设线上综合服务平台，场站管理平台已接入国家跨境电商综合服务平台，实现跨境电子商务备案、通关申报全程无纸化；推动上海御荣国际、重庆菲仕兰、深圳华源辉等跨境电商企业落户黄石，先后开通跨境电商"9610"进出口、"9710"B2B出口业务；培育企业主体，推进传统外贸企业向跨境电商企业转型，瑞鸿、东贝等5家本地传统外贸企业已转型开展跨境电商业务。至年底，试验区产业园产业规划、城市设计、控制性规划通过审核，完成核心区一期12.47公顷规划指标和土地报批工作。

（黄石市档案馆　黄石市"同城办"）

【湖北自由贸易试验区（武汉）建设】 2021年，中国（湖北）自由贸易试验区武汉片区全面落实支持开放型经济发展的政策措施，持续推进自贸试验区向更高水平开放。新增企业1.41万家，比上年增长22.4%；实际利用外资14.34亿美元，占湖北自贸试验区的81.4%，引进美国gitlab全国总部、丰树中国、德高等一批知名外资企业；进出口总额1378亿元，增长36.3%（海关口径），占全市的41%、全省的25.6%。

围绕"光芯屏端网"和生物医药产业领域，研究提出32条改

2021年11月18日，武汉海关所属武昌海关关员在"光芯屏端网"企业调研向"一带一路"沿线国家出口情况

（武汉市地方志编纂委员会办公室　供图）

革举措建议，聚焦产业发展痛点、难点、堵点，推进设立国家药品及医疗器械审评中心华中分中心，开展跨境电商进口医药产品试点等工作。高标准推进东湖科学城建设，探索"四个有奖"全链条全过程科技成果转化激励机制，构建"创业—高企—瞪羚—独角兽"的科技企业梯度培育链条。出台"硬核科技十条"、股权激励专项资金管理办法，推动高新技术企业加快发展、促进知识产权高质量发展、推动制造业高质量发展若干政策等，培育和打造战略性新兴产业集群。

在全省率先启动"跨境电商B2B出口"监管试点，首推跨境保税"自提"业务模式。升级运营跨境电商"即买即提"业务，构建华中最大的跨境O2O中心。加快建设湖北自贸区首个手机维修再制造技术中心，全年完成维修货物进出口额710万美元。打通二

手车出口业务全流程，完成湖北自贸试验区首单二手车出口业务。

创新联络人机制，将企业成长和产业发展实际需求作为制度创新的主攻方向，打造"收集问题—提炼诉求—形成举措—总结成果—复制推广"制度创新闭环，通过体制机制创新形成武汉片区扩大开放有效合力。做法在国务院自由贸易试验区工作部际联席会议上推广。全年共形成24项改革试验成果，在全国或全省复制推广。在"中国自由贸易试验区制度创新指数"排名中，武汉片区连续4年在第三批自贸试验区中名列前茅。

加速集聚国际资源。落实湖北省"科技六条"，对重点企业高端人才给予专项奖励，全年兑现奖励资金超过1亿元。完善外国人服务"单一窗口"功能，推动外国人签证证件审批、制证前移至武汉片区。全国首创人才因素直接

纳入返投计算,以市场化方式引导投资和引进高层次人才。建设武汉片区首个国际社区项目,打造聚集国际人才服务的国际交往客厅。设立全省首家移民服务中心,打造"一站式"服务平台。打造全国首个科技保险创新示范区,筹建东湖科技保险发展促进中心,推动筹建东湖保险公司。试点实施资本项目外汇收入支付便利化业务,放宽跨国公司外汇资金集中运营管理准入条件,进一步提升跨境投融资便利性。修订出台"上市十五条",谋划实施上市苗圃培育工程,全年新增6家上市企业。通过PCT申请国外专利1385件,较上年增长20.9%,占全省申请总数的81.9%。在国际专利申请量排名前50的全球企业中,武汉片区的企业华星光电排第32位。

提升开放辐射功能。武汉东湖综合保税区进入2020年度全国排名、中西部地区排名A类,是全省唯一一家双A类综保区。创建国家文化出口基地获批,5家企业入选2021—2022年度国家文化出口重点企业名单。加快建设湖北省外贸综合服务中心东湖分中心,"9710"出口新模式备案企业超过20家。加快进出口通道建设,花山港一类水运口岸完成预验收,建设天河机场"光谷城市货站",完成东湖陆港·光谷城市货站卡口改造和信息化建设;建设武汉片区生物材料和特殊物品集约式进出口公共服务平台。

持续优化营商环境。率先实施"一业一证"改革,将市场主体填报要素减少40%、申报材料压减50%、审批时限缩短70%。首推"无收入免申报"改革,减轻纳税人申报负担。全面推行"两步申报+先理货后报关"申报模式,概要申报步骤提货放行仅需1分钟左右。落实中小微企业出口信用保险全覆盖。引导企业申报AEO认证,先后培育26家海关AEO高级认证企业,占全省的1/4以上。

【中欧班列(武汉)运行】 2021年,中欧班列(武汉)共开行411列,比上年增长91%,发运货值达127.34亿元,增长78%,重箱率保持在100%,运行总里程达到385万千米。年内,中国铁路武汉局集团有限公司联合武汉海关通过数据交互和信息共享,大幅提升口岸通关效率,初步让出口货物提速升级。全年累计向德国、波兰、匈牙利等国运送口罩、防护服、呼吸机、手术衣等防疫物资9770.86吨。中欧班列(武汉)通过开行铁海联运班列,打通武汉市铁路和水路运输间的"最后一公里",形成联动效应。随着"一带一路"建设的稳步推进和国家对中部高质量发展的聚焦,长飞、烽火、东风汽车等省市外向型企业纷纷借助中欧班列(武汉)加快"走出去"步伐。至年底,中欧班列(武汉)已稳定开行29条跨境运输线路,覆盖欧亚大陆30多个国家、70多个城市,初步形成了"联通欧洲、覆盖中亚、衔接日韩、连接东盟"的国际多式联运服务网络。

【开放口岸建设】 2021年,武汉海关在湖北省推行"7×24小时"预约通关服务,在机场口岸实行"7×24小时"不间断通关服务,方便企业及时通关。推广"两步申报+N""提前申报""船边直提""抵港直装"等多种通关模式。10月进口整体通关时长为40.87小时,首次好于全国平均水平(41.83小时)。保障1000余万剂疫苗出口业务,实现"武汉疫苗,武汉出口"。武汉新港启动"智慧口岸"新基建项目建设,驱动航

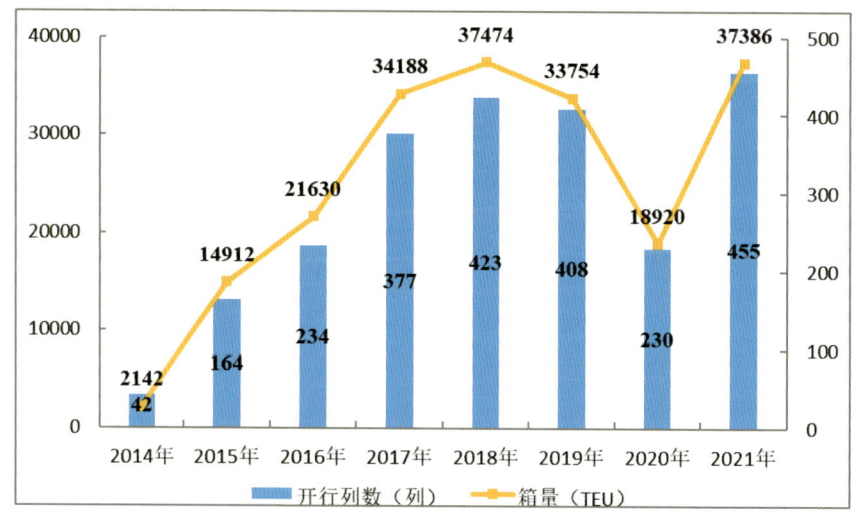

2014—2021年中欧班列(武汉)开行情况示意图

运中心建设转型发展；武汉经济技术开发区汉南港一类口岸9个泊位设施全部建成，2条新航运航线开通，完成汽车滚装75万辆、集装箱30万标准箱，分别比上年增长50.0%、63.0%。武汉临空港经济技术开发区发展现代物流产业，武汉铁路口岸汽车整车进口口岸实现通关运行，沃尔沃整车进口项目完成发运计划1059台整车。全市武汉港水运口岸、天河机场航空口岸、武汉铁路中心站铁路口岸3个国家一类口岸进出口货运量累计134万标箱（含中转），比上年增长23.4%。武汉至日本江海直航开行68班次，增长15.3%。中欧班列（武汉）开行411列，增长91%。航空口岸国际及地区货邮吞吐量14.34万吨，增长190.9%。

鄂州港区一类水运口岸工程于2月27日正式开工建设。该项目是国家重点工程，位于鄂州市三江港区综合码头，占地面积15.56公顷，主要建设海关业务用房及中心监控室、查验平台等配套设施，总投资2.07亿元，设计年吞吐外贸集装箱10万标箱。鄂州花湖机场口岸2021年9月被纳入国家"十四五"口岸发展规划，年内口岸作业区已挂网招标。

【综合保税区建设】 2021年，武汉综合保税区差异化发展取得新突破。武汉市制定关于促进综合保税区高水平开放、高质量发展的若干措施。9月10日，武汉天河机场保税物流中心（B型）及配套项目正式开工，其一期项目占地面积约25.87公顷，包含航空货运站、保税物流中心（B型）、航空物流园三大功能区，总建筑面积约17万平方米，总投资约8.9亿元；投产后每年可为天河机场带来8万吨货量，服务于中部地区科技医药、生鲜冷链、跨境电商等高附加值产业。武汉东湖综合保税区引进2家进出口额10亿元以上的外向型企业，进出口总额289.4亿元，比上年增长78.4%。根据海关总署评估，武汉东湖综合保税区在全国排名分类和中西部地区（含东北三省）排名分类中，均获评A类。武汉经济技术开发区综合保税区新建的5万平方米智能化保税仓库于10月投入使用，建设跨境电商产业园，吸引菜鸟网络等一批重点企业入驻，全年完成进出口总额81.7亿元，增长153.9%；跨境电商单量突破700万单，占武汉海关跨境电商单量七成。武汉新港空港综合保税区阳逻港园区进出口总货值完成22.1亿美元，增长122.0%。

黄石棋盘洲综合保税区于2021年8月7日获国务院批复设立，是湖北省第六个综合保税区，也是全省"一主两副"之外的首个综合保税区。项目规划用地面积约96.46公顷，主要包括保税口岸作业区、保税物流区、保税加工区、展示服务区4大功能区，总建筑面积约36.8万平方米，分两期建设，总投资14.3亿元。其中，一期项目主要建设10座保税、查验仓库、厂房，海关信息自动化，以及主副卡口、巡关道、外围网等辅助设施，建筑面积约12.3万平方米；二期项目建筑面积19.1万平方米。至2021年底，完成厂区平整，保税加工区地基处理、室外围网等工程，占建设总量的30%；签约6个项目，其中2个项目已开展相关业务；黄石新港（物流）工业园区管委会与深圳盐田港保税区投资开发有限公司达成初步意向，合作运营黄石棋盘洲综合保税区。

鄂州空港综保区与花湖机场

黄石棋盘洲综合保税区一角　　　　　（黄石市档案馆　供图）

同步规划、同步建设。2021年,鄂州空港综合保税区口岸作业区项目挂网招标,进入施工前的准备阶段。该保税区规划选址鄂州花湖机场北侧,部分区域与机场重叠,占地面积约2.99平方千米。规划主要功能区设置航空维修区、口岸作业区、保税加工区、保税服务区、保税物流区和综合服务区六部分,是全国唯一具备"空港+水港"双港优势,与机场同步规划、同步建设的综合保税区。仙桃综合保税区完成省级初审,在仙桃保税物流中心(B型)基础上进行功能升级,拓展保税物流、口岸作业、综合服务功能,形成保税物流区、保税加工区、口岸作业区、综合服务区四大组团的整体空间格局。

【武汉中法生态示范城】 2021年,武汉市着力推进中法生态城建设。全年实现工业总产值134.75亿元,完成固定资产投资110.55亿元,招商引资总额164.22亿元,实际利用外资2.32亿美元。中法武汉生态示范城入选湖北省近零碳城镇试点示范项目,新华社进行专题报道,法国《费加罗报》全文转载。

机制改革。探索市场化开发运营机制,建立"整体开发+分区推进"的开发运营模式,与中国建筑第三工程局有限公司、中国交通建设集团有限公司等央企紧密合作,推进城市片区综合开发运营项目。拓宽融资渠道,采取"PPP"、发行政府专项债、银行贷款等多种方式筹措建设资金。优化行政审批服务机制,推行"五个一"(一份报建清单、一位首席服务专员、一个绿色通道、一个设计资料包、一份廉洁承诺)行政审批服务,做到建设项目服务"一本通",推动行政审批"能快尽快"。全年完成项目审批20余个,涉及投资金额约40亿元。

规划编制。制定《中法武汉生态示范城国民经济和社会发展第十四个五年规划和二〇三五年远景目标》并报市人民政府审批通过。完成中法生态城ZF07和ZF08编制单元控规导则局部用地调整等规划优化工作,制定《中法武汉生态示范城新型工业用地(M0)实施方案》。

交流合作。参加湖北省—拉美和加勒比国家合作交流会、外国网红解码幸福武汉融媒体采访等外事活动,接待欧盟驻华代表团与欧盟成员国驻华使馆外交官、法国驻汉总领事馆教育专员、英国驻武汉总领事馆领事等来访交流,举办"再次发现中法最美地标"、第二届中法时尚文化交流等活动。开展同济社区创建武汉市"国际化社区"试点。

招商引资。聚焦数字经济、高端服务、生命健康等主导产业,先后赴北京、上海、长沙、成都等地进行项目洽谈考察10次,参加第八届全球新电商博览会、第十六届中国—欧盟投资贸易科技合作洽谈会、第二届"法中生态城俱乐部"研讨会等重要会议并作宣传推介。签约引进长江日报文创园等创新平台项目,德高检测科技、航发创投中心等总部经济项目,新城控股吾悦广场、特斯拉华

2021年武汉中法生态示范城项目落户情况一览表

单位:亿元

序号	项目(企业)名称	投资方	投资额
1	法式文创主题乐园	武汉生态环境投资发展集团有限公司	30
2	中法半岛小镇生态度假综合体	武汉二零四九集团有限公司	30
3	中法航空产业园	上海晖禾航空技术有限公司	50
4	长江日报·后官湖文创园	武汉长江日报传播有限公司	5
5	盛世恒通总部项目	湖北盛世恒通通信集团有限公司	8
6	航发创投	武汉星启置业有限公司 成都方维投资管理有限公司	12
7	德高总部大厦	湖北德高工程质量检测有限公司	4
8	中核维景酒店	武汉核建房地产开发有限公司	3
9	武汉雅都研发生产基地	武汉雅都咨询管理有限公司	8
10	新城吾悦广场	武汉恒烨房地产开发有限公司	30
11	武汉建工商务中心	武汉武建富强悦泽置业有限公司	20

中交付中心等商贸项目,协议总投资超150亿元。培育核心商圈,首个CBD中核·科创中心和首个品质商业街金地凤凰街6号正式建成运营。推进中法半岛小镇建设,生态度假综合体、法式动漫主题乐园等项目正式落地,金地SE中法国际中心开工建设。

项目建设。推进各类在建项目43个,其中政府投资项目26个,社会投资项目17个。什湖生态治理项目被纳入第八次中法高级别经济财金对话,完成实地考察、授信评审等程序;什湖周边环境整治工程开始施工,高罗河廊道整治工程完成河道清淤和周边截污工作。启动区能源站项目主体结构完工。知音城、新天、黄陵三大还建小区共86万平方米主体工程完工。琴润大道、生态城大道路基施工累计完成8.8千米,启动区和中部、东部三大片区路网39条道路开工建设,区域道路框架基本成型。中法城小学、初中等7个教育基础设施项目主体工程完工。

（武汉市地方志编纂委员会办公室）

【湖北（孝感）日商产业园】 2021年,湖北（孝感）日商产业园起步区全面建成,落户企业30家,总投资近200亿元,亩平投资达1000万元。其中,日本小糸车灯、希革斯二期、城南汽车玻璃升降器、福雷克斯汽车空调、三桦塑胶、棚泽八光、稻木橡胶、西川密封件8个项目已建成投产。随着汉孝产业链协同关系日趋紧密,还有近40家日资企业正在洽谈。

产业园是孝感坚持产业招商、以商引商形成的特色外资产业聚集区,是全省首个日商产业园,也是实施"主城崛起"战略的特色园区。规划总面积12.2平方千米,其中核心区8.4平方千米,2012年首期启动333.33公顷,引进世界500强企业日本矢崎线束,并车灯行业世界排名第一的日本小糸投资项目示范引领,吸引全球汽车零部件百强企业日本提爱思、希革斯、友成机工、中央发条、南部、三池等一批日资企业聚焦发展。2017年,湖北省商务厅正式授予园区"湖北（孝感）日商产业园"称号。

（孝感市史志研究中心
孝感市"两型办"）

营商环境优化

【概况】 2021年,武汉城市圈各市持续优化营商环境。武汉市对标一流减流程,持续推进"五减五通"改革,深入推进"一网通办"工程,设立全省首家移民服务中心,打造"一站式"服务平台。黄石市开展"减审批,推进流程再造"专项行动,提高政务服务质效。鄂州市推进"证照分离"改革试点,2104项办事材料实行"硬减",政务服务事项最多跑一次比例达100%。汉孝两地建立联合执法机制,共同维护汉孝之间的市场秩序,促进汉孝同城一体化发展。咸宁推出30条优化营商环境硬举措,切实解决市场主体和群众办事的堵点、痛点、难点。

"一带一路"市场拓展持续向好。武汉市对"一带一路"沿线国家实现进出口额816.2亿元,比上年增长34.8%,占全市总额的24.3%。对东盟进出口25.4亿元,增长27.6%。鄂州、孝感、咸宁、仙桃等市特色产品均搭乘"一带一路"快车跨出国门。

外贸特色产业发展势头强

2021年7月16日,2021中国－东盟数字经济发展合作论坛在武汉光谷科技会展中心举行。图为嘉宾在会场合影纪念 （高勇 摄）

劲。武汉市持续壮大光电子信息产业，高附加值产品出货量创历史新高，黄石市打造省级有色金属基地、制冷压缩机两家特色产业基地。仙桃市发展规模以上非织造布企业172家，成为"中国非织造布产业名城"，年创产值298.5亿元，出口51.9亿元。

【"一带一路"市场拓展】 2021年，武汉市"一带一路"市场拓展取得新进展。武汉市对"一带一路"沿线国家实现进出口额816.2亿元，比上年增长34.8%，占全市总额的24.3%。进出口额排名前五的国家（地区）分别为越南、新加坡、马来西亚、印度和泰国，排名前五的商品大类分别为机电产品、高新技术产品、纺织服装、食品土畜和钢材。全市境内投资者共对"一带一路"国家的14家境外企业进行非金融类直接投资，占全市境外投资企业数量的21.9%；投资金额2.23亿美元，占全市境外投资总额的8.8%。全市企业在"一带一路"沿线国家新签对外承包工程项目合同额66.67亿美元，占全市对外承包工程新签合同额的35.3%；完成营业额40.32亿美元，占全市总额的73.0%；承接"一带一路"沿线国家服务外包执行额4.48亿美元，增长14%。对"一带一路"沿线国家劳务合作派出人数为6569人，占总人数的60.1%。全年共有14个"一带一路"沿线国家（地区）在汉新设外资企业39家，增长105.3%；实际使用外资2.36亿美元，增长1062.2%，均来自新加坡。

黄石市抢抓国家"一带一路"发展机遇，外经企业在境外投资和承包工程方面成效显著。智利、秘鲁为前两大贸易伙伴，分别进出口49.6亿、39.7亿，分别比上年增长32.7%、77.9%。对东盟进出口25.4亿元，增长27.6%。机电产品出口额65.9亿元，增长46.3%，占全市出口总值的39.5%。钢材、劳动密集型产品出口成亮点，出口钢材38.5亿元，增长46.1%；出口劳动密集型产品30.4亿元，增长54.9%。

鄂州市制造产品搭乘"一带一路"快车跨出国门。孝感红贡茶、咸宁赤壁青砖茶等产品远销"一带一路"沿线多个国家。仙桃市非织造布出口市场更加多元化，其中向"一带一路"沿线国家进出口量占比超过10%。

【外贸特色产业打造】 2021年，武汉市持续壮大光电子信息产业。光电子信息外贸转型升级基地聚集全国"光芯屏端网"核心产业链企业500余家，年创产值3044亿元。高附加值产品出货量创历史新高，输出全球十分之一的光器件和光纤光缆、全球两成的柔性显示面板、三成的台式电脑设备。中国信息通信科技集团有限公司、长飞光纤光缆股份有限公司连续多年入选中国电子信息百强企业。

"光"领域，武汉市有光通信生产企业100多家，覆盖上游光纤光缆、中游光器件及光模块、下游光通信系统设备的光通信完整产业链。其中，光纤光缆国内市场占有率超过60%，国际市场占有率超过25%；光器件国内市场占有率超过40%，国际市场占有率超过12%。武汉市是国家高新技术激光产业化基地，获批激光产业区域集聚发展试点，拥有武汉华工激光工程有限责任公司、武汉楚天激光（集团）股份有限公司、武汉锐科光纤激光技术股份有限公司、武汉安扬激光技术股份有限公司、武汉帝尔激光科技股份有限公司、武汉天琪激光设备制造有限公司等一批龙头（领军）企业，已经形成以激光器、工业激光设备和医疗激光设备等为主的能量激光产业集群，国内市场占有率连续11年超过50%，光纤激光器国际市场占有率超过10%。

黄石市打造省级有色金属基地、制冷压缩机两家特色产业基地。其中，有色金属基地有规模企业15家，阴极铜年进出口额达19.56亿元；制冷压缩机基地有规模以上企业5家，制冷压缩机等相关特色产品年进出口额2.43亿美元。全年进出口额达327.9亿元，首次突破300亿元大关，连续12年进入全国"外贸百强"榜单。

仙桃市非织造布产业发展为全市工业中的第一产业，两次进入"中国县域产业集群竞争力百强"，被纳入国家创新型产业集群试点单位，成为"中国非织造布产业名城"。全市非织造布企业发展到4500多家，规模以上企业172家，年产非织造布90余万吨，口罩日产能1.13亿片，防护服日产能260万件。全年非织造布产业创造产

产业同链与经济共建

仙桃市非织造布生产车间一角　　（仙桃市史志研究中心　供图）

值298.5亿元，出口51.9亿元。

【投资环境优化】 2021年，武汉城市圈各市持续优化营商环境。武汉市对标一流减流程，持续推进"五减五通"改革，与2019年相比，办理事项平均用时由5.7天减少至3.6天，办理环节由4.2个减少至2.8个，企业设立登记时间由1个工作日压缩至0.5个工作日。深入推进"一网通办"工程，电子证照归集率达98%，政务服务事项网上办、一次办比率达99%，企业开办网上办比率达100%，真正实现"一事联办""全市通办"和"一张身份证办成事"。推进社区事务受理中心、便民服务代办站全覆盖。实施新型工业用地政策，实行"标准地"出让，推行"拿地即开工""建成即投用"政策；着力破解企业融资难问题，用好1000亿元纾困资金，创新3分钟申贷、0质押担保、1秒钟放款的"301"贷款模式，为企业减税降费514亿元、提供贷款1018亿元；开播30期"电视问政"，约200名单位负责人接受问政，319人受到问责处理。实行包容审慎监管，依法稳妥办理涉企案件，制定实施涉企"不予处罚、减轻处罚、从轻处罚"三张清单；政府带头践信守诺，2.55亿元民营企业无分歧账款全部清偿；严惩失信行为，发布失信被执行人名单1.68万人次，让失信者寸步难行；维护市场公平，不断消除"隐形门槛"，中小微企业在政府采购合同中占比提升至80%。

黄石市出台优化营商环境"清、减、降"专项行动实施方案，全面清理2021年以前制定的与优化营商环境不一致的规章、规范性文件，新制定的政府规章、规范性文件100%审查。开展"减审批、推进流程再造"专项行动，推进政务服务减时限、减环节、减证照、减材料、减基层负担，实施流程再造和系统重构，提高政务服务质效。整顿涉企收费，推动企业降本增效，切实增强市场主体和人民群众获得感。

鄂州市推进"证照分离"改革试点。不动产登记2小时办结，51本1.02万项高频电子证照实行"免提交"，2104项办事材料实行"硬减"，政务服务事项最多跑一次比例达100%。推进行政审批平台和政务服务五级联通，建立一体化在线政务服务平台，实现非中央垂直管理部门事项全部对接。推进"一事联办"。推出"前台综合受理、后台分类审批、统一窗口出件"模式，线上统一入口，线下统一受理审批，实现单一综合服务窗口到大综合服务窗口的转变。

武汉、孝感两地联合开展对标达标质量提升行动，签订武汉城市圈计量交流合作倡议，组织专家到孝感现场指导标准化试点建设，提供企业标准咨询30多次，帮助审查地方标准3份、企业标准审查评估12份；开展企业知识产权评估和知识产权质押融资培训；建立汉孝两地联合执法机制，共同维护汉孝之间的市场秩序，促进汉孝同城一体化发展。

咸宁推出30条优化营商环境硬举措，聚焦市场主体需求，全面对标国际标准和国内最高水平，着力打造宽松优质的营商环境、高效便捷的政务环境、竞争开放的市场环境、放心舒心的消费环境、公平有序的法治环境，切实解决市场主体和群众办事的堵点、痛点、难点。

【武汉市外资外智招引】 2021年，武汉市新批外商投资企业326家，比上年增长78.1%；外商直接投

2021年12月2日，武汉市光谷移民事务服务中心在武汉未来科技城揭牌

（武汉市地方志编纂委员会办公室　供图）

资22.9亿美元，增长23.8%。累计在汉投资世界500强企业309家，比上年新增3家。举办第21届华创会"侨聚英才——助推打造国家科技创新中心"武汉市侨界专场活动，海内外嘉宾、侨界人才、学界专家，及来自重点企业、金融机构的人才等200多人通过线上线下两种形式参加活动，聘请46位专家和5位顾问，现场签约3个外资项目，引进3名海外高层次人才，项目意向投资总额3亿元。坚持搭建外资活动平台，举办中欧（武汉）投资合作对话会、中德（武汉）经贸合作云交流会，美资、港资企业座谈会，加强交流合作。全年共举办重大招商活动24场，新聘请"武汉招商大使"26位。完善外国人服务"单一窗口"功能，推动外国人签证证件审批、制证前移至武汉片区；全国首创人才因素直接纳入返投计算，以市场化方式引导投资和引进高层次人才；建设武汉片区首个国际社区项目，打造聚集国际人才服务的国际交往客厅；设立全省首家移民服务中心，打造"一站式"服务平台。瑞典环境科学研究院武汉办公室正式挂牌，开展环境技术合作，共同发展环保事业。

（武汉市地方志编纂委员会办公室）

区域交流协作

【概况】　2021年，武汉城市圈部分城市持续开展跨省交流合作。武汉市争取国家层面对长江中游城市群合作的支持，促成长江中游武汉、长沙、合肥、南昌四个省会城市15位全国人大代表在2021年全国"两会"期间联名提出"支持长江中游城市群一体化发展上升为国家战略"议题。黄冈市、黄石市、鄂州市与江西省九江市在武汉召开的长江中游三省协同推进高质量发展座谈会上，共同签署《深化跨江合作推进区域融合发展的框架协议》，决定在战略规划、基础设施、重点产业、市场流通、生态环保、公共服务六个领域开展合作。三省九县联合成立湘鄂赣毗邻地区文化旅游产业联盟，整合300余家景区、酒店、餐饮店、购物点，协同举办文化旅游节等多项交流活动；通城县与湖南省平江县开展跨省医疗合作。

武汉城市圈各市加快经济产业园区共建，促进圈内资源要素优化配置，产业协同布局，区域联动发展。全年规划28个合作产业园区，年内启动4个园区共建项目。

【长江中游城市群省会城市经济合作】　2021年，武汉市争取国家层面对长江中游城市群合作的支

2021年武汉城市圈各市引进外资情况一览表

城市	实际利用外资（亿美元）	比上年增长（±%）
武汉	22.9	23.8
黄石	2.51	26.3
鄂州	0.55	16.0
孝感	3.59	22.7
黄冈	0.71	18.3
咸宁	0.52	38.3
仙桃	0.54	62.0
潜江	0.05	-3.0
天门	0.03	-55.4

持,促成长江中游四省会城市(武汉、长沙、合肥、南昌)15位全国人大代表在全国"两会"期间联名提出"支持长江中游城市群一体化发展上升为国家战略"议题。"长江中游城市群"发展相关内容被相继列入"国家'十四五'规划纲要"和《中共中央、国务院关于新时代推动中部地区高质量发展的指导意见》。

优化工作对接机制。围绕"十四五"期间交通合作重点事项和项目,推动省会城市与观察员城市对接协作。建立企业上市沟通对接机制,四市金融部门密切对接,相互协调所在市职能部门为拟上市企业出具合规证明。工业互联网协作机制初步建立,武汉全程指导中部地区建设标准的标识解析体系。

对接金融科创要素。上海证券交易所中部基地(武汉)正式开园运营。邀请长沙、合肥、南昌等市金融部门负责人出席长江资本大会暨第十二届中国·武汉金融博览会、2021中国(武汉)创投峰会,就资本市场建设、企业上市等工作开展对接交流。推进长江中游城市群金融机构数字化转型,制订《长江中游城市群省会城市"金融+科技协同创新平台"建设方案》,以武汉金融控股集团、长沙银行、合肥兴泰集团和南昌金融控股等15家金融机构为依托,共建"金融+科技"协同创新平台。

共建工业互联网。发挥武汉国家顶级节点作为中部地区互联枢纽的作用,指导中部地区建设标准的标识解析体系,支持开展中三角工业互联网标识优秀应用案例推广,大幅提升域名解析能力。至年底,接入武汉国家顶级节点的二级节点23个,其中,长沙市接入中电互联公司行业型二级节点(接入企业节点30个,标识注册量达1.74亿),南昌市接入江西移动、江西联通两个综合性二级节点(接入企业节点89个,标识注册量达566.8万)。

共享科技服务资源。共同建设四城市科技资源共享平台,为科技服务机构以及区域内产业链提供多层次的公共科技服务,培育一批骨干科技服务机构和行业品牌。科技服务机构子平台入驻72家,有效在线订单7笔,在线发布需求15条;科技金融子平台入驻企业总数714家,其中金融机构58家,企业656家,受理企业融资需求77笔,金额19.71亿元;大型仪器设备共享子平台入驻检测机构228家,共享大型仪器1948台套,服务项目51项;科技信息服务共享子平台共发布科技文献125条、科技政策290条、科技项目5579项、科技成果975条。长江中游城市群新型研发机构战略联盟成员单位达30家。

【长江中游城市政务合作】 2021年,武汉与长江经济带部分城市和长株潭都市圈4省9市(含长沙市、南昌市)签订"跨省通办"合作协议。武汉、长沙、合肥、南昌共同印发《2021年长江中游城市群四省会城市政务服务"跨市通办"工作方案》,按照"全程网办""异地代收代办""多地联办"等业务模式,梳理出124项四市"跨市通办"政务服务事项清单,并设立长江中游城市群"跨市通办"综合窗口,打造"长江经济带通办专区"平台,同步接入国家政务服务平台"跨省通办"网上服务专区,并配置四市"跨

2021年8月17日,武汉市汉阳区政务服务中心举办关于武汉市与长江中游城市群省会城市"跨市通办"相关工作培训会

(武汉市地方志编纂委员会办公室 供图)

市通办"事项入驻专区。

完善公积金互认互贷。持续推进异地个人贷款。全年武汉、长沙、南昌三省会城市双向之间住房公积金异地个人贷款193笔，金额合计8020万元。不断深化异地转移接续。从长江中游城市群其他22个城市转入武汉的公积金3516笔，金额8828万元；同期从武汉市转出到上述22个城市的住房公积金2581笔，金额3819万元。初步形成缴存信息核查机制。向包括长沙、南昌在内的22个长江中游城市公积金中心核实职工异地贷款信息905笔次，支持职工的异地购房贷款需求。

建设环境污染治理需求信息发布平台。信息平台涵盖需求、企业、产品（商城）、资讯、直播5个领域，支持城市群环境污染治理主体单位与提供治理服务的企业对接交流，解决环境污染问题。至年底，平台已有100余项产品、技术、项目案例和企业入驻平台内"环保企业中心"或"环保产品技术中心"。

加强医疗卫生合作。建立完善联防联控机制。发挥长江中游城市群公共卫生协作研究中心在疫情防控中的重要作用，通过完善疫情通报制度、疾控中心主任视频会议协商制度等手段，实现疫情信息互通，共享专家研判结果。武汉、长沙、合肥、南昌等地疾病预防控制中心开展线上技术交流和培训。推进建设城市之间的航空急救网络，长江中游城市群院前急救联盟合作交流实现常态化运作，联盟成员单位达到39个。

推进区域公共资源交易一体化。召开长江中游四省会城市公共资源交易中心主任联席会议，签署《长江中游城市群省会城市公共资源交易一体化高质量发展框架协议》，并审议通过《长江中游城市群省会城市公共资源交易一体化高质量发展协调会议制度》。推动5G+区块链远程异地评标常态化。修订完善了《5G+区块链远程异地评标操作规程》和《5G+区块链远程异地评标技术支撑配套方案》，筑牢了远程异地评标规范化、制度化、常态化基础。武汉、长沙、合肥、南昌公共资源交易中心共合作完成5G+区块链远程异地评标项目23宗。推广公共资源交易平台应用。长江中游城市群公共资源交易区块链服务平台——"长江链"正式上线，四市公共资源交易中心签署《关于共同推进"长江链·标证通"技术合作意向书》，制定了公共资源交易共享数据类型和标准，推进公共资源交易数据上链。

推进知识产权保护和运用。建立联络机制。制订《长江中游城市群省会城市合作2021年知识产权工作推进方案》，四市市场监管局及下属知识产权保护中心全方位开展对接，通报知识产权快速协同保护工作信息，围绕知识产权战略规划、综合立法和政策制定等加强交流互鉴，协同推出知识产权运营、公共服务等改革举措。开展预审实审联动服务企业工作。四市建立预审疑难案件交流机制，进行专利预审业务交流指导工作，共同促进提升知识产权服务水平。

加强知识产权公共服务平台建设。与国家知识产权局专利局审查协作湖北中心深度合作，设立长沙工作站，在知识产权数据利用、专利导航、人才培养、风险预警、海外维权等方面构建长效合作机制，促进知识产权与经济发展紧密融合。

深化医保合作。四市统筹区域均有定点医疗机构实现了跨省异地门诊直接刷卡功能，建立了医保监管协同机制。开展跨区域基金监管、协查互助，实现基金监管案件在调查取证、文书下达、处罚执行等关键环节的网上协查互助。畅通医保关系转移接续渠道。四市医保部门推出及时受理、限时办结、减少中间环节等举措，保障异地医保关系转移的时效性。

推动跨区域警情调度指挥协作。深化风险联防。及时互通跨省、跨市重大情报，实现线索共享、信息共通、手段共用、战果共赢。深化执法联动。推动联合打击制度化、联合办案规范化、联合整治机制化，建立跨区域系列犯罪侦查取证协作机制，分享线索共查、联合缉捕经验。深化警务交流。四市公安情指中心、指挥中心、警令部开展专人对接，探索采取轮值模式，推动交流常态化。

【2021长江中游三省协同推动高质量发展座谈会在汉召开】2021年9月10日，2021长江中游三省协同推动高质量发展座谈会在武汉召开。江西、湖南、湖北三省党政领导，省会城市市长，荆州、岳阳、常德、益阳、九江、黄石、

2021年10月29日,长江中游城市群省会城市第八次合作协调会在线上召开　　（武汉市地方志编纂委员会办公室　供图）

鄂州、黄冈等市市长等与会代表参会。会议审议通过《深化协同、发展加快绿色崛起——长江中游三省战略合作总体构想》，提出长江中游三省协同发展的目标定位：打造全国高质量发展重要增长极、"双循环"重要空间枢纽、全国城市群协同发展样板区、全球有影响力的科技创新策源地、全国生态文明建设先行区、全国统筹发展与安全示范区，在生态保护、文化旅游、科教创新、产业合作、对外开放、安全发展、民生及公共服务等9个方面重点领域加强合作。会议决定组建长江中游三省协同发展联合办公室，暂定在武汉集中办公，办公地点设在湖北省发展和改革委员会。会上，湘鄂赣三省共同签署《长江中游三省协同推动高质量发展行动计划》《长江中游三省省会城市深化合作方案》《长江中游三省"通平修"绿色发展先行区建设框架协议》《长江中游三省文化旅游深化合作方案》《洞庭湖生态经济区五市深化协作工作方案》《九江市、黄石市、鄂州市、黄冈市人民政府关于深化跨江合作推进区域融合发展的框架协议》等6个合作文件，共同推动中部地区高质量发展。其中，《长江中游三省省会城市深化合作方案》明确，三省将从完善城市合作机制、加快基础设施建设、打造产业创新发展新高地、共建统一大市场、推进公共服务共建共享、加强生态保护联防联控等方面深化省会城市合作。

【长江中游城市群省会城市第八次合作协调会在汉举办】2021年10月29日，长江中游城市群省会城市第八次合作协调会在武汉举行。审议并原则通过长江中游城市群城市合作秘书处新一届成员名单以及《长江中游城市群省会城市合作行动计划（2021—2024年）》《长江中游城市群2022年重点合作事项》、第九届会商会活动方案和国际友城合作论坛活动方案等文件。

【湘鄂赣毗邻地区文化旅游产业发展联盟成立】2021年4月21日，通城县牵头成立湘鄂赣毗邻地区文化旅游产业发展联盟，湖南浏阳、平江和江西修水、湖北通城缔结联盟，一大批合作项目陆续启动。三省九县联合推出99元"初心源·湘鄂赣文旅一卡通"，整合300余家景区、酒店、餐饮店、购物点，先后协同举办湘鄂赣毗邻地区气排球赛、龙舟赛、中国·湖北黄袍山（通城）全国自行车户外挑战赛、湘鄂赣黄龙山杜鹃花文化旅游节等多项文化体育交流活动。通城县与平江县达成流动人口计生区域协作协议，将通城县人民医院列为新型农村合作医疗定点医院。10月11日，江西省修水县政府考察团到通城县考察"通平修"绿色发展先行区建设工作。通城与平江、修水三县相关职能部门加强日常联系。编制《"通平修"绿色发展先行区建设总体规划》。推动基础设施互联互通，通城至平江高速建成通车，修水至平江高速即将建成，通城至修水高速项目稳步推进。

（武汉市地方志编纂委员会办公室）

【黄冈长江经济带产业转型升级示范区】2021年，黄冈市长江经济带转型升级示范区开发面积达32.5平方千米，实现地区生产总值68.1亿元；规模以上工业企业101个、高新技术企业72个，初步形成汽车配件、生物医药、窑炉陶瓷、光电、新型建材、机械制造和高铁物流七大产业。开工在建项目12个，总投资8.96亿元；土地摘牌待开工项目3个，总投资2.1亿元；新签约待供地项目6个，总投资5.8亿元。

2016年6月，黄冈市浠水经济开发区自被国家发展和改革委员会列为长江经济带转型升级示范区后，已成为浠水县产业集群发展的重要载体和经济高质量增长的重要引擎。

（黄冈市史志研究中心
黄冈市"同城办"）

【咸宁沿江绿色发展示范带建设】
2021年，咸宁市统筹推进长江生态环境保护和绿色发展。成立咸宁市推动长江经济带发展和生态保护领导小组，由市委、市政府主要领导任组长，下设长江经济带发展、生态保护、河湖长制3个办公室。狠抓长江突出生态环境问题治理和保护修复，对2018年国家长江经济带生态环境警示片3个问题整改销号情况进行"回头看"核查，开展"4+1"专项整治活动；组织沿江化工企业"关改搬转"问题整改，督促湖北泰富沥青公司未整体搬迁部分进行整改；开展长江经济带化工园区和化工企业摸底调研；开展入河排污口排查整治，排查长江入河排污口329个，完成立行立改排污口26个，占比7.9%。巩固长江禁捕退捕成效，获批湖北省预算项目1个，资金230万元。推进国家长江经济带污染治理试点城市建设，与中国节能环保集团合作启动第一批项目5个，完工3个。

（咸宁市史志研究中心
咸宁市"同城办"）

编辑：刘家连
校对：卢永会

民生同保与公共服务共享

教育资源统筹

【概况】 2021年，武汉城市圈各市共同推进教育人才交流与教育资源共享。武汉市选派10名优秀教师到黄冈市团风县支教，鄂州市与武汉市签订教育合作框架协议，从幼教到高中全方位开展战略合作；孝感市与武汉市11所学校建立"手拉手"结对共建关系。城市圈九市推进中等职业教育同城化工程，职业教育相互开放，生源共享，全年互相录取学生2000多人。武汉市与多市开展联合办学，将武汉优质资源下移，其他城市也互相开展城际教育合作。

【基础教育合作交流办学】 2021年，武汉城市圈各城市间的基础教育合作交流与办学工作明显加强。武汉市依法依规保障城市圈内随迁子女在汉接受义务教育，在下达中小学招生计划、划定入学范围、划拨教育经费、核定教师编制、开展基础教育设施建设及规划中小学空间布局等方面，将随迁子女人数纳入全市适龄中小学生基数，按相同标准进行安排。武汉市选派10名优秀教师赴黄冈市团风县开展为期1年的支教活动，邀请城市圈8城市中小学教师参加武汉市举办的教育培训活动，共同提升教师专业水平和提高教育教学质量，共接受2176人次城市圈8市中小学教师到汉培训和部分中青年骨干教师到武汉市名校跟岗学习，全年共安排226人次8城市中小学教师各学科线上线下培训。黄石市组织部分教师参加武汉市青年教师培训计划，强化城际间教师交流研讨。鄂州市主动谋划武鄂教育同保项目，与武汉市签订教育合作框架协议，集中签约9个协作项目，实施从幼教到高中全方位的战略合作，共同探讨新课程改革、高考改革、优质课、"三名工程"等教改教研工作；邀请武汉教育名家到"鄂州教育大讲堂"讲课，并选派30名中青年骨干教师到武汉市名校跟岗学习，共建名师工作室；引入阳光教育控股集团有限公司与鄂州市葛店高级中学开展合作办学。孝感市湖北省孝感高级中学、湖北航天高级中学、孝感市文昌中学等11所学校与湖北省武昌实验中学等11所学校建立"手拉手"结对共建关系；孝感市教育局分两批组织区教育部门相关科室负责人和市直义务教育学校校长23人到武汉市汉阳区第三初级中学、洪山区实验小

2021年5月8日，孝感市孝南区教育考察团一行到武汉市洪山区实验小学参观考察

（孝感市史志研究中心　供图）

学、武昌实验小学等学校考察学习；组织教师赴武汉相关学校开展教学交流、共建共享研讨3次；邀请武汉大学教授、中小学特级教师到孝感作专题报告、开展能力提升培训3次。黄冈市选送赴武汉参加培训的教师超过1950人次，接收武汉市约2000名中小学生到黄研学。潜江市与华中师范大学共建华师附属中学。

【中等职业教育同城化工程】 2021年，武汉城市圈城际职业教育合作深入推进。武汉市把"推进中等职业教育同城化工程"作为重点工作，与城市圈8市职业教育相互开放，生源共享，部分办学条件较好的国家和省级重点职业学校可供圈内学生选择填报，以吸引城市圈内的初中毕业生到武汉市接受中等职业教育。全年招生录取并就读的学生2085人。其中，武汉市中职学校录取城市圈8市学生1737人，城市圈8市录取武汉市学生348人。东湖新技术开发区、黄陂区、江夏区等地20多家企业与孝感市中职学校开展工学结合、实习就业等校企合作，培养技能型人才。黄石市引进深圳市美联国际教育有限公司武汉分公司、武汉点即通教育科技发展有限公司等民办资本到黄开办中职学校；黄石市与黄冈市职业技术学院联合开展初、高中毕业生农村全科医生培养计划；湖北城市职业学校对口帮扶咸宁市通山职教中心；孝感工业学校与湖北轻工职业技术学院、大悟中等职业学校与湖北财税职业学院开展"3+2"五年制高等职业教育，2021年完成招生计划140人。

【武汉地区高校向武汉城市圈拓展办学】 2021年，武汉地区高校加快向武汉城市圈城市外迁和功能溢出。4个城市承接武汉外迁高校，4所高校新校区建成开学，1所联办学院开始招生；13所武汉外迁高校正在与相关城市对接洽谈，部分新校区完成初步选址。武汉航海职业技术学院整体并入湖北理工学院（黄石），建设"湖北理工国际航海学院"，整合武汉航海职业技术学院高职专业及湖北理工学院相关二级学院开办本科层次教育，年内完成初步选址。长江职业学院、武汉职业技术学院、湖北幼儿师范高等专科学校、湖北宝业建工学校等4所职教学院进驻鄂州市葛店经济技术开发区职教园，总占地面积近10公顷，师生人数近2万。武汉华夏理工学院梧桐湖校区落户鄂州市梧桐湖新城红莲大道，规划面积约67公顷，投资约150亿元；华中师范大学鄂州新校区规划占地面积约146公顷，投资约30亿元，建设周期2年；中国地质大学(武汉)新校区选址武汉与鄂州的交界地带，规划占地面积47.14万平方米，投资约30亿元。武汉乐群教育投资有限公司在孝感临空经济区投资18亿元建设的美珈职业学院，于2021年9月招生运营；武汉轻工大学与孝感市人民政府签订《建设武汉轻工大学临空校区的合作框架协议》，并获得湖北省人民政府批复，启动编制临空校区可研性报告。湖北健康职业学院、湖北商贸学院、武昌首义学院嘉鱼校区建成开学，招生1.15万人；武汉东湖学院南校区（咸宁）即将建成，武汉体育学院科技学院、湖北工业大学康养学院、武汉传媒学院等高校正在对接洽谈。武汉纺织大学在仙桃职业学院新设立的非织造布学院2021年9月开始招生；仙桃市规划建设占地面积333.33公顷的大学城，与武汉职业技术学院、武汉体育学院达成初步合作意向。

（武汉市地方志编纂委员会办公室）

医疗资源共享

【城市医联体建设】 2021年，武汉城市圈内城市体建设进程加快。武汉优质医疗资源通过托管、医联体的形式，输出品牌、人才、技术、管理理念和管理模式，在医疗技术、人才培养、科研、双向转诊等方面与共建医院开展长期合作。

【医疗专科联盟建设】 2021年，武汉城市圈内各市加强医疗专科联盟建设。武汉市11家医疗卫生机构成立13个专科联盟，覆盖武汉城市圈相关城市。其中，武汉儿童医院牵头成立的"湖北省儿科医疗联盟"，涵盖"1+8"城市圈相关医疗机构，在联盟内医疗机构推进医疗资源流动与共享，在推进儿科分级诊疗方面取得较好效果。孝感市8家妇幼保健机构全部加入孝汉妇幼专科联盟，全市共组建专科联盟32个。黄冈市所有二级以上妇幼保健院与湖北省妇幼保健院形成妇幼专科联盟。咸宁市一批县级二级以上公立医院与武汉市三甲医院建立专科联盟关系。

【医疗共享机制建设】 2021年，武汉城市圈内优质医疗资源通过托管、医联体的形式，输出品牌、人才、技术、管理理念和管理模式，在医疗技术、人才培养、科研、双向转诊等方面建立医疗资源共享机制。黄石市中心医院与华中科技大学同济医学院附属同济医院签订医联体共建战略合作协议；大冶市人民医院与华中科技大学同济医学院附属同济医院合作建立医联体，大冶市中医医院加入湖北省中医院医疗集团。武汉市卫健委与鄂州市卫健委签署武鄂医疗卫生服务同城化高质量发展战略合作协议；武汉市急救中心与鄂州市医疗紧急救援中心同步签订合作协议，双方重点围绕医疗机构共建、医疗技术共享、医学人才共用和信息数据互通四个维度进行深入合作，推进武汉三甲医院与鄂州区级医院合作全覆盖。湖北省中医院葛店院区、湖北省中西医结合医院梁子湖院区相继开诊运行。湖北省人民医院托管鄂州市中心医院、孝感市汉川市人民医院；孝感市二级以上医疗机构与湖北省人民医院、武汉大学中南医院、华中科技大学同济医学院附属协和医院、

2021年9月，武汉同济医院与黄石市中心医院签订医联体共建战略合作协议 （黄石市档案馆 供图）

武汉市第一医院等医疗机构建立医联体23个，开展技术协作17项。武汉与黄石、孝感等城市建立血液库存信息联动机制，血液检验结果实现互认。华中科技大学同济医学院附属同济医院托管咸宁市中心医院，华中科技大学同济医学院附属协和医院兼并神龙医院。湖北省第三人民医院托管嘉鱼县中医医院、潜江市中心医院。黄冈市中心医院与武汉大学团队合作共建黄冈市转化医学研究院，打通人才引进、技术协作、远程诊疗通道，实现技术、信息、人才培养等资源共享。

【医疗诊疗合作】 2021年，武汉市与城市圈内其他8市医疗诊疗合作进一步走向深入。黄石市妇幼保健机构与湖北省妇幼保健院、武汉儿童医院等多家上级医院签订转诊协议，建立双向转诊绿色通道，推进分级诊疗，优先安排疑难危重症患者接诊，对经济困难的结构畸形、血液肿瘤等疑难危重症患儿提供救治绿色通道和慈善救助支持，守护孕产妇和儿童安全。孝感市8家医院分别与武汉市6家医院、1所大学签署合作协议，确立对口支援关系；孝感市康复医院与武汉大学人民医院签订协作协议，建立专家团队工作室。黄冈市所有县级医院均与武汉三甲医院形成合作关系；黄冈市妇幼保健院与武汉大学中南医院建立医联体，加挂"武汉大学中南医院黄冈妇女儿童医院"招牌，与中南医院实行同质化管理，中南医院先后派出29名专家参与黄冈市妇幼保健院日常诊疗工作，实现诊疗水平全面提升。咸宁市23家市级、县级二级及以上公立医院和武汉市三甲医院建立对口帮扶等形式的合作关系，做到县级及以上医疗机构合作全覆盖。多家上级医院与下级医院之间建立远程医疗服务平台，可实现远程诊断、专家会诊、

信息服务、在线检查和远程交流，大幅提高圈内医疗机构医疗服务能力。

【县域医共体覆盖】 2021年，武汉城市圈内各市持续推进县域医共体全覆盖工作。黄石市深化县域医共体管理体制改革。中共大冶市卫生健康局党组书记兼任大冶市总医院党委书记，16个乡镇卫生院和328个村卫生室纳入医共体管理，医共体内实施"干部统一聘任、人员统一调配、绩效统一核算、物资统一采购、财务统一监管、业务统一考核、党建统一部署"的"七统一"工作机制，设立医学影像诊断、检验、远程会诊、临床技能培训、消毒供应、采购供应、急诊急救"七个中心"。阳新县分别由县人民医院、中医医院、妇幼保健院牵头组建3个医共体，由各医共体制定相关章程，实行"五统一"管理机制。

鄂州市推进医共体建设向纵深发展。全市区域医共体运行两年多，形成管理、服务、利益、责任共同体，基本实现城市15分钟和农村30分钟公共卫生医疗服务圈。2021年底成立鄂州市医疗集团，鄂州市中心医院、市妇幼保健院、市三医院、市精神卫生中心为鄂州市医疗集团成员单位。多方筹措资金近8亿元，建设区级公共卫生临床中心（疾病预防控制中心），年内所有项目主体工程封顶。建设（改造）19所乡镇卫生院发热门诊，全部投入使用。

孝感市7个县（市、区）网格化组建医共体13个，覆盖乡镇卫生院（社区卫生服务中心、县域内其他医疗机构）123家，实现基层医疗机构全覆盖。其中，孝南区被列为全国县域紧密型医共体建设试点城区，应城市被列为县域医共体医保支付方式综合改革省级试点地区。

黄冈市县域医共体建设实现全域全覆盖，各县（市、区）共组建11个县域医共体，所有基层医疗卫生机构均参与共建。

仙桃市2家县域医共体牵头医院对成员单位医务、护理、质管、院感等部门进行垂直化管理，推行一管到底，实现市域内医疗服务同质化管理。医共体2家牵头医院通过专班巡诊、安排医生坐诊、骨干医生挂职业务院长、点对点帮扶薄弱专科、拟晋升职称人员到基层服务等方式提升基层服务能力。加快构建分级诊疗体系，依托医共体建设，落实双向转诊和资源共享，提升基层医疗服务能力。

潜江市成立3个医共体，23家基层卫生院（社区卫生服务中心）全部纳入医共体，落实编制政策和编制周转池制度，建立紧密型医共体柔性人才流动机制，实施"市进乡用"人才管理模式。全面落实分级诊疗制度，依托医共体建立远程医疗会诊平台，实现市域内各级医疗机构检验、影像、心电等数据的互通共享，极大提高基层医疗机构工作效率。

天门市推进紧密型医共体建设，天门市第一医院合并天门市第三医院。医共体牵头单位全年为成员单位开展远程心电诊断2.08万例，远程影像诊断2.09万例，远程临床检验128例。

（湖北省武汉城市圈研究会）

政务服务"跨市通办"

【武汉市政务服务"跨市通办"】 2021年，武汉市大力推进武汉城市圈政务服务"跨市通办"合作，不断提升企业和群众异地办事便捷度。

事项范围加速拓展。组织市直各部门对照全省通办事项清单，按照"全程网办""异地代收代办""窗口通办"等模式，在充分征求城市圈内各市意见的基础上，于6月17日公布了第一批106项"跨市通办"政务服务事项，圈内城市6个月累计办件量195512件，其中，武汉市办件量121130件。11月30日公布第二批213项"跨市通办"事项清单。

服务模式持续创新。不断完善政务服务一体化平台功能，在湖北省政务服务网上开设"武汉城市圈通办"服务专区，可通过"全程网办"模式选择相应地市进行在线办理相关事项。加强"一张网"建设，推进统一受理平台与垂管系统对接落地工作，新增完成与湖北省公安厅、湖北省住房和城乡建设厅、湖北省交通运输厅等15套省垂系统复用对接。在实现197类电子证照应用共享基础上，加大电子证照推广应用力度，在不动产、税务、民生服务等领域利用区块链技术实现电子证照32项上链应用。武汉和黄冈、孝感、鄂州等市依托

民生同保与公共服务共享

2021年6月17日，武汉市民之家政务服务大厅开设武汉城市圈通办综合窗口
（武汉市地方志编纂委员会办公室　供图）

自助政务服务终端，实现自助服务"跨市通办"。其中，武汉市的120项政务服务事项可在黄冈市的66台自助政务服务终端"跨市通办"，黄冈市的58项政务服务事项可在武汉市的581台自助政务服务终端"跨市通办"。不断完善窗口运行机制，强化与业务部门和异地通办城市窗口工作的联系。全市共设置了45个"跨市通办"综合窗口。

跨市合作不断深化。在武汉城市圈政务服务"跨市通办"的基础上，创新扩展城市圈工作范围。城市圈公共资源交易远程异地评标活动实现常态化，自11月份开展后，已完成各级远程异地评标活动10余场。年内，潜江市入驻"武汉云"，鄂州市、咸宁市等多个圈内城市开展入驻"武汉云"前期工作。

（武汉市地方志编纂委员会办公室）

【黄石市政务服务"跨市通办"】
2021年，黄石市深入推进武汉城市圈政务服务"跨市通办"工作，实现营商环境重点领域、民生领域等"一地受理、一次办理"，切实提升政务服务便利度和企业群众获得感。制发《黄石市政务服务"跨市通办"综合窗口运行管理机制（试行）》，细化通办业务标准，并建立"跨省通办""省内通办"事项清单化管理和更新机制。市、县两级政务服务大厅同步设置"省内通办"办事窗口，

大冶市、阳新县开展"跨省通办"先行试点，在市民之家社会事务"一窗通办"服务区设置武汉城市圈"跨市通办"综合窗口，专人负责"跨市通办"业务办理。首批进驻106个武汉"1+8"城市圈"跨市通办"事项。8月至12月，共计接受群众圈内"跨市通办"咨询416件，办理圈内"跨市通办"事项22件。

印发《黄石市优化政务服务打造一流营商环境工作方案》，将"跨市通办"作为优化营商环境和优化政务服务环境的工作重点，督导各地各部门通过"全程网办""异地代收代办""多地联办"等模式，实现政务服务事项"跨省通办"，推动市场主体登记注册和涉企经营许可事项"省内通办"。4月，黄石港区与鄂州市鄂城区签订《行政审批领域合作框架协议》，包括社会保障卡申领、异地就医登记备案和结算、各类市场主体登记注册和老年优待证申领在内的200余项政务服务事项，实现跨市就近办理；6月23日，大冶市与武汉市、江苏省盐城市大丰区等9省14个县（市、区）签订跨省通办协议书，实现10个部门104项政务服务高频事项异地办理。

（黄石市档案馆）

【鄂州市政务服务"跨市通办"】
2021年，鄂州市推进武汉城市圈"跨市通办"工作，实现106个高频事项"异地受理、一次办理"。与武汉市联合推出首批36项有两地特色的"跨市通办"事项，正在引入可办武汉市的145项高频民生

事项的政务服务自助终端，拓宽两地一体化服务企业和群众的渠道。推进公积金互联共享平台建设，年内，受理武鄂公积金异地个人贷款161笔，发放贷款6711万元。

（鄂州市档案馆）

【孝感市政务服务"跨市通办"】2021年，积极推动政务服务"跨市通办"。公开武汉城市圈"跨市通办"窗口工作人员通讯录和孝感市、县两级"跨市通办"窗口工作人员通讯录，方便异地办事群众电话咨询。推动在武汉市民之家自助服务设备正式加载孝感市职工个人参保证明查询打印、公积金账户查询等8项自助服务事项，孝感成为"1+8"城市圈政务服务合作协议签署后第一家与武汉市实现自助服务"跨市通办"的城市。在孝感市市民之家大厅设置"武汉城市圈通办窗口"，完成职工基本养老保险参保缴费凭证开具、商品房预售许可证查询等63项武汉市自助服务高频事项的加载。推动公共资源交易互通，协助武汉市公共资源交易中心完成武汉城市圈远程异地评标情况调研工作。推动"人社同城化"。初步建立人社部门机关、业务科室、经办机构三级沟通机制，汉孝两地企业职工基本养老保险关系实现无障碍转移接续。推动户籍及警务协作同城化。两地实现公安业务3本证件（居民身份证、普通护照、机动车驾驶证）异地申领、四个业务（户口迁移登记、异地驾考、机动车异地年检、违章联网办理）跨市办理。截至11月底，全市共办理"一站式"户口迁移25083件（其中发放电子准迁证2317张、电子迁移证22766张），省内异地居民身份证4242张（其中市内1958张、市外2284张）。办理摩托车驾驶证"一证通考"507笔，摩托车转籍异地通办135笔，私家车登记持身份证全省通办4611笔。

（孝感市史志研究中心）

【黄冈市政务服务"跨市通办"】2021年，黄冈市在全省率先和武汉市实现自助服务"跨市通办"。武汉市的180项政务服务事项可在黄冈市内的90台自助政务服务终端上"跨市通办"，黄冈市的58项政务服务事项可在武汉市内的602台自助政务服务终端上"跨市通办"。

不断完善"跨市通办"窗口运行机制，强化与业务部门和异地通办城市窗口工作的联系，并督促各县（市、区）及相关部门认真学习办理事项，熟练掌握全程网办、异地代收代办、窗口通办等工作模式，加大帮办代办工作力度，不断提升"跨市通办"窗口服务能力。黄冈市医保局与武汉城市圈五个主要城市签订医保经办战略合作协议，使7个高频事项（异地转诊、备案、参保查询等）实现跨市通办。年内，办理城市圈内异地就医14.5万人次，其中武汉市民异地就医14万人次；办理异地就医直接结算约14亿元，其中武汉市民异地就医支付金额13.5亿元。黄冈市住房公积金中心向武汉城市圈缴存职工发放异地贷款232笔，金额5534万元；黄冈市居民在武汉城市圈其他公积金中心办理住房公积金贷款96笔，金额4816万元。

（黄冈市史志研究中心）

【咸宁市政务服务"跨市通办"】2021年，咸宁市推动政务服务武汉城市圈内"跨市通办"。在市民之家设立"跨市通办"窗

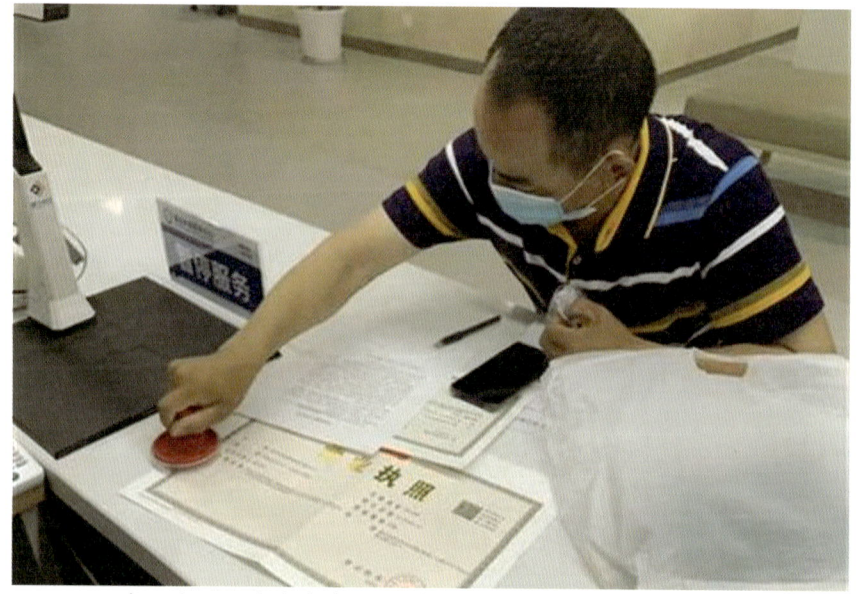

2021年7月7日，咸宁市嘉鱼县"跨市通办"窗口办理该市首例"跨市通办"业务

（摘自咸宁宣传网）

口，319项民生政务服务高频事项纳入"跨市通办"范围，全年办理事项2.54万件。其中，办理住房公积金与武汉异地互认互贷1260万元。探索开展跨市异地抵押登记，湖北银行为湖北佳顺轮胎项目办理880万元的异地抵押贷款。

（咸宁市史志研究中心）

【仙桃市政务服务"跨市通办"】
2021年，仙桃市与武汉城市圈的政务服务管理部门签署"1+8"城市跨城通办合作协议，在政务服务中心设武汉城市圈"跨市通办"服务窗口，实现公积金、医保、交通运输等106项事项"跨市通办"。采取"异地受理、属地办理、限时反馈、结果互认"的办理模式，实现通办业务在窗口服务、证明材料、审批结果等方面等效互认，推动跨市通办规范化。年内，"跨市通办"窗口月均办件1000余件。"政务自助服务区"实现临时身份证办理、社保信息查询等50项高频事项24小时服务。

（仙桃市史志研究中心）

【潜江市政务服务"跨市通办"】
2021年，潜江市与武汉城市圈内城市签署《武汉城市圈政务服务"跨市通办"合作协议书》，依托一体化政务服务平台，实现政务服务协同联动、异地受理、远程办理。制定《政务服务"跨市通办"综合窗口运行管理机制（试行）》，依托省、市一体化政务服务平台，启用"武汉城市圈通办综合窗口"，提供"全程网办""窗口通办"和"异地代收代办"服务。推出首批106项政务服务事项"跨市通办"清单，涉及住房公积金、民政、医保、人社、出入境、交通运输等领域的高频事项实现异地办理。全年共办理异地申请件1000余件。

（潜江市档案馆）

【天门市政务服务"跨市通办"】
2021年，天门市在政务服务中心开设"跨省·武汉城市圈通办窗口"，上线武汉城市圈第一批涵盖公安、公积金等9家部门的106项事项，联通福建、广西等7省自助服务体系，上线1017项"跨省通办"事项。年内，共办理"跨市通办"事项436件。

（天门市文化和旅游局）

社会保障跨城服务

【跨市异地就医直接结算】 2021年，武汉城市圈9市异地就医备案实现全程网上办理。武汉市是医疗重镇，汇集了全省的优质医疗资源，以往省内其他地市参保人想在武汉住院要在参保地办理备案，到武汉就医时要现金垫付全额费用，出院后再回参保地报销。2020年底，武汉市对接省医保通办服务平台后实现异地就医备案全程网办"云服务"功能，参保人直接通过手机登录"鄂汇办"App即可申请办理省内异地就医备案，实现跨市通办异地备案及直接结算，大幅减少异地就医患者垫付医疗费用的经济压力。截至2021年11月底，城市圈范围内共有101家医院实现异地门诊结算"一卡通"，每市均至少有一家定点医疗机构开通异地普通门诊费用直接结算功能，省内职工医保和城乡居民医保参保人可凭社会保障卡或医保电子凭证在上述试点医疗机构结算异地普通门诊费用，无须备案。网上完成异地就医备案31.72万人次。其中，门诊直接结算医疗费用236.29万元，住院直接结算医疗费用72.23亿元。孝汉两地参保人员异地就医门诊直接结算1565人次，结算金额49.3万元；孝感参保人到武汉异地就医门诊直接结算1433人次，结算金额47.5万元；武汉参保人到孝感就医门诊直接结算132人次，结算金额1.8万元。

【药品带量采购议价成果共享】
2021年，武汉市大力推进药品和医用耗材集中带量采购，以量换价，降低虚高药品耗材价格。新增205种带量采购药品，带量采购药品共计9批354种，全年节约药品费用21.03亿元。心脏支架、胶片等4类27种医用耗材纳入集采，价格大幅降低，降费总额2.71亿元。顺利完成湖北省首批33种药品集中带量采购，平均降幅31.5%。建立带量采购常态化长效机制，集中带量采购药品合同期满后，分类进行延期、续约和议价、竞价等工作，被国内同行业称为带量采购常态化的"北上广汉四种模式"之一。

与城市圈内城市共享药品带

量采购成果，15种药品25个品规平均降幅为39.6%。

【公积金互认互贷】 2021年，武汉市发挥"1+8"城市圈的龙头引领作用，开启公积金城际合作新局面。牵头谋划、建立公积金同城化发展工作机制。先后召开武汉城市圈住房公积金同城化发展第一次联席会议和发展联络办公室第一次全体会议，商定工作方案，签订合作协议，制定工作运行机制，强化公积金同城化发展的制度保障和组织保障。主动作为，确定公积金同城化发展重点项目。在推进武汉城市圈公积金同城化方面以群众需求为切入口，以项目实施为载体，出实招、求实效，先后推出深化异地转移接续、公积金互认互贷等政策，取消异地办理限制条件，推动9个城市业务办理"互为窗口"，着手搭建武汉城市圈住房公积金数据共享平台等，在同城化上走在"民生同保"领域的前列。率先垂范，确保公积金同城化合作运行顺畅。及时配合进行缴存贷款信息核查，在资金流动性紧张的情况下，保障城市圈群众异地贷款需求。全年城市圈其他8个城市职工在武汉申请公积金异地个人贷款666笔，共计2.60亿元；武汉市缴存职工在城市圈其他8个城市申请异地个人贷款1586笔，共计4.76亿元。双向合计申请异地贷款2252笔，金额共计7.36亿元。双向转移接续2999笔，共计6364万元。实现城市圈各城市间公积金互认互贷，满足了要素资源自由流动需求，增强了城市圈缴存职工的获得感、幸福感。

【城市圈社会保障一体化进程提速】 2021年，武汉城市圈各市着力推进圈内社会保障一体化进程。武汉市推进养老保险省级统筹，建立健全统一规范的养老公共服务标准体系，开展武汉市上线省集中企保系统各项准备工作，推进拟定70项任务清单、组织开展数据清理迁移、进行系统测试并提出业务需求、实施医保结算系统切割、建设社保业务档案系统、升级重建公共服务平台、开展项目招标预算、再造管理经办流程等8个方面工作。推进工伤保险和失业保险省级统筹，做好省工伤保险系统工伤认定模块上线准备工作，同步开展数据和协议机构接口改造工作，推动工伤保险"五统一"（统一参保范围和参保对象，统一费率政策和缴费标准，统一劳动能力鉴定办法，统一待遇支付标准，统一经办流程和信息系统），组织市、区失业保险经办机构对省社保集中系统失业保险业务功能开展多轮测试。

孝感市于2021年10月15日正式上线运行湖北省社保集中系统，失业保险业务全部进省社保集中系统办理，实现全闭环规范管理，为实施失业保险省级统筹打下信息系统基础。圈内其他城市参照武汉市做法，启动各项准备工作。

【社会保障卡无障碍转移接续】 2021年，武汉城市圈各市加强圈内社会保障卡无障碍转移接续工作。武汉市落实湖北省人力资源和社会保障厅《关于启用社会保障卡省内跨地区通办服务功能的通知》要求，指导全市社保经办机构报送省卡管系统业务权限并予以授权，制定统一的省内跨地区通办服务业务办理的规范，并对各区经办机构工作人员开展社保卡相关业务的培训工作。至年底，武汉市各辖区社保经办机构均已开始受理社保卡跨地区通办业务，包括武汉城市圈在内的全省各市州持卡用户均已实现社保卡无障碍转移接续。全年全市共受理湖北省其他市州社保卡申请42笔，接收其他市州社保卡申请审核622笔，办理其他市州持卡人一般业务1831笔。

孝感市依托湖北政务服务网和湖北省社会保障卡管理信息系统，通过"全程网办""异地代收代办""多地联办"等方式，实现社会保障卡申领、启用、挂失、解挂、补换卡、注销等服务事项跨省跨地区通办。

黄冈市开通电子社保卡签发渠道，已办理实体社保卡的城市圈内用户通过黄冈人社微信公众号、鄂汇办App、支付宝App、云闪付App、微信"电子社保卡"小程序和各合作银行手机App等，均可进行电子社保卡签发；改造社保卡应用系统（定点医院、药店系统），参保人员持实体社保卡可在黄冈定点医院、药店直接使用（不用重新申请社保卡）；升级社保卡经办窗口系统，市社保综合服务窗口可对城市圈范围内社保卡持卡人提供社会卡挂失、解挂、密码修改、密码重置、密码解锁、补换卡等服务，实现城市圈范围内用户社保卡在黄冈市使用无障碍转移接续。

仙桃市制作社保卡《异地补卡教程》，建立QQ、微信工作群，确保第一时间解决受众遇到的困难和问题。全年办理跨地区社保卡申领和补换卡67人次、社保卡功能激活服务70人次、社保卡重置密码服务1154人次。

城市圈内其他各市社保卡服务窗口均可受理省内跨地区人员的社保卡申请、补换卡、挂失、解挂、密码修改和重置等业务，实现圈内城市社会保障卡无障碍转移接续。

（武汉市地方志编纂委员会办公室）

2021年3月21日，武汉市"春风行动"服务农民工专场招聘会在江夏区举办　　（武汉市地方志编纂委员会办公室　供图）

人力资源协作

【概况】 2021年，武汉市分别与黄石、鄂州、孝感三市人社部门签订两地人社同城发展战略合作协议，通过湖北就业服务信息系统，实现四地就业登记、失业登记、就业困难认定、就业援助申领等事项互通互认，群众就近就地即可享受就业援助政策，实现就业数据互通互认。城市圈九市共同实现就业岗位跨城同招，人才交流合作持续增强。九市劳动保障监察机构负责人共同签署城市圈劳动保障监察合作备忘录，启动城市圈劳动保障监察一体化发展进程，按照"依法依规、平等协商、优势互补、规范统一、协调联动"原则，重点开展服务企业高质量发展、高效维护劳动者权益、劳动监察信息共享、机构队伍效能提升等四个方面工作。

【劳务协作】 2021年，武汉城市圈内各市劳务协作进一步加强。武汉市分别与黄石、鄂州、孝感三市人社部门签订两地人社同城发展战略合作协议，通过湖北就业服务信息系统，实现四地就业登记、失业登记、就业困难认定、就业援助申领等事项互通互认，群众就近就地即可享受就业援助政策，实现就业数据互通互认。武汉市开展劳务协作专项活动，先后与大悟、应城、红安、麻城、罗田、蕲春、通城等多个县、市签订劳务协作合作协议，城市圈内各市就业部门定期沟通交流，精准化、常态化开展就业推荐服务，互通企业用工岗位和劳动力数据，先后推送发布就业岗位信息2万余条，缓解城市圈就业结构性矛盾；面向城市圈各市劳动力举办"就业帮扶劳务对接暨情系汉企招聘直通车"专场招聘活动，组织通用、美的、周黑鸭等世界500强企业及127家国内知名企业参与招聘，提供就业岗位1万余个。黄冈市与武汉市签订劳务协作协议10余个，提供岗位数13586个，组织3048名务工人员到汉就业。

【大学生就业创业工作合作】 2021年，武汉城市圈各市强化大学生就业创业协作。武汉市筹建武汉大学生就业创业服务联盟，组织开发线上就业创业公共服务平台，构建"5个1"形态就业创业公共服务体系（1个联盟基地+1个线上公共服务平台+100个高校就业创业服务点+1000名公共服务志愿者+1000家企业）。加强高校毕业生就业协作。共享高校毕业生就业公共服务，组织举办"2021

年大中城市联合招聘高校毕业生秋季专场"武汉站现场招聘会活动,邀请武汉城市圈各市公共就业及人才服务中心组团参会,并根据企业报名和高校专业设置情况进行精准对接,鄂州、孝感、潜江等市共组织46家用人单位参会,提供1384个就业岗位,吸引5300余人次高校毕业生进场求职。

【人力资源服务协作】 2021年,武汉市先后与鄂州市、孝感市签订《武鄂人社同城发展战略合作协议》《汉孝人社同城化高质量发展战略合作协议》,在试点先行的基础上,与城市圈各市开展对接,推进人力资源一体化建设工作。推动人力资源服务协作,发挥武汉人力资源服务产业园引领作用,推动资源互济、经验共享。支持咸宁建设人力资源服务产业园,推荐7家武汉知名人力资源服务企业对接。举办首届长江经济带人力资源服务产业创新发展高峰对话会,与黄石、鄂州等地人力资源服务产业园开展对话交流,在园区联动、行业对接、资源共享等方面共谋发展。鄂州市在武汉智联招聘平台上发布318家企业1.48万条就业岗位信息;联合开展企业进校园活动,邀请10余家武汉企业到鄂州市开展离校未就业高校毕业生专场招聘活动,组织36家企业参加武汉工程大学、湖北大学校园招聘活动。

【人才交流合作】 2021年,武汉城市圈加强人才交流合作。促进城市圈高技能人才素质能力提升。邀请咸宁职业技术学院参加2021年武汉市职业院校技能大赛,搭建农业专家服务基层平台;组织武汉市农业科学院国家级专家服务基地专家到孝感市大悟县开展科技服务活动,讲授农业技术课程并开展现场农业技术咨询、答疑服务,向大悟县赠送自主研发的微生态制剂200千克、消毒药10箱、技术手册100本。孝感市统筹实施"招才引智三年行动",对接省"楚才引领计划""万名人才服务基层行动"等人才项目,主动对接在汉高校、企业、科研院所,引进海外重点人才11人,2人入选国家"万人计划",争取省"博士服务团"成员144名、高质量发展专才11名、"科技副总"23名、"院士专家企业行"专家人才83名到孝挂职服务,帮助孝感企业破解技术难题,助推产业产品结构调整和转型升级。

【劳动保障监察合作】 2021年,武汉城市圈共推城市圈劳动保障监察一体化发展。武汉市与城市圈各市劳动保障监察机构积极协商,于10月29日召开武汉城市圈劳动保障监察合作第一次协商会议,九市劳动保障监察机构负责人共同签署城市圈劳动保障监察合作备忘录,启动城市圈劳动保障监察一体化发展进程,按照"依法依规、平等协商、优势互补、规范统一、协调联动"原则,重点开展服务企业高质量发展、高效维护劳动者权益、劳动监察信息共享、机构队伍效能提升等四个方面工作。推进城市圈企业信息共享,系统梳理全市用人单位劳动保障守法诚信评价信息,形成信息数据库;通过工作对接会、线上交流会等形式,多次与鄂州、黄石、黄冈等地市劳动监察部门开展两地和谐劳动关系、劳动保障监察、劳动争议调解仲裁工作交流,推动两地劳动保障守法诚信等级评价信息互认互通、劳动保障监察案件联动协查、劳动人事争议多元化解协同处理,建立健全两地农民工服务保障机制,强化城市间劳动监察执法协同力度。武汉市与黄石市共建劳动关系现代治理先行区,与鄂州市劳动保障监察部门共享用人单位诚信档案信息6.3万条,基本实现武鄂企业诚信等级评价信息互认共享。

【《汉孝人社同城发展战略合作协议》签署】 2021年11月8日,武汉、孝感两市人社部门负责人在武汉签署《汉孝人社同城发展战略合作协议》。两市围绕就业创业、社会保障、人才服务、劳动保障监察、社保卡"一卡通"等5个领域深化合作交流,并就14项具体合作事项达成一致。两市约定:促进人力资源共建共享。汉孝两市建立劳务合作交流机制,围绕区域性重大项目和重点企业用工联合招聘,共享企业用工信息,实现劳动力资源调剂,相互支援;共建人力资源产业园区,搭建就业创业综合服务平台,联合举办就业创业活动。两地组织优质企业进行联合招聘，促进高校毕业生充分就业创业，进一步优化公共就业人才服务。使社保服务更加便捷。全面推进社会保障协同，依托省级社保统筹信息系统，加强两地社保参保数据互联互通功能，简化社保转移接续手续，实现异地协同办理。加大人社数据共享力度，拓展社保卡应用功能，加强社保卡跨区域协同、跨地域服务及应用，实现社保卡"一卡通"。使人才流动更加通畅。搭建汉孝两地中高端人才交流平台，寻求两地人才互补，组织武汉优秀创业团队到孝感开展创业指导工作；深化技能人才交流合作，打造技能培训共同体；探索建立统一规范的流动人员档案服务共享机制，推动两地流动人才职称评审结果互认。使异地维权更有保障。加强劳动保障监察工作研讨交流，加大劳动保障联动执法力度，落实劳动保障违法案件查处的联动机制，建立用人单位信用等级评价结果共享机制，营造良好的劳动力市场监管环境，共建汉孝一体的和谐劳动关系典范。

【《武汉黄石人社同城化高质量发展战略合作协议》签署】 2021年12月21日，武汉、黄石两地人社部门在武汉签订《武汉黄石人社同城化高质量发展战略合作协议》《武汉市、黄石市劳动能力鉴定专家共享合作协议》，双方按照"一年合作破题、三年全面对接、五年同城一体"的工作思路，推动人社工作同城化发展。推动就业同城服务。优化区域人力资源要素配置，建立武黄区域性产业用工联盟，加强两地人力资源服务产业园协同发展，相互开放人力资源业务，实现人力资源服务许可资质互认、互设分支机构；推动公共就业创业服务同行，联合举办各类招聘活动、创新创业大赛，共建共享创业孵化基地、创业导师库等平台和资源，共建区域就业高质量发展先行区。推动社保同城覆盖。深化区域工伤保险、失业保险合作，实行委托工伤认定调查，建立劳动能力鉴定异地委托经办和结论互认机制；加强社会保险基金管理问题协查；依托省集中统一的社保信息系统，推动社保数据跨域共享，为武黄参保群众提供优质便捷的社保服务，共建社保业务协同互助先行区。推动人才同城融通。加强两地人才引育留用、职称评审、技能评价、人事考试

2021年12月21日，武汉市人社局、黄石市人社局签订《武汉黄石人社同城化高质量发展战略合作协议》 （武汉市地方志编纂委员会办公室 供图）

等领域合作，定期举办人才推介、招聘、交流、研修等活动，联合举办各类职业技能大赛，共建共享高技能人才培训基地等平台项目，开放共享两地技工院校优秀师资、课程等资源，促进黄石人才需求与武汉科教资源禀赋互补，共建人才资源融通合作先行区。推动劳动保障权益同城互维。加强两地和谐劳动关系、劳动保障监察、劳动争议调解仲裁工作交流，推动两地劳动保障守法诚信等级评价信息互认互通、劳动保障监察案件联动协查、劳动人事争议多元化解协同处理，建立健全两地农民工服务保障机制，营造良好劳动力市场监管环境，提升市域社会治理能力，共建劳动关系现代治理先行区。推动业务同城通办。深化人社数字化改革，完善拓展社保卡功能，加强社保卡跨区域协同、跨地域服务及应用，实现社保卡"一卡通"，推动"同城待遇"。完善人社政

《武汉市、黄石市劳动能力鉴定专家共享合作协议》签署

2021年12月21日，武汉、黄石两地人社部门在武汉签订《武汉市、黄石市劳动能力鉴定专家共享合作协议》。两市劳动能力鉴定委员会约定：按照武汉城市圈人社工作一体化发展战略，推动工伤职工和非因工致残或因病丧失劳动能力鉴定工作，实行劳动能力鉴定专家库共享共用，推行异地聘请专家开展劳动能力鉴定工作。两市劳动能力鉴定专家委员会按照程序推荐和聘任鉴定专家，建立、调整鉴定专家库动态管理机制；两市按鉴定标准规定的门类和医学分科随机抽取专家，组成鉴定专家组，开展异地劳动能力鉴定；两市根据当地医疗卫生、职业病防治领域专长、特色，组织双方鉴定专家库专家开展培训、交流，也可轮流组织召开劳动能力鉴定业务研讨会议。两市对劳动能力鉴定工作经费实行预算管理，足额保障并依规列支劳动能力鉴定经费。

（湖北省武汉城市圈研究会）

文旅联动发展

【城市圈文化服务一体化建设】

2021年，城市圈九市加强文化艺术和公共服务交流合作。推进武汉城市圈公共文化服务体系建设，促进市、县公共图书馆、文化馆数字化网络与省图书馆、省群艺馆的互联互通，实现资源共建共享。建立公共图书馆联动机制，区域内联合编目、统一书目检索，逐步实现区域内图书通借通还。共同开展文化展演活动。九市群众艺术馆联合举办"云上年味 剪约荆楚"武汉城市圈剪纸作品征集大赛，推出7个《"云上年味 剪约荆楚"2021年武汉城市圈剪纸作品征集大赛参赛作品选登》系列特辑，42件获奖作品作者参加在汉口江滩大舞台举办的颁奖晚会，获奖作品在武汉市群众艺术馆的微信公众号上分期展出；举办第四届湖北艺术节暨庆祝中国共产党成立100周年湖北省优秀作品展演活动，九市文艺院团同台竞技；举办第十届琴台音乐节，邀请圈内城市群众文艺团队共同参加群众合唱比赛。加强圈内城市博物馆馆际交流。组织市属博物馆到圈内城市开展送展交流，实现文博场馆展览资源共享。5月至10月，武汉革命博物馆送展到潜江市曹禺纪念馆，开展为期半年的"光辉的历程——一大到十九大党代会专题图片展""用生命诠释忠诚——中国共产党首届中央监察委员会委员生平展"展览活动；八七会议会址纪念馆送展到黄石经济技术开发区·铁山区熊家境社区，开展为期半年的"伟大的历史转折——八七会议"展览；江汉关博物馆送展到黄石市博物馆，开展为期一周的《江城往事——老武汉市民生活记忆》展览。黄石市举办

2021年6月23日，武汉八七会议会址纪念馆送展到黄石经济技术开发区·铁山区熊家境社区

（摘自黄石市人民政府网站）

"乡约黄石 丰收季"主题活动，推出5条"乡约黄石"精品路线，组织景区和旅行社先后赴武汉、黄冈、鄂州进行宣传推介，吸引3万余名游客到黄打卡旅游。孝汉两地共同创作的戏曲节目《大悟烽火》《云梦吴陆桢》在武汉戏曲大码头演出，武汉楚剧团到孝感演出；孝感市博物馆与武汉革命博物馆联合举办红色历史巡展"用生命诠释忠诚——中国共产党首届中央监察委员会委员生平展"。

汉孝同城—双黄（孝感市双峰山景区到黄陂区木兰景区）旅游公路

（孝感市史志研究中心 供图）

【**旅游文化市场共同开发**】 2021年，城市圈九市共同开发文化市场。2021年5月，武汉市文化和旅游局联合黄石、孝感等城市共赴上海、杭州等长三角地区城市，共同开展文化和旅游推介活动。11月26日至28日，武汉市在武汉国际博览中心举办首届中国（武汉）文化旅游博览会，邀请武汉城市圈各城市参加，设立展台集中宣传展示各地文旅产品，推介区域内丰富的文化旅游资源，共同推动区域文化旅游协同发展。鄂州市湖北省鄂旅投旅游发展股份有限公司梁子湖文旅项目等重大文旅项目开工建设，签约吴都·乔街、东梁子湖乡村振兴文旅综合体项目、国防军事体验园3个重点文旅项目，总投资55.7亿元。鄂旅投党委书记、董事长、总经理吴静带队到孝感考察文化旅游项目，与双峰山景区管委会洽谈合作事宜；武汉文化投资发展集团有限公司、庭瑞集团有限公司到孝感市投资建设斗山驿文旅生态科技产业园项目。汉孝合作旅游线路——孝感金卉庄园、黄陂云雾山二日游项目，在"与爱同行 惠游湖北——2020相约孝感"精品旅游评选活动中获得三等奖。

【**城市圈旅游联动监管**】 2021年，城市圈九市联合开展旅游联动监管。在湖北省文化和旅游厅指导协调下，武汉城市圈旅游执法已初步形成联动机制，旅游市场线索协查、协同办案、业务交流等工作均已有序开展。7月，武汉市旅游执法人员先后赴咸宁、黄冈等市，帮助当地旅游执法队伍开展"未经许可经营旅行社业务、非法转让旅行社业务经营许可和不合理低价等违法行为"的案例和执法实务业务培训交流，联合开展案件研判；武汉市旅游执法人员还协助咸宁、黄冈两市核查相关案件线索。

【**城市圈旅游卡景区通用**】 2021年，城市圈九市推动武汉城市圈文化和旅游一体化发展。11月26日下午，武汉城市圈旅游年卡发行新闻发布会暨启动仪式在武汉国博中心首届中国（武汉）文化旅游博览会上举行。城市圈9个城市共同签订《推进武汉城市圈旅游年卡建设框架合作协议》，推动旅游景点"跨城通赏"，启动武汉城市圈旅游年卡。年内发行限量尝鲜版年卡5377张，上线景区64家。其中，鄂州市6个景区、黄冈市23个景区纳入"武汉城市圈旅游年卡"范围；孝感市推出旅游年票（工会版），包含33家景区，其中武汉景区14家，总面值2100元。建立常态化联络机制。各城市文旅部门均明确年卡建设工作分管领导、责任部门和联络员，确保旅游年卡活动日常工作不断线。

（湖北省武汉城市圈研究会）

编辑：刘家连
校对：卢永会

生态环境共治

生态空间保护

【概况】 2021年,武汉城市圈9市共筑绿色生态屏障。举办首届武汉城市圈生态环境合作会,共同推进水环境水生态同修共护,构建城市圈绿色生态水网。沿江各市携手建设长江干线生态廊道,全力"关改搬转"沿江化工企业,取缔长江沿线非法码头,平整和复绿场地;实施长江岸线生态环境综合整治与景观提升工程,沿江造林绿化提质。推动重要河湖库流域系统治理、统筹布局河湖生态廊道、共同构建河湖生态水网。加强重点湖泊水环境治理,推进跨市流域生态修复工作,持续开展实施退垸(田、渔)还湖工程、湖面连通工程、坑塘清淤工程、补水泵站工程等,加强民垸、大沟大渠、重要交通干线的滩涂绿化、水岸绿化和通道绿化建设,城市圈生态环境得到明显改善。

推进跨市流域生态修复工作,统筹生态资源保护利用。推进生态保护红线、永久基本农田和城镇开发边界三条控制线划定工作,将集中连片的高标准农田和具备改造潜力的中低产田划为永久基本农田予以严格保护,将城镇集中建设的区域划入城镇开发边界并实施边界管制。生态修复治理废弃矿山,恢复重要湿地,建设生态缓冲区绿色生态廊道和长江岸线绿色生态廊道,重现碧水蓝天。

【长江干线生态廊道建设】 2021年,武汉城市圈沿江各市加强长江干线生态廊道建设。武汉市打造百里长江生态廊道,推进东湖生态绿心、杜公湖国家湿地公园、龙阳湖公园、北洋桥生态公园、青山长江森林等项目建设,改造提升木兰文化生态旅游区。开展"六个100"绿色惠民行动,创建花景道路、花漾街区、花园路口,打造花田花海300公顷,新增城市绿地1000公顷。高标准规划建设以防洪安全为核心的安全廊、以自然绿色为本底的生态廊、串联江滩与城市的交通廊、彰显历史特色的文化廊、多元功能聚集的发展廊等"五大廊道",加快推进主城区14个重点示范项目,汉江汉阳江滩三期、武昌八铺街江滩、江滩闸口改造及提升、汉阳碧道、江北碧道等项目基本完工,新增江滩长度6.7千米、面积62公顷、碧道12千米,3个项目正在建设中,6个项目已开始前期工作。按照"连断点、补空点、提亮点、优服务、立标准"的思路,打通长江航务军事代表处、武汉

武汉市武昌区沙湖水质提升工程现场。图为工作人员在湖面作业

(武汉市地方志编纂委员会办公室 供图)

生态环境共治

黄石市西塞山中窑江滩公园　　　　　（黄石市档案馆　供图）

长江二桥汉口段、武船、宗关水厂等4处断点，打造南岸嘴、集家嘴、江汉碧道、武汉关、武汉科技馆、渡江博物馆至三阳广场、观芦栈道至长江二桥、杨泗港都市T台、武昌湾9处亮点。

黄石市全部完成沿江16家化工企业"关改搬转"任务并通过验收；沿江造林绿化提质176.67公顷，新增人工造林面积1200公顷。

鄂州市实施长江岸线生态环境综合整治与景观提升工程。樊口区域项目占地面积约5.06平方千米，按海绵城市建设标准设计，主要建设江滩综合整治工程、水系综合整治工程、沿江主干路工程、环境景观工程、市政及其他配套工程等，总投资约58亿元，采用PPP模式建设，年内完成投资7.32亿元，江滩综合整治工程护坡整体施工和水下抛石已完工，水系综合整治工程完成抔湖清淤及抔湖闸施工任务，沿江主干路（桥）工程建成通车；生态景观工程一级保护区生态景观建设完工，二级保护区生态景观建设完成97%。葛店区域实施长江岸线江滩生态环境治理工程和沐鹅湖水环境综合治理及景观提升工程，前者规划面积约33.2万平方米，后者红线面积48.5公顷，其中葛店范围内26公顷。花湖开发区完成长江沿线非法码头拆除集中区平整复绿34.53公顷；开展清河保洁、非法侵占水域岸线治理、划界确权、333.33公顷水葫芦水花生治理等生态治理活动。完成昌盛伟业码头规范提升任务，实现长江岸线200米范围内和新淤洲圩垸内无水产养殖目标。

黄冈市投入1.73亿元，整治浠水、黄州境内长江干堤4段共长9.49千米的崩岸。启动境内长江干流堤防提档升级工程，前期地质勘查和工程设计工作基本完成。

咸宁市取缔长江沿线37个非法码头，码头堆场设施设备全部搬离现场，拆除全部电力设施，采取切除输油管道、断水、断电、断航等措施彻底关停3个危险品化学码头，平整和复绿场地，植树面积近100公顷，恢复长江岸线近6.6千米。将嘉鱼县鑫九龙钙业码头和联乐一期码头2个"规范提升"码头纳入砂石集并中心建设。

【长江支流生态廊道建设】2021年，武汉城市圈相关各市推进长江支流水环境水生态同修共护，构建城市圈绿色生态水网。推动重要河湖库流域系统治理、统筹布局河湖生态廊道、共同构建河湖生态水网。推进重点湖泊水环境治理。武汉市人大常委会组织梁子湖区域协同立法调研，同鄂州市就严家湖水环境治理项目内容、工作目标、实施次序和时间安排等进行会商；配合湖北省水利厅，完善斧头湖综合治理规划；对接"武咸同城"涉水工作，协同咸宁市推进斧头湖清淤及综合治理工程，进一步健全斧头湖联合河湖长机制，加强上下游水资源联动管理。会同黄石市、鄂州市共商举水、倒水生态流量管控方案，会同仙桃市强化通顺河流域水资源联动执法。加强流域防洪治涝工程建设。重点提升通顺河流域（涉及武汉市、仙桃市）排涝能力，杜家台蓄滞洪区安全区建设项目于11月初正式开工，完成大军山二泵站工程建设资金筹措方案、可行性研究报告编制。府澴河出口段综合整治一期工程先行启动建设，年内完成形象进度80%。开展水务采砂联合执法。城市圈九市年内在长江、汉江水域开展18次采砂联合执法，出动

2021年10月18日，黄石市启动生态环境保护百日攻坚大会战。图为"百日攻坚大会战"启动仪式　　　　　　　　　　（黄石市档案馆　供图）

执法艇56艘、执法人员440人次，检查许可采区5个、造船企业6家、采砂船7艘、运砂船71艘，查获违法采砂船只2艘。天门市全面加强汉江航道管理，保持航道安全畅通；持续推进横向流域生态补偿工作与孝感市汉川市签订天门河横向流域生态补偿协议，建立健全流域上下游联动机制，协调开展常态化生态补水。

【湖库生态廊道建设】 2021年，武汉城市圈各市推进湖库生态廊道建设。武汉市与黄石市、黄冈市签订《长江中游城市生态环境合作协议书》，就健全完善生态环境合作协商机制、推动构建生态环境风险防范体系、加强污染天气预警预报协作与防治技术交流、推动环境信用体系建设、推进生态环境保护产业市场一体化等7个方面的合作达成共识。武汉市与鄂州市共享梁子湖（武汉区域）排口排查整治进展情况，协同开展入湖排污口污染治理。武汉与孝感两地建立河湖共管协调机制，统一调度水资源，河湖水质生态管理态势稳定；孝感为支持东西湖区、黄陂区等地补水抗旱和改善水生态，先后启动新沟闸、东山头闸，向武汉地区放水2600万立方米；统筹推进跨市河湖共建共享，开展河湖长制同治共管工作交流，探讨建立跨市河湖联防联控机制、跨市拦漂清漂机制，共商对东西湖区老涢水二段管护、童家湖围网和界河"四乱"问题整治对策。

黄石市建立拦漂清漂工作机制，花大力气对重要水源地、大水面跨界断面、汇流口拦漂清漂，全年投入人力1.18万人次，清理河段1267千米，清理湖面4535.86公顷，河湖水生态环境全面改善。

鄂州市投资2亿元实施东洋澜湖沿湖景观工程（湿地公园二期），占地面积20.5万平方米，湖岸线长4000米，按海绵城市建设标准设计，通过水系梳理、地形整理，充分利用现有植被，建设环湖健身步道、运动休闲广场、栈道平台、亭廊轩榭、绿地及园林景观等设施。年内完成投资3588万元。筹措资金1.5亿元，实施梁子湖区水生态修复一期工程，对幸福河、徐桥港、怀万港、子坛港、谢埠河、谢培港等梁子湖主要入湖河港实施截污整治。

孝感市累计投入资金19亿元，对童家湖、朱湖等15个湖泊开展退垸还湖行动，全面取缔网箱养鱼、投肥养鱼，搬迁渔民2000多户，拆除迷魂阵、围网300余处，挖土30万立方米，拆除历史遗留建筑3万余平方米，7520公顷湖面退田退渔还湖还湿。大力推进生态修复。在已退渔还湿（湖）水域栽种芦苇、莲藕等水生经济作物，增殖放流鱼、虾、蟹及螺蛳、河蚌等水生动物，增加鱼类和鸟类种群，进一步改善湖区水质和生态环境。

黄冈市推进湖泊横向连通和河湖水系连通骨干工程建设。投入7.5亿元，采取湖泊清淤、退垸还湖、新建泵站等措施，加强湖泊横向连通，增强调蓄能力，改善生态环境。实施武山湖、龙感湖入湖口、西马口湖、皂泥湖、月湖、遗爱湖、青草湖等湖泊清淤工程；投资3.79亿元，建设万福、南湖、武黄湖三座泵站，排涝流量共计107立方米/秒；投资4.46亿元建设土司港闸站工程，设计排涝流量170立方米/秒，水闸设计排水流量102立方米/秒。

咸宁市推进湖泊流域截污工程和生态修复治理工程。投资

2021年1月2日,咸宁市"两湖连通"工程施工现场

(摘自"云上咸宁")

8000万元实施斧头湖、西凉湖"两湖"连通工程,新建进水渠、箱涵、节制阀、出水渠等设施全长2.53千米,通过湖水调度,增加河湖水交换,改善两湖水生态环境,提高两湖整体防洪能力,促进当地旅游业发展。

仙桃市出台《绿满仙桃再行动三年(2021—2023)计划实施方案》,统筹水林田湖综合治理,精准优化市、镇、村三级绿化空间布局,突出2万亩国家和市级重点造林项目建设,推进汉江、东荆河等重要生态功能屏障区中央长江防护林和城区重要道路、重要节点的园林建设项目;实施民塇、大沟大渠、重要交通干线的滩涂绿化、水岸绿化和通道绿化建设,建设5万亩储备林。

潜江市投资约4000万元实施马昌湖退池还湖生态修复工程,分别实施湖面连通工程、坑塘清淤工程、补水泵站工程等,退渔还湖面积44.6公顷。

天门市实施华严湖(西湖)、龙骨湖、北汊湖、肖严湖4个湖泊退垸(田、渔)还湖工程,还湖总面积达4.1平方千米。

【城市圈生态屏障建设】 2021年,武汉城市圈九市强化同城化理念,推进跨市流域生态修复工作。武汉市统筹生态资源保护利用。推进生态保护红线、永久基本农田和城镇开发边界三条控制线划定工作,划定生态保护红线793.36平方千米,将集中连片的高标准农田和具备改造潜力的中低产田划为永久基本农田予以严格保护,将城镇集中建设的区域划为城镇开发边界并实施边界管制。完成武汉市矿山地质环境治理示范工程,完成长江干支流两岸10千米范围内废弃露天矿山100.76公顷的生态修复治理。举办第一届生态保护与利用高峰论坛,成立生态保护和利用规划设计产业联盟;编制武汉市国土空间生态修复规划(2021—2035年)和"十四五"规划。地质灾害危险性区域评估实现全覆盖,持续近10年的武汉市矿山地质环境治理示范工程全部完工。实施沉湖、涨渡湖、安山、杜公湖等湿地保护修复,其中,沉湖国际重要湿地恢复湿地退化面积1400公顷,湿地植被恢复面积110公顷。国家一级保护动物大红鹳、卷羽鹈鹕等时隔6年再次现身沉湖。

黄石市对新港园区段沿江岸线进行复绿,投资3000万余元,连续三年种植苗木4万多株,绿化岸线约11.7千米,面积约127公顷,建立一道绿色生态屏障。

鄂州市编制完成全省试点项目生态缓冲区绿色生态廊道规划。推进严家湖流域水环境综合治理。完成氧化塘污染情况调查摸底,编制《严家湖流域(鄂州部分)水环境综合治理规划(初稿)》和《氧化塘治理方案(初稿)》,进入设计招标阶段。

孝感市综合治理汉江支流老澴河工程完工,建成占地1600万平方米、绿地率达85%以上的滨河公园。三年间累计投入90多亿元,综合治理4.5平方千米,清淤河道68万平方米,整治岸线16.8千米,营造绿化景观74万平方米、新建沿河道路15千米,建成9个拆迁安置区,回迁安置群众7038户。昔日的"龙须沟"蝶变为孝感城区的"景观轴",成为市民休闲新的"打卡地"。

咸宁市实施长江沿岸造林绿化行动,完成造林绿化8100公顷,128千米长江岸线绿色生态廊道

咸宁市嘉鱼县簰洲湾长江大桥堤防浪林　（咸宁市史志研究中心　供图）

基本形成。

仙桃市划定河湖生态空间红线，分级分类、区别管控，科学确定和维持生态流量及敏感河段生态需水。加强水生态修复与保护，推进内河湖水环境整治和水源地保护，实施河湖水系连通，构建生态水系廊道，有效防止水乡田园、平原湖泊湿地等生态系统退化，确保水域岸线保有量，构建江河相济、河湖相通、空间格局优化的生态水网。

潜江市扎实推进国土绿化，加强森林资源保护，构建市、镇、村三级林长制体系，绿化造林5200公顷，建成39千米长的兴隆河水杉林带，全市林地面积达186.8平方千米，湿地面积达235.5平方千米。

天门市开展天门河水环境综合整治行动，完成天门河拖市断面流域整治工程，完成龙晶河、南阳沟等4条河道清淤和龙晶河及南北干渠2条河道生态修复任务。

【废弃矿山生态修复】　2021年，武汉城市圈各市积极推进废弃矿山生态修复工作。武汉市矿山地质环境治理示范工程、长江干支流废弃露天矿山生态修复等项目通过市级验收，废弃矿山生态修复工作取得阶段性成果。经过连续10多年的综合整治，全市矿山采石企业由顶峰时期的1000多家，至2021年缩减至仅剩1家在产矿山企业。在大力推进矿山企业关闭的同时，大力推进废弃矿山综合治理，开展武汉市矿山地质环境治理示范工程建设和长江干支流两岸10千米范围内废弃露天矿山生态修复工作，经过近10年的努力，消除了地质灾害隐患，恢复和改善了矿区生态地质环境，减轻了地质环境破坏对周围企事业单位和村镇的影响，起到了较好的护坡固土、涵养水分和调节气候的作用。武汉市矿山地质环境治理示范工程累计完成工程治理面积1056.53公顷，其中，林地496.33公顷、建设用地560.2公顷；长江干支流废弃露天矿山生态修复项目完成治理面积120.99公顷，其中，林地66.46公顷、草地29.53公顷、建设用地13.45公顷、坑塘水面9.98公顷、耕地1.57公顷。其中，江夏区灵山工矿废弃地复垦利用试点项目，积极探索"政企联合"的工作机制，按国家标准对矿区内

修复后的武汉市江夏区灵山工矿废弃地

（武汉市地方志编纂委员会办公室　供图）

2021年8月19日，黄石市黄荆山飞云煤矸石山生态治理修复工程竣工，占地1.6公顷的煤矸石矿场变身为健身广场　　（黄石市档案馆　供图）

10余家关闭的采石企业遗留下的危岩、矿坑全部进行治理，对矿渣、废料全部进行清理，重置优质客土，贯通道路水系，共恢复生态植被42.67公顷，生态覆盖率达80%以上，地灾生态环境彻底改变，土质达标，水流环绕，探索出了废弃矿山复垦利用与生态修复相结合的新路径，入选长江大保护的优质典型案例。

黄石市共投入3.50亿元用于矿山生态修复治理，新增矿山生态修复面积500.43公顷，完成2021年度全市"五边"区域、"三区两线"、"长江沿线"等重点区域55处矿山生态修复；全面完成中央财政资金投入最大的"国字号"铁山—还地桥矿山地质环境治理示范工程，极大地改善了当地的生态环境。

鄂州市完成长江干流11处共计46.39公顷废弃露天矿山的恢复治理并通过省级验收。实施汀祖镇全域国土综合整治项目，泽林镇、葛店经济技术开发区全域国土综合整治项目被纳入省级试点。在22处重点隐患点安装专业监测设备，基本建成全市地质灾害监测预警网络；完成伍家垄滑坡、大洪山滑坡等地质灾害治理工程8处，排危除险工程11处。

孝感市全面完成湖北省定15家化工企业关改搬转任务和5座尾矿库闭库、2座运行尾矿库整改工作。

咸宁市实施"三区两线"（重要自然保护区、景观区、居民集中生活区周边和重要交通干线、河流湖泊直观可视范围内）的矿山生态修复工程。咸安区投资5.5亿元，分步骤实施33个矿山生态修复工程，5年时间基本完成关闭矿山生态修复任务。年内完成19个矿山生态修复的主体工程。

【水土流失综合治理】2021年，武汉城市圈各市持续推进水土流失综合治理。实施江夏区黑山山体水土保持综合治理，将湖北省下达的33.03平方千米新增水土流失治理任务分解细化至具体图斑，实际完成33.69平方千米，完成率102%。加强水土保持监督管理。推进15个试点区域水土保持区域评估。组织第三方机构开展水土保持监督性监测和验后核查。完成水利部发布的618个扰动图斑和湖北省水利厅发布的448个图斑现场复核、认定查处。全市审批各类生产建设项目996个，接收验收报备300个，征收水土保持补偿费9225万元。开展水土保持国策宣传。编制《2020年武汉市水土保持公报》和《武汉市水土保持规划（2021—2035年）》。开展《中华人民共和国水土保持法》施行10周年宣传活动，策划开通"水土保持"地铁宣传专列，建设水土保持科普长廊14处，编制水土保持普法漫画3期，普及水土保持国策，增强水土保持科技示范影响力。

鄂州市全年审批水土保持生产建设项目118个，确定水土流失防治责任范围868.72公顷，投入水土流失防治资金7.91亿元，设计拦挡弃渣量344.30万立方米。共完成水土流失治理面积5.41平方千米，其中，水土保持林126.40公顷、经果林203.60公顷、封禁治理211.00公顷。全年减少土壤流失量1.55万吨，增加降水有效利用量10.6万立方米，增加经济收入222万元，增加林草植被面积330公顷。

黄冈市在7个县（市）共投资2844.19万元，实施水土保持

黄冈市红安县实施桐柏冲小流域土坎坡改梯工程

（黄冈市史志研究中心　供图）

重点工程，共治理水土流失面积74.91平方千米，其中，水土保持林90.19公顷、经果林206.31公顷、种草10.54公顷、土坎梯田67.95公顷、封禁治理6612.04公顷、其他措施治理503.97公顷。各项水土保持措施发挥效用后，每年可减少土壤流失量16.80万吨，增加降水有效利用量172.32万立方米，增加林草植被面积7083.23公顷。

仙桃市实施蔡家河小流域水土流失综合治理工程，疏挖河道，治理岸坡和坡面，生态种草和植树，新建节制闸1座、节制涵1座、人行便桥1座及抽水站1座等，治理面积7.78平方千米，完成中央投资300万元。全年审批生产建设项目水土保持方案30个，投入水土流失防治资金1.61亿元，明确水土保持责任范围1180.59公顷，设计拦挡弃土弃渣115.43万立方米。

潜江市实施了本级水土流失治理工程，采取渠道衬砌和植树、种植草皮、修建截流沟等措施，生态修复坡面，新建水保林865.80公顷，种草2.36公顷，共治理水土流失面积8.68平方千米。

（湖北省武汉城市圈研究会）

污染防治攻坚

【概况】2021年，武汉城市圈九市签订《武汉城市圈城市生态环境合作协议书》，约定此后3年，九市围绕生态环境展开合作，重点围绕城市圈大气污染联防联控，城市圈水污染防治共治共保，城市圈固体废物处置利用、"无废城市圈"建设，城市圈生态环境信息共享，城市圈生态环境监管联合执法，城市圈生态环境安全及污染事故应急处置联动机制建立，环境政务服务同城化办理，生态环境规划研究和协同立法，环保督察反馈问题整改，科研、评估、环保产业等技术合作和学术交流及合作保障机制完善等九大方面开展工作。

共同推进水污染治理。"关改搬转"沿江化工企业，开展重点水域排污口、重点湖泊排污口排查溯源，入江入河排污口的分类、命名编码、溯源工作；建设排污口监测设施，完善水质自动监测站点和智慧监管体系，实现重点河湖水质监测预警全覆盖。实施河湖水质提升及生态修复等重点水污染防治项目工程，推进污水处理提质增效，修复河湖水生态。

共同加强饮用水水源地保护。九市共商备用水源保护区划定范围，携手治理相关水域环境。

建立跨区域河湖水质生态补偿机制，推进道观河等重要饮用水水源地共建共保协作机制，定期监测水源地水质，及时共享监测数据，全年水质稳定在Ⅱ类。相应城市签订横向生态补偿协议，建立健全流域上下游联动机制，协调开展常态化生态补水。

共同加强水环境污染联合监管。武汉市与鄂州市、黄石市、咸宁市建立大梁子湖共建、共管、共治保护机制，共同推进梁子湖生态环境保护，联合制定梁子湖生态保护规划，共同推进农村环境连片综合整治。九市召开交界江段河道采砂综合整治行动联席会，加强市际边界江段的执法管控，在长江和汉江开展采砂联合执法行动，共同打击违法排污行为。

共同加强土壤污染防治和危险废物管理。各市常态化开展土壤污染风险隐患排查及监测，实施土壤污染治理与修复项目，不断

2021年6月18日，第一届武汉城市圈生态环境合作会在武汉召开，九市共签《武汉城市圈城市生态环境合作协议书》

(武汉市地方志编纂委员会办公室　供图)

提高受污染土地安全利用率。各市在危险废物、医疗废物、一般工业固体废物处置等领域加强合作，推进"无废城市圈"建设。

【生态环境保护一体化合作】 2021年3月17日，武汉市人民政府印发《武汉市生态环境保护"十四五"规划》，积极发挥"一主引领"作用，共建绿色美丽城市圈，建立生态环境协同共治机制，定期组织召开武汉城市圈生态环境一体化保护合作会议，编制武汉城市圈生态环境保护专项规划；推动区域绿色低碳发展，共建绿色低碳循环发展经济体系，支持武汉城市圈重点行业、重点企业开展碳达峰示范创建，在危险废物、医疗废物、一般工业固体废物处置等领域加强合作，推进"无废城市圈"建设；共筑区域生态安全格局，以水系、山体、林地、湿地等生态要素为载体，打造环城生态圈，建设中部地区最大的湿地景观群、生物多样性保护圈和生态宜居园林城市群；深入推进污染联防联治，积极推动长江、汉江、通顺河、举水、道观河、梁子湖、斧头湖等跨区域河湖生态环境共保共治，强化大气污染联防联控，建立统一协调、联合执法、信息共享、区域预警的大气污染联防联控机制；建立健全突发生态环境事件应急预警联动工作机制，加强联合监测、联合执法。

【水污染治理】 2021年，武汉城市圈九市共同推进水污染治理。武汉推进污水处理提质增效。新增污水处理能力33.5万吨/日，全年处理生活污水13.9亿吨，年处理量比上年增加10.7%；新建污水收集管网212.36千米，改建污水管网56.07千米；累计完成混错接改造2188处、缺陷修复5644处、地块单位雨污分流382个；建成第一座初雨厂，南湖初雨收集和处理工程已完成，初雨处理厂收集处理初期雨水能力达25万吨/日。建成首个利用热电厂焚烧协同处置市政污泥项目，武汉钢电股份有限公司建设的污泥处置及资源化利用项目开始运

2021年1—7月，借助人工辅助和生态养殖技术后，武汉市东湖水域整体水质保持在Ⅲ类。图为东湖"水下森林"景象

(武汉市地方志编纂委员会办公室　供图)

营，可处理含水率60%的市政污泥240吨/日。大东湖核心区污水传输系统工程和长江沙湖水环境提升工程均进入运营期满一年，实现安全稳定运行，并通过绩效考核评价，实现按效付费。全市乡镇街道政府所在地实现污水收集厂全覆盖，新洲区、江夏区基本实现乡镇污水处理厂、网一体专业运维。

黄石市16家沿江化工企业"关改搬转"任务全部完成并通过验收。完成507个长江入河排污口的分类、命名编码和溯源工作；监测排污口263个，完成大冶湖和保安湖、网湖、三山湖排污口排查工作，隧洞村、龙潭村站、长江凉亭山3个水质自动站通过验收并正式投运，兴国镇新建和王英水库升级改造的2个水质自动监测站建成并与湖北省水利厅联网运行。全市纳入国家和省级考核的11个地表水断面优良水体（达到或优于Ⅲ类）比例为72.7%，超过年度考核目标9.1个百分点；长江、富水、王英水库等3个县级以上饮用水水源地都稳定实现Ⅲ类及以上水质，达标率100%。

鄂州市推进曹家湖、挡网湖、武城湖水系连通及生态修复，梁子湖区河湖水生态修复（一期），东井外围退垸还湖，梧桐湖生态修复，三山湖、南迹湖水质提升及生态修复等重点水污染防治工程。持续开展梁子湖重点水域跟踪调查，推进长江排污口、重点湖泊排污口排查溯源，完成558个长江入河排污口深度溯源、全市82个湖泊1357个排口排查、15个重点湖泊底泥污染状况调查等工作。

孝感市完成生态环境部交办的754个入河排污口的分类、溯源、命名、编码和树牌工作任务，立行立改的283个，长江入河排污口溯源整治工作取得阶段性成果。汉川市共投资3.21亿元，实施涵闸河滨水绿道工程，沿线截污管网、生态修复治理、岸坡景观绿道一并设计施工，共设置收集管网接井口60处，将沿线的城镇生活污水纳入城区污水处理厂集中处理，规范设置雨水溢流口9处，取缔、封堵排污口5处。

黄冈市对龙感湖、赤东湖等重点河湖开展全域排污口排查，完成排污口监测530个，排污口溯源1168个，整改排污口291个，整治县级城市建成区黑臭水体15处。严格落实水资源管理"三条红线"，农业灌溉水有效利用系数达标。治理农村小微水体2.8万处（重点整治1535处），有效解决群众身边的水污染问题。全年地表水国控断面水质达标比例92.9%，县级以上饮用水水源地水质达标率100%，跨界断面水质达标率100%。

咸宁市坚持源头治水、系统治水、协同治水。投入1.09亿元在全市四大水系和部分支流建设63座水质自动监测站点和智慧长江监管体系，实现重点河湖水质监测预警全覆盖，并根据预警情况，第一时间开展现场巡查核实，发现问题第一时间交办处置；所有跨县域流域建立定期监测和考核的生态补偿机制。全市省控及以上地表水水质优良率100%，长江出境断面水质稳定在地表水Ⅱ类，斧头湖水质从Ⅳ类提升为Ⅲ类。污染防治攻坚战考核排名连续三年排名全省前三。

仙桃市完成358个入河排污口分类命名与编码工作，并制定"一口一策"整治方案。立行立改整治排污口204个，其中，取缔封堵44个、工程整治75个、其他整治85个。投资5168万元建设雨污分流管网工程，通过实施雨污分流、排污口封堵整改，严控污水直排入河，从源头上解决河流水质污染问题。

潜江市推进长江入河排污口溯源整治，完成113个排口的溯源、54个排口的监测和10个排口的立行立改工作。持续开展东荆河、四湖总干渠、通顺河潜江段水环境综合整治，开展定期巡查，确保水质稳定达标。完成全市17个湖泊底泥清淤调查。持续开展市域内区镇跨界断面考核工作，每月通报跨界断面水质情况，倒逼地方切实治污。制订城市集中式饮用水水源地整治提升方案，全面开展城市、农村饮用水水源地环境隐患排查整治，保持饮用水水源水质稳定达标。

天门市推进长江入河排污口溯源整治。完成263个入河排污口的溯源、命名和编码工作，对105个排污口进行取样监测，制定"一口一策"整改方案，完成立行立改排污口36个，竖立排污口标志牌19个。推进湖泊保护。基本解除45个湖泊养殖承包合同并签订管护合同，基本清除湖面围网，清理5个湖泊水面浮萍等漂浮物，完成九真江家湖污水直排入湖泊整改和所有农村湖泊淤泥调查工作，清理湖泊周边20余处棚屋、看护房等违建物，清除16个湖泊核心水域隔堤。

【水环境污染联合监管】 2021年，武汉城市圈各市加强水环境污染联合监管。武汉市印发《2021年武汉市河道非法采砂专项整治重点工作清单》《武汉市常态化扫黑除恶斗争"自然资源领域"严厉打击非法采砂专项整治工作方案》，对全市河道采砂目标管理工作进行季度考评、年度考核工作；加快江夏区、武汉经开区执法基地建设；建成并整合采砂视频监控点50余个；累计出动采砂执法人员4.47万人次，出艇5597艘次，办理行政处罚案件40起，罚款359万元，处置代扣刑事案件船只22艘，指导辖区拆解"三无"采砂船只6艘。加强执法联动。4次牵头组织全省长江干流采砂清江执法行动。统筹调度全市各区采砂执法力量，划分长江上游、长江下游、汉江三个战区，实施区域联管、战区联治。召开武汉、荆州、咸宁三市交界江段河道采砂综合整治行动联席会。武汉与黄石、鄂州、咸宁三市共推梁子湖生态环境保护，联合制定梁子湖生态保护规划，共同推进农村环境连片综合整治。武汉会同鄂州、孝感、黄冈等城市开展联合执法，加强市际边界江段的执法管控。

武汉与孝感两地统筹推进跨市河湖共建共享，推进河湖长制同治共管，探讨建设跨市河湖联防联控机制、跨市拦漂清漂合作机制，商讨对东西湖区老涢水二段管护、童家湖围网和界河"四乱"等问题的整治对策。两地探索建立童家湖、溾水流域补偿机制。制定《2021年武汉市、孝感市府河流域交界断面水环境联合执法方案》，开展流域联合执法，对府河八一大桥至谌家矶岸线15千米范围内的金凤凰纸业（孝感）有限公司、中顺洁柔（湖北）纸业有限公司、孝感市东拓污水处理有限公司等重点企业进行现场检查，对检查发现的各类环境问题立行立改，依法查处到位，督促企业整改到位；有序推进排污口调查，完成野猪湖沿线排污口调查溯源工作。加强澴东湖污染防治，完成《澴东湖水污染防治规划》编制招投标工作。

武汉与黄冈探索建立道观河流域跨区县协调机制。武汉市新洲区与黄冈市团风县在共同推动道观河水质生态补偿协议、联合开展道观河水库生态环境执法、共同打击违法排污行为等方面取得成效。

天门市与荆门市、潜江市共同签订《荆门市生态环境局、天门市生态环境局汉江、天门河跨流域突发水环境污染事件联防联控协议》，建立三地汉江跨流域突发水污染事件联防联控机制。

【饮用水水源地共保共建】 2021年，武汉城市圈城市间加强饮用水水源地共保共建。武汉市生态环境局到孝感市生态环境局商洽生态环境合作事宜，共赴童家湖和伦河现场踏勘，组织专家技术团队对伦河备用水水源地开展风险评估，以府河流域为重点常态化开展联合执法。武汉市生态环境局与孝感市生态环境局等有关单位召开沦河备用水水源保护区划定座谈会，共商沦河备用水水源保护区划定范围，讨论分析沦河水资源、水量及水质状况，携手开展沦河水环境治理。武汉市新洲区与黄冈市团风县签署《道

生态治理后的梁子湖　　　　　　　　　　　　　　（鄂州市档案馆　供图）

观河流域横向生态补偿协议》，共同保护新洲50万人的饮用水水源地——道观河水库，双方以断面水质监测年度考核结果为依据，进行生态补偿奖惩。断面水质年度考核为《地表水环境质量标准》Ⅲ类，双方互不补偿；年度考核为Ⅱ类及以上，新洲区生态补偿给团风县300万元/年。通过建立联防共治机制，双方在改善水库水环境、水生态，提升水质，联合执法，禽畜禁养上共同着力，由第三方参与，连续监测一年，并对上游污染点位的关停治理进行跟踪评估。

鄂州市开展5个集中式饮用水水源地专项执法"回头看"行动，定期进行水质检测；全部恢复水源地一级保护区标识标牌和隔离防护网；有效预防和妥善处置部分水域、断面水质异常事件。纳入国家考核的梁子湖、长江燕矶、长港樊口断面和长江出境断面达标率为100%；集中式饮用水水源地水质达标率100%。

黄冈市推进跨县域流域水量分配。完成浠水流域红安县水量分配，举水流域麻城市、红安县、团风县水量分配，倒水流域麻城市、红安县水量分配，提升流域水资源管理刚性约束力。加强水源生态调节。修订全市65处水工程经纬度坐标、生态基流目标值，大中型水库全年生态补水约15亿立方米，有效增加河道生态环境用水量，维护和增强水体稀释自净能力。

咸宁市响应梁子湖协同治理相关要求，在梁子湖流域上游关闭双溪麻纺厂（苎麻脱胶中心）等多家废水排放企业；严把环评审批关，杜绝污染型项目在梁子湖上游高桥河流域落户；高桥河流入梁子湖交界断面国控水质监测站监测水质稳定达到Ⅱ类标准。

天门市开展乡镇饮用水水源地保护区专项检查，完成饮用水水源地保护区围网及标志牌建设；实施乡镇跨界断面考核，出台考核奖励办法，督促乡镇加强辖区水环境管理；推进横向流域生态补偿工作，与荆门市、汉川市签订2021年天门河横向生态补偿协议，建立健全流域上下游联动机制，协调开展常态化生态补水。

【**土壤污染防治**】 2021年，武汉城市圈各市加强土壤污染防治工作。武汉市发布《2021年武汉市土壤重点监管单位名录》，完成土壤污染风险隐患排查及自行监测，定期对企业周边土壤进行监测。印发《全市生态环境系统农用地土壤镉等重金属污染源头防治行动实施方案》，开展新一轮涉镉污染源排查整治。完成"两化搬改"（沿江化工企业"关改搬转"和危险化学品生产企业搬迁改造）年度工作任务。制发《武汉市生活垃圾分类指引》，持续推进生活垃圾分类工作。强化农村生活垃圾治理，排查整治突出暴露垃圾问题280余个，建设农村生活垃圾收集点31座。

黄石市开展全域耕地土壤污染状况调查和重点行业企业用地情况调查，督促土壤重点监管企业开展自行监测及隐患排查，划定耕地土壤环境质量类别，推进耕地、工矿废弃地、尾矿库修复治理与风险管控，多次受邀参加生态环境部组织的《建设用地土壤污染风险管控、修复类中央支持项目管理办法》等规范性文件和相关技术指南编制起草工作，形成受污染耕地植物"吸金"、污染场地修复与遗址公园建设协同推进，采矿废弃地修复与城市品质联动提升三大修复治理模式，东钢厂区治理等3个项目入选全国土壤污染治理与修复项目和土壤污染综合防治先行区案例，黄石治土经验在全国推广。

鄂州市对4个土壤污染重点监管单位进行排查，完成整改138条。整治全市涉镉企业环境，排查矿区历史遗留固体废物，安全利用373.87公顷受污染耕地，整治4个建制村环境，改造提标13处农村污水处理设施，农村生活污水治理率达65.7%。新增10个土壤、17个地下水监测点位。

孝感市深化"净土行动"，不断优化调整产业结构，关改搬转沿江化工企业，综合整治"散乱污"企业，淘汰过剩钢铁产能和20吨以下燃煤锅炉。全市土壤环境质量总体安全可控，受污染耕地安全利用率达100%，危险废物处置率达100%。

咸宁市突出依法治土，全面开展中高关注度地块和重点区域土壤环境质量评估35次，指导土壤污染重点监管单位完成厂区土壤污染隐患排查，发现风险隐患及时完成整改。严防土壤污染风险，强化风险评估，全面加强土壤、地下水和农村环境质量监测，96个常规监测点位和监督性监测点环境质量全部达标。协调有关部门加大项目建设推进力度，市本级建筑垃圾资源化利用项目开工建设，餐厨垃圾处置项目建成运行，医废处置补短板工程顺利完工。

仙桃市多次对涉及重金属企业开展安全隐患排查和"双随机"执法检查，并邀请技术团队进行"一对一"技术帮扶。针对企业存在的问题，逐一提出整改措施和工作建议，指导企业快速高效完成整改，从源头降低环境风险，消除重金属污染隐患。对10家主要涉及铬、铅、铜等重金属（不涉及重金属镉）在产（含在建）企业开展排查，各企业手续完备，相关措施和制度到位，没有发生重金属污染或因重金属导致土壤污染的环境违法行为。

潜江市推进土壤污染防治。加强土壤环境重点企业监管，组织相关企业完成土壤污染状况调查，督促重点监管企业开展土壤污染隐患排查和自行监测。

天门市强化建设用地土壤环境管理，实施污染地块再开发利用准入管理、暂不开发利用污染地块环境风险管控，完成5家重点行业企业用地调查样品采集和测试分析。

【危险废物环境管理】 2021年，武汉城市圈各市加强危险废物环境管理。武汉市持续开展危险废物专项整治三年行动，组织开展废矿物油、废铅蓄电池专项整治行动，加强武汉市实验室危险废物环境管理。组织专家对部分重点涉危单位的环境管理情况和危险废物污染防治措施进行第二轮现场复核。提升危险废物利用处置能力，向武汉环境投资开发集团有限公司核发《危险废物经营许可证》，推进武汉汉氏环保工程有限公司医疗废物处置（收转运）提档升级项目，千子山医疗废物处理厂项目建成投产。开展医疗废物综合治理三年行动，督促医疗机构（19张病床以上）落实危险废物申报登记和管理计划备案要求，规范管理医疗废物贮存场所，累计检查医疗机构1000余家。完成危险废物年度申报登记工作，产废单位申报危险废物约38.49万吨（其中，工业危险废物产生量35.44万吨、医疗废物产生量3.05万吨）。实行危险废物焚烧企业应急协同处置机制，协调增派医疗废物运输车辆和转运人员，将武汉市医疗废物（含涉疫垃圾）转运车辆由52台增加至100台，将全市医疗废物应急处置能力由110吨/日提升至190吨/日，并为所有集中隔离场所配置涉疫垃圾专用收集桶，确保医疗废物和涉疫垃圾转运能力、处置能力、暂存能力充足，转运处置工作基本做到"应处尽处""日产日清"。

黄石市全年危险废物产生量40.06万吨，其中委外利用处置量为7.10万吨、自行利用处置量为26.11万吨，危险废物处置率100%。全市医疗机构共产生医疗废物2507吨，全部交由黄石中油环保科技发展有限公司集中处置。

鄂州市不定期对辖区内危险废物产生，经营处置单位危险废物规范化管理，物联网申报和闲置厂房、坑塘、山坞、洼地、废弃窑坑等是否存在违规堆存、随意倾倒、私自填埋危险废物等情况进行全面排查。全年查处非法倾倒、排放、处置危险废物案件4起，并同步开启生态损害赔偿程序，办结生态损害赔偿案件3件；主动与武汉市

武汉市安全处置医疗废物和涉疫垃圾3万余吨。图为医疗废物处置现场

（张珂　供图）

商洽生态环境合作事宜，就医疗废物处置残渣的有关事宜达成初步合作意向。

孝感市完善固体废物处置基础设施建设，实行固体废物集中处置。年产工业危险废物7.21万吨，其中，工业危险废物贮存量564.22吨。年产医疗废物2802吨，全部综合利用或集中处置。

咸宁市拥有危废处置9.91万吨/年、废弃容器处理50万只/年的能力，危废经营单位在满足咸宁危废处置需求的同时，面向武汉城市圈城市提供危险废物处置服务。2020年新冠肺炎疫情暴发期间，咸宁市积极解决交通、防疫等难题，支持武汉市应急处置一批医疗废物。

仙桃市开展危险废物环境安全专项整治，共排查96家企业的296个隐患问题，整改212个隐患问题。仙桃市对工业危险废物实行委托利用处置，全年委托利用处置8084.55吨，贮存1703.819吨；医疗废物986.89吨全部交由孝感中环环境治理有限公司转运处置，处置率100%。

潜江市严格落实危险废物转移联单制度，开展危险废物规范化管理督导检查，督促医疗机构及危废处置单位做好医疗废物贮存、安全转移处置工作。

天门市开展固体废物专项执法检查、危险废物安全生产检查，督促企业落实环境安全责任。

（湖北省武汉城市圈研究会）

长江大保护

【概况】 2021年，武汉城市圈各相关城市召开2次武汉城市圈同城化水务发展联席会议，讨论通过《武汉城市圈同城化发展水务工作协调机制》《武汉城市圈河道采砂联管联治工作方案》。建立工作机制，实现生态保护"跨城共抓"，共同推动"长江大保护"。建立横向沟通联系机制，制定水务联席会议制度，采取定期召开工作会议与专题会议相结合的方式，部署推进年度工作。初步拟定水务同城化三年行动方案及水旱灾害同防共保、水资源同调共济、水环境水生态同修共护、河湖长制同治共管、体制机制同商共创五大重点任务。年内，城市圈9市围绕生态环境协同治理，开展点对点深度对接，取得不俗的成绩。

持续加强长江生态修复工作。各市开展重要河湖生态修复工作，全面整治小微水体。持续推进水系连通和退垸还湖工程，统筹山水林田湖草系统治理，绿化江河湖库岸线。建立长江段跨区断面水质考核奖惩和生态补偿机制，推动长江生态持续改善。

加强长江、汉江禁捕联合执法。9市签订长江禁捕跨界水域执法合作协议，常态化开展长江禁捕执法联巡、联查、联打、联治行动，构建横向到边、纵向到底、水陆结合、区域协同的禁捕执法监管新格局。年内，9市在长江和汉江开展采砂联合执法9次。

推进污水处理提质增效。各市开展城镇生活污水管网补短板和处理设施提质增效行动，加强雨污分离管网和污水处理设施建设，扩大污水收集范围，提升城镇生活污水收集能力。拓展黑臭水体整治成果，加强城市初期雨水面源污染治理。

加强沿江城市船舶港口污染防治。建设污染物接收码头，加强港口和船舶污染物接收转运及处置工作，"船E行"使用基本覆盖各市港口企业，实现船舶港口污染物接收、转运、处置环节各单位全力落实电子联单闭环管理。

加强水资源节约利用。推进重点监控用水户精细化管理，落实

2021年武汉市主要河流基本情况一览表

河流名称	境内河长（千米）	境内流域面积（平方千米）	堤防长度（千米）
长江（武汉段）	145	8569.15	307.71
汉江（武汉段）	62	265.96	112.13
金水河	43	204	67.92
滠水	105	1500	52.24
倒水	42	888	53.12
举水	51	763	81.29
通顺河	75	615	141.35
府澴河	48	1093.9	105.19
沙河	37	487	51.4

超定额累进加价制度，持续开展高效节水减排、节水单元载体建设和节水示范项目建设，城市整体节水水平稳中有升。推广农业喷（滴）灌技术，兴建农业高效节水项目，改进用水工艺和节水技术，实现节水降耗，节水型城市和节水型社会初步形成。

【长江生态修复】 2021年，武汉城市圈沿江各市持续加强长江生态修复工作。武汉市严格落实长江武汉段跨区断面水质考核奖惩和生态补偿机制。对江汉区、青山区、洪山区、黄陂区、新洲区、武汉经济技术开发区（汉南区）共计奖励400万元，对江岸区、汉阳区、武昌区、江夏区、东湖新技术开发区共计罚款750万元；对汉阳区、蔡甸区、东西湖区共计奖励250万元；对硚口区罚款150万元。

武汉市与鄂州市建立大梁子湖共建、共管、共享机制。武汉市与咸宁市在建立斧头湖水环境协同治理机制、大气污染联防联控机制、长江流域生态补偿机制等方面达成初步共识，两市完善跨区域河湖联防联控工作机制，联动推进长江"十年禁渔"、采砂联管联治、簰洲湾堤除险加固、斧头湖清淤、梁子湖协同治理，年内，斧头湖水质已达Ⅲ类标准，咸宁高桥河注入梁子湖交界断面水质稳定在Ⅱ类标准。武汉市与仙桃市建立通顺河流域跨市断面水质考核奖惩和生态补偿机制，共同拟定《通顺河流域跨市断面水质考核奖惩生态补偿协议》。

黄石市开展长江干支流河湖生态修复行动，全面整治小微水体。针对全市6384个小微水体，制定"小微水体作战图"，投入4828万元，以点及面，示范带动，采取水生植物恢复、水生动物放养等一系列生态工程修复措施。持续推进退垸还湖工作，保安湖、有色湖、网湖明港垸、分散垸退垸还湖总面积达813.33公顷。

鄂州市持续开展长江经济带生态环境警示片反映问题举一反三、以案促改工作，对农业面源污染、船舶污染、尾矿库污染等进行全面自查，发现问题20个并督促整改完成；全市列入关改搬转计划的14个化工企业均已整改完成；长江大保护十大标志性战役圆满收官，综合评估结果为优秀；重要功能区水质达标率100%；实施水系连通和退垸还湖工程，全市累计完成退垸还湖总面积6069.8公顷。

黄冈市持续开展长江生态修复工作，累计治理河长105.17千米，造林2.14万公顷，治理水土流失面积201.24平方千米，完成长江干支流10千米范围内22个矿山生态修复治理任务，复绿面积241.47公顷，整治黑臭水体项目15个，完成329个长江入河排污口立行立改整治工作。

咸宁市投入近15亿元实施斧头湖生态保护带等一批水环境治理和生态修复、退垸还湿（湖）工程；投入1.09亿元在全市四大水系和部分支流建设63座水质自动监测站和智慧长江监管体系，实现重点河湖水质监测预警全覆盖，并根据预警情况，第一时间开展现场巡查核实，发现问题第一时间交办处置；所有跨县域流域建立定期监测和考核的生态补偿机制。

【长江经济带生态环境问题整改】 2021年，武汉城市圈各市持续开展长江经济带生态环境问题整改。武汉市扎实开展国家和湖北省长江经济带生态环境警示片涉汉问题整改工作，印发问题整改市级验收工作方案，规范验收程序和标准，对已完成整改的2018年、2019年国家和湖北省长江经济带生态环境警示片涉汉问题协调做好验收销号工作，并对整改情况开展"回头看"。在国家长江经济带生态环境警示片涉汉的8个问题中，3个已销号，5个已通过省级验收、待国家销号。摄制完成《武汉市长江经济带生态环境警示片》。开展长江入河排污口溯源整治专项行动，基本完成排污口分类、命名、编码与标志牌设置工作；生态环境部下发武汉市1842个排污口整治任务中，1188个排口已完成整治，剩余654个排口将于2025年底前完成整治。

黄石市划定西塞山区夏浴湖保护区面积62.0公顷，埋设界桩50块，设立宣传标牌24个。对关停企业彻底断水断电，对湖泊保护范围内的34家厂房全部拆除。清理整治环湖农业面源污染源，实施环湖生活污水截污减排。拆除环湖旱厕62座，取缔2家湖面经营性水产养殖企业，铺设环湖二、三级污水管网7492米。实施5个点位的退地还湖工程，腾退侵占面积3.58公顷。湖面及保护区面积比整改前增加4.85公顷,湖容积从164.5万立方米增加到180.86万立方米。纠正侵占保护区范围行为,对倾倒在保护区范围内的工业废渣、建筑垃圾等全面清运。退地还湖区域结合美丽乡村建设进行复绿。修复环湖岸线生态环境,实施底泥清淤、配套水利设施建设等工程。底泥清淤19.8万立方米,完成农发泵站进水港、凉山尾水渠等出入湖水系治理工程,完成上下湖连通工程。

鄂州市完成长江干线非法码头整治专项任务,拆除各类码头108个,腾退岸线10.85千米;全面修复长江干线鄂州段生态环境,植树复绿已拆除的非法码头土地,复绿面积54.3万平方米。查处长江沿线码头装卸无合法来源砂石的违法行为,对长江沿线的全线巡查每周不少于2次,全年出动执法人员882人次,杜绝非法码头"死灰复燃"现象。

孝感市狠抓长江经济带生态环境问题整改,第一轮中央环保督察、中央环保督察"回头看"和省委环保督察反馈问题125项,已处理109项,剩余16项按序时进度推进;交办信访件共472件,办结471件。污染防治工作考核从2019年的全省倒数第一名上升至全省第十名(在良好等次中排名第一),长江大保护十大标志性战役综合评估获得优秀等次。按时完成中央生态环保督察办公室移交的汉川市黄龙湖环保问题整改任务,清挖土方18.45万立方米,开展岸线整治约2320米,绿化850米,种植垂柳576株,撒播草籽5800平方米。问责处理相关责任人员。依法依规对湖北黄龙湖文旅集团有限公司作出行政处罚,限期恢复原貌,并处罚款110.66万元。

黄冈市新建三道坝截留梅府大泉洞污水,铺设防渗膜杜绝污水外排。修建两条全长分别为5.4千米和5.6千米的污水回抽管道,污水输送能力达到每小时800立方米。建成20万立方米应急收集池,具备极端天气应急收集污水能力。实施轮镜塘磷石膏堆场湿排干堆改造工程,实现石膏渣干态堆存,库区内存水量明显减少,较好地控制了库区渗漏风险。降低磷石膏入库量,从源头减少污染产生量,新建500万吨磷石膏综合利用项目(一期),与相关企业签订磷石膏销售协议及合作开发磷石膏协议。定期对大泉洞周边民井地下水进行采样监测,监测报告显示民井水质合格,居民生活用水改由武穴市自来水公司供给,保障居民用水安全。持续推进轮镜塘尾矿库治漏工程建设,聘请中国地质大学(武汉)专家为水文钻探技术指导,委托相关公司进行现场勘探,完成漏点封堵与治理。结合尾矿库位于喀斯特地貌实际,改变整改思路,委托上海交大团队实施深层渗滤液气提抽排项目,减少轮镜塘存量磷石膏渗滤液量。按国家相关规定闭库治理老厂址磷石膏尾矿库。

咸宁市全部完成中央第一轮环保督察及其"回头看"、省环保督察、长江经济带生态环境警示片等"四位一体"反馈的148个问题整改任务。省环保督察"回头看"反馈的32个问题,完成整改24个。中央第二轮生态环境保护督察交办的94件信访件,办结74件,阶段性办结20件;通山九宫山自然保护区小水电清理滞后问题基本整改到位。

仙桃市完成生态环境部交办的358个排污口核查、精准溯源、初步分类命名、编码工作,完成171个排污口水样的采集和184个排污口的立行立改整治工作。持续开展饮用水水源地专项行动,全面加强2个县级以上饮用水水源地安全防护措施,完善饮用水水源地风险应急措施;开展9个乡镇万人千吨饮用水水源地生态环境问题"回头看"行动,完成问题整改3个。

【长江禁捕联合执法】 2021年,武汉城市圈城市间加强长江禁捕联合执法。武汉、黄石、鄂州、黄冈等武汉城市圈沿江城市签订《长江禁捕跨界水域协同执法合作协议》,从联席会议、协同执法、协作共治、应急协同、信息共享等方面协同发力,建立联防联控、齐抓共管跨区域联合执法协作机制,常态化开展长江禁捕执法联巡、联查、联打、联治行动,构建横向到边、纵向到底、水陆结合、区域协同的禁捕执法监管新格局。黄石市建立长江段禁捕智能监控系统,实现对长江黄石段26.5千米水域24小时全天候渔政监控及智能预警。鄂州市持续开展长江禁捕退捕工作,成立全省第一支长江禁捕快速反应联

武汉、鄂州、黄冈三市签订《长江禁捕跨界水域协同执法合作协议》

（黄冈市史志研究中心　供图）

执法队，开展联合巡查 50 余次，查处非法捕捞案件 9 起，并与周边三市建立长江禁捕跨界水域协同执法机制；全年查处非法捕捞刑事案件 15 起，刑事拘留 19 人，拆除霸王罾 4 个，收缴地笼网 500 余条，收缴违规钓具 500 余根，查缴"三无"渔船 9 条。孝感市在汉江干流全面禁捕，拆解 637 条持证渔船，共计 1200 名渔民上岸；改造 158 艘船舶防污染设施。黄冈市共开展联合执法行动 356 次，参与执法人员 5362 人次，巡江巡湖 710 次，水上巡查里程 1.51 万千米，强化打击长江流域非法捕捞违法犯罪的震慑效果。武汉市与咸宁市联动推进长江"十年禁渔"。咸宁市长江禁捕退捕工作完成登记退捕渔船 1854 艘，拆解率 100%，退捕渔民社保安置率 100%，得到国务院有关领导肯定；开展长江禁捕法制宣传月活动，印发禁捕宣传资料 7.5 万余份，张贴通告 4.8 万余份，各类报刊、电台及新媒体宣传报道千余次，经验做法被《人民日报》《农民日报》《湖北日报》等主流媒体报道。

【城镇生活污水处理】　2021 年，武汉城市圈各市持续推进城镇生活污水治理。武汉市污水处理提质增效。开展城镇生活污水管网补短板和处理设施提质增效行动，拓展黑臭水体整治成果，加强城市初期雨水面源污染治理。新增污水处理能力 33.5 万吨/日，全年处理生活污水 13.9 亿吨，比上年增长 10.7%；新建污水收集管网 212.36 千米，改建污水管网 56.07 千米；累计完成混错接改造 2188 处、缺陷修复 5644 处、地块单位雨污分流改造 382 处；建成武汉市第一座初雨厂，南湖初雨收集和处理工程完工投运，初雨处理厂收集处理初期雨水能力达 25 万吨/日。建成武汉首个利用热电厂焚烧协同处置市政污泥的项目，武汉钢电股份有限公司建设的污泥处置及资源化利用项目投入运行，每天可处理含水率 60% 的市政污泥 240 吨。大东湖核心区污水传输系统工程和长江沙湖水环境提升工程均进入运营期满一年，实现安全稳定运行，并通过绩效考核评价，实现按效付费。全市乡镇街道政府所在地实现污水收

2021 年 4 月，南湖初雨收集和处理工程完工，武汉市第一座初雨处理厂建成并投入试运行　　　　　　（武汉市地方志编纂委员会办公室　供图）

集厂全覆盖，新洲、江夏基本实现乡镇污水处理厂、网一体化专业运维。

黄石市全面推进排水管网查改和污水处理厂系统化整治工作，制定7座污水处理厂"一厂一策"治理方案。年内，黄石城区生活污水收集率45.5%，大冶城区生活污水收集率27.9%，阳新县城污水处理率90.3%。

鄂州市规划建设污水处理厂17座，年内16座污水处理厂建成并投用，临空经济区再生水厂一期一阶段工程已基本完成。基本实现城乡建成区生活污水收集处理全覆盖。

孝感市实施城区雨污分流综合整治工程，分流改造老城区90.8千米的雨污合流管网和426个源头片区，完成投资12354万元。完成后湖片区一、二期工程4条主干道和4条街坊支管部分路段、15个源头片区的雨污分流改造。推进雨污分流三期工程1–4标段施工，完成投资6138.07万元；5、6标段进场施工，完成投资1271万元。老澴河污水泵站竣工，具备提排功能。综合整治城区后湖渠、西湖桥、滚子河支河等8条黑臭水体，昔日"龙须沟"变身现代景观渠。

黄冈市城镇生活污水收集能力大幅提升。其中，黄冈市区累计投入2.98亿元污水管网建设资金，建设污水管网85.65千米，有效解决了污水收集处理设施不足的问题。现运行的城镇生活污水处理厂，污泥全部采用焚烧、堆肥、蚯蚓养殖等技术措施实现了无害化处置。

潜江市坚持新建或改造城市道路项目与雨污管网建设及改造同步，完成东荆路网PPP项目、兴盛路东西延线、城东河路等道路雨污管网建设和潜江经济开发区污水管网建设任务，累计建设城市雨污管网150千米；在城中村排水设施空白、薄弱区域实施雨污管网配套建设，改造袁桥断面雨污管网13千米。

【船舶港口污染防治】2021年，武汉城市圈各沿江城市船舶港口污染防治工作取得新进展。武汉市办理船舶防污染行政处罚案件12件，累计罚没金额4万元。印发《武汉市船舶和港口非道路移动机械燃油使用情况专项整治方案》，加大对辖区船舶使用不符合国家标准油品行为的查处力度。强化船舶污染物联合监管与服务信息系统建设并推广运行。持续实施防止船舶空气污染检验，对输出功率大于130千瓦的新船使用的柴油机空气排放证书进行审核，对72艘次按规定执行的船舶签发《内河船舶防止空气污染证书》。

港口和船舶污染物接收转运及处置。深化联动机制，检查码头固定污染物接收设施、台账记录和"船E行"使用情况，覆盖全市14个行政区（功能区）共56家港口企业，查出缺陷133项，其中5家码头被停业整改。完成全市码头生活垃圾接收设施配置，专业集装箱码头、商品汽车滚装码头、砂石集散中心完成船舶生活污水接收箱、船舶油污水接收箱配置。全市158艘100总吨以下船舶、64艘100总吨（含）至400总吨船舶、584艘400总吨（含）以上船舶完成生活污水接收处置装置改造。

污染物接收码头建设及运行。武汉化学品船舶洗舱站建成并投入使用，全年开展船舶洗舱

2021年4月30日，武汉市水路交通运输执法支队与武汉海事局联合召开青山辖区船舶港口污染防治工作现场推进会

（武汉市地方志编纂委员会办公室　供图）

作业10艘次，接收洗舱水356立方米。实施船舶污染物接收84艘次，接收船舶生活污水4477.49立方米，含油污水96.32立方米。中长燃绿色航运综合服务区建成并投入使用，全年接收船舶生活垃圾214艘次共1.3吨，船舶生活污水243艘次共3373立方米。武汉港汉南区船舶污染物接收设施通过交工验收。武汉港汉阳区污染物接收码头工程完成桩基础、系梁和立柱施工，岸线护坡和给排水管道完成施工50%。

黄石市全面实现船舶港口污染物接收、转运、处置环节各单位电子联单闭环管理。船舶港口全年接收生活垃圾55.66吨，船舶生活污水4386.47立方米，船舶油污水179.64立方米，并有效转运处置。通过线上跟踪和现场核查等方式，抽查港口码头防污染措施落实情况2600余次，辖区码头泊位污染物接收设施使用率达100%，污染物交付率稳定在150%至180%。总投资3474.97万元的黄石新港棋盘洲港区船舶污染物接收转运码头主体工程年内完工。

鄂州市发布《鄂州市港口船舶污染物接收转运处置设施建设方案》，改造2艘400总吨以下船舶防污染设施。改造沿江码头船舶防污染设施，推进LNG加注站码头和五丈港公用锚地建设。依法强制报废梁子岛旅游景点超过使用年限的船舶，淘汰5艘老旧落后柴油船舶；加大对污油、生活污水处理装置改造力度，完成对3艘大客位客船生活污水收集装置的改造，在梁子湖水域实现船舶污油、生活污水"零排放"；配套一体化的油污垃圾接收船，全面推进清洁能源船舶改造，投入一艘50总吨集生活垃圾、油污水和生活污水收集功能于一体的流动接收船。建设三江港综合码头、葛店电厂二期码头、超凡物流码头3个码头岸电设施，对靠港船舶提供岸电。

孝感市建设船舶污水预处理设施、污水输送管道、污水收集储存柜等，对污水进行收集转运，实现趸船污水上岸、不外排，切实解决污水直排入长江、汉江的问题。

咸宁市人民检察院督促相关行政单位主动延伸职能，建立常态化协作机制、消除污染物线上线下数据断层及管理缺位等问题，促使污染物回收企业使用"船E行"，对生活污水排放情况进行计量监测，实现船舶污染物转运全过程闭环管理，共同推动船舶污染问题的解决。

天门市巩固非法码头治理、港口船舶污染防治、岸线清理整治"三大攻坚战"成果，推广本籍船舶和过港船舶使用船舶水污染物联合监管与服务系统"船E行"，建立健全船舶和港口污染防治长效机制，按月调度，跟踪管理，对到港船舶污染防治开展监督检查，做到逢船必检，违法必究。全年共接收船舶固体垃圾2.7吨，船舶生活污水122吨，船舶含油污水4.66吨、残油0.3吨。加强现场执法监管，全年共检查船舶4366艘次，责令整改1起，立案船舶污染行政处罚案件3起。

【水资源节约利用和保护】2021年，武汉城市圈各城市积极开展水资源节约利用和保护工作。武汉市坚持"节水优先"理念，推进重点监控用水户精细化管理，落实超定额累进加价制度，持续开展高效节水减排、节水单元载体建设和节水示范项目建设，城市整体节水水平稳中有升。

巩固节水型城市和节水型社会成果。全年创建节水型企业（单位）13家、公共机构节水型单位105家，全市节水型企业（单位）、小区覆盖率分别达39.0%、18.0%。建立市、区重点监控用水单位名录，全市计划用水单位达1.8万户。推进节水示范项目建设，新增东风本田汽车有限公司中水回用项目等9个节水示范项目，累计投资约0.88亿元，年新增节水能力1700万立方米，全市工业用水重复利用率提升到91.5%。高校节水减排三年行动计划收官，全市高校总用水量在2018年的基础上下降21.6%，节水2100多万立方米，累计有17所高校被命名为省级节水型高校。加强节水宣传。武汉节水科技馆被评定为全国科普教育基地、湖北省水法治宣传教育基地。武汉市中小学节水主题班会活动持续16年开展，成为青少年节水宣传品牌，《节水微课堂》系列视频获评全国优秀科普微视频，成为学校节水校本课程的亮点。

黄石市巩固国家节水型城市建设成果，实施五水共治，不断提升水资源利用率。

鄂州市依法开展用水统计调

宝武集团鄂城钢铁有限公司实现工业废水零排放。图为工业废水处理车间　　　　　　　　　　（鄂州市档案馆　供图）

查,严格执行取水许可制度,督促整改8个无证取水问题。强化取用水监管,对10个单位、企业实施用水监督现场检查,调查核实超许可取水问题4个。优化取水许可审批,实现取水许可证照电子化,新办、转办取水许可电子证照52件。完成2020年度用水总量核算,印发2020年度鄂州市水资源公报。开展长江饮用水水源地调查,完成鄂州长江饮用水水源地安全保障达标评估。开展节约用水宣传,创建省级节水型公共单位、节水型工业、节水型小区34个。梁子湖区县域节水型社会达标建设通过省级验收,梁子湖区农业农村局节水型机关通过市级验收。

孝感市持续提高水资源监控、预警和管理能力,促进当地水资源合理开发、可持续利用。加强重点中型灌区在线计量设施建设,接入湖北省水资源信息管理系统,市级27家重点监控用水单位全部实行在线监控,督促各重点监控用水单位建立健全用水管理制度和用水节水统计台账,并按要求及时上报用水统计系统,形成用水节水长效机制。

咸宁市推进节水型社会建设。推广采用喷(滴)灌技术,兴建农业高效节水项目,实现节水降耗;改进用水工艺和节水技术,实现企业节水减排;全面使用节水龙头、坐便器等节水设施,形成城市节水护水新时尚。

仙桃市统筹推进总量强度双控、工业节水减排、城市节水降损等国家节水行动,不断完善节水管理机制,合理配置水资源,发展节水型经济,增强全社会节水意识,实现水资源高效利用和优化配置,促进资源节约和循环利用。

潜江市统筹推进农业、生活、工业等领域节水工作。突出"挖潜"农业用水,通过灌区续建配套与节水改造和小型农田水利设施建设,基本形成"旱能灌,涝能排"的灌排工程体系。落实农业取水许可管理制度,安装在线监测水量设施,探索建立农业用水分档定价、超额加价的阶梯水价管理模式,利用价格杠杆、奖励补贴机制,调节用水量,促进农业节水纵深发展。突出"溯源"生活节水,通过多元化的宣传增强群众的节水意识;加强市场监督管理,禁止淘汰型用水器具和非节水型用水器具流入市场;分批次对老旧供水公共管网进行改造。强化再生水利用,全市17个污水处理厂均已完成提标升级改造,部分单位在机关院内修建有雨水收集池收集雨水,作为园区绿化用水,中水回用在全市已初步普及。

天门市实施大观桥水库灌区续建配套与节水改造、西河治理等工程;开展流域面积200平方千米及以上中小河流治理、中型灌区续建配套与节水改造等项目的前期工作。

（湖北省武汉城市圈研究会）

编辑：刘家连
校对：卢永会

统一市场建设

金融市场一体化推进

【概况】 2021年,武汉城市圈金融产品与服务同城化步伐加快,实现了区域内企业授信标准统一、授信额度共享、信贷产品通用,协力增加有效金融服务供给。湖北省中小企业融资信用平台——"鄂融通"正式发布,为企业提供线上融资"一站式"服务,形成省、市两级平台跨域融资、服务协同的两级联动架构,入驻金融机构(含分支机构)694家,发布金融产品906项,累计授信10.39万笔,发放贷款2357亿元。

武汉市深入推进科技金融改革创新试验区建设。建立投贷联动信用风险专项补偿机制,打造科技金融综合服务平台;开发"孵化贷"系列产品,建立"政府—园区—担保—企业"一体化工作机制;持续推进"金融早春行"银企对接,拓宽政策资金惠及面。推进金融配套同城化,统一城市圈各市土地、房地产抵(质)押登记等办理流程与收费标准。强化区域金融合作交流,推进预警联防、宣教联动、案件联办和维稳联合,共同维护区域金融发展安全。全力推进武汉区域金融中心建设,打造金融集聚区,推动在汉金融机构做大做强;开展绿色金融探索,持续扩大直接融资规模,壮大地方金融机构。制发《关于进一步深化科技金融改革创新的实施意见》,加快建设东湖科技保险创新示范区,全面落实各项试点任务,推进形成金融机构合理聚集、功能互补、资源共享、配置高效的区域金融产业布局。

【金融产品与服务配套同城化推进】 2021年,武汉城市圈各市推进金融产品与配套服务同城化。

鄂州市搭建全市中小企业征信融资平台,打通银企信息瓶颈,35个金融机构进驻平台,实现授信1.28亿元。拓展"信易贷""银税贷"等融资模式应用范围,鼓励金融机构创新信用贷款产品,共推出信用贷款产品33个,信用贷款余额80.10亿元,占全部企业贷款的19.8%。建立重点产业链金融链长制,推动无还本续贷、供应链融资、纳税信用贷、订单及仓单贷等金融服务模式及产品创新。引导辖区内银行保险机构整合区域金融资源,推进科技金融改革创新,探索金融服务实体经济新途径。指导10个银行业金融机构对接入驻全国"信易贷"平台(鄂州站),发布金融信贷产品32个,发展"信易贷"1828户,贷款余额12.44亿元。推进城乡支付结算服务一体化,全市除部分乡镇信

武汉建设大道金融街夜景　　（武汉市地方志编纂委员会办公室　供图）

用社外，各金融机构各营业网点基本实现资金汇划实时直达，收支到账时间由2~3天缩短到1分钟之内。

黄冈市研究确定武汉城市圈金融产业链发展规划，地方金融工作局联合人行、银保监部门起草《黄冈市金融支持实体经济重振发展指导意见》。联合黄冈市融资担保集团有限公司，利用信贷风险补偿金纵向对接企业。整合资本市场资源，鼓励借壳上市，推动企业并购、重组，加快武汉上市企业布局黄冈。推动武汉市银行在黄冈设立分支机构，引导金融资源下沉，拓展授信覆盖面，平安银行黄冈市分行年内正式营业。

仙桃市正式上线运行企业信用信息平台，归集26个部门的37大类249项涉企信用信息，利用大数据、模型开发和人工智能等技术优势，对企业进行全息画像和风险评估，为金融机构提供企业信用报告、信用评分等服务，减少金融机构获客成本，提高决策审批效率，降低信贷风险。年内，入驻10家银行机构、1家融资担保公司，上线105款金融产品，收集8.5万家企业的近10万条信用信息，并接入湖北省中小企业融资信用平台"鄂融通"，实现城市圈内跨市平台协同服务。

【区域金融中心建设】 2021年，武汉市全力推进武汉区域金融中心建设。出台《武汉市打造区域金融中心实施方案（2021—2025年）》，从金融机构、金融市场、金融创新、金融生态四个方面，明确区域金融中心建设目标，细化工作举措。聚焦区域金融中心建设，从金融机构集聚壮大、科技小微信贷、资本市场发展、金融改革创新、金融人才队伍建设等方面加大政策支持力度，形成《武汉市加快区域金融中心建设若干支持政策》《市人民政府关于进一步深化科技金融改革创新的实施意见》两个配套文件；印发金融业发展"十四五"规划、区域金融中心支持政策及实施细则，搭建起"一方案、一规划、一政策、一细则"的政策体系。

因区施策打造金融集聚区。组建武汉金融城工作专班，采取帮包推进机制，加快武汉金融街（建设大道）、武汉金融城（武汉中央商务区）建设，支持江汉区打造"一街一城"产业格局；江岸区围绕"三中心一基地"规划，将楼宇经济作为转型升级的主攻方向，重点打造中部金融保险中心；武昌区重点打造以中南路、中北路为主轴的华中金融城，同时拓展环洪山体育馆商务金融楼宇群片区，形成"一轴一片"核心板块；东湖新技术开发区依托科创企业、科技资源优势，重点打造光谷国际创投集聚区，建设中部风投创投中心；武汉经济技术开发区、汉阳区划出重点区块，配套强力政策，加快发展车谷资本岛、武汉基金产业基地等特色基金业园区。

推动在汉金融机构做大做强。完成汉口银行35.35亿元的增资扩股，支持天风证券股份有限公司扩充资本，81.8亿元规模非公开发行全面完成。支持武汉金融控股（集团）有限公司早日满足金融控股公司申设条件。加大金融招商力度，持续吸引金融机构来汉发展。合众人寿保险资金托管账户迁至武汉，国金期货湖北分公司、大有期货武汉分公司、国融证券武汉分公司、信达证券湖北分公司、众诚保险、友邦人寿、现代财产保险湖北分公司等落户武汉。

推动存贷款规模持续稳步增长。引导在汉金融机构及各区加大工作力度，确保重大项目、重点领域信贷供应，建立在汉银行机构及各区存贷款指标统计和通报制度，每月协调督办促落实。在2020年贷款高基数的背景下，在汉银行业机构紧盯武汉市战略目标，加大信贷投放力度。至年底，武汉地区金融机构本外币存款余额338万亿元，比年初增加2769.98亿元；本外币贷款余额4.08万亿元，比年初增加3969.68亿元；本外币存贷款余额达7.46万亿元。

纾困贴息助力缓解融资难题。加大银企对接和平台搭建力度，推动在汉金融机构从"质"和"量"两个维度提升对武汉市实体经济特别是小微企业支持力度。成立武汉市首贷服务中心，开展中小微企业信用培植工程。加快完善武汉企业融资对接服务平台，12月末，平台入驻银行26家，对接融资企业9.07万户，累计促成融资10.08万笔、2253亿元，累计拨付纾困贷款贴息资金15.4亿元。其中，发放纾困贷款1163.75亿元，惠及中小微企业及个体工商户3.15万户，申请贴息6.12亿元。

持续扩大直接融资规模。多次协调召开上市专题会议，逐一落实解决企业上市难题，做好上市后备企业培育，市、区两级开展上市沙龙活动30多场，全年新增上市企业10家。湖北证监局在辅企业30家，评选2021年上市后备"金种子"企业166家、"银种子"企业183家。市、区两级出台激励政策，壮大私募基金规模，扩充拟上市企业融资渠道。年内，全市在中基协登记的私募基金管理人351家，较年初增加18家，管理基金净值总规模达2010亿元，较年初增长406亿元。成功举办2021创投峰会、湖北高质量发展大会，持续扩大资本市场影响力。

开展绿色金融探索。印发《关于"十四五"期间武汉市绿色信贷及服务发展的指导意见》，细化"十四五"期间绿色信贷增长目标。探索碳排放权质押贷款业务，开展绿色再贴现专项行动和地方法人银行机构绿色信贷评价。人行武汉分行营管部全年办理"绿票"再贴现23.10亿元。年末，全市绿色贷款余额比上年增长20.5%，高于各项贷款增速9.72个百分点。加强跨部门协作沟通，引导金融机构加大对清洁能源、工业环保等领域的支持力度。申请建设绿色金融改革创新试验区。

推进金融风险防范处置。认真履行武汉市防范化解金融风险攻坚战指挥部办公室工作职能，积极发挥市金融风险监测预警平台作用，动态监测在汉企业47.5万家，督促各区对风险企业开展动态摸排，依法分类处置，形成工作闭环。持续压降P2P网贷存量风险，P2P网贷在营机构较2018年9月下降100%，待偿余额下降88%，投资人数下降95%。连续4年完成非法集资案件"双降"目标。做好重点企业风险处置，常态化接访涉众金融风险相关重点群体，及时通报案情，加强政策宣讲，推动矛盾化解。组织举行湖北省暨武汉市防范非法集资宣传月启动仪式，通过线上直播的形式，向社会公众宣传非法集资的违法性、危害性及表现形式，增强群众对非法集资金融风险的防范意识和识别能力，从源头防范金融风险。

壮大地方金融机构。支持法人银行机构做大做强。制定推进湖北银行、汉口银行上市工作责任清单，推动湖北银行、汉口银行加快上市。推动两家银行加快增资扩股、不良资产处置、引入社会资本、合规证明等基础性工作。支持法人证券机构发展。组织召开企业上市能力专题会议，引导相关证券机构提升服务水平，优化湖北省企业上市辅导和融资服务。

【季度招商引资签约大会】 2021年，武汉市建立季度集中签约制度，举办"相约春天赏樱花""火红夏日好拼搏""激昂金秋正奋进""决胜时刻勇冲刺"四场季度招商签约大会，推动一批高质量项目落户。其中，城市圈九市代表共同出席武汉市第二季度、第三季度招商引资项目签约大会。策划产业专题招商活动，举办亚布力论坛·2021武汉特别峰会、第三届世界大健康博览会、2021人工智能大会、2021腾讯数字生态企业座谈会，签约引进智能制造、生命健康、总部经济、数字经济等领域优质产业项目。用好"双招双引"活动平台，举办武汉理工大学"双招双引"专场活动。借助国家、省级平台，在中博会、厦洽会等活动期间，赴太原、厦

2021年5月24日，武汉市举办第二季度招商引资项目签约大会

（武汉市地方志编纂委员会办公室 供图）

门举办经贸合作交流会，建立"双招双引"工作站。坚持搭建外资活动平台，举办中欧（武汉）投资合作对话会、中德（武汉）经贸合作云交流会，美资、港资企业座谈会，加强交流合作。全年共举办重大招商活动24场，新聘请"武汉招商大使"26位。

【"鄂融通"发布】2021年9月28日，湖北省中小企业融资信用平台——"鄂融通"在"2021湖北高质量发展资本大会"上正式发布。"鄂融通"由湖北省地方金融监管局牵头建设，主要解决湖北中小企业银企信息不对称、融资便利性低、融资难、融资贵等问题，为企业提供线上融资"一站式"服务。"鄂融通"实现跨省市平台协同服务，与武汉、襄阳、宜昌、黄石、十堰、荆州、荆门、鄂州、黄冈、仙桃、咸宁、随州12个市州平台完成包含融资产品、入驻金融机构网点信息、区域融资授信统计和机构授信结果4大类数据的对接，形成省、市两级平台跨域融资、服务协同的两级联动架构，有效助推武汉城市圈金融同城化发展。至年底，"鄂融通"旗下武汉城市圈各市州中小企业信用信息平台入驻金融机构（含分支机构）694家，发布金融产品906项，金融机构累计授信10.39万笔，发放贷款2357亿元。

【武汉城市圈科技金融改革试点】2021年6月25日，武汉市人民政府出台《关于进一步深化科技金融改革创新的实施意见》，全力推动《武汉市打造区域金融中心实施方案（2021—2025年）》在科技金融改革创新领域落地见效。2009年底，武汉东湖新技术开发区获批建设国家自主创新示范区，获得在开展股权激励、深化科技金融改革创新等多方面先行先试的政策支持。2015年7月，经国务院批准同意，中国人民银行等九部委联合印发《武汉城市圈科技金融改革创新专项方案》，武汉城市圈成为全国唯一的科技金融改革创新试验区。创新试点过程中，形成了机构设立、经营机制、金融产品、信息平台、直接融资、金融监管"六个专项机制"，构建起科技企业全生命周期的金融服务体系"东湖模式"。国务院将此模式作为全国第二批支持创新相关改革举措推向全国。

年内，武汉城市圈科技金融改革创新试点通过人民银行总行验收。武汉自贸区打造全国首个科技保险创新示范区。启动科技金融工作站建设工作，确定27家科技企业孵化器作为科技金融工作站试点单位，从银行、保险、投资机构中挑选120名专业人员作为科技金融业务员入驻工作站，引导投融资机构深入科技园区。全年共举办72场次小型投融资对接活动，服务科技企业1075家次，促成贷款39笔合计1.59亿元，促成投资5笔合计1.16亿元。创新型贷款产品规模不断扩大。发挥武汉科技创业投资引导基金积极作用，新设子基金2只，总规模145亿元，新增投资项目46个，投资总额9.27亿元，武汉市科技创业投资引导基金入选"2021年度中国政府引导基金TOP50"。科技金融创新产品推介。征集商业银行科技贷款创新产品71个，征集保险机构科技保险产品150个，均汇编成册，向科技企业、孵化器、园区及各区发放，扩大科技金融创新产品的推广覆盖率。

举办科技金融系列活动。与中国农业银行武汉分行联合举办"武汉市科技金融服务乡村振兴推进会"；联合武汉市地方金融工作局举办"拥抱北交所·共赢新机遇立足新三板、对接北交所，加快武汉科技金融发展活动"；围绕大健康产业，组织创业投资机构和光谷生物城生物医药企业专场对接活动；策划"科技金融助企行"系列活动，成功在洪山区融科智谷科技园区举行首场活动"洪红伙火、科技赋能——金融助企专场"。

筹建武汉东湖科技保险发展促进中心，推动筹建保险公司。在区内试点实施资本项目外汇收入支付便利化业务，放宽跨国公司外汇资金集中运营管理准入条件，进一步提升跨境投融资便利度。科创金融改革示范区申报方案已经市人民政府上报省人民政府，待国务院批准后实施。绿色金融试水破冰。湖北碳排放权交易中心与6家银行签署1200亿元全国最大碳金融授信，创新全国首单碳排放权质押贷款业务、碳配额托管业务、碳保险业务，开发全国首个碳现货远期交易产品。筹建碳中和绿色产业发展基金；成立由地方政府、央企、上市公司等共同设立

统一市场建设

2021年12月22日，武汉光庭信息技术股份有限公司在深交所创业板挂牌上市，是光谷第53家上市公司，也是武汉市第90家上市公司

（武汉市地方志编纂委员会办公室　供图）

的100亿元武汉碳达峰基金。全国碳排放权注册登记系统落户武汉。科技赋能金融成效明显。探索创建"征信+评级"服务模式，助力光谷科创大走廊建设。建立关键技术攻关企业融资监测机制，做好服务对接，给予信贷支持。推进数字人民币试点城市申报工作，争取试点早日落地。"信易贷""银税互动"等普惠金融产品提量扩面，信用信息逐步归集共享，信用贷款规模稳步增长。线上渠道融资服务进一步优化，企业融资便利度、获得感显著提升。全年，三家投贷联动试点银行与40家内外部投资公司开展合作，支持科创企业233户，投贷联动贷款余额33.88亿元，比上年增长24.8%；对应投资总额61.45亿元，增长29.4%。汉融通平台升级为2.0版本，与主要银行机构实现直连。按照数据安全法、个人信息保护法等法律法规要求，构建用户实名认证和授权体系，部署"隐私计算平台"。汉融通实现与主要银行的专线直连，接入多部门公共数据，为各类企业精准画像，缓解银企信息不对称难题，助力企业获贷。根据中国社科院发布的中国金融科技指数，武汉位列全国第七，排在成都、苏州之前。

【东湖科技保险创新示范区建设】2021年，武汉市深入推进东湖新技术开发区科技金融改革试点。全力支持国家级科技保险创新示范区建设，印发《东湖科技保险创新示范区建设实施方案》。深入推进投贷联动、知识产权质押贷款、首台（套）重大技术装备保险、科技型企业保证保险贷款试点。三家投贷联动试点银行与40家内外部投资公司开展合作，支持科创企业233户，投贷联动贷款余额33.88亿元，比上年增长24.8%；对应投资总额61.45亿元，增长29.4%。积极与人民银行沟通，争取数字人民币应用试点落户武汉，试点申报方案于4月经湖北省人民政府报国务院。启动以武汉市为核心承载区的新一轮国家科创金融改革创新实验区筹备和争取工作。武汉自贸区"科技信贷政策导向效果评估机制"入选全国自贸试验区第四批最佳实践案例。武汉城市圈科技金融改革创新试点通过人民银行总行终期评估验收。筹建东湖科技保险发展促进中心，推动筹建东湖保险公司。人行武汉分行营管部持续加大对科创企业、"专精特新"企业信贷投放力度，创新科技金融产品和服务，至年底，武汉市科技企业库内企业扩充至1.23万家，全年新发放知识产权质押贷款15.65亿元。

（湖北省武汉城市圈研究会）

技术市场一体化建设

【概况】2021年，武汉城市圈联合建设科技资源共享服务平台，实现知识产权信息共享互动、技术成果交易及金融服务无缝对接。加快共建科技企业孵化器、众创空间、大学科技园等创业孵化载体。探索建立企业需求联合发布机制和财政支持科技成果转化共享机制。建立武汉城市圈技术交易市场联盟，共同促进技术转移转化，构建多层次知识产权交易体系。加强政府数据开放共享，共同培育数据要素市场。

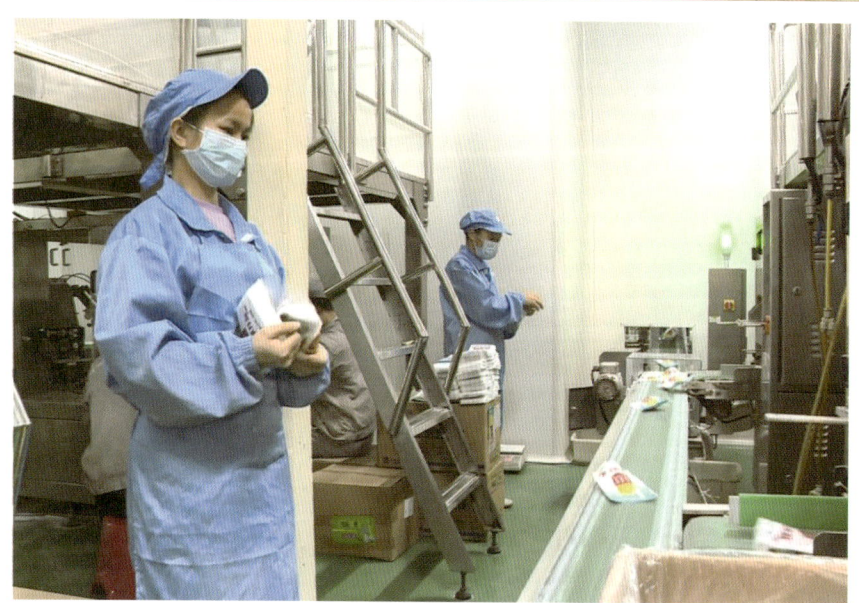

湖北省盐产业技术研究院成果转化生产车间

（摘自应城市人民政府网站）

【科技成果转化中试基地建设】2021年，武汉市启动成果转化中试平台建设工作。调研摸底各区"十四五"期间谋划建设的中试平台数量，与东湖新技术开发区、武汉理工大学联合开展中试平台建设试点，启动"半导体热电芯片科技成果转化中试平台"建设，支持金额1000万元。组织推荐46家中试基地申报省级备案，其中39家备案成功，全市省级备案中试基地达到57家。优化成果转化项目实施方式，支持院士专家团队开展中试放大、技术熟化研究，推动原创性突破、应用性转化和规模化量产，带动全市重点产业做大做强，形成领航产业发展的新引擎。完成优化后的首次成果转化项目立项，支持湖北东湖实验室院士团队开展"新能源船舶综合电力系统集成技术科技成果转化示范应用"项目，支持金额200万元。

孝感市大力推进湖北省盐产业技术研究院建设。与天津科技大学、武汉轻工大学等高校签署成果、技术、专利入库及转化协议，储备11个待转化成果（专利、技术），建设孝感首个中试基地；武汉轻工大学王学东团队主持的"健康代盐小分子肽的研究与开发"项目完成立项，《植物有机硒食用盐新产品关键技术研究》申报省重大科技专项，进入立项环节。推进"百名博士联百企工程"，吸引150余名博士到孝联系服务，推动200余项科技成果在孝转化。

【创业孵化载体共建】2021年，武汉城市圈内城市共建创新服务平台，打造"研发在武汉，转化在周边"的创新发展格局。按照"研发在武汉，转化在周边"的模式，建立跨区域联合攻关、成果转化的创新平台载体。大力支持八城市在武汉建立离岸创新中心和企业研发中心，大力支持武汉科技成果在周边转化。加强跨区域创业孵化合作，支持武汉孵化载体加强品牌共享和服务模式输出，支持在汉高校在武汉城市圈设立大学科技园，探索联合孵化模式，打造区域创新孵化联合体。黄石（武汉）离岸科创中心2020年在光谷挂牌成立，2021年升级为7万平方米的离岸科创园，已

2021年11月10日，武汉工程大学青天湖产业技术研究院在鄂州市鄂城区樊口街道宏泰产业园内揭牌

（鄂州市档案馆　供图）

有大江环科、远大生科等41家企业研发中心入驻。鄂州市建有梧桐湖科技企业孵化器、葛店经济技术开发区光谷联合科技城科技企业孵化器2个国家级科技企业孵化器，有5个省级以上科技企业孵化器；其中梧桐湖科技企业孵化器由华中科技大学鄂州工业技术研究院负责运营；葛店经济技术开发区光谷联合科技城科技企业孵化器是主要承接武汉科技成果转移转化的重要基地之一，具备"前孵化—孵化—加速—产业园"的全产业链孵化能力，拥有可自主支配的孵化场地1.15万平方米，累计孵化科技型企业79个，其中毕业企业22个，在孵企业57个。黄冈与武汉共建光谷黄冈科技产业园，强化与东湖新技术开发区的资源链接；其中，光谷黄冈科技产业园高新技术孵化器项目，用地面积45551平方米，总建筑面积55090平方米，前期投资约2.1亿元。天门市与武汉共建中国光谷（天门）科技城、天门—华中科技大学政产学研用合作中心等研发平台，共建成省级科技创新平台15家、院士专家工作站9家。

【城市圈技术交易市场联盟建设】2021年5月，湖北技术交易大市场黄石分市场正式投入运营。这是由湖北省科技厅批复建设的首家市级技术交易市场，设在黄石科技城科创中心，加挂"湖北技术交易大市场（黄石）""国家技术转移中部中心黄石分中心"两块牌子，主要聚焦黄石主导产业创新发展需求，搭建集技术需求征集发布、科技成果展示推介、技术成果供需对接、技术交易洽谈、科技咨询服务、科技人才交流、科技金融服务等功能于一体的"一站式"科技成果转移转化综合服务平台。年内，组织"三链融合"产学研对接活动30场，服务企业600余家，促成90余家企业与省内外20余所高校院所达成合作意向110余项，签约项目22项，技术交易成交额6230万元。完成技术合同认定登记1707项，合同成交总额84.02亿元。黄石技术交易市场入选国家技术转移中部中心分所、分市场，并获得国家技术转移中部中心授予的"2021年度最佳分市场"称号。

（湖北省武汉城市圈研究会）

要素市场平台共建

【概况】2021年，武汉城市圈健全要素市场体系。支持武汉光谷联合产权交易所、武汉股权交易托管中心、武汉知识产权交易所和湖北碳排放交易中心做大做强，促进要素市场平台发展。推动设立武汉光谷联合产权交易所宜昌公司，武汉光谷联合产权交易所已与17个市、州、直管市合作设立法人型分支机构，实现省级市州全覆盖。配合建设全国碳排放权注册登记结算系统，7月16日全国碳排放权交易市场上线交易正式启动。指导区域性股权市场规范发展，支持武汉股权托管交易中心获得中国证监会批准开展区块链建设试点。中共湖北省委、湖北省人民政府强化"九个城市就是一个城市"意识，积极推进武汉城市圈技术、资本、劳动力等要素在城市圈内有序自由流动，充分发挥市场配置资源的决定性作用，优化资源配置，搭建资源要素交易平台，拓展交易因子，重点推进碳排放权交易中心全国碳排放权注册登记系统建设、环境资源交易中心重金属和挥发性有机物交易、农村产权交易所农村产权交易行业生态体系构建等要素市场建设。打造成"数字中国"建设的中部支点，让武汉的数字经济建设走在前列，鼓励引导市场主体通过正规数据交易中心进行数据要素交易，创新数据要素交易监管方式方法，推动数据要素市场健康发展。

【人力资源市场建设】2021年，武汉市召开光谷科创大走廊建设人才工作联席会议，鄂州、黄石、黄冈、咸宁等地人社部门共同谋划光谷科技创新大走廊人才发展规划，研究人社部门支持光谷科技创新大走廊有关举措。会后，印发《关于加强光谷科创大走廊人才建设发展的通知》，出台十条政策措施，大力支持光谷科创大走廊进行人才人事制度探索创新、先行先试，着力建设高水平人才高地。

推进人力资源服务业集聚化发展。加快武汉人力资源服务产业园一园三区建设，继2017年5

月中国武汉人力资源服务产业园中央商务区园区开园后，一直以"全域开放、赋能共生、融合共享"为发展理念，致力打造人力资源互联平台，促进人力资源行业聚集发展和产业链延伸，为中部地区优化人才配置、推动经济高质量发展提供动力支撑，现已发展成为全省首个国家级人力资源服务产业园。年内，武汉人力资源服务产业园光谷园区、车谷园区年内相继开园，示范引领作用进一步增强。部分一线城市的大型企业纷纷在汉设立区域总部，把付费使用专业人力资源服务的习惯带到武汉，促进了本土人力资源服务业的发展。年内，已入驻上海外服、万宝盛华、北京外企、科锐国际、中智湖北、武汉人才、苏州英格玛等62家人力资源服务公司，年营业收入达155亿元，比上年增长约43%，比2019年增长近100%。黄石、鄂州、黄冈、仙桃等市人力资源服务产业园投入运营，其他城市也在布局建设与区域经济发展相匹配的专业性人力资源服务产业园，着力构建人力资源与实体经济协同发展的产业体系。

【湖北区域性股权交易市场建设】
2021年，湖北区域性股权交易市场建设取得新进展。武汉股权托管交易中心有限公司（简称"武交中心"）作为湖北省区域性股权市场运营机构，新增托管登记企业255家，其中武汉市26家，占比10.2%；累计托管登记企业6850家，其中武汉市1453家，占比21.2%；新增托管股本177.11亿股，其中武汉市129.67亿股，占比73.2%；累计托管总股本2041.63亿股，其中武汉市1043.66亿股，占比51.1%。全年新增挂牌企业248家，其中武汉市2家，占比0.8%；挂牌企业总数6129家，其中武汉市882家，占比14.4%。

全年新增交易39.01亿股，其中武汉市企业新增交易26.67亿股，占比68.4%；累计成交169.59亿股，其中武汉市企业累计成交129.18亿股，占比76.2%；新增成交金额45.25亿元，其中武汉市企业新增成交金额28.42亿元，占比62.8%；成交总额312.31亿元，其中武汉市企业成交总额241.54亿元，占比77.4%。

全年完成95家托管挂牌企业股权融资，其中武汉市企业43家，占比45.3%；融资253笔，其中武汉市102笔，占比40.3%；融资金额154.67亿元，其中武汉市143.73亿元，占比92.9%。累计为507家托管挂牌企业融资，其中武汉市197家，占比38.9%；融资总额1624.06亿元，其中武汉市1478.91亿元，占比91.1%。

武交中心成立于2011年5月，由武汉光谷联合产权交易所有限公司作为主发起人，深圳证券交易所深圳证券信息有限公司、湖北省科技投资集团有限公司、长江证券股份有限公司、天风证券股份有限公司等单位共同出资成立，是湖北省人民政府批准设立的区域性股权交易市场主体，是向各类中小微企业的综合性金融服务平台。

【武汉光谷联合产权交易所建设】
2021年，武汉光谷联合产权交易所（简称光谷联交所）被列入首批中央管理金融企业国有产权交易机构。光谷联交所作为服务湖北省的综合性产权交易机构平台，为各类产权交易、科技成果交易提供场所、设施和信息发布服务，履行产权交易鉴证职能，非上市公司股权登记托管与转让代办，改制策划、资产处置、产权经纪、培训辅导、财务顾问服务，是湖北省企业国有产权转让、企业增资、资产转让和资产租赁交易定点机构，也是中央企业资产转让交易业务指定机构。光谷联交所控参股设立武汉股权托管交易中心、湖北碳排放权交易中心、湖北华中文化产权交易所、武汉知识产权交易所、湖北环境资源交易中心、武汉国际矿业权交易中心、恩施硒资源国际交易中心、湖北电力交易中心、武汉长江大数据交易中心等12个专业交易平台，涵盖资本、技术、数据、资源环境等多种要素的市场化配置。

光谷联交所的前身为1998年11月组建的湖北产权交易所，后更名为湖北省产权交易中心。2006年经湖北省人民政府批准，以湖北省产权交易中心为基础，由湖北省人民政府国有资产监督管理委员会、武汉市人民政府国有资产监督管理委员会、湖北省科技厅和武汉东湖新技术开发区管理委员会等四家股东单位共同组建光谷联交所；至2021年底，已建成覆盖全省17个市州的法人机构，四板挂牌企业实现了全省103个县级行政区域的全覆盖，是承担重大专项任务的商业二类国有企业，在交易品种、交易规模、市场体系等主要指标上均居国内各省份前列。

【湖北碳排放权交易中心建设】
2021年7月15日，全国碳排放权注册登记系统落户武汉。

湖北碳排放权交易中心与6家银行签署1200亿元全国最大碳金融授信，创新全国首单碳排放权质押贷款业务、碳配额托管业务、碳保险业务，开发全国首个碳现货远期交易产品。筹建碳中和绿色产业发展基金，成立由地方政府、央企、上市公司等共同设立的100亿元武汉碳达峰基金，筹建碳中和绿色产业发展基金。年内，湖北全年碳市场配额累计成交3.66亿吨，成交额86.59亿元，交易规模继续保持全国前列。

【湖北环境资源交易中心建设】
2021年，湖北环境资源交易中心共开展主要污染物排污权交易46个批次，武汉城市圈九市共430余家企事业单位参与交易，合计交易化学需氧量1648.93吨、氨氮163.73吨、二氧化硫936.25吨、氮氧化物2662.24吨。

武汉城市圈排污权交易工作起步于2006年，2009年被列入全国5个排污权交易试点省份之一。湖北省建立较为系统的排污权制度体系，先后出台《湖北省主要污染物排污权有偿使用和交易办法》《湖北省排污权出让收入管理办法（试行）》《湖北省主要污染物排污权电子竞价交易规则（试行）》《湖北省排污权有偿使用和交易办法实施细则》《湖北省主要污染物排污权核定实施细则（暂行）》《湖北省生态环境厅关于深化排污权交易试点工作的通知》等一系列规范性文件，构建较为规范的排污权交易市场及运作机制。湖北省排污权交易试点工作覆盖范围、交易对象覆盖面均位居全国前列。试点区域基本实现所有市州县全覆盖，全省范围内县级及以上生态环境部门审批的新、改、扩建项目需要新增主要污染物排污权的排污单位（豁免情形除外）；纳入污染物全覆盖，污染物涵盖四项主要污染物（化学需氧量、氨氮、二氧化硫和氮氧化物）。湖北省生态环境厅持续优化营商环境，不断提升排污权交易工作服务质量，进一

2021年12月1日，香港特区行政长官林郑月娥（前排中）率领特区政府代表团一行到湖北省碳排放权交易中心调研　　（武汉市地方志编纂委员会办公室　供图）

2021年武汉城市圈各市主要污染物排污权交易情况一览表

城市	交易企业数量（家）	化学需氧量（吨）	氨氮（吨）	二氧化硫（吨）	氮氧化物（吨）
武汉	126	357.72	34.95	147.75	724.85
黄石	12	128.37	12.84	19.91	349.02
鄂州	13	32.32	3.23	16.79	33.41
孝感	87	39.35	8.98	71.10	131.52
黄冈	51	894.24	72.20	420.70	727.08
咸宁	51	130.57	23.14	48.54	405.04
仙桃	58	25.92	4.35	3.66	7.95
潜江	14	38.81	3.88	202.55	269.83
天门	25	1.63	0.16	5.25	13.54
合计	437	1648.93	163.73	936.25	2662.24

步优化调整交易中心的交易时间、场次、流程,提高企业办事效率,切实解决企业"急难愁盼"问题。湖北环境资源交易中心是湖北省唯一的排污权交易专业化市场平台,到2021年底,排污权交易量位列全国第三。

【武汉农村综合产权交易所建设】2021年,武汉市农村综合产权交易所划归武汉农业集团有限公司直接管理。武汉市人民政府成立武汉市农村综合产权交易监督管理委员会,负责对农村产权交易市场进行监管和指导。武汉市农村综合产权交易所加强农村土地流转交易和抵押贷款的监管及风险控制,建立土地流转保证金制度,建成农村产权抵押登记系统,联通产权管理部门、金融机构、交易市场、农业经营主体,防止重复抵押,确保风险可控。推进交易市场信息化平台创新,整合产权交易系统、抵押融资系统、预警监管系统、综合分析系统、信息发布系统,提升信息化服务水平;优化和完善网站系统功能,提升用户体验;完成安全保障工作,年内获得武汉市公安局颁发的《信息系统等级保护备案证明》(2个)等保测评机构出具的符合公安部门及相关部门的等级保护检查要求的《网络安全等级保护武汉农交所综合管理平台等级测评报告》《网络安全等级保护武汉农村综合产权交易所官方网站等级测评报告》。进一步加强业务交流,深入开展市场建设研究。加强与鄂州市农村产权交易中心的业务联系,谋划信息联网的实现形式;探索武汉、黄冈两地农村产权交易市场信息共享等合作模式;学习借鉴黑龙江、湖北公安等地农村产权交易市场建设、农村资源盘活利用经验,为城市圈农村产权交易市场建设积蓄经验。自2009年挂牌成立以来,武汉农村综合产权交易所农村产权抵押品种从3个增加到7个,在原有的农村土地经营权、水域滩涂养殖权、林权(森林资源资产)基础上,新增农业设施、农户承包土地的经营权、农民住房财产权、农村集体经济组织股权4个新品种;参与农村产权抵押融资的金融机构增加到12家,联合金融机构为农业企业、合作社、家庭农场、种植养殖大户发放农村产权抵押贷款61.44亿元;组织各类农村产权交易4213宗,产权交易金额223.71亿元。

(武汉市地方志编纂委员会办公室)

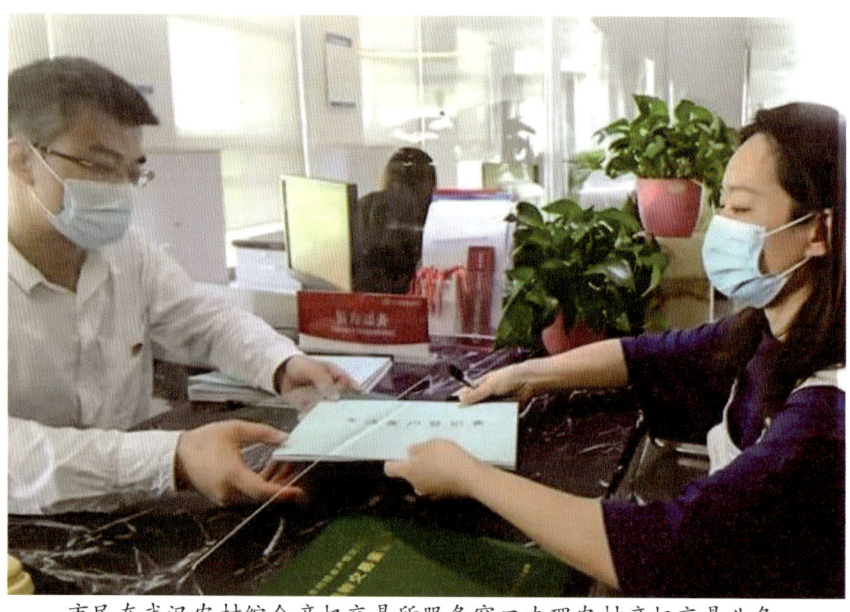

市民在武汉农村综合产权交易所服务窗口办理农村产权交易业务

(刘斌 摄)

编辑:刘家连
校对:卢永会

城市圈各城市年度发展概况

武汉市发展概况

武汉市,简称"汉",俗称"江城",位于中国中部、湖北省东部的长江与汉江交汇处,是国家历史文化名城,中国中部地区的中心城市,是全国重要的工业基地、科教基地和综合交通枢纽,也是湖北省省会。在平面直角坐标上,武汉市东西最大横距134千米,南北最大纵距约155千米,形如一只自西向东翩翩起舞的彩蝶。长江、汉江纵横交汇通过市区,形成武昌、汉口、汉阳三镇鼎立的格局,通称武汉三镇。辖江岸、江汉、硚口、汉阳、武昌、青山、洪山、蔡甸、江夏、黄陂、新洲、东西湖、汉南13个行政区及武汉经济技术开发区(汉南区)、武汉东湖新技术开发区、东湖生态旅游风景区、武汉化学工业区、武汉临空港经济技术开发区和武汉新港6个功能区。辖区面积8569.15平方千米。建成区面积885.11平方千米。2021年末全市常住人口1364.89万人,比上年增加120.12万人,其中城镇常住人口1154.15万人,占总人口比重(常住人口城镇化率)为84.6%,比上年末提高0.25个百分点。年末全市户籍人口934.1万人。全年户籍出生人口8.2万人,出生率8.97‰;死亡人口5.4万人,死亡率5.90‰。

2021年实现地区生产总值(GDP)1.77万亿元,按可比价格计算,比上年增长12.2%。其中,第一产业增加值444.21亿元,增长8.7%;第二产业增加值6208.34亿元,增长12.1%;第三产业增加值11064.21亿元,增长12.3%。三次产业结构由2020年的2.6:35.6:61.8调整为2.5:35.0:62.5。按常住人口计算,人均地区生产总值13.53万元,增长1.7%。

2021年末,市场主体157.23万户,比上年增长11.3%。其中,企业68.81万户,增长12.8%;个体工商户87.87万户,增长10.1%。全年新登记市场主体26.96万户,增长44.6%。其中,新登记企业13.18万户,增长39.3%;新登记个体工商户13.72万户,增长50.0%。

全年农林牧渔及服务业增加值470.32亿元,比上年增长9.5%。主要农产品中,粮食产量90.75万吨,增长1.3%;蔬菜产量820.59万吨,增长5.5%;水产品产量43.72万吨,增长2.4%;禽蛋产量10.84万吨,增长3.5%;生猪出栏186.75万头,增长63.9%;家禽出笼3675.68万只,增长6.7%。各类新型农业经营主体7869家,增长13.7%。农产品网络零售额293亿元。

全年工业增加值4586.49亿元,比上年增长14.1%。规模以上工业增加值增长14.2%。其中,计算机、通信和其他电子设备制造

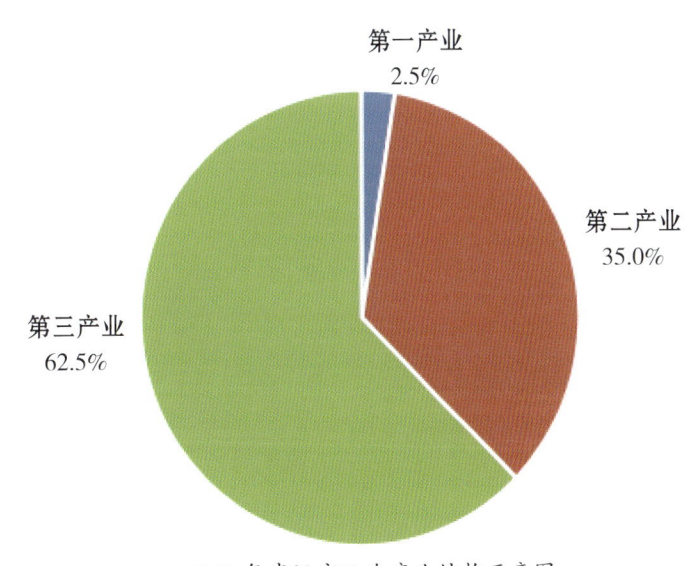

2021年武汉市三次产业结构示意图

武汉经济技术开发区建设中的军山新城
（武汉市地方志编纂委员会办公室　供图）

业增长48.8%，石油、煤炭及其他燃料加工业增长21.9%，非金属矿物制品业增长25.3%，化学原料和化学制品制造业增长43.1%。全年规模以上工业企业营业收入1.53万亿元，增长19.3%；利润总额979.61亿元，增长47.3%。规模以上工业中，高技术制造业增加值增长34.6%，增速比高规上工业快20.4个百分点。全社会建筑业增加值1638.89亿元，增长7.0%。全年具有总承包和专业承包资质等级的建筑业企业完成建筑业总产值1.23万亿元，增长16.1%。

全年固定资产投资（不含农户）比上年增长12.9%。按产业分，第一产业投资下降3.2%；第二产业投资增长10.0%，其中工业投资增长10.0%；第三产业投资增长13.9%，其中基础设施投资增长3.9%。民间投资增长18.6%，占固定资产投资的比重为49.4%。房地产开发投资增长17.2%。房屋施工面积1.63亿平方米，增长4.4%。房屋竣工面积771.17万平方米，下降0.9%。城中村改造8700户，棚户区改造2.45万户。保障性住房投资131.44亿元，建成保障性住房2.66万套，筹集租赁房10.80万套。

全年社会消费品零售总额6795.04亿元，比上年增长10.5%。按商品形态分，商品零售额6459.98亿元，增长9.7%；餐饮收入335.06亿元，增长29.5%。按销售类值分，限额以上单位15大类商品零售额中，日用品类增长7.9%，家用电器和音像器材类增长31.5%，建筑及装潢材料类增长10.8%，中西药品类增长3.1%，通信器材类增长42.3%。限上企业网上实物商品零售额增长25.4%，占限上社零额的比重为29.8%，占比较上年提高2.6个百分点。

全年武汉地区进出口总额3359.4亿元，比上年增长24.0%。其中，出口1929.0亿元，增长35.7%；进口1430.4亿元，增长11.2%。一般贸易进出口2113.7亿元，增长15.5%；加工贸易进出口512.4亿元，增长32.7%。全年高新技术产品进出口额1796.0亿元，增长22.3%。跨境电商交易额6.83亿美元，增长100.3%。对外承包工程完成营业额55.20亿美元，增长24.7%。实际利用外资增长12.6%。新批外商投资企业326家，增长78.1%。历年累计引进世界500强企业309家，新增3家。全市共有外国驻汉领事馆4个；国际友好城市28个；国际友好交流城市88个，新增3个；境外驻汉代表机构22家，新增1家。

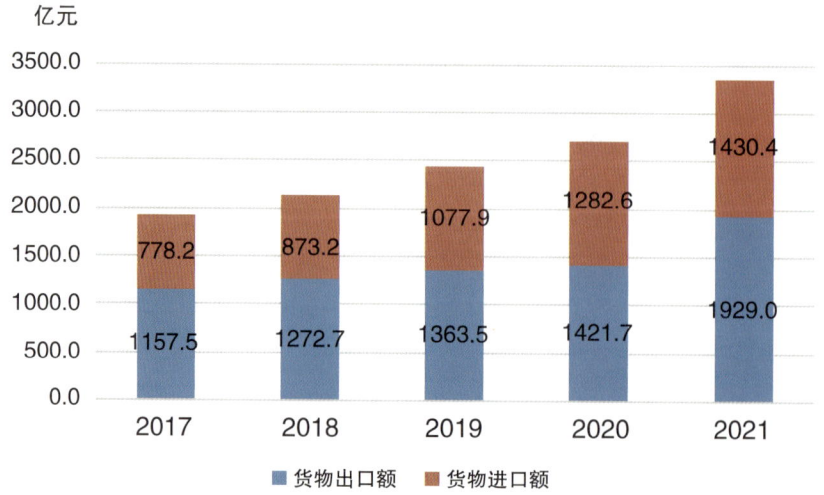
2017—2021年武汉市货物进出口总额增速示意图

全年一般公共预算总收入2914.24亿元，比上年增长21.8%。其中，地方一般公共预算收入1578.65亿元，增长28.3%。在地方一般公共预算收入中，税收收入1350.58亿元，增长29.7%。一般公共预算支出2219.34亿元，增长9.8%。年末全市金融机构（含外资）本外币存款余额为3.38万亿元，增长8.9%。金融机构（含外资）本外币贷款余额为4.08万亿元，增长10.8%。其中，消费贷款1.01万亿元，增长11.2%。金融机构本外币企业贷款2.52万亿元，增长9.7%。总部设在武汉的金融机构31家，在汉设立或筹建后台服务中心的金融机构33家。上市公司91家，新增8家。其中，境外上市公司20家，境内上市公司71家。全年实现保险保费收入839.18亿元，增长0.4%。其中，财产险保费收入193.13亿元，增长5.9%；人身险保费收入646.05亿元，下降1.1%。各类保险赔付支出249.27亿元，增长12.45%。其中，财产险赔付125.80亿元，增长9.9%；人身险赔付123.47亿元，增长15.0%。

全年社会物流总额4.28万亿元，比上年增长16.3%。实现物流业增加值1600.00亿元，增长13.5%。全年完成货运量6.71亿吨，增长27.3%；货物周转量3719.60亿吨千米，增长20.7%。全市民用航空航线212条，增加88条。其中，国际航线19条，增加3条；国内航线193条，增加85条。中欧（武汉）国际班列到达国家17个，增加5个；到达城市35个，增加14个。

2021年武汉市各类货物运输量统计表

指标	单位	绝对数	比上年增长（%）
货物运输量	万吨	67089.19	27.3
铁路	万吨	8736.80	9.2
水运	万吨	13216.00	2.0
航空	万吨	20.80	97.8
公路	万吨	45115.60	42.2
货物运输量	亿吨千米	3719.60	20.7
铁路	亿吨千米	1536.80	20.9
水运	亿吨千米	1533.90	14.8
航空	亿吨千米	10.48	154.7
公路	亿吨千米	638.42	35.5
货物吞吐量	万吨	11720.60	10.9

充满活力的现代化汉正街　　　　　　　　（张斌　摄）

全年旅客运输量1.40亿人次，增长30.6%。旅客周转量731.41亿人千米，增长25.5%。

年末全市民用小汽车拥有量392万辆，比上年增加27万辆。轨道交通线路长484.2千米，增长18.4%。地铁运营总里程435.1千米，增长20.9%。轨道交通客运量10.13亿人次，增长63.2%，占公共交通客运量比重52.9%。完成邮政业务总量172.78亿元，增长37.3%。邮政业完成快递业务量16.04亿件，增长46.0%；快递业务收入144.28亿元，增长31.0%。实现电信业务收入171.96亿元，增长13.0%；固定互联网宽带接入用户517.90万户，增长8.0%；年末固定电话用户147.7万户，移动电话用户1620.6万户，移动电话普及率144.5部/百人。A级旅游景区51个，增加4个。旅游厕所674座，星级以上宾馆56家。全年接待游客2.72亿人次，增长4.78%。其中，入境游客53.69万人次，增长237.46%。旅游总收入2920.84亿元，增长0.5%。乡村休闲游综合收入148.45亿元,增长18.1%。

全年武汉地区在校研究生18.27万人,比上年增长10.8%;在校本专科生110.56万人,增长3.6%;在校中职生8.01万人,下降0.39%;在校普通中学生38.85万人,增长6.9%;小学在校生69.74万人,增长6.6%;在园幼儿38.10万人,增长6.6%。共有科技研究机构99个、国家重点实验室30个、国家级工程技术研究中心19个,拥有中国科学院院士32人、中国工程院院士42人。全年技术合同认定登记31981项,增长34.18%;技术合同登记成交额1127.75亿元,增长19.7%。规模以上高新技术产业增加值4786.1亿元,增长16.4%,占GDP比重为27.0%,比上年提高1.2个百分点。专利授权量8.64万件,增长46.6%;发明专利授权量1.86万件,增长26.5%。每万人发明专利拥有量60.02件。PCT国际专利申请量1566件,增长12.7%。共有市直公共图书馆2个、博物馆11个、群众艺术馆1个、艺术表演团体机构8个、电影院155家。共有卫生事业机构6585个,床位11.07万张。每千人拥有医院病床7.18张。卫生技术人员12.73万人,增长10.5%;其中医生4.70万人,护师、护士6.27万人。每千人拥有医生3.45人。年末共有三级医院67个,卫生防疫、防治机构31个,妇幼保健院所16个。人均期望寿命82.1岁。共有体育场馆158个。体育重大比赛获金牌数15枚,其中世界级比赛获金牌1枚,国家级比赛获金牌14枚。全年体育彩票销售额32.91亿元,增加33.9%。

全市城镇居民人均可支配收入55297元,比上年增长9.8%;农村居民人均可支配收入27209元,增长13.1%。城镇居民人均消费支出36684元,增长17.9%;农村居民人均消费支出21558元,增长18.1%。参加城镇职工基本养老、基本医疗、失业、工伤和生育保险人数分别为571.19万人、548.45万人、301.34万人、398.91万人和333.69万人,分别增长7.6%、8.6%、8.8%、19.7%和17.9%。社会保险新增扩面45.14万人。基本社会保障覆盖率99.3%。企业退休人员基本养老金人均上调143.59元。拥有社会福利机构278个,床位4.91万张。城镇居民最低生活保障人数4.62万人,累计支出5.39亿元。农村居民最低生活保障人数5.65万人,累计支出5.57亿元。全年新改扩建社区老年人服务中心2834家,增长18.9%。

全年液化石油气供气总量12.50万吨,其中家庭用量5.11万吨;天然气供气总量26.66亿立方米,其中家庭用量8.10亿立方米。供水总量16.09亿吨,比上年增长5.5%。居民生活用水量7.11亿吨,增长10.9%。劣Ⅴ类湖泊数量由上年的6个降为0个。水质优良(达到或好于Ⅲ类水体)比例达到90.9%。全市排水管道长度1.30万千米,增长13.9%。用电量684.42亿千瓦时,增长20.3%。其中,全行业用电556.13亿千瓦时,增长22.7%;城乡居民生活用电128.29亿千瓦时,增长11.1%。完成海绵城市建设51.82平方千米。新建成微循环道路128条。建成区绿地面积3.33万公顷,增长1.5%。人均公园绿地面积14.49平方米,建成区绿化覆盖率43.1%。全年新增绿地496.15万平方米,新建绿道102千米,新建公园20个。公园总数达145个。环境空气细颗粒物(PM2.5)年均浓度值37微克/立方米。全年空气质量优良天数289天,空气质量优良率79.2%。城市生活垃圾无害化处理率100%。

(武汉市地方志编纂委员会办公室)

黄石市发展概况

黄石市位于湖北省东南部、长江中游南岸,西接武汉市江夏区。1950年8月建市,是中华人民共和国成立后湖北省最早设立的两个省辖市之一。现辖黄石港区、西塞山区、下陆区、铁山区4个区,大冶市1个县级市,阳新县1个县和黄石经济技术开发区(国家级高新区)1个功能区,辖区面积4583平方千米。全市常住人口244.43万人,其中,城镇人口162.06万人,城镇化率66.3%。

全年实现地区生产总值1865.68亿元,按可比价格计算,比上年增长13%。其中,第一产业增加值127.4亿元,增长8.4%;第二产业增加值845.87亿元,增长12.1%;第三产业增加值892.41

亿元，增长14.6%。2021年，三次产业比重为6.8∶45.4∶47.8，第一产业增加值占GDP比重比上年下降0.4个百分点，第二产业增加值上升1.1个百分点，第三产业增加值下降0.7个百分点。

全市市场主体27.60万户，比上年增长13.4%。新登记市场主体4.51万户，增长68.6%。新入库规模以上工业企业83家、限上传统服务业企业87家、现代服务业企业60家。

全年农林牧渔业增加值132.36亿元，按可比价计算，比上年增长9.1%。农林牧渔服务业增加值4.97亿元，增长30.1%。农林牧渔业总产值221.12亿元，增长11.8%。各种农作物总播种面积267.29万亩，增长2.6%。完成造林面积3481公顷，减少7.3%。木材采伐2.9万立方米，增长24.5%。水果产量21.65万吨，增长4.5%。粮食总产量54.4万吨，增长6.1%；水产品产量23.69万吨，增长5.5%；肉类总产量10.56万吨，增长33.5%。

全市规模以上工业总产值比上年增长32.8%。其中，采矿增长88.6%，制造业增长30.8%，电力、热力燃气及水的生产和供应业增长6.5%。国有及国有控股企业产值增长30.0%，国有企业下降4.3%，集体企业下降6.3%，外商及港澳台投资企业增长39.0%，股份制企业增长31.3%；大中型工业企业增长32.8%。规模以上工业增加值增长17.3%，高技术制造业增加值增长38.4%，装备制造业增加值增长25.8%。规模以上工业企业

2020—2021年黄石市GDP统计表

类别	2021年			2020年		
	总量（亿元）	比上年（±%）	结构（%）	总量（亿元）	比上年（±%）	结构（%）
生产总值	1865.68	13.0	100	1597.84	-6.5	100
第一产业	127.40	8.4	6.8	115.79	0.5	7.2
第二产业	845.87	12.1	45.4	707.32	-8.9	44.3
第三产业	892.41	14.6	47.8	774.73	-4.3	48.5

2021年9月16日，黄石市磁湖湿地公园建成湿地功能区、科普展馆区、园林景观、城市防洪系统、园区绿道等多个功能区。图为磁湖湿地公园一角

（黄石市档案馆 供图）

743家，其中产值过1亿元的企业231家，增加10家，产值占规模以上工业总产值的92.7%。规模以上工业营业收入2524.22亿元，增长31.3%；利润116.65亿元，增长3.9%；利税171.42亿元，增长10.2%。工业品出口交货值88.03亿元，增长16.8%。资质以上建筑企业完成产值447.13亿元，增长10.2%；建筑业增加值107.32亿元，增长8.5%。

全市固定资产投资比上年增长25.4%。在固定资产投资中，国有及国有控股投资同比增长22.3%；外商港澳台投资同比增长107.0%；民间投资同比增长22.0%。民间投资占固定资产投资的比重为64.5%，下降1.8个百分点。在固定资产投资中，第一产业投资下降17.9%，第二产业投资同比增长19.9%，第三产业投资增长30.0%。房地产开发投资215.87亿元，增长52.2%。房屋建筑施工面积2396.85万平方米，增长4.5%；房屋建筑竣工面积1165.58万平方米，增长2.7%。商品房施工面积1479.13万平方米，增长21.0%；商品房销售面积365.28万平方米，增长21.9%。

全年社会消费品零售总额

2021 年黄石市金融机构人民币存贷款统计表

类别	2021 年	比年初（±%）
各项存款	2193.06 亿元	9.3
住户存款	1364.69 亿元	12.8
非金融企业存款	572.46 亿元	3.8
各项贷款	1774.84 亿元	13.1
住户贷款	556.63 亿元	15.8
非金融企业及机关团体贷款	1218.18 亿元	12.0

966.96 亿元，比上年增长 27.4%。从零售额消费类型看，限额以上法人企业日用品类零售额增长 22.9%，服装鞋帽类零售额增长 12.3%，汽车类零售额增长 14.2%，烟酒类零售额增长 69.5%。金银珠宝类零售额下降 13.8%，中西药品类零售额增长 7.7%，石油及制品类零售额增长 29.8%，粮油食品类零售额增长 18.9%，家电类零售额下降 2.3%。

全年完成公路旅客运输量 1605.35 万人次，比上年增长 30.8%；公路货物运输量 6989.12 万吨，增长 62.5%。水运货物运输量 1793 万吨，增长 23.2%；港口货物吞吐量 4992.24 万吨，增长 7.2%。其中，外贸货物吞吐量 731.38 万吨，增长 6.2%；港口集装箱吞吐量 44640 标准箱，下降 27.1%。民用汽车保有量 28.88 万辆，增长 11.2%。公路通车总里程 8372.57 千米，增长 3.1%。邮政业务总量 10.49 亿元，增长 29.5%；电信业务总量 88.97 亿元，增长 31.5%。

运输物流、信息、租赁和商务服务等达到国家标准的各类规模以上服务业企业 255 家，实现营业收入 126.91 亿元，增长 16.5%。

全市地方财政总收入 203.5 亿元，比上年增长 43.1%。其中，地方公共财政预算收入 125.69 亿元，增长 42.5%。地方税收收入 91.73 亿元，增长 46%，地方税收收入占地方公共财政预算收入的比重达 73%。财政支出 431.56 亿元，增长 0.4%。年末金融机构人民币各项存款余额 2193.06 亿元，增长 9.3%。金融机构人民币各项贷款余额 1774.84 亿元，增长 13.1%。保险保费收入 60.07 亿元，下降 0.2%。其中，财险收入 15.02 亿元，增长 8.5%；寿险收入 45.05 亿元，下降 2.8%。各类保险赔付支出 17.34 亿元，增长 10.5%。

全年纳入高新统计的规模以上企业达到 431 家，比上年增加 56 家。实现高新技术产业增加值 427.1 亿元，比上年增加 56.89 亿元，占 GDP 比重 22.9%。全市专利授权 5201 件，商标申请 4742 件，每万人有效发明专利拥有量 4.61 件。全市有幼儿园 500 所，在园幼儿 9.05 万人；普通小学 344 所，在校学生 23.14 万人；普通初中 106 所，在校学生 10.54 万人；普通高中 25 所，在校学生 4.90 万人；中职学校 10 所，在校学生 1.70 万人。有国有艺术表演团体 3 个、群艺馆和文化馆 7 个、公共图书馆 7 个、博物馆和纪念馆 9 个、广播电台 3 个、电视台 3 个。拥有卫生机构 1404 个，其中，医院、卫生院 88 家，妇幼保健站 3 个，疾病预防控制中心 3 个。卫生技术人员 2.08 万人，其中，执业医师和执业助理医师 6801 人，注册护士 10128 人。医疗机构床位 1.87 万张。

全市城镇居民人均可支配收入 41589 元，比上年增长 9.7%；农村常住居民人均可支配收入 18585 元，增长 12.3%。城镇居民人均消费支出 27888 元，增长 17.6%；农村居民人均消费支出 16694 元，增长 18.6%。城镇居民恩格尔系数为 32.19%，农村居民恩格尔系数为 30.47%。

全市万元 GDP 能耗比上年下降 0.97%。全社会用电量 161.89 亿千瓦时，增长 11.8%。规模以上工业综合能源消费量 939.27 万吨标准煤，增长 10.8%。其中，煤炭消费量 951.28 万吨，增长 10.6%；焦炭消费量 239.07 万吨，增长 3.8%；天然气消费量 4.35 亿立方米，增长 9%。黄石城区空气质量优良天数 311 天，优良天数达标率 85.2%；优良天数减少 18 天，优良率下降 4.7%。黄石城区 PM2.5 累计浓度值为 33 微克/立方米，下降 5.7%。

（黄石市档案馆）

鄂州市发展概况

鄂州市位于湖北省东部，长江中游南岸，西与武汉市江夏区、洪山区接壤。公元前 879 年，楚王封其子熊红为鄂王,湖北简称"鄂"由此而来。公元221年,吴王孙权在此定都,取"以武而昌"之义,改鄂县为武昌,故称"吴王古都"。鄂州是湖北之根、武昌之源。1983年批准设立省辖市,自古就是商业要地,也是著名的青铜镜之乡。现辖鄂城区、华容区、梁子湖区3个行政区和葛店经济技术开发区、鄂州市临空经济区2个功能区,辖区面积1596平方千米。2021年末,全市常住人口106.97万。其中,城镇人口71.37万,乡村人口35.6万,城镇化率66.72%。全年出生人口7207人,人口出生率6.69‰;死亡人口6707人,人口死亡率6.23‰,人口自然增长率为0.46‰。

全年实现地区生产总值1162.3亿元,按可比价计算,比上年增长12.9%。其中,第一产业增加值114.92亿元,增长11.6%;第二产业增加值496.13亿元,增长15.9%;第三产业增加值551.25亿元,增长10.5%。三次产业结构由2020年的10.1:41.4:48.5调整为9.9:42.7:47.4。价格涨幅基本稳定,居民消费价格下降0.4%。新登记市场主体15850户,其中,新登记私营企业4983户,新登记个体工商户10639户。

全市农林牧渔业增加值119.06亿元,比上年增长11.2%。粮食总产量25.28万吨,增长3.0%;棉花总产量0.34万吨,增长2.7%;油料总产量4.42万吨,增长1.8%;蔬菜总产量105.96万吨,增长1.4%。生猪出栏71.92万头,增长61.3%。水产品总产量27.94万吨,减少0.7%。

全市规模以上工业企业483家。规模以上工业增加值比上年增长20.3%。其中,私营企业增长28.03%,轻工业增长18.36%,重工业增长20.92%。规模以上高新技术产业增加值增长28.5%,增幅高于规模以上工业8.2个百分点,占工业增加值比重50.1%。规模以上工业销售产值增长30.7%,产品销售率97.5%。实现利润61.82亿元,下降12.6%。资质以上建筑企业完成总产值115.56亿元,增长11.6%。

全市固定资产投资(不含农户)比上年增长25.3%。其中房地产开发投资增长115.6%。商品房销售面积174.76万平方米,增长22.4%;商品房销售额134.89亿元,增长18.5%。

全年实现社会消费品零售总额352.85亿元,比上年增长8.1%。限额以上企业(单位)消费品零售额165.29亿元,增长11.6%。限额以上单位通过公共网络实现的商品零售额136.53亿元,增长9.0%,占限额以上企业零售额的比重为82.6%。外贸进出口总额28.9亿元,下降2.5%。其中,进口12.6亿元,下降32.1%;出口16.3亿元,增长46.9%。

全年完成货物周转量6.33亿吨千米,比上年增长49.2%;旅客周转量2.42亿人千米,下降16.15%。公路运营总里程4102.45千米,增长0.1%;高速公路总里程183.95千米,增长52.5%。完成邮政业务总量13.67亿元,增长77.5%。固定电话用户7.08万户;移动电话用户107.93万户;计算机宽带互联网用户47.67万户。接待国内外游客728.93万人次,增长48.6%。实现旅游总收入52.38亿元,增长80.6%。

全市完成财政总收入105.94亿元,比上年增长35.4%。其中,地方公共财政预算收入68.88亿元,增长42.1%。在地方公共财政预算收入中,税收收入57.21亿元,增长47.0%。全年财政支出122.26亿元,下降4.0%。年末金融机构本外币各项存款余额983.43亿元,比年初增加85.65亿元。其中,住户存款590.63亿元,增加84.74亿元。金融机构各项贷款余额815.30亿元,增加

2021年鄂州市主要工业产品产量统计表

产品名称	单位	产量	比上年增长(%)
粗钢	万吨	636.74	2.9
钢材	万吨	643.14	6.4
铸钢材	万吨	13.28	-5.4
硅酸盐水泥熟料	万吨	381.04	-15.0
水泥	万吨	1252.28	35.1
商品混凝土	万立方米	402.40	39.2
预应力混凝土桩	万吨	518.00	17.9
民用钢质船舶	万载重吨	8.35	37.1
自来水生产量	万立方米	5210.34	23.7
塑料制品	万吨	25.85	8.3

2021年11月14日，鄂州花湖机场高速一期东庙跨武鄂高速主线桥贯通

（鄂州市档案馆　供图）

106.51亿元。保险保费收入21.93亿元，增长7.1%。其中，财产险保费收入4.39亿元，增长17.9%；人身险保费收入17.53亿元，增长4.7%。支付各类保险赔款及给付6.28亿元，增长19.6%。其中，财产险赔付支出2.91亿元，增长32.2%；人身险赔付支出3.37亿元，增长10.6%。

全市高等教育在校生1.76万人，普通高中在校生1.71万人，普通初中在校生3.35万人；小学在校生7.73万人；幼儿园在园幼儿3.62万人。新认定高新技术企业66家，高新技术企业总数达161家。有效发明专利825件，每万人发明专利拥有量7.64件。共有国有艺术表演团体1个、群艺馆和文化馆4个、公共图书馆3个、博物馆3个、广播电台和电视台各1个。共有医疗卫生机构536家。其中医院25家，基层医疗卫生机构501家，专业公共卫生机构10家；卫生计生人员总数9064人，其中执业（助理）医师2595人，注册护士3414人；实际开放床位6035张。

全市城镇常住居民人均可支配收入38317元，比上年增长9.4%；农村常住居民人均可支配收入21479元，增长14.3%。参加城镇职工基本养老保险31.51万人、城乡居民基本养老保险46.96万人、工伤保险13.47万人、失业保险8.75万人。城镇居民最低生活保障对象4630人，农村居民最低生活保障人数1.78万人。拥有各类收养性单位床位6129张。

全市城市生活污水处理率达99.6%，生活垃圾无害化处理率达100%。建成区人均公园绿地面积15.68平方米，绿化覆盖率43.2%。中心城区空气质量优良天数312天，优良率为85.5%，比上年下降2.5%。二氧化硫年均浓度为9微克/立方米，下降10.0%；PM2.5年平均浓度36微克/立方米，下降5.3%。

（鄂州市档案馆）

孝感市发展概况

孝感市位于湖北省东北部，长江以北、汉江以东，东接武汉市黄陂区，南邻武汉市东西湖区。1993年撤地建市，是全国唯一的以孝命名的地级城市，是董永与七仙女"天仙配"故事的发源地、中国孝文化之乡。现辖孝南区1个行政区，云梦、大悟、孝昌3个县，汉川、应城、安陆3个县级市和孝感市国家高新技术产业开发区、孝感市临空经济区、双峰山旅游度假区3个功能区，辖区面积8910平方千米。2021年末全市常住人口419.13万人。其中，城镇人口256.59万人，城镇化率61.22%。户籍人口503.64万人。全年出生人口3.07万人，出生率6.06‰；死亡人口3.44万人，死亡率6.80‰，人口自然增长率-0.74‰。

全年实现地区生产总值2562.01亿元，按可比价格计算，比上年增长13.4%。其中，第一产业增加值381.97亿元，增长8.7%；第二产业增加值1008.65亿元，增长15.5%；第三产业增加值1171.39亿元，增长13.2%。三次产业结构由上年的15.7：38.3：46.0调整为14.9：39.4：45.7。人均地区生产总值60556元，增长14.5%。价格运行保持平稳，全市居民消费价格指数上涨0.6%。各类市场主体总数达36.40万户，新登记市场主体6.26万户。其中，新登记私营企业1.03万户，新登记个体工商户5.15万户。

全市实现农林牧渔业增加值405.73亿元，比上年增长9.3%。粮食总产量236.14万吨，增长1.5%，连续9年稳定在200万吨以上；种植面积353.44千公顷，增长1.5%。棉花总产量0.80万吨，增长9.1%；油料总产量28.47万吨，增长6.4%；蔬菜总产量460.76万吨，增长5.2%；水果产量51.78万吨，增长3.0%。生猪出栏287.34万头，增长52.1%；家禽出笼8383.77万只，下降15.2%；禽蛋产量27.25万吨，增长3.6%。水产品产量43.28万吨，增长3.0%。

全年实现工业增加值926.42亿元，比上年增长16.2%。全市1205家规模以上工业企业增加值增长18.0%。其中，国有企业增长2.9%，股份制企业增长18.7%，外商及港澳台投资企业增长18.4%，其他经济类型企业下降18.8%。高新技术产业实现增加值406.38亿元。高新技术制造业增加值增长41.2%，占规模以上工业增加值的比重为5.2%。规模以上工业销售产值增长23.6%，产品销售率96.8%，出口交货值下降1.8%。食品饮料、纺织服装、盐磷化工、纸塑包装、建材、高端装备制造、新能源汽车及零部件、光电子信息、大健康、新材料10大重点产业实现增加值增长17.7%，占规模以上工业增加值的比重为84.7%。规模以上工业企业实现营业收入2971.78亿元，增长21.1%；实现利润123.27亿元，增长12.3%。营

2017—2021年孝感市GDP及其增速示意图

汉孝城际铁路孝感东站　　　　　　（孝感市史志研究中心　供图）

业收入过10亿元企业65家。具有总承包和专业承包资质建筑企业完成总产值400.51亿元，增长14.7%；新签合同额657.60亿元，增长28.3%。

全市固定资产投资（不含农户）比上年增长24.5%。按产业划分，一、二、三次产业投资分别增长70.8%、33.0%和16.9%。分领域看，基础设施投资、工业投资和房地产开发投资分别增长15.6%、33.0%和27.6%。民间投资增长35.5%。补短板强功能建设加快推进，工业技术改造投资增长39.9%，高技术制造业投资增长7.4%。商品房销售面积455.22万平方米，增长21.1%；商品房销售额247.48亿元，增长24.8%。

全年实现社会消费品零售总额1197.60亿元，比上年增长22.1%。按经营地分，城镇消费品零售额911.97亿元，增长23.3%；乡村消费品零售额285.63亿元，增长18.3%。外贸进出口总额135.0亿元，增长22.3%。其中，外贸出口115.0亿元，增长25.1%；进口20.0亿元，增长8.0%。新批

外商投资企业14家，合同外资1.64亿美元，下降6.4%。实际利用外资3.59亿美元，增长22.7%。

全市公路总里程1.81万千米，比上年增长0.9%。新（改）建等级公路162千米。邮政业务总量22.82亿元，增长26.0%。其中，快递业务量1.42亿件，快递业务收入12.71亿元。电信业营业收入28.52亿元，增长6.6%。

全年实现财政总收入221.73亿元，比上年增长32.7%。地方一般公共预算收入134.77亿元，增长34.5%。其中，税收收入106.24亿元，增长36.4%。地方一般公共预算支出405.30亿元，下降4.7%。年末全市金融机构本外币各项存款余额3117.01亿元，比年初增加251.87亿元。金融机构本外币各项贷款1850.50亿元，比年初增加248.62亿元。保险保费收入83.46亿元，下降0.5%。其中，财险保费收入20.46亿元，增长4.6%；寿险保费收入63.00亿元，下降2.0%；赔款及综合给付金额24.72亿元，增长17.6%；赔付率及综合给付率29.6%，提高4.5个百分点。

全市共有幼儿园696所，在园幼儿12.25万人；普通小学448所，在校生28.24万人；初中在校生13.13万人，普通高中在校生6.95万人，中职在校生2.99万人。全市全年共登记科技成果23项。共签订技术合同1377项，成交金额55.29亿元，比上年增长17.4%。新认定高新技术企业189家，高新技术企业总数达465家，科技型中小企业评价入库633家。

共有图书馆8个、文化馆（群艺馆）8个、博物馆14个。新增3A级景区2个、农旅养融合示范点8个。共接待游客2862.63万人次，增长32.0%；旅游综合收入176.45亿元，增长30.0%。共有医疗卫生机构506个。其中，医院81个，社区卫生服务中心（站）48个，乡镇卫生院113个，门诊部29个，诊所、卫生所、医务室189个，其他卫生机构46个。卫生机构人员3.64万人。其中，卫生技术人员2.86万人，执业（助理）医师1.01万人，注册护士1.26万人。床位2.87万张，其中医院1.98万张。共有公共体育场6个、公共体育馆7个。

全市城镇常住居民人均可支配收入38911元，比上年增长10.0%；农村常住居民人均可支配收入19346元，增长13.2%。参加城镇职工基本养老保险87.16万人、城乡居民养老保险266.99万人、职工基本医疗保险41.71万人、城乡居民基本医疗保险381.72万人、工伤保险33.39万人、生育保险27.01万人、失业保险24.52万人，年末领取失业保险金人数1600人。城镇居民最低生活保障对象2.85万人，农村居民最低生活保障人数14.43万人。国家抚恤、补助各类优抚对象4.15万人，各类养老机构144个（不含军休所），城乡社区养老服务设施覆盖率分别为93.4%和70.7%。

全年完成造林面积1.02万公顷。孝感市中心城区PM10年均浓度58微克/立方米，PM2.5年均浓度33微克/立方米，空气质量优良率84.7%。全市纳入国家考核的13个地表水断面累计全部达标，水质优良比例100%。

（孝感市史志研究中心）

黄冈市发展概况

黄冈市地处湖北省东部，大别山南麓，长江中游北岸，西邻武汉市黄陂区、新洲区，是著名革命老区。现辖红安、罗田、英山、浠水、蕲春、黄梅、团风7个县，武穴、麻城2个县级市，黄州1个行政区和龙感湖管理区、湖北黄冈高新技术产业开发区、黄冈临空经济区、白莲河示范区4个功能区，辖区面积1.74万平方千米。2021年末，全市常住人口578.82万人。其中，城镇人口281.60万人、乡村人口297.22万人，城镇化率48.65%。全年出生人口3.69万人，出生率6.38‰；死亡人口4.37万人，死亡率7.54‰，人口自然增长率-1.16‰。

全年实现地区生产总值（GDP）2541.31亿元，按可比价格计算，比上年增长13.8%。其中，第一产业增加值503.41亿元，增长11.3%；第二产业增加值807.41亿元，增长18.6%；第三产业增加值1230.48亿元，增长11.9%。三次产业结构由2020年的20.5：30.1：49.4调整为19.8：31.8：48。价格运行保持平稳。新增各类市场主体8万个。市场主体总量达62.46万个，增长

9.26%。其中，私营企业9.24万个，个体工商户50.9万个。

全市农林牧渔业总产值898.13亿元，比上年增长15%。粮食总产量273.18万吨，增长1.5%；棉花产量2.00万吨，减少1.2%；油料产量55.47万吨，增长4.6%；蔬菜产量359.58万吨，增长2.1%。水果产量29.64万吨，增长25.9%。畜牧业总产值228.29亿元，增长33.8%。禽蛋产量32.53万吨，增长3.4%；生猪出栏435.55万头，增长68.5%；牛出栏23.41万头，增长1.5%；羊出栏56.54万只，减少1.9%；家禽出笼6636.06万只，增长37.3%。

规模以上工业企业1295家，新增144家。规模以上工业增加值增长20.4%。其中轻工业增加值增长12.9%，重工业增加值增长24.9%。分门类看，采矿业增加值增长50.2%，制造业增加值增长18.3%，电力、热力、燃气及水生产和供应业增加值增长30.8%。

全市规模以上工业企业产销率95.4%；实现营业收入1677.06亿元，比上年增长18.7%；利润总额75.62亿元，增长3.9%；税金总额42.18亿元，增长23.1%；资产总计1633.63亿元，增长8.9%。高新技术产业增加值达到255.9亿元，占GDP比重为10.07%。建筑业总产值1100.57亿元，增长33.5%。实现增加值180.33亿元，增长17.6%。建筑施工面积7331.67万平方米，增长7.0%。

全年固定资产投资增长23.6%。按经济类型划分，国有经济投资增长37.3%，集体经济投资下降23.4%，私营经济投资增长38.7%，其他经济投资下降025.1%。房地产开发投资304.52亿元，增长25.3%。商品房屋施工面积2061.65万平方米，增长5.3%；竣工面积241.18万平方米，增长15.9%；销售面积507.05万平方米，增长45.9%；商品房销售额264.43亿元，增长51.6%。

全年社会消费品零售总额1403.73亿元，比上年增长22.1%。按分行分，批发业销售额501.9亿元，增长19.4%；零售业销售额980.30亿元，增长21.4%；住宿业营业额20.82亿元，增长26.6%；餐饮业营业额163.93亿元，增长33.1%。外贸进出口总额94.5亿元，

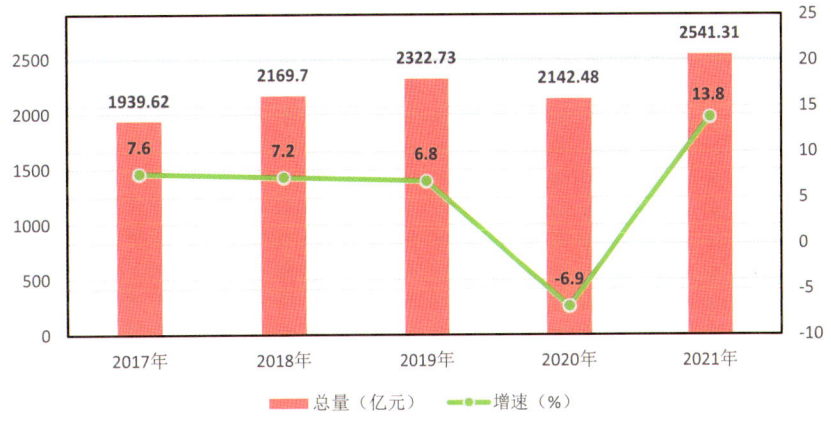

2017—2021年黄冈市GDP及增速示意图

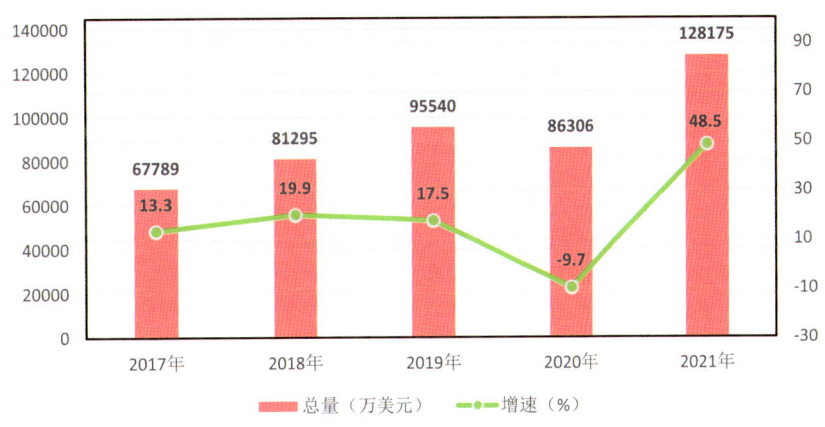

2017—2021年黄冈市外贸出口及增速示意图

增长44.4%。其中，出口82.7亿元，增长38.6%；进口11.8亿元，增长104.8%。实际利用外资7057万美元，增长18.3%。

全市交通运输、仓储和邮政业增加值80.08亿元，比上年增长24.5%。公路总里程3.35万千米。货运量2.12亿吨，货物周转量407.05亿吨；公路客运量2333.21万人次，旅客周转量14亿人次。邮电业务总量51.12亿元。其中，邮政业务量17.41亿元，电信业务量33.71亿元。全年接待游客4182.4万人次，实现旅游总收入305.2亿元，增长26.3%。拥有旅游强县4个、旅游名镇6个、旅游名村19个，4A级景区20个、3A级景区54个、A级景区78个；星

2021年9月1日,中铁三局集团有限公司圆满完成黄黄高速铁路全线铺轨任务

(黄冈市史志研究中心　供图)

级宾馆(饭店)29家,其中,四星级7家,三星级20家。

全年实现地方财政收入227.63亿元,比上年增长30.3%。其中,一般公共预算收入141.01亿元,增长35.6%;上划中央收入86.62亿元,增长22.5%。一般公共预算收入中,税收收入102.58亿元,增长34.1%;税收收入占一般公共预算收入的比重为72.7%。财政支出857.26亿元,下降8.6%。其中一般公共预算支出505.37亿元,下降15.0%。年末银行业金融机构本外币各项存款4373.93亿元,各项贷款2553.57亿元。人民币各项存款余额4369.25亿元,增长9.4%;人民币各项贷款余额2550.85亿元,增长17.7%。保险保费收入118.51亿元,增长9.0%;各项赔付和给付支出37.15亿元,增长20.3%。新三板、四板挂牌企业分别为15家和545家,挂牌企业总数达560家。

全市共有幼儿园1099所,在园幼儿21.30万人;小学687所,在校学生45.38万人;普通中学311所,在校学生32.90万人;中等专业学校21所,在校学生5.74万人;大学5所,在校大学生4.92万人。新认定高新技术企业116家。授权专利6087件,其中发明专利授权175件。共有文化馆12个、群艺馆12个、公共图书馆12个、文博单位21个、电影发行放映公司1个、电影院27个。共有卫生医疗机构4110个(包括私营和个体)。卫生机构床位数4.47万张。卫生机构人员4.75万人。其中,卫生技术人员3.80万人,执业(助理)医师1.50万人,注册护师、护士1.71万人。每千人拥有床位数7.7张,每千人拥有职业(助理)医师数2.6人。

全市城镇常住居民人均可支配收入34032元,比上年增长10.4%;农村常住居民人均可支配收入16456元,增长12.0%。城镇居民恩格尔系数36.89%,农村居民恩格尔系数37.78%。城镇居民人均住房面积40.27平方米,增加0.25平方米;农村居民人均住房面积48.06平方米,增加0.53平方米。参加城乡居民医疗保险561.98万人。城市低保对象2.41万人,农村低保对象18.84万人,城乡低保月均补助金分别为398.47元和311.87元。棚户区改造住房1203套。当年发放租赁补贴548户,发放补贴资金122.13万元。

全市城镇集中式饮用水水源地水质达标率100%,市区环境空气质量优良天数314天,优良率86%;PM2.5首次达到二级标准,年均浓度31微克/立方米。完成造林总面积3033公顷,森林覆盖率43.41%。建成省级以上自然保护区4个。森林公园和湿地公园35个,其中国家级14个。

(黄冈市史志研究中心)

咸宁市发展概况

咸宁市位于湖北省东南部,长江中游南岸,湘鄂赣三省交界处,北靠武汉市江夏区、汉南区,是著名的赤壁之战发生地。明清时属武昌府管辖,中华人民共和国成立后,咸宁先后分属孝感、武汉、大冶专区,1998年底撤地设市。现辖嘉鱼、崇阳、通山、通城4个县,赤壁县级市,咸安1个行政区和咸宁国家高新技术产业开发区1个功能区,辖区面积10033平方千米。2021年末全市常住人口

261.27万人，其中城镇人口149.84万人，城镇化率57.4%。户籍人口304.14万人，人口出生2.49万人，出生率8.17‰；人口死亡1.74万人，死亡率5.71‰。户籍人口自然增长率为2.46‰。

全年实现地区生产总值1751.82亿元，按不变价计算，比上年增长12.8%。其中，第一产业增加值236.60亿元，增长9.4%；第二产业增加值703.20亿元，增长14.3%；第三产业增加值812.02亿元，增长12.5%。三次产业结构比为13.5∶40.1∶46.4。人均地区生产总值66194元，增长11.4%。全市居民消费价格上涨0.4%，涨幅回落2.1个百分点。共有各类市场主体30.66万个，增长16.8%。全年新登记市场主体7.03万个，增长16.4%。

全年实现农林牧渔业增加值250.46亿元，比上年增长8.9%。农作物播种面积440.17千公顷，增长2.2%。粮食产量119.51万吨，增长2.3%；油料产量19.33万吨，增长2.7%；茶叶产量7.81万吨，增长30.5%；油茶籽产量7.78万吨，增长15.8%；楠竹采伐量1519.95万根，增长28.3%；蔬菜及食用菌产量251.55万吨，增长2.5%。肉类总产量22.89万吨，增长43.5%；禽蛋产量5.69万吨，增长9.0%；年末生猪出栏228.50万头，增长61.0%；家禽出笼3348.52万只，下降1.0%。水产品产量23.40万吨，增长4.6%。

全市工业增加值611.04亿元，比上年增长14.9%。其中，规模以上工业增加值增长16.9%。按经济类型分，国有企业下降50.8%，集体企业下降17.5%，股份制企业增长19.2%，外商及港澳台投资企业增长7.3%，其他企业增长3.6%。规模以上工业企业999家，增加7家。规模以上工业增加值增长较快的行业为仪器仪表制造业、燃气生产和供应业、医药制造业，分别增长161.4%、127.8%和52.5%。规模以上工业企业产销率97.2%，实现营业收入2171.20亿元，增长24.7%；利润总额138.00亿元，增长7.8%。高新技术产业增加值284.75亿元，占GDP比重为16.3%。其中，规模以上高新技术产业增加值283.85亿元，增长17.5%。资质以内建筑业企业243家，增加45家，完成建筑业总产值234.39亿元，增长15.8%；建筑业增加值92.39亿元，增长10.5%。

全市固定资产投资（不含农户）比上年增长24.9%，一、二、三次产业投资分别增长24.6%、11.2%和37.3%。按类别分，基础

咸宁市龙潭湿地公园一角　　　　（咸宁市史志研究中心　供图）

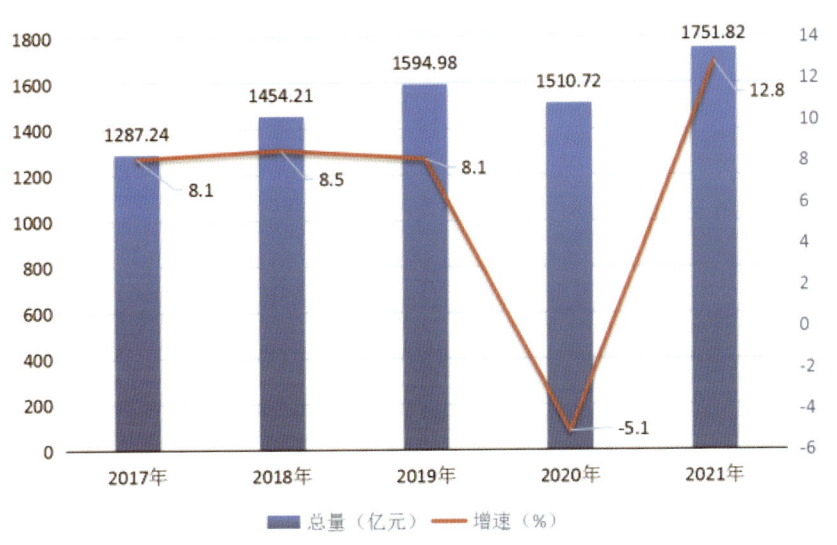

2017—2021年咸宁市生产总值及其增速示意图

设施投资、房地产开发投资和制造业投资分别增长50.9%、39.4%和14.1%。商品房施工面积1562.56万平方米，增长12.5%；房屋竣工面积578.93万平方米，下降2.9%。商品房销售面积503.86万平方米，增长20.4%；商品房销售额224.99亿元，增长17.7%。

全市社会消费品零售总额781.93亿元，比上年增长29.5%。按消费类型分，批发零售业629.49亿元，增长28.1%；住宿餐饮业152.45亿元，增长35.4%。限额以上商品零售额148.40亿元，增长27.0%。通过公共网络实现的限额以上商品零售额5.85亿元，增长56.9%。进出口总值92.4亿元，增长24.9%。其中，进口9.5亿元，增长16.4%；出口82.9亿元，增长26.0%。新备案外资企业19家，全年实际利用外资5186万美元，增长38.3%。

全年货运量7400万吨，比上年增长2.3%；货物周转量41.97亿吨千米，增长9.6%；客运量956万人次，下降7.6%；客运周转量6.30亿人千米，下降3.3%。民用汽车保有量31.34万辆，比上年末增长9.8%。邮政行业业务总量（含快递服务企业）9.83亿元，增长35.3%；快递业务量5443.51万件，增长69.6%。电信业务总量18.33亿元，下降0.4%。固定电话年末用户25.81万户，下降13.3%；移动电话年末用户243.08万户，下降0.8%，其中4G用户168.17万户，下降5.8%；5G用户69.59万户，增长21.1%。互联网宽带接入用户100.87万户，增长12.2%。

全市地方财政总收入150.87亿元，比上年增长31.0%。其中，一般公共预算收入94.09亿元，增长32.7%。在一般公共预算收入中，税收收入72.68亿元，增长37.1%，税收收入占一般公共预算收入的比重为77.2%，提高2.4个百分点。地方一般公共预算支出278.48亿元，下降10.8%。年末全市金融机构各项存款余额1901.05亿元，比年初增加103.93亿元。各项贷款余额1476.20亿元，增加187.39亿元。保险保费收入51.35亿元，增长2.6%。其中，财产保险保费收入14.12亿元，增长3.0%；人寿保险保费收入37.23亿元，增长2.5%。各项赔款和给付金额18.29亿元，赔付率35.62%。

全市城镇常住居民人均可支配收入35990元，比上年增长11.1%；农村常住居民人均可支配收入18534元，增长13.3%。城乡居民收入比为1.94。参加城镇职工基本养老保险50.40万人、城乡居民基本养老保险124.88万人、城镇职工基本医疗保险31.45万人、城乡居民基本医疗保险234.82万人、工伤保险21.83万人、生育保险21.72万人、失业保险19.40万人，领取失业保险金人数为7700人。

全市共有高校5所，在校生5.15万人；中等学校（不含技校）16所，在校生3.03万人；普通高中在校生5.56万人；普通初中在校生11.39万人；小学在校生23.99万人。幼儿园在园幼儿10.02万人。全年专利授权量4746项，比上年增加1081项。其中，发明专利授权119项，增加41项。技术合同成交额67.50亿元，增长28.5%。共有群艺馆和文化馆7个、博物馆8个、公共图书馆7个、广播电视台6个、档案馆7个。规模以上文化及相关产业企业营业收入141.07亿元，增长15.9%。A级以上旅游景区41个，全年接待游客6491.45万人次，下降5.1%；旅游总收入319.25亿元，下降10.1%。共有卫生机构1404个，其中医院57家；卫生机构人员2.41万人。其中，执业（助理医师）7640人，注册护士8858人；卫生机构床位数1.81万张，其中医院床位数1.28万张。

全市完成造林面积24.92万

2017—2021年咸宁市货物进出口及其增速示意图

亩（含人工造林、封山育林、退化林修复），有自然保护区19个。森林覆盖率达51.05%。生态环境状况指数77.72，生态环境质量等级"优"。城区环境空气质量优良率93.7%，比上年下降0.3个百分点。纳入国家考核的12个水质断面水质优良率100%；8个县级以上城市集中式饮用水水源地水质达标率100%。

（咸宁市史志研究中心）

仙桃市发展概况

仙桃市位于湖北省中部，江汉平原南部，汉江下游南岸，东邻武汉市蔡甸区，1994年被列为省直管市。现辖郑场、毛嘴、剅河、三伏潭、胡场、长埫口、西流河、彭场、沙湖、杨林尾、张沟、郭河、沔城、通海口、陈场15个建制镇，干河、龙华山、沙嘴3个街道办事处，沙湖、九合垸2个原种场，仙桃高新技术产业开发区、排湖旅游度假区2个功能区。辖区面积2538平方千米。2021年末常住人口110.51万人，其中，城镇66.31万人，乡村44.2万人，城镇化率60.0%。户籍人口151.51万人，下降0.8%。全年出生人口8554人，出生率5.65‰；死亡人口6348人，死亡率4.19‰，人口自然增长率1.46‰。城市建成区63平方千米，基本形成中等城市框架。

全年实现地区生产总值929.90亿元，按可比价计算，较上年增长6.3%。其中，第一产业增加值118.70亿元，增长13.7%；第二产业增加值397.47亿元，下降0.3%；第三产业增加值413.74亿元，增长11.2%；三次产业结构为12.8∶42.7∶44.5。人均地区生产总值83034元，增长8.0%。拥有各类工商登记市场主体12.39万个，增长12.9%。新发展市场主体1.9万个，增长25.8%。新增"四上"企业152家，创历年新高。

全市完成农林牧渔业总产值204.24亿元，比上年增长18.1%。粮食总产量70.83万吨，增长1.6%；棉花产量0.95万吨，增长16.4%；蔬菜产量58.63万吨，增长7.3%；油料产量13.34万吨，增长1.0%；生猪出栏59.62万头，增长22.6%；猪肉产量4.55万吨，增长61.3%；禽蛋产量1.83万吨，下降6.8%；水产品产量29.06万吨，增长2.4%。

全年规模以上工业增加值比上年下降7.9%。按经济类型分，股份制企业增加值下降11.3%，外商及港澳台商投资企业增加值增长6.3%，其他经济类型企业增加值增长25.6%。规模以上工业总产值1024.26亿元，下降9.8%。其中，非织造布产业298.53亿元，下降37.6%；电子电气行业70.84亿元，增长39.6%；纺织服装产业115.54亿元，增长27.2%；机械及汽车零部件行业84.06亿元，下降19.7%。规模以上工业销售产值比上年下降9.6%，产品销售率为97.97%，出口交货值下降38.2%。实现利润总额70.66亿元，下降38.6%。高新技术产业增加值123.40亿元，下降5.4%，高新技术产业增加值占GDP比重为13.27%。资质以内建筑业总产值134.7亿元，增长19.3%。新签合同金额127.85亿元，增长12.6%。

全年完成固定资产投资比上年增长20.6%。按产业划分，一、二、三次产业投资分别增长57.3%、23.0%和17.4%。工业投资增长23%，民间投资增长20.9%。高技术产业投资增长49.1%。房地产开发投资增长67%。

全年实现社会消费品零售总额482.02亿元，比上年增长26.2%。其中，限额以上企业（单位）实现消费品零售额261.52亿元，增长26.8%。进出口总额109.7亿元，下降53.2%。其中，出口89.6亿元，下降60.2%；进口20.1亿元，增长128.2%。实际利用外资5415万美元，增长62.0%。

2016—2021年仙桃市规模以上工业增加值及其增速示意图

仙桃市第一人民医院外景　　（仙桃市史志研究中心　供图）

年末全市公路通车里程4402.8千米。完成货运量1415.12万吨,比上年增长10.6%;客运量245.57万人次,下降33.5%。民用汽车拥有量累计13.21万辆,增长10.3%。完成邮电业务收入10.64亿元,增长8.9%。固定电话用户9.37万户,下降3.3%;移动电话用户106.47万户,增长4.9%。固定互联网宽带接入用户50.93万户,增长18.2%,固定宽带普及率达51.9%。接待游客557.36万人次,增长34.1%,旅游总收入32.15亿元,增长52.5%。星级饭店3个。

全年财政总收入64.64亿元,比上年增长20.5%。其中,地方一般公共财政预算收入37.12亿元,增长16.1%;地方公共财政预算收入中,税收收入34.29亿元,增长20.5%,占地方一般公共预算收入的比重为92.4%。财政总支出102.26亿元,下降4.0%。年末金融机构各项存款余额1007.75亿元,增长6.4%;各项贷款余额491.08亿元,增长16.4%。

全市共有各级各类学校119所,在校学生16.05万人。其中,在校普通中学生6.51万人,在校小学生8.81万人。幼儿园179所,在园幼儿3.48万人。全年专利授权量1339件,比上年增长67.2%。每万人发明专利拥有量为3.06件。非织造布产业集群纳入科技部国家创新型产业集群培育试点。登记科技成果68项,技术交易合同404项,成交总金额15.3亿元。共有公共图书馆1个、文化站22个、民间剧团11个。共有医疗卫生机构1020个。其中,医院30个,基层医疗卫生机构961个,专业公共卫生机构5个。卫生机构人员8636人。其中,执业助理医师2832人,注册护师、护士3927人。医疗卫生机构床位8467张,其中医院6776张。

全年城镇常住居民人均可支配收入38681元,比上年增长8.2%;农村常住居民人均可支配收入22608元,增长9.5%。城镇居民人均消费支出24049元,增长18.6%;农村居民人均消费支出14305元,增长17.4%。全市参加养老保险93.10万人,参加医疗保险133.16万人,居民最低生活保障对象4.35万人。社会福利收养性单位28个,收养性单位床位3162张。

全市造林绿化面积2066.67公顷。建成区绿化覆盖面积2577.98公顷,比上年增长5.1%;建成区绿化覆盖率38.79%,人均公园绿地面积11.16平方米。空气质量优良率84.1%。地表水达到或好于Ⅲ类水体比例60%,地表水质量改善指数为1.25,PM2.5平均浓度31微克/立方米,下降3.1%。

（仙桃市史志研究中心）

潜江市发展概况

潜江市位于湖北省中南部、江汉平原腹地,是江汉油田所在地,1994年被列为省直管市。辖熊口、高石碑、老新、王场、渔洋、龙湾、浩口、积玉口、张金10个建制镇,园林、广华、杨市、周矶、泰丰、高场6个街道办事处,白鹭湖、总口、熊口、运粮湖、后湖、周矶6个管理区,潜江经济开发区1个功能区,辖区面积2004平方千米。2021年末全市常住人口83.57万人,其中,城镇人口46.93万,乡村人口36.64万,城镇化率56.16%。全年出生人口4826人,出生率为4.8‰;死亡人口6482人,死亡率为7.31‰,人口自然增长率-0.9‰。

全年实现地区生产总值

852.74亿元，按可比价格计算，比上年增长12.3%。三次产业结构为11.6∶42.4∶46.0。人均地区生产总值99029元，增长25.7%。新登记市场主体1.55万个，增长66.1%。全市市场主体达8.40万户，增长17.22%。

全年实现农林牧渔业增加值104.5亿元，比上年增长9.4%。粮食总产量59.67万吨，增长1.14%；蔬菜及食用菌产量93.11万吨，减少2.6%；油料产量4.55万吨，增长8.5%；园林水果产量5.79万吨，减少2.8%。生猪出栏57.96万头，增长57.9%；牛出栏1.44万头，与上年持平；羊出栏1.72万只，增长0.6%；家禽出笼1015万只，增长6.5%；禽蛋产量2.64万吨，增长4.2%。

全市规模以上工业增加值比上年增长15.1%。按经济类型分，国有控股企业增长18.2%，股份制企业增长17.1%，外商及港澳台投资企业增长4.7%，其他经济类型企业增长23.1%。高技术制造业增加值增长33.4%，增速快于规模以上工业18.3个百分点，占规模以上工业增加值的比重6.5%。其中，计算机、通信和其他电子设备制造业增长21.8%。规模以上工业销售产值增长24.0%，产品销售率96.8%，出口交货值增长19.7%；实现利润14.46亿元，下降29.6%。资质以内建筑企业总产值153.45亿元，增长1.6%。新开工房屋建筑施工面积358.86万平方米，增长20.3%。新签合同金额154.34亿元，增长47.5%。

全市固定资产投资（不含农户）比上年增长0.5%。按产业划分，一、二次产业投资分别增长36.4%、11.6%，三次产业下降11.3%。商品房销售面积56.4万平方米，增长68.9%；商品房销售额32.99亿元，增长63.6%。

全年实现社会消费品零售总额306.22亿元，比上年增长23.0%。其中，限额以上单位消费品零售额增长46.0%。按行业分，批发业零售额增长20.6%，零售业零售额增长23.9%，住宿业零售额增长14.0%，餐饮业零售额增长21.3%。货物进出口总额87.1亿元，增长55.1%。其中，进口70.3亿元，增长106.5%；出口16.7亿元，下降24.2%。实际利用外资493万美元，下降2.9%。

全市公路总里程3724千米，比上年增长2.0%。完成货物周转量29.03亿吨千米，增长55.4%；旅客周转量3415.12万人千米，下降44%；港口吞吐量68.2万吨，增长31.2%。邮政业务总量2.40亿元，增长14%。电信业务总量6.67亿元，电话用户82.37万户，互联网用户38.04万户。

全年完成财政总收入41.13亿元，比上年增长24.3%。其中，地方一般公共预算收入26.91亿元，增长26.2%。在地方一般公共预算收入中，税收收入20.58亿元，增长28.1%。地方一般公共预算支出66.84亿元，下降19.4%。年末全市金融机构本外币各项存款余额853.27亿元，增长9.72%。金融机构本外币各项贷款余额410.74亿元，增长18.7%。保险保费收入23.07亿元，增长8.72%。其中，财产险保费收入6.04亿元，增长11.8%；人身险保费收入17.03亿元，增长7.7%。支付各类赔款及给付8.31亿元，下降0.9%。

全市小学在校生5.23万人，普通初中在校生2.56万人，普通高中在校生1.54万人，中等职业学校在校生6550人，幼儿园在园幼儿2.34万人。全年登记重大科技成果5项，签订技术合同240项，技术合同成交金额11.03亿元，比上

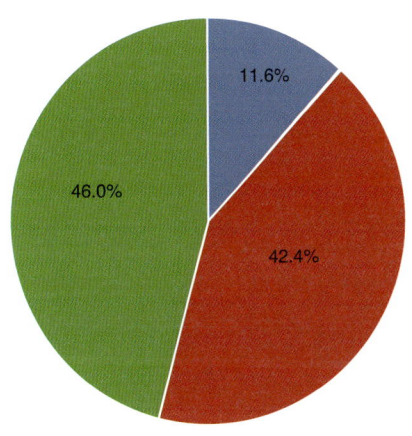

潜江市三次产业结构示意图

2021年潜江市主要农产品产量统计表

产品名称	产量（万吨）	比上年增长（%）
粮食	59.67	1.14
棉花	0.13	3.8
油料	4.55	8.5
油菜籽	3.76	10.6
园林水果（不含果用瓜）	5.79	-2.8
蔬菜及食用菌	93.11	-2.6

年增长32.2%。共有国有艺术表演团1个、文化馆1个、公共图书馆1个、博物馆4个。规模以上文化及相关产业企业营业收入26.8亿元，增长34.6%。共有医疗卫生机构724家，其中医院11家。卫生计生人员6286人（不包含管理、工勤及其他技人员）。其中，执业(助理)医师2447人，注册护士2859人。医疗卫生机构床位5189张，其中医院床位3535张。

全市城镇常住居民人均可支配收入36985元，比上年增长10%；农村常住居民人均可支配收入21146元，增长11.6%。城镇人均消费支出22974元，增长17.4%；农村人均消费支出16523元，增长22.6%。参加城镇职工基本养老保险18.73万人、城乡居民基本养老保险33.35万人、职工基本医疗保险8.74万人、城乡居民基本医疗保险73.5万人、工伤保险4.69万人、生育保险5.09万人、失业保险41173人。年末领取失业保险金人数276人。城镇最低生活保障对象4610人，农村最低生活保障对象21857人，国家抚恤、补助各类优抚对象4773人。养老机构23家，养老机构床位3072张。

全市完成造林面积1310公顷。其中，人工造林面积505公顷，占全部造林面积的38.6%。主要河流监测断面中，水质符合Ⅰ—Ⅲ类的占92.9%，功能区断面水质达标率92.9%。空气质量达到国家二级标准，细颗粒物（PM2.5）年均浓度32微克/立方米，比上年上升3.2%。

（潜江市档案馆）

天门市发展概况

天门市位于湖北省中部、江汉平原北部，汉江下游北岸，因境内天门山而得名。1994年被列为省直管市。辖3个街道办事处、21镇、1乡，辖区面积2622平方千米。

全年实现地区生产总值718.89亿元，按可比价格计算，比上年增长12.1%。其中，第一产业增加值105.16亿元，增长10.9%；第二产业增加值312.13亿元，增长14.2%；第三产业增加值301.6亿元，增长10.4%。三次产业比为14.6：43.4：42.0。人均地区生产总值63495元，增长19.1%。价格运行保持平稳。全年居民消费价格水平上涨0.1%。新登记市场主体1.63万个，增长58.9%。其中，新登记私营企业4136个。

全市农林牧渔业增加值112.3亿元，比上年增长10.9%。全年粮食总产量80.79万吨，增加7300吨；棉花总产量6100吨，减少40吨；油料总产量13.25万吨，增加7600吨；

生猪出栏69.3万头，增长96.4%；家禽出笼817.03万只，下降16.1%；禽蛋产量3.54万吨，下降15.7%。水产品产量11.4万吨，下降0.2%。园林水果产量2.09万吨，增长10.6%。

全市规模以上工业企业332家。规模以上工业增加值比上年增长16.9%。按经济类型分，国有控股企业增长22.1%，股份制企业增长10.4%，私营企业增长14.3%。规模以上工业销售产值增长16.0%，产品销售率为98.1%，出口交货值增长1.9%。实现利润48.27亿元，增长9.8%。资质以上建筑业企业71家，增加17家。建筑业总产值166.01亿元，增长17.3%。房屋施工面积341.71万平方米，下降17.1%；竣工面积96.28万平方米，下降20.0%。

全年完成固定资产投资（不含农户）比上年增长12.7%。按投资领域分，第一、二、三产业投资分别增长-64.9%、14.0%和16.1%。其中，工业投资增长14.0%，房地产开发投资增长20.8%。商品房销售面积83.25万平方米，增长45.3%。

全年实现社会消费品零售总额368.01亿元，比上年增长27.0%。

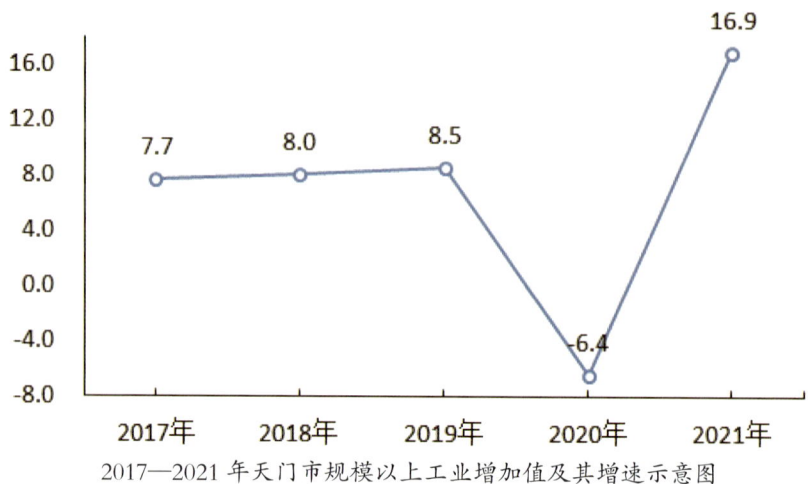

2017—2021年天门市规模以上工业增加值及其增速示意图

天门市西湖秋色　　　　　　　　　　（天门市文化和旅游局　供图）

批发、零售、住宿和餐饮四大消费业态销售额分别增长20.1%、20.0%、40.1%和19.5%。货物进出口额12.5亿元，增长22.8%。其中，出口额12.4亿元，下降22.4%。

全市通车公路总里程5158.83千米。公路客运量426.08万人次，比上年减少22.2%；客运周转量20173.03万人千米，减少13.6%；货运量2087.85万吨，增加102.1%；货运周转量22.06亿吨千米，增长72.9%。水路货运量40万吨，减少70.6%；货运周转量3.37亿吨千米，减少64.1%。综合运输货运周转量约与上年持平。民用汽车拥有量12.08万辆，增加1.01万辆。

全市完成财政总收入32.14亿元，比上年增长38.5%。其中，地方一般公共预算收入21.37亿元，增长50.2%。在地方一般公共预算收入中，地方税收收入16.47亿元，增长51.9%。全年地方一般公共预算支出86.77亿元，下降6.8%。各类金融机构存款余额822.9亿元，比上年末增加75.74亿元。各项贷款余额362.75亿元，增加52.48亿元。

全市共有各类中小学181所，在校中小学生14.45万人。幼儿园211所，在园幼儿3.32万人。各类专利授权965件，发明专利累计96件。高新技术产业企业增至129家，实现增加值106.68亿元，比上年增长19.4%。共有卫生机构1024个，其中医院16个。床位8367张，其中医院拥有床位4923张。卫生技术人员6635人，其中执业（助理）医师2750人。接待旅游者人数369.83万人次，旅游总收入23.5亿元。

全市城镇常住居民人均可支配收入34408元，比上年增长9.9%；农村常住居民人均可支配收入20577元，增长12.1%。城镇居民人均消费支出21271元，增长18.1%；农村居民人均消费支出13158元，增长20.8%。参加城乡居民基本医疗保险126.48万人、城乡居民社会养老保险84.39万人。城镇最低生活保障对象9300人，农村最低生活保障对象3.52万人。全年结婚登记5420件，减少450件；离婚登记1569件，减少1263件。各类社会福利收养单位36个，收养单位拥有床位5051张。社区服务机构621个。

全市森林覆盖率9.1%。市中心城区绿化率40.3%，污水处理率97.2%。空气质量优良率84.4%，PM2.5达标天数全年占比91.5%。水功能区断面地表水质达标率100%，农村自来水（安全饮水）普及率100%。单位GDP能耗比上年下降7.4%。

（天门市文化和旅游局）

编辑：刘家连
校对：卢永会

附　录

统计资料

2019—2021年武汉城市圈主要指标一览表

指标	计量单位	2019年	2020年	2021年
土地面积	平方千米	58051.90	58051.90	58051.90
常住人口	万人	3231.46	3186.63	3186.63
生产总值	亿元	27681.50	26361.01	30101.41
第一产业增加值	亿元	1750.45	1886.28	2131.24
第二产业增加值	亿元	11115.83	10029.19	11140.82
第三产业增加值	亿元	14755.55	14445.51	16829.36
全社会固定资产投资额	亿元		16991.97	20003.91
地方一般预算收入	亿元	1969.28	17605.63	2229.49
社会消费品零售总额	亿元	13206.99	10891.22	12654.36
海关进出口总额	亿美元	2798.90	3023.28	4247.40
出口	亿美元	1812.70	1849.84	2511.60
外商直接投资	亿美元	108.30		

2021年武汉城市圈、成都都市圈、重庆市、长株潭城市群主要指标一览表

城市圈名称	土地面积（万平方千米）	第七次人口普查总人口（万人）	2021年GDP（亿元）	人均GDP（万元）	2017—2021年GDP年均增长速度（%）
武汉城市圈	5.80	3186.63	30101.41	9.47	5.89
成都都市圈	3.31	2965.78	25011.91	8.43	7.03
重庆市	8.24	3205.42	27894.02	8.70	6.76
长株潭城市群	2.80	1667.68	19239.31	11.53	7.23

2021年武汉城市圈各市主要经济指标一览表

城市	生产总值 本年（亿元）	规模以上工业增加值 比上年增长 ±%	固定资产投资 本年（亿元）	固定资产投资 比上年增长 ±%	地方一般公共预算收入 本年（亿元）	地方一般公共预算收入 比上年增长 ±%	外商直接投资 本年（亿元）	外商直接投资 比上年增长 ±%	社会消费品零售总额 本年（亿元）	社会消费品零售总额 比上年增长 ±%	城镇居民人均可支配收入 本年（元）	城镇居民人均可支配收入 比上年增长 ±%	农村居民人均可支配收入 本年（元）	农村居民人均可支配收入 比上年增长 ±%
武汉	17716.76	12.2	14.2	12.9	1578.65	28.3	2.51	12.6	6795.04	10.5	55297	9.8	27209	13.1
黄石	1865.68	13.0	17.3	25.4	125.69	42.5	0.55	26.3	966.96	27.4	41589	9.7	18585	12.3
鄂州	1162.30	12.9	20.3	25.3	68.88	42.1	3.59	16.0	352.85	8.1	38317	9.4	21479	14.3
孝感	2562.01	13.4	18.0	24.5	134.77	34.5	0.71	22.7	1197.60	22.1	38911	10.0	19346	13.2
黄冈	2541.31	13.8	20.4	23.6	141.01	35.6	0.52	18.3	1403.73	22.1	34032	10.4	16456	12.0
咸宁	1751.82	12.8	16.9	24.9	94.09	32.7	0.54	38.3	781.93	29.5	35990	11.1	18534	13.3
仙桃	929.90	6.3	-7.9	20.6	37.12	16.1	0.05	62.0	482.02	26.2	38681	8.2	22608	9.5
潜江	852.74	12.3	15.1	0.5	26.91	26.2	0.03	-3.0	306.22	23.0	36985	10.0	21146	11.6
天门	718.89	12.1	16.9	12.7	21.37	50.2	0.03	-55.4	368.01	27.0	34408	9.9	20577	12.1

注：各城市数据为快报数，2021年最终数据以各城市年鉴为准。

2015—2021年武汉城市圈各市GDP及其增速一览表

城市	2015年 GDP（亿元）	2015年 增速	2016年 GDP（亿元）	2016年 增速	2017年 GDP（亿元）	2017年 增速	2018年 GDP（亿元）	2018年 增速	2019年 GDP（亿元）	2019年 增速	2020年 GDP（亿元）	2020年 增速	2021年 GDP（亿元）	2021年 增速
武汉	10905.60	8.8%	11912.61	7.8%	13410.34	8.0%	14847.29	8.0%	16223.21	7.4%	15616.06	-4.7%	17716.96	12.2%
黄石	1228.10	5.3%	1305.55	7.2%	1479.40	7.7%	1587.33	7.8%	1767.19	8.2%	1641.32	-5.9%	1910.00	14.0%
鄂州	730.01	8.0%	797.82	8.0%	905.92	8.6%	1005.30	8.2%	1140.07	7.8%	1005.23	-9.8%	1200.00	17.0%
孝感	1457.20	8.9%	1576.69	7.9%	1742.23	6.6%	1912.90	8.1%	2301.40	8.0%	2193.55	-4.5%	2562.00	16.7%
黄冈	1589.24	8.9%	1726.17	7.4%	1921.83	7.6%	2035.20	7.2%	2322.73	6.8%	2169.55	-6.6%	2541.31	13.8%
咸宁	1030.07	8.0%	1107.93	7.6%	1234.86	8.1%	1362.42	8.5%	1594.98	8.1%	1524.67	-4.9%	1750.00	15.0%
仙桃	597.61	9.1%	647.55	8.2%	718.66	7.8%	800.13	7.6%	868.47	7.7%	827.91	-4.3%	929.90	12.3%
潜江	557.57	7.0%	602.19	8.1%	671.86	6.9%	755.78	8.3%	812.63	7.9%	765.23	-4.6%	852.47	12.3%
天门	440.10	8.9%	471.27	8.0%	528.25	8.0%	591.15	8.2%	650.82	7.7%	617.49	-5.6%	718.89	7.3%
总计	18535.50		18421.61		22613.35		24897.50		27687.50		26361.01		30101.41	

2021年武汉城市圈各市农产品产量一览表

类别	计量单位	武汉市 本年	武汉市 比上年±%	黄石市 本年	黄石市 比上年±%	鄂州市 本年	鄂州市 比上年±%	孝感市 本年	孝感市 比上年±%	黄冈市 本年	黄冈市 比上年±%	咸宁市 本年	咸宁市 比上年±%	仙桃市 本年	仙桃市 比上年±%	潜江市 本年	潜江市 比上年±%	天门市 本年	天门市 比上年±%
粮食	万吨	90.75	1.3	54.40	6.1	25.28	3.0	236.14	1.5	273.18	1.5	119.51	2.3	70.83	1.6	59.67	1.1	80.79	0.9
小麦	万吨	2.98	9.4	2.16	-1.4	—	—	—	—	—	—	—	—	—	—	—	—	—	—
玉米	万吨	7.55	3.9	3.51	15.8	—	—	—	—	—	—	—	—	—	—	—	—	—	—
棉花	万吨	0.79	-3.3	0.27	-1.7	0.34	2.7	0.80	9.1	0.20	-1.2	—	—	0.95	16.4	—	—	0.61	-6.6
油料	万吨	14.28	2.6	12.23	4.9	4.42	1.8	28.47	6.4	55.47	4.6	19.33	2.7	13.34	1.0	4.55	8.5	13.25	5.8
麻类	吨	0	0	3916.00	10.8	—	—	—	—	—	—	—	—	—	—	—	—	—	—
蔬菜	万吨	820.59	5.5	88.68	7.2	105.96	1.4	460.76	5.2	359.58	2.1	251.55	2.5	58.63	7.3	93.11	-2.6	—	—
茶叶	万吨	0.28	5.4	1398.00	25.8	—	—	—	—	—	—	7.81	30.5	—	—	—	—	—	—
水果	万吨	14.90	0.1	21.65	4.5	—	—	51.78	3.0	29.64	25.0	—	—	—	—	5.79	-2.8	2.09	10.6
生猪出栏	万头	186.75	63.9	98.10	50.0	71.92	61.3	287.34	52.1	435.55	68.5	228.50	60.1	59.62	22.6	57.96	57.9	69.30	96.4
牛出栏	万头	—	—	—	—	—	—	—	—	23.41	1.5	—	—	—	—	1.44	0	—	—
羊出栏	万只	—	—	—	—	—	—	—	—	56.54	-1.9	—	—	—	—	1.72	0.6	—	—
家禽出笼	万只	3675.68	6.7	2017.91	1.1	—	—	8383.77	-15.2	6636.06	37.3	3348.52	-1.0	—	—	1015.00	6.5	817.03	-16.1
禽蛋	万吨	10.84	3.5	5.10	3.7	—	-0.7	27.25	3.6	32.53	3.4	5.69	9.0	1.83	-6.8	2.64	4.2	3.54	-15.7
水产品	万吨	43.72	2.4	23.69	5.5	27.94	—	43.28	3.0	—	—	23.40	4.6	29.06	2.4	—	—	11.40	-0.2

2021年武汉市主要工业产品产量一览表

产品名称	单位	产量	比上年增长（±%）
生铁	万吨	1313.96	−6.3
钢材	万吨	1608.27	3.9
汽车	万辆	139.35	−1.6
轿车	万辆	78.15	−7.7
卷烟	万箱	269.87	1.4
原油加工量	万吨	829.57	43.5
发电量	亿千瓦时	259.11	13.1
机制纸及纸板（外购原纸加工除外）	万吨	72.08	13.0
房间空气调节器	万台	2003.82	17.5
布	万米	4208.15	1.9
服装	万件	6644.71	22.0
饮料	万吨	427.06	16.5
显示器	万台	1635.21	12.3
乙烯	万吨	106.39	52.5
光纤	万千米	11263.17	31.1
光缆	万芯千米	5281.54	6.3
水泥	万吨	1007.77	14.4
手机	万台	4837.03	93.1
电子计算机整机	万台	2083.27	19.5

2021年黄石市主要工业产品产量一览表

产品名称	单位	产量	比上年增长（±%）
铁矿石（原矿）	万吨	443.49	100.7
钢	万吨	605.58	0
成品钢材	万吨	750.28	6.5
锻压设备	台	350.00	51.5
无缝钢管	万吨	127.00	−6.8
精炼铜	万吨	48.06	−5.9
铝材	万吨	58.41	6.9
水泥	万吨	1766.30	30.6
纱	万吨	1.67	103.7
服装	万套	3359.15	19.7
饮料酒	万千升	25.81	−0.8
印制电路板	万平方米	547.21	30.1
制冷压缩机	万台	1619.10	13.3

2021年鄂州市主要工业产品产量一览表

产品名称	单位	产量	比上年增长（%）
粗钢	万吨	636.74	2.9
钢材	万吨	643.14	6.4
铸钢材	万吨	13.28	-5.4
硅酸盐水泥熟料	万吨	381.04	-15.0
水泥	万吨	1252.28	35.1
商品混凝土	万立方米	402.40	39.2
预应力混凝土桩	万米	518.00	17.9
民用钢质船舶	万载重吨	8.35	37.1
自来水生产量	万立方米	5210.34	23.7
塑料制品	万吨	25.85	8.3

2021年仙桃市主要工业产品产量一览表

产品名称	单位	产量	比上年增长（%）
纱	万吨	10.9	5.8
毛机织物（呢绒）	万米	63.0	32.9
非织造布（无纺布）	万吨	22.3	-20.6
口罩	万个（只）	817514.3	-31.1
服装	万件	5335.4	67.2
人造板	万立方米	11.5	202.6
家具	万件	6.7	-25.6
机制纸及纸板（外购原纸加工除外）	万吨	27.7	39.2
纸制品	万吨	33.0	16.2
单色印刷品	万令	0.7	-95.2
农用氮、磷、钾化学肥料（折纯）	万吨	0.1	0
初级形态塑料	万吨	3.2	39.1
化学试剂	万吨	14.6	-21.1
表面活性剂	吨	1733.0	6.4
中成药	万吨	0.5	-16.7
塑料制品	万吨	9.3	-21.8
水泥	万吨	9.7	19.8
石灰	万吨	7.2	-18.2
商品混凝土	万立方米	133.0	52.7
预应力混凝土桩	万米	27.9	-43.8
隔热、隔音人造矿物材料及其制品	万吨	0.3	0
耐火材料制品	万吨	0.3	200.0

2021年孝感市主要工业产品产量一览表

产品名称	单位	产量	比上年增长（%）
原盐	万吨	545.4	27.0
饮料	万吨	60.7	17.2
纱	万吨	83.5	26.3
服装	万件	111379.3	33.2
纸制品	万吨	247.3	24.0
纯碱	万吨	174.5	0.7
大米	万吨	177.4	1.1
化肥	万吨	118.1	4.4
塑料制品	万吨	59.8	45.5
中成药	万吨	7.6	7.0
水泥	万吨	286.1	16.1
钢丝	万吨	7.7	24.2
粗钢	万吨	55.6	12.1
钢材	万吨	25.1	37.2
商品混凝土	万立方米	652.1	32.9
灯具及照明装置	万套（台、个）	1145.7	-2.4
发电量	亿千瓦时	206.1	15.6

重要文献选编

武汉城市圈同城化发展实施意见

为全面贯彻落实《中共中央、国务院关于新时代推动中部地区高质量发展的指导意见》和《中共湖北省委、湖北省人民政府关于推进"一主引领、两翼驱动、全域协同"区域发展布局的实施意见》，进一步做强武汉龙头地位，加快武汉城市圈同城化发展，提出如下意见。

一、总体要求

（一）指导思想

坚持以习近平新时代中国特色社会主义思想为指导，全面贯彻党的十九大和十九届二中、三中、四中、五中全会精神，按照省委"建成支点、走在前列、谱写新篇"战略定位，立足新发展阶段，完整准确全面贯彻新发展理念，服务和融入新发展格局，紧扣"一主引领、两翼驱动、全域协同"区域发展布局，坚持"九城即一市"的理念，发挥武汉和武汉城市圈引领作用，加快武汉城市圈同城化发展，全面增强武汉科技创新策源、高端要素集聚、综合交通枢纽联通、对外开放交流等功能，推进规划同编、交通同网、科技同兴、产业同链、民生同保，深化创新协同、产业协作、市场联动、开放互动、服务共享，建设"便捷、创新、开放、共享、绿色、活力"现代化城市圈，努力打造全省高质量发展主引擎、中部地区高质量发展主支点、全国重要增长极。

（二）发展目标

到2025年，武汉基本建成国家中心城市，经济总量在全国同类城市中实现进位，人均地区生产总值达到16万元，建设用地亩均地区生产总值达到80万元，研发经费投入强度迈入全国前五；武汉城市圈同城化发展走在中部地区前列，地区生产总值在全省占比提高1—2个百分点，常住人口城镇化率提高到70%以上，建成具有全国影响力的城市圈，成为长江经济带重要增长极和高质量发展样板区。到2035年，武汉全面建成国家中心城市，武汉和武汉城市圈参与国际分工、集聚全球资源的整体竞争力大幅增强，在支撑长江经济带、中部地区崛起、长江中游城市群重大战略实施、参与全球竞争合作中发挥更大引领作用，成为全国重要增长极。

二、着力推进基础设施互联互通，建设便捷城市圈

（三）打造一小时通勤圈和一日生活圈。推动城市圈"市市通高铁、县县通高速、城乡通公交"，加快形成"123"综合交通网（武汉城市圈1小时通勤、长江中游城市群2小时通达、全国主要城市3小时覆盖），加快推进城市圈交通一日往返、服务一卡通用、运营一网管理。打造轨道上的城市圈，推进干线铁路、城际铁路、市域（郊）铁路、城市轨道交通"四网"融合，推进武汉轨道交通向周边毗邻地区延伸。织密区域高快速路网，构建以武汉为核心的"七环二十四射多联"高快速路网体系。畅通公路网，实施高速公路繁忙拥堵路段扩容工程，加密高速公路出口。按照统一标准和时序建设市政通道，贯通"断头路"、畅通"瓶颈路"，全面清理跨行政区道路非法设置限高、限宽等路障设施。加快推动近郊城际公交线路开通。加快建设一批市际客运与城市公共交通换乘枢纽，推进多种交通方式无缝衔接。探索推行圈内城际铁路"月票制"。畅通农副产品输送通道。

（四）共建综合性物流枢纽。加快建设武汉国际性综合交通枢纽，支持黄石—鄂州—黄冈全国性综合交通枢纽融入武汉枢纽布局，打造枢纽集群。推进国家级物流枢纽建设，支持武汉陆港型、港口型、空港型、生产服务型、商贸服务型国家物流枢纽建设，推动黄石、鄂州、孝感、黄冈、咸宁、仙桃、天门、潜江物流港（园区）建设，完善集疏运体系，构建一体化现代物流网络，重塑新时代"货到汉口活""货经汉口活"。加快长江中游航运中心建设，加快沿江港口资产和运营能力一体化建设，逐步实现城市圈同港化发展，实施阳逻港区铁水联运二期工程、黄石棋盘洲港区三期综合码头工程，大力发展水铁联运、江海联运、水水直达、沿江捎带，加强长江与汉江集装箱运输线联动协同发展，稳步推进支线港、喂给港合作。积极巩固和开辟武汉、黄石至国内沿海、东亚、东南亚近洋航线，将武汉、黄石打造为中部地区枢纽港。推进阳逻港区、武汉西站、黄石新港、鄂州花湖机场等建设，打造一批枢纽港站，加快建设鄂州花湖机场高速一期二期工程、鄂黄第二过江通道等项目，优化完善多式联运型和干支结合型货运枢纽布局。

（五）协同信息网络和市政设施建设。统筹布局信息网、政务服务网和市政设施网"三网"建设。推动网间互联带宽扩容，推进骨干网、城域网、宽带接入网的IPv6升级改造。加快建设5G、工业互联网、人工智能、数据中心、北斗地基增强系统等新型基础设施，推动5G规模化组网及商用。推动传统基础设施数字化改造升级，加强智能停车系统、智能仓储、综合管廊等新型物联网载体建设，加快建设智慧城市圈。协同推进市政设施跨区域布局，统筹垃圾处理厂、污水及污泥处理处置设施等规划建设，推动供电供气等管网一体化建设和供水交流合作。

（六）提升能源水利互济互保能力。统筹圈域油气、煤炭、电力等基础设施建设。共建现代智能电网系统，以武汉世界一流城市电网建设为引领，加快实施陕武直流、荆武交流等标志性工程，全面提升区域电网互济互保能力。加快建设特高压、百万千瓦级多能互补基地、川藏水电外送湖北、黄冈LNG储气设施、罗田平坦原及黄梅紫云山抽水蓄能电站、团风上进山抽水蓄能电站、通山大幕山抽水蓄能电站、潜江地下盐穴储气库等一批能源标志性工程。推动咸宁核电"内陆首核"尽快启动建设。加快推进联丰泵站建设工程、杨林尾泵站更新改造工程、泽口灌区续建配套与现代化改造、通顺河综合治理工程和东荆河下游河道综合治理工程建设。稳步推进长江及汉江、举水、巴河、浠水、富水、陆水等长江一级支流综合治理。加快重点水源工程建设，实施鄂北地区水资源配置二期、引江补汉等重大引调水工程，加快推进汉江经济带引隆补水工程和沙湖泵站建设工程前期工作。加强城市河湖流域水环境水生态保护与修复。全面推动河湖长制提档升级。健全完善防汛抗旱信息共享联动机制。

三、着力深化产业协同创新发展，建设创新城市圈

（七）显著增强区域创新能力。增强科技创新策源功能，全力做强武汉创新引擎，高标准建设东湖科学城，集中布局一批高水平实验室和大科学装置，积极创建具有全国影响力的科技创新中心和湖北东湖综合性国家科学中心。依托武汉高校、科研院所优势，建设一批国家级大学科技园，发挥国家技术转移中心中部中心、中国高校（华中）科技成果转化中心、湖北技术交易大市场等平台作用，疏通基础研究、应用研究和产业化双向链接的快车道，提升"钱变纸""纸变钱"能力，促进创新链与产业链深度融合。发挥武汉创新引领作用，建立科技资源共享平台，加快创新要素在圈内优化配置和高效流动，构建融通协作的区域创新共同体。建立跨区域成果转化、创业孵化、联合攻关等合作机制，共建开放、协同、高效的产业创新大平台，营造人才、资本、技术一体化布局的创新创业生态。

（八）合力打造世界级先进制造业集群。发挥武汉工业互联网国家顶级节点优势，加快国家数字经济创新发展试验区建设，实施"上云用数赋智"行动，带动城市圈传统产业数字化转型、智能化改造。构建开放共享数据要素市场，打造全国数字经济标杆区域。共同推动先进制造业建链、延链、补链、强链，形成光芯屏端网新一代信息技术、汽车制造和服务、大健康和生物技术等万亿级世界产业集群。探索总部经济、共建园区、飞地经济、联合招商等合作模式，推动武汉与其他八市利益共享、风险共担。促进武汉一般制造业向圈内八市有序转移，逐步形成研发在武汉、制造在城市圈，头部在武汉、链条在城市圈，融资在武汉、投资在城市圈，主链在武汉、配套在城市圈的一体化发展格局，带动全省加快构建战略性新兴产业引领、先进制造业主导、现代服务业驱动的现代产业体系。

（九）协同建设现代服务业基地。加快建设区域金融中心，全力推进武汉金融城建设。大力引进境内外金融机构总部或区域性总部，发展壮大地方法人金融机构，完善以股权、债权、金融资产交易为主的要素交易市场体系，鼓励地方国资平台、重点龙头企业参与省属国有企业混改，依托省属国有企业，加大同业领域资本、资产或企业整合，做优做大做强一批实力雄厚、竞争力强、有影响力的平台服务企业。做实上交所中部基地和沪、深交易所湖北资本市场培育基地，深化科技金融改革创新，提升金融服务实体经济能力。推动现代服务业跨市域发展，为圈内城市提供研发设计、供应链管理、检验检测、市场营销等多元化专业化服务。创新人才引进、培养、使用、评价、流动等体制机制，形成具有吸引力和国际竞争力的人才制度体系，造就更多国际一流的领军人才和创新团队。推动圈域生活性服务业高品质化和多样化，加快发展健康、养老、育幼、文化、旅游、体育、家政、物业等服务业，扩大公益性、基础性服务业供给。

（十）打造四大组团发展先行区。完善梯次联动的区域创新与产业布局，加快科技创新、产业发展、城市功能有机融合。高标准建设光谷科技创新大走廊，以东湖科学城为核心，串联鄂州、黄石、黄冈、咸宁等重点园区和重要创新平台，建设光电子信息、智能产业、大健康三条创新产业带。加快湖北实验室建设，提升产业创新能力。强化武汉源头创新、成果转化、企业培育和新兴产业生成功能，推动前沿产业技术研发转化，孵化一批新兴产业，提高核心区集中度和显示度，推动沿线城市产业发展协同、科技创新协同、创业孵化协同、创新政策协同，建立高效协同发展模式。推动建设车谷产业创新大走廊，以武汉经济技术开发区为核心，加强与孝感、黄冈、仙桃、天门、潜江等协作互动，打造新能源与智能网联汽车、现代化工新材料、特色消费品工业等产业集群。协同建设航空港经济综合实验区，以武汉天河机场和鄂州花湖机场为核心，支持武汉、孝感、鄂州、黄石、黄冈、仙桃联合打造临空临港枢纽经济带，加快鄂州专业性货运机场建设，重点发展空港物流、临空制造、跨境电商等产业。加快建设长江新区，聚焦"绿色、生命、智能"三大主导产业方向，积极推进产业链上下游联动、科技成果转化孵化、产业园合作共建等产业协同创新模式，打造新兴增长极，辐射带动周边地区发展。

四、着力推动高水平协同开放，建设开放城市圈

（十一）加快建设国际通道与走廊。发挥武汉国际性综合交通枢纽优势，建设国际航空客货运双枢纽门户，推动武汉天河机场、鄂州花湖机场联动发展，加快推进武汉港阳逻港区、黄石港棋盘洲港区、鄂州港三江港区、黄冈港黄州港区、黄冈港武穴港区、嘉鱼港为核心的沿江港口整合升级，建立健全中欧班列（武汉）运行协调机制，构筑更高水平开放大通道，加速融入"全球123快货物流圈"（国内1天送达、周边国家2天送达、全球主要城市3天送达）。深度融入"一带一路"建设，推动圈内城市依托武汉打通更多、更宽国际通道与走廊，着力打造中部地区国内国际双循环的"桥头堡"。

（十二）协作搭建开放合作平台。高标准高水平推进自贸试验区、综保区、跨境电商综合试验区建设。推广复制湖北自贸试验区改革创新成果，加强自贸试验区与圈内经开区、高新区等联动发展。提升开放口岸能级，争取设立更多综合保税区。引进一批跨境电商龙头企业，培育一批本土的全球性海外仓平台公司，优化海外仓建设布局，引导本地优质企业"触网上线"，打造"互联网+跨境贸易+本土制造"发展模式，促进跨境电商与商贸业、制造业深度融合。争取更多国家领事机构、国际组织及其总部落户。积极承办国家外事活动，策划引进、承担举办更多国际论坛、国际赛事，建设国家会展中心城市，进一步扩大健博会、光博会等国际展会影响力。

（十三）共同打造国际化营商环境。实施统一的市场准入负面清单制度，探索推进行政审批无差别化受理，推动标准共商共通、检测认证结果互认。积极对外开展"全球营销"，推进武汉"类海外"服务环境建设，复制推广"类海外"服务模式，实施城市圈国际政务服务环境优化计划。推动城市圈深化口岸合作，支持外贸企业就近办理通关业务，进一步压缩通关时间，用好武汉航空口岸过境免签政策。

五、着力提升公共服务共建共享水平，建设共享城市圈

（十四）促进公共服务优质共享。加快实施城市圈教育、医疗、社保、医保、公积金、公共交通、旅游、户籍管理、养老基本公共服务"九同"工程，建立健全统一规范的基本公共服务标准体系。巩固和发挥武汉市高等教育龙头引领作用，按照大学校区、产业园区、城市社区"三区融合、联动发展"理念，规划建设高质量大学城。鼓励在汉优质高校、医院与圈内其他城市开展联合办学（院），设立研究院和创新基地。鼓励办学空间不足的在汉高校整体搬迁到圈内其他城市，优化武汉城市圈高校空间布局。在县级加快推动紧密型县域医共体建设，在城区采取专科联盟、对口支援等多种形式，与城市高水平医疗卫生机构建立医联体，合理调节患者流向，促进分级诊疗制度建设。在县域医共体内建立开放共享的影像、心电、病理诊断、医学检验等中心，实现"乡检查、县诊断"。加快医疗服务体系供给侧改革，完善区域优质医疗资源配置，推进省级区域医疗中心建设。加快推进基本医疗保险省级统筹，完善异地就医门诊费用直接结算，推行住房公积金转移接续和异地贷款。建立以社保卡为载体的"一卡通"服务管理模式，探索城市交通、就医服务等业务圈内联网、一卡通用。深化户籍制度改革，促进劳动力合理流动和优化配置。鼓励共建养老机构及服务设施，探索异地养老服务机制。

（十五）推动政务服务联通互认。依托省级政务云平台，统筹建设政务服务"一张网"，实现公共管理、政务服务、社会治理、空间地理等领域信息同城化。全面推广应用电子证照、电子签章、电子档案。围绕"高效办成一件事"，推进高频政务服务事项"跨市通办""一网通办"24小时自助办，进一步推进城市治理体系与治理能力现代化。

（十六）创新社会协同治理模式。健全突发事件联防联控、应急处置与救援联动机制，共建食品药品监管体系和安全生产保障体系，完善重大疫情防控机制。加强交界地带城市管理联动，建立健全治安维稳、行动执法等协作机制。推动居住证互通互认，实现流动人口信息共享。建立毗邻地区重大工程项目选址协商机制。探索城市圈智慧治理，提升武汉城市圈精细化治理水平。

六、着力加强生态环境共保联治，建设绿色城市圈

（十七）打造"一环两屏"生态协作圈。统筹规划生态、生产、生活空间，共建生态价值转化体系，打造高品质宜居城市圈，建设美丽湖北样板区。围绕环武汉主城区周边50千米左右生态区域，以水系、山体、林地、湿地等为主要载体，建设环城生态带。积极创建国家生态园林城市、国家森林城市，建设中部地区最大的湿地景观群、最大的生物多样性保护圈、最大的生态宜居园林城市集群，提升生态系统碳汇能力。圈内城镇生态节点之间，以自然保护区、森林公园、风景名胜区、生态公益林和基本农田为主体，形成多组天然与人工相结合的生态绿道，加快构建木兰山山地生态绿楔、武仙洪湖湿地生态绿楔、幕阜山梁子湖生态绿楔。加强大别山、幕阜山、大洪山和桐柏山东端生态屏障建设，大力发展康养度假、都市农业等产业，支持咸宁、黄冈加强国家全域旅游示范区建设，着力建设武汉城市圈"北大别山、南九宫山"避暑康养胜地。实施森林城市群协同建设工程，积极开展湖北长江森林城市群建设。研究建立常态化跨区域生态补偿机制。

（十八）协同推进环境保护。坚持共抓大保护、不搞大开发，把保护修复长江生态环境摆在压倒性位置，建立健全武汉城市圈生态环境协同共治机制。开展大气污染综合防治，实施超低排放改造和深度治理工程。稳步推进长江、汉江、府澴河、东荆河、汉北河、通顺河、斧头湖、梁子湖等跨区域流域综合治理，推进跨界水体水质信息共享和污染源协同管理，持之以恒抓好农村生态文明建设和"长江十年禁渔"。加强土壤污染风险管控和治理修复。共同完善区域森林防火预警监测和林业有害生物防控机制。完善联合环境执法机制，统一环境执法尺度，构建违法线索互联、监管标准互通、处理结果互认的跨区域环境监管体系。

（十九）推动绿色循环低碳发展。深化"两型"社会综合配套改革，加快建设武汉长江经济带绿色发展示范区，共建绿色低碳循环发展的经济体系。拓宽绿水青山与金山银山的转化通道，逐步建立健全生态产品价值实现机制。支持武汉市深化开展国家低碳城市试点示范建设，支持武汉打造全国碳金融中心，以碳达峰、碳中和为契机，深化碳交易试点。加强气候信贷、气候债券、气候基金、气候保险、碳金融等金融工具和服务手段创新，建成"制度健全、主体明晰、交易规范、监管严格"区域碳市场。协同推进废弃物资源循环利用和园区循环化改造，加快发展城市矿产交易，构建资源循环利用体系。推广合同能源管理，鼓励节能服务公司为用能单位提供合同能源管理服务。推广绿色产品，减少一次性消费品使用，引导公众绿色生活，共同打造"绿色城市圈"。

七、着力改革完善同城化体制机制，建设活力城市圈

（二十）完善同城化推进机制。突出武汉国家中心城市主引擎作用，辐射带动城市圈高质量发展，形成大中小城市和小城镇疏密有致、功能完善、分工协作的城镇化空间格局。完善城市圈统计合作与交流机制，整合各城市统计资源，服务圈域经济社会发展。

（二十一）创新同城化利益分享机制。探索建立圈域互利共赢的税收利益分享机制和征管协调机制，加强区域内税收优惠政策的协调，促进公平竞争。允许符合条件的圈内跨市域制造业企业的总机构和分支机构汇总申报增值税，分支机构就地入库。探索开展经济区和行政区适度分离，鼓励园区探索共建共享共赢合作新模式。支持通过共同组建市场化开发建设主体等形式，以资金、品牌、管理等参与合作。探索建立区域投资、税收等利益争端处理机制，形成有利于生产要素自由流动和高效配置的良好环境。

（二十二）完善要素保障机制。对促进同城化发展的重大项目、重大平台，优先保障用地、用能等要素需求。落实城镇建设用地规模与吸纳农业转移人口落户数量挂钩政策，开展城乡建设用地增减挂钩指标和耕地占补指标圈内交易，推动建设用地资源向中心城市和城市圈倾斜，实施"亩产论英雄"，推动土地资源集约高效利用，提高经济密度和投入产出效率。完善建设用地二级市场，积极盘活存量工业用地。完善能源消费总量和强度双控制度，确立以重大项目能耗需求为主要依据的分配原则，对于能耗强度达标而发展较快的城市，在总量分配时给予适度倾斜。

（二十三）深化财税金融体制改革。加强金融基础设施、信息网络、服务平台一体化建设，鼓励金融机构在圈内协同布局，探索银行分支机构跨行政区开展业务，加快实现存取款等金融服务同城化，推动融资担保、小额贷款、融资租赁等业务同城化。强化金融监管合作和风险联防联控，建立金融风险联合处置机制，合力打击非法集资等金融违法活动。鼓励省、市国有企业共同组建合资公司或同城化发展投资基金，撬动更多金融及社会资本参与投入，统筹财政专项资金、预算内基建投资以及重大项目资本金，重点支持跨区域产业创新平台、牵引性同城化重大项目建设。

（二十四）统一市场建设规则。以打破地域分割和行业垄断、清除市场壁垒为重点，加快清理废除妨碍统一市场和公平竞争的各种规定和做法，营造规则统一开放、标准互认、要素自由流动的市场环境。消除商事主体异地迁址变更登记隐形阻碍，推动各类审批流程标准化和审批信息互联共享。建立圈域市场监管协调机制，推动执法协作及信息共享，联合打击侵权假冒行为，推进食品安全检验检测结果互认。加快完善城市圈信用体系，实施守信联合激励和失信联合惩戒。支持湖北碳排放权交易中心、湖北环境资源交易中心、武汉农村产权交易所等发挥先行优势，创新交易机制，拓展交易因子，促进信息共享，共同建设统一开放、竞争有序的城乡要素市场体系。

八、保障措施

（二十五）加强组织领导。在武汉城市圈同城化发展协调机制框架下，完善同城化发展工作机制，统筹协调重大事项。武汉市要落实牵头责任，黄石市、鄂州市、孝感市、黄冈市、咸宁市、仙桃市、天门市、潜江市要落实主体责任，设立武汉城市圈同城化发展办公室、专题工作组等机构，研究设立常设机构，明确行政编制。健全多层次常态化协商合作机制，强化政策协同，加强人才交流，共同推动重大任务、重大项目落实。省直有关部门要加强指导，强化政策支持。推进武汉城市圈地方立法工作协同，签订区域协同立法框架协议，加强地方立法规划、年度立法计划和具体立法项目协作，探索地方人大执法检查工作协作，为武汉城市圈同城化高质量发展提供有力的法治保障。完善政协主席联席会议、政协秘书长工作会议、联合调研和联动监督等机制，组织开展跨区域调研和民主监督，共同推动武汉城市圈同城化发展。

（二十六）突出规划对接。科学编制武汉城市圈发展中长期规划、国土空间规划及相关专项规划，制定并滚动实施城市圈建设三年行动方案、年度工作要点。加强与国家有关部门的对接，在发展规划衔接、跨市重大基础设施建设、环保联防联控、产业结构布局调整、改革创新等方面积极争取支持和指导。推进与"襄十随神""宜荆荆恩"城市群规划对接。

（二十七）强化项目支撑。围绕同城化发展布局，谋划一批重大基础设施、科技创新、产业发展、生态环保、民生保障项目，建立城市圈同城化发展重大项目库，优先列入省重点推进计划项目清单，在用地、融资、审批服务、协调推进等方面给予重点支持。建立项目化清单化推进机制，构建"责任制+清单制+项目制"管理体系，抓紧启动一批重大项目建设，加快形成强劲推进态势。

（二十八）狠抓督促落实。九市要完善工作机制，落实工作责任，加强督促检查、跟踪分析，适时组织开展评估，总结推广先进经验。完善以高质量发展为导向的分类考核体系，将推进武汉城市圈同城化发展实施情况作为地方党政领导班子和领导干部综合考核评价的依据。

武汉城市圈同城化发展协调机制

第一章 总则

第一条 武汉城市圈由武汉市、黄石市、鄂州市、孝感市、黄冈市、咸宁市、仙桃市、天门市、潜江市九个城市组成（以下简称"九市"）。为规范武汉城市圈同城化发展工作，理顺各市各部门职责分工、机构设置、运行模式、相互关系，凝聚工作合力，提升工作效能，特制定本机制。

第二条 武汉城市圈同城化发展工作采用两级运行机制，由决策层和协调执行层组成。决策层即武汉城市圈同城化发展联席会（以下简称"联席会"），协调执行层包括武汉城市圈同城化发展办公室（以下简称"武圈办"）和武汉城市圈同城化发展专题工作组（以下简称"专题工作组"）。

第三条　基本原则：统分结合，各司其职；轮值协商，平等合作。

第二章　联席会

第四条　联席会是武汉城市圈同城化发展的审议决策机构，由武汉市委书记召集，原则上每年召开两次，上下半年各一次，会议出席范围为九市市委书记、市长及发改部门主要负责人。召集人可根据工作需要临时动议召开联席会。

联席会下设武圈办和专题工作组。武圈办是综合协调机构，负责统筹协调和督促检查等具体工作。专题工作组是武汉城市圈同城化发展各领域的牵头单位和具体事项的实施主体。

第五条　联席会主要职责：

（一）负责审议和决策武汉城市圈同城化发展中长期发展规划、实施意见、三年行动方案和年度工作要点等；

（二）负责审议和决策武汉城市圈同城化发展的重大事项、重大工程、重大项目；

（三）负责审议武圈办、专题工作组提请决策的其他事项。

第六条　联席会由九市轮值承办。轮值市负责会议方案（议题）策划、会议组织保障和会议成果发布。

第三章　武圈办

第七条　九市联合组建武圈办。武圈办主任由武汉市常务副市长兼任，副主任由其他八市常务副市长兼任，执行副主任由武汉市发改委主任兼任，成员由其他八市发改委主任组成。下设秘书处，由武汉市指派一名局级干部担任专职负责人，工作人员由九市统一选派，在武汉市集中办公。

第八条　武圈办主要职责：

（一）负责落实联席会重大决策部署，协调推进武汉城市圈同城化的重大事项和具体工作；

（二）组织编制中长期发展规划、三年行动方案和年度工作要点；

（三）负责统筹和协调专题工作组有关工作；

（四）负责指导协调轮值市举办联席会，提出会议方案（议题）报召集人审定实施；

（五）承担武汉城市圈同城化发展工作日常联络协调和联席会交办的其他事项。

第九条　武圈办原则上每季度召开一次主任办公会议，交流协调工作推进、研究决定有关事项。

第四章　专题工作组

第十条　专题工作组包括规划建设、科技与金融、产业（招商）、生态环境和公共服务等5个领域，可根据实际情况和工作需要动态调整。

第十一条　各专题工作组组长由武汉市分管副市长兼任，副组长由其他八市对口分管副市长兼任，执行副组长由武汉市有关市直部门主要负责人兼任，成员由其他八市有关市直部门单位主要负责人组成，设联络员一名。各专题工作组根据工作需要确定具体工作方式。

第十二条　专题工作组主要职责：

（一）按照相关规划、方案制定本领域三年行动方案、年度工作要点，报武圈办备案；

（二）定期召开专题工作组会议，研究协调本领域相关事项，推进工作落实，加强监督检查，开展总结评估；

（三）有关总结评估、会议纪要等材料及时报送武圈办，并配合武圈办筹办联席会。

第十三条　专题工作组协调解决年度工作要点执行过程中遇到的具体问题，对工作推进中的重点难点问题，应及时报请联席会审议。

第五章　其他事项

第十四条　本机制将根据武汉城市圈同城化发展的新形势、新变化和新要求，按规定程序动态优化完善。

第十五条　本机制自印发之日起实施，由武圈办负责解释。

武汉城市圈同城化发展合作框架协议

为全面贯彻落实中共中央《关于新时代推动中部地区高质量发展的指导意见》和省委十一届八次全会作出的"一主引领、两翼驱动、全域协同"区域发展布局的决策部署，秉承"九个城市就是一个城市"的意识，推动武汉城市圈同城化发展，经武汉市、黄石市、鄂州市、孝感市、黄冈市、咸宁市、仙桃市、天门市、潜江市（以下简称"九市"）协商一致，达成如下合作协议。

一、规划同编

锚定"全国重要增长极"总定位，打造引领区域发展、代表国家形象、具有国际影响力的全省高质量发展主引擎。共同编制武汉城市圈同城化发展中长期规划、国土空间规划及相关专项规划，制定并滚动实施城市圈同城化三年行动方案、年度工作要点，在发展规划衔接、跨市重大基础设施建设、环保联防联控、产业结构布局调整、改革创新等方面取得重大突破。加强与"襄十随神""宜荆荆恩"城市群规划衔接。

二、交通同网

夯实交通互联互通基础，打造一体融通基础设施网络。统筹推进市政设施改造升级、合理衔接，协同建设新型基础设施。发挥综合交通枢纽优势，推动城市圈机场群协同发展，推进沿江港口整合升级，共建轨道上的城市圈，推进干线铁路、城际铁路、市域（郊）铁路、城市轨道交通"四网"融合，建设1小时通勤圈和1日生活圈，携手打造新时代"九州通衢"。

三、科技同兴

坚持科技创新核心地位，加快创新要素优化配置和高效流动，引领全省创新发展。以共建光谷科技创新大走廊为抓手，共建产业创新中心、制造业创新中心，组建跨区域产业生态圈建设联盟，构建区域创新共同体。建立跨区域科技成果转化、创业孵化、联合攻关等合作机制，共建开放、协同、高效的产业创新大平台，营造人才、资本、技术一体化布局的创新创业生态。

四、产业同链

加强产业合作，提升城市圈经济形态，引领全省产业转型升级。打造四大组团发展先行区，共同推动城市圈优势产业建链、延链、补链、强链，合力打造世界级产业集群。探索总部经济、共建园区、飞地经济、联合招商等合作模式，有序转移一般制造业，构建研发在武汉、制造在城市圈，头部在武汉、链条在城市圈，融资在武汉、投资在城市圈，主链在武汉、配套在城市圈的产业布局，加快形成符合自身定位特点的现代产业体系。

五、民生同保

坚持民生幸福是城市圈最好的环境和软实力，抬高城市圈市民的幸福指数，引领全省公共服务提质扩面。全面推广应用电子证照、电子签章、电子档案，推进政务服务事项同城化"跨市通办""一网通办"。建立健全统一规范的基本公共服务标准体系，推动武汉教育、医疗等优质资源跨区域共享。建立以社保卡为载体的"一卡通"服务管理模式，探索城市交通、文化旅游、就医服务等业务一卡通用。推进生态城市圈建设，打造"一环两屏"生态协作圈。

本协议为武汉城市圈九市加强同城化发展合作而订立的框架性意向文件，一式玖份，九市各执壹份，自签署之日起生效。

武汉城市圈同城化发展办公室工作规则

为贯彻落实省委省政府关于"一主引领、两翼驱动、全域协同"区域发展布局要求和武汉城市圈同城化发展联席会第一次会议精神，推进武汉城市圈同城化发展，特成立武汉城市圈同城化发展办公室（以下简称"武圈办"），并制定本工作规则。

第一章　总则

第一条　武圈办是武汉城市圈同城化发展联席会的综合协调机构，由武汉城市圈九市联合组建。

第二条　基本原则：实体运行、集中办公，民主协商、平等合作，开放团结、互助互补。

第三条　主要职责：贯彻落实武汉城市圈同城化发展联席会重大决策部署，协调推进武汉城市圈同城化发展的重大事项和具体工作；组织编制武汉城市圈同城化发展中长期发展规划、三年行动方案和年度工作要点；统筹和协调武汉城市圈同城化发展专题工作组有关工作；组织召开武圈办会议，指导协调轮值市举办武汉城市圈同城化发展联席会；承担武汉城市圈同城化发展工作日常联络协调和联席会交办的其他事项等。

第二章　组织机构

第四条　武圈办主任由武汉市人民政府常务副市长兼任，副主任由其他八市人民政府常务副市长兼任，执行副主任由武汉市发展和改革委员会主任兼任，成员由其他八市发展和改革委员会主任组成。可根据实际情况，增设观察员城市。

第五条　武圈办设置秘书处，负责具体落实处理武圈办日常工作。分为综合协调部、外联宣传部、专题联络部、城市板块部等若干个部，并根据实际情况和工作需要动态调整。

第六条　武圈办秘书处由武汉市指派一名局级干部担任专职负责人，工作人员由九市共同选派，在武汉市发展和改革委员会集中办公。

第七条　武圈办秘书处工作人员选派时间原则上至少为1年，选派期间与原单位全脱产，按照机关工作作息时间安排工作，八市选派人员安排在汉集中食宿，由武汉市发展和改革委员会统一实施管理。

第三章　内设机构分工

第八条　武圈办秘书处综合协调部以武汉市发展和改革委员会区域经济处为主。具体负责：

（一）组织编制武汉城市圈同城化发展中长期发展规划、三年行动方案和年度工作要点；

（二）按照工作任务和要求，组织梳理武汉城市圈同城化发展工作推进情况，做好上传下达；

（三）负责会务安排、文件印发、公车出行及档案管理等日常工作；

（四）起草工作专报、签报、工作总结等；

（五）完成领导交办的其他工作。

第九条　武圈办秘书处外联宣传部由武汉市有关部门选派干部组成，牵头负责人1名由成员推举担任。具体负责：

（一）做好对外宣传工作，加强与新闻媒体的联系、沟通与合作；

（二）跟踪掌握引导舆情动态，回应舆情关注；

（三）起草工作周报和简报；

（四）制作武圈办工作网站、微信公众号等；

（五）完成领导交办的其他工作。

第十条　武圈办秘书处专题联络部由武汉市有关部门选派干部组成，牵头负责人1名由成员推举担任。具体负责：

（一）联络协调武汉城市圈同城化发展各专题工作组工作；

（二）协调相关部门单位推进年度工作要点；

（三）对接国家、省级机关，协调争取相关政策支持；

（四）起草专题工作专报、月度通报、工作总结等；

（五）完成领导交办的其他工作。

第十一条　武圈办秘书处城市板块部由八市选派干部组成，牵头负责人1名由成员推举担任。具体负责：

（一）联络协调八市有关领导小组办公室工作；

（二）协调八市相关部门单位推进年度工作要点；

（三）起草八市有关工作专报、签报、简报、工作总结等；

（四）完成领导交办的其他工作。

第十二条　武圈办秘书处组成和分工可根据实际情况和工作需要动态调整。

第四章　会议制度

第十三条　武圈办会议包括全体会议和专题会议。武圈办会议原则上每季度召开一次。

（一）武圈办全体会议由武圈办主任召集，武圈办全体成员、武圈办秘书处全体成员、专题工作组牵头部门主要负责人参加，可根据会议议题内容邀请省直有关部门、观察员城市有关负责人参会。参会人员因故缺席会议的，需提前知会武圈办秘书处，并委托参会。会议名称：武汉城市圈同城化发展办公室第XX次全体会议。

（二）武圈办专题会议由武圈办主任召集，也可委托武圈办执行副主任召集，武圈办相关成员、武圈办秘书处全体成员、相关专题工作组牵头部门主要负责人参加，可根据会议议题内容邀请省直有关部门、观察员城市有关负责人参会。会议名称：武汉城市圈同城化发展办公室第XX次专题会议。

第十四条　武圈办秘书处会议包括工作例会和专题会议。

（一）武圈办秘书处工作例会每月召开一次，由武圈办秘书处专职负责人召集，武圈办秘书处全体成员参加，可根据会议议题内容邀请专题工作组、观察员城市有关负责人参加。会议名称：武汉城市圈同城化发展办公室秘书处第XX次工作例会。

（二）武圈办秘书处专题会议根据具体工作任务和问题不定期召开，由武圈办秘书处各部牵头负责人召集，根据会议议题内容确定参会范围。会议名称：武汉城市圈同城化发展办公室秘书处第XX次专题会议。

第五章 督促检查制度

第十五条 武圈办秘书处根据工作需要组织开展武汉城市圈同城化发展情况的督促检查。

第十六条 督促检查内容包括：

（一）国家、省有关武汉城市圈同城化发展重大决策部署落实情况；

（二）武汉城市圈同城化发展联席会、武圈办有关会议议定事项落实情况；

（三）其他武汉城市圈同城化发展重要工作落实情况。

第十七条 督促检查方式包括：听取有关部门单位汇报，开展现场调研检查，组织座谈、统计、评估等。

第十八条 督促检查情况由武圈办秘书处汇总整理，定期通报，必要时在武圈办有关会议上报告。各专题工作组可参考执行此督促检查制度。

第十九条 督促检查通报作为各成员单位年终工作考评的重要依据，并报省推进区域发展布局实施工作领导小组办公室。

第六章 观察员城市

第二十条 观察员城市加入条件及程序。

（一）在湖北省范围内地级市。

（二）拟加入城市书面向武圈办秘书处提交加入申请，经武圈办秘书处初审，提交武圈办全体会议进行表决，参会城市四分之三以上表决同意后，报省推进区域发展布局实施工作领导小组办公室备案。

（三）武汉城市圈既往观察员城市根据意愿，视同已加入，报省推进区域发展布局实施工作领导小组办公室备案。

第二十一条 观察员城市退出条件及程序。

（一）观察员城市无正当理由，一年内连续两次未安排参加有关会议的，或不履行其他相应义务，视其为自行退会。由武圈办秘书处提出书面报告，提交武圈办全体会议讨论后宣布退出。

（二）观察员城市有退会的自由。观察员城市志愿退会的，可书面向武圈办秘书处提交申请，由武圈办全体会议讨论后宣布退出。

（三）观察员城市退出后，不再享有相应权利和履行相应义务，原则上五年内不受理有关加入申请。

第二十二条 观察员城市权利和义务：

（一）应邀参加武汉城市圈同城化发展联席会、武汉城市圈同城化发展办公室有关会议。

（二）贯彻落实武汉城市圈同城化发展联席会、武汉城市圈同城化发展办公室有关会议等决议事项。

（三）遵守武汉城市圈同城化发展相关工作规则。

（四）对武汉城市圈同城化发展提出建议和倡议。

第七章 附则

第二十三条 本工作规则未尽事宜，由武汉城市圈各城市协商解决。

第二十四条 本工作规则由武汉城市圈同城化发展办公室秘书处负责解释，自武汉城市圈同城化发展办公室第一次全体会议通过之日起生效。

城市圈论坛

2021年武汉城市圈城市融合指数评估报告

湖北省武汉城市圈研究会

武汉城市圈是以武汉为中心，由武汉和周边约100千米半径范围内的黄石、鄂州、孝感、黄冈、咸宁、仙桃、天门、潜江八市构成的城市联合体，是湖北经济发展最密集、经济实力最强的区域，是长江中游城市群三大城市组团之一，是实施促进中部地区崛起战略、全方位深化改革开放和推进新型城镇化的重点区域。2021年，武汉城市圈地区生产总值实现30101.41亿元，在全国主要省域城市圈中位居前列，中心城市武汉市地区生产总值实现1.77万亿元，在全国城市经济中排名第九位。武汉城市圈经过近20年的一体化建设，以武汉为中心、八市集聚发展的态势基本形成，武汉城市圈正从发育型城市群迈向成熟型城市群，周边八市与武汉市呈现出一体发展的趋势。

本报告依据城市群城市融合指数评价指标体系，对2021年度武汉城市圈周边八市与武汉市的融合度进行了评价，数据来源于省市统计年鉴、部门统计、中国城市统计年鉴和相关统计公报。研究发现，八市融入城市圈城市融合指数综合排名为鄂州、黄石、孝感、黄冈、仙桃、咸宁、潜江、天门。交通互联互通指数排名：黄冈、孝感、鄂州、黄石、咸宁、仙桃、天门、潜江。产业协同发展指数排名：鄂州、黄石、潜江、孝感、仙桃、咸宁、黄冈、天门。开放合作指数排名：仙桃、黄石、鄂州、孝感、潜江、咸宁、黄冈、天门。公共服务共建共享指数排名：潜江、仙桃、鄂州、黄冈、咸宁、天门、黄石、孝感。生态环境共保联治指数排名：咸宁、天门、潜江、孝感、黄石、黄冈、鄂州、仙桃。市场一体化指数排名：鄂州、黄石、仙桃、潜江、咸宁、孝感、天门、黄冈。体制机制保障指数排名：孝感、鄂州、黄石、黄冈、咸宁、仙桃、潜江、天门。

一、城市圈城市融合指数综合排名呈现"东强西弱""北强南弱"态势，鄂州占据首位

2021年武汉城市圈城市融合指数综合排名前三强分别是鄂州市、黄石市、孝感市。从区位来看，东部城市占据前两位，说明武汉城市圈东部地区融入武汉市水平较高，其次是北部孝感市。西部仙桃市由于毗邻武汉市蔡甸区、东西湖区，融合程度也比较高，南部咸宁市融合程度较低，主要是由于咸宁市不同县、市、区表现分化，与武汉市毗邻的嘉鱼市、咸安区与中心城市联系紧密，崇阳县、通山县、通城县与武汉市联系水平较低，一定程度上拉低了咸宁市的城市融合指数。潜江市是武汉城市圈内与武汉市空间距离较远的城市，天门市经济发展水平相对较低，因此，两市融入武汉市的排名相对靠后。

研究发现，八个城市之间城市融合指数差异较大，与武汉地域空间上直接交界的城市城市融合指数明显较高。八市总体城市融合指数均值为0.5028，在8个城市样本中有5个城市的城市融合指数值高于均值，占总体样本的62.5%，有37.5%的样本城市综合融合指数值低于均值。从城市融合指数的组成角度来看，城市融合指数的总体排名和布局情况与

表1　2021年武汉城市圈城市融合指数综合评价值及排名

排名	城市	评价值
一	鄂州市	0.7299
二	黄石市	0.6454
三	孝感市	0.6201
四	黄冈市	0.5639
五	仙桃市	0.5162
六	咸宁市	0.4874
七	潜江市	0.2714
八	天门市	0.1881

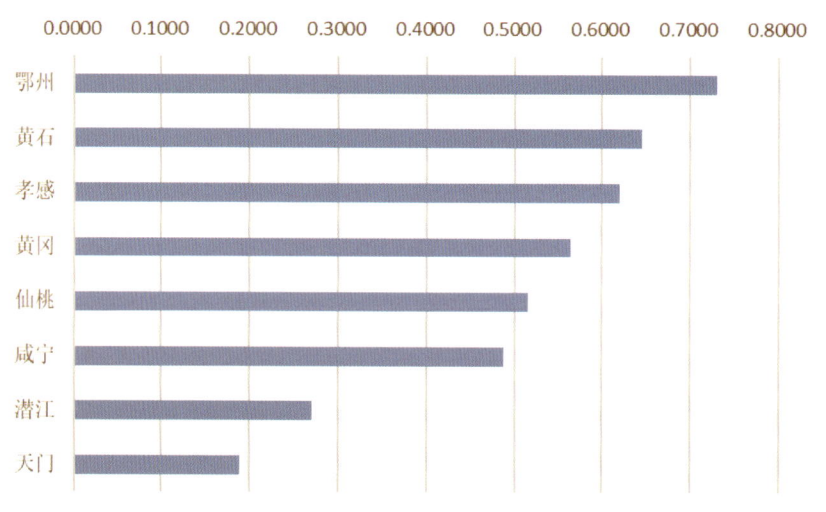

图1　2021年武汉城市圈城市融合指数综合评价值及排名

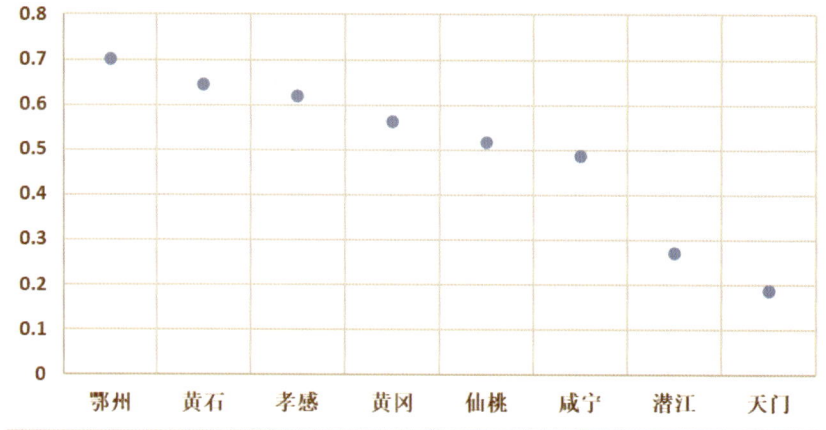

图2　2021年武汉城市圈城市融合指数散点图

各分项指标的排名及布局情况存在差异。

二、分项指标排名分析

（一）交通互联互通指数排名黄冈占据首位

交通互联互通指数是衡量城市群城市融合指数的关键性指标，城市融合程度的高低很大程度上取决于该城市与中心城市交通基础设施互联互通的水平。交通基础设施作为联结和贯通不同区域的物理媒介和通道，较高的交通互联互通水平，可以降低物流成本，缩短区域通达时间，促进区域间相互开放和合作，推动资源配置更加合理、商品要素流动更加自由以及区域发展更加协调。报告选取公路可达性、铁路可达性、港口发展水平、航空通达水平以及轨道交通通达水平作为衡量交通互联互通指数的三级指标，以此分析周边城市在交通互联互通方面融入中心城市的指数。

研究表明，从交通互联互通评价值来看，黄冈、孝感处于第一层级，交通互联互通评价值远高于均值0.2752；鄂州、黄石、咸宁、仙桃处于第二层级，接近平均值；天门、潜江处于第三层级，评价值远低于平均值，交通互联互通程度较低。在8个样本城市中，5个样本城市交通互联互通评价值高于均值，占总体样本的62.5%，分别是黄冈、孝感、鄂州、黄石、咸宁，说明武汉城市圈交通可达性相对均衡。3个样本城市交通互联互通评价值低于平均值，占总体样本的37.5%，分别是仙桃、天门、潜江。其中，天门、潜江与黄冈、孝感、鄂州等排名靠前城市存在明显差距。

交通基础设施建设能够促进城市圈各要素的流通，推动地区经济增长。公路、铁路、港口、航空以及轨道交通作为基础设施建设中的重要组成部分，是联系流通各部门的纽带，能够提升整个城市圈的融合程度。报告分别对八个城市公路、铁路、港口、航空、轨道交通的发展情况、通达水平进行了客观评价，以此作为衡量周边城市在交通互联互通方面融入武汉市的程度。公路可达性评价值主要是基于各城市高速公路密度、高速路口数量、建成区路网密度、两地政府间驾车出行距离、两地政府间驾车出行耗时、两地政府间驾车出行的高速过路费数据等加权得出；铁路可达性评价值主要是基于两地间铁路数量，两地政府间普铁、高铁出行最短耗时，两地政府间普铁、高铁出行最低票价，两地间一天内班次数量数据等加权得出；港口发展水平评价值主要是基于各城市的港口货物吞吐量、内河里程数据等加权得出；航空通达水平评价值主要基于地方政府到机场最短耗时数据加权得出；轨道交通通达水平主要基于各城市到核心城市地铁站最短耗时数据加权得出。

研究表明，公路可达性排名依次为孝感、黄冈、鄂州、仙桃、黄石、咸宁、潜江、天门。其中孝感、黄冈、鄂州、仙桃、黄石五市评价值高于均值0.1492，占总体样本的62.5%；而咸宁、潜江、天门三市评价值低于均值，占总体样本的37.5%，其中潜江、天门可达性评价值远低于均值，公路交通通达水平低。总体来看，与武汉市距离越近，交通的通达性越强。

铁路可达性排名依次为咸宁、孝感、黄石、黄冈、鄂州、仙桃、天门、潜江。其中咸宁、孝感、黄石、黄冈、鄂州五市评价值高于均值0.1443，处于第一层级，占总体样本的62.5%；仙桃、天门、潜江三市评价值低于均值，处于第二层级，占总体样本的37.5%。处于第一层级的城市，基本都能实现城际铁路甚至高铁直达。

港口发展水平排名依次为黄冈、黄石、咸宁、仙桃、孝感、鄂州、天门、潜江。其中黄冈、黄石二市评价值高于均值0.0469，处于第一层级，占总体样本的25%；咸宁、仙桃、孝感三市评价值略低于均值，处于第二层级，占总体样本的37.5%；鄂州、天门、潜江三市远低

表2　2021年武汉城市圈城市交通互联互通指数评价值及排名

排名	城市	评价值
一	黄冈	0.4288
二	孝感	0.4097
三	鄂州	0.3463
四	黄石	0.3250
五	咸宁	0.3055
六	仙桃	0.2536
七	天门	0.0942
八	潜江	0.0380

表3　2021年武汉城市圈城市交通互联互通分项指标评价值及排名

公路可达性			铁路可达性			港口发展水平		
排名	城市	评价值	排名	城市	评价值	排名	地区	评价值
一	孝感	0.2376	一	咸宁	0.1956	一	黄冈	0.1493
二	黄冈	0.2194	二	孝感	0.1928	二	黄石	0.0641
三	鄂州	0.2095	三	黄石	0.1918	三	咸宁	0.0423
四	仙桃	0.1788	四	黄冈	0.1840	四	仙桃	0.0399
五	黄石	0.1719	五	鄂州	0.1790	五	孝感	0.0367
六	咸宁	0.1452	六	仙桃	0.0971	六	鄂州	0.0175
七	潜江	0.0236	七	天门	0.0839	七	天门	0.0135
八	天门	0.0074	八	潜江	0.0303	八	潜江	0.0121

续表

航空通达水平			轨道交通通达水平		
排名	城市	评价值	排名	城市	评价值
一	孝感	0.1391	一	黄冈	0.2015
二	仙桃	0.0875	二	孝感	0.1972
三	鄂州	0.0866	三	鄂州	0.1865
四	黄冈	0.0866	四	黄石	0.1436
五	咸宁	0.0725	五	咸宁	0.1436
六	天门	0.0666	六	仙桃	0.1072
七	黄石	0.0658	七	潜江	0.0086
八	潜江	0.0500	八	天门	0.0060

于均值，处于第三层级，占总体样本的37.5%。层级之间港口发展水平存在差异，层级内部之间则无显著差异。

航空通达水平排名依次为孝感、仙桃、鄂州、黄冈、咸宁、天门、黄石、潜江。其中孝感、仙桃、鄂州、黄冈四市评价值高于均值0.0818，处于第一层级，占总体样本的50%；咸宁、天门、黄石、潜江四市评价值低于均值，处于第二层级，占总体样本的50%，其中潜江航空通达水平较低。

轨道交通通达水平排名依次为黄冈、孝感、鄂州、黄石、咸宁、仙桃、潜江、天门。其中黄冈、孝感、鄂州、黄石、咸宁五市评价值高于均值0.1243，处于第一层级，占总体样本数量的62.5%；仙桃、潜江、天门三市评价值低于均值，处于第二层级，占总体样本的37.5%，其中天门轨道交通通达水平较低。

（二）产业协同发展方面鄂州融入武汉最深

产业协同发展是推动武汉城市圈一体化发展的重要内容和核心动力，各市产业协同发展指数的高低影响着该市融入中心城市程度的高低，报告选取产业基础水平、创新合作水平、产业协同水平作为衡量产业协同发展指数的具体性指标，以此分析周边城市在产业协同发展方面融入中心城市的情况。

研究表明，从产业协同发展指数评价值来看，鄂州、黄石、潜江、孝感四市处于第一层级，产业协同发展评价值高于均值0.1186，占样本总体的50%；仙桃、咸宁、黄冈、天门四市处于第二层级，产业协同发展评价值低于均值，占样本总体的50%，层级内部之间评价值无显著差异。咸宁、黄冈、天门在融入武汉城市圈中产业协同发展水平较低。

产业协同发展对于促进区域经济一体化有着重要的作用，有利于提升区域分工合作，加快周边城市融入中心城市的步伐。产业基础水平、创新合作水平以及产业协同水平是衡量产业协同发展指数的重要参考指标，因此报告选取这三项具体性指标的评价值加权得出八市产业协同发展指数的评价值。其中产业基础水平评价值主要是基于各市人均GDP，第二产业人均产值，第三产业人均产值，第二、三产业比重数据加权得出；产业协同水平评价值主要是基于政府对产业发展的沟通协调、产业园共建数量数据加权得出；创新合作水平评价值主要是基于各城市高新技术企业、高新技术人均产业增加值，高新技术产业占GDP的比重，科技园、研究院共建数量等数据加权得出。

研究表明，产业基础水平排名依次为鄂州、潜江、黄石、咸宁、仙桃、天门、孝感、黄冈。其中鄂州、潜江、黄石三市评价值高于均值0.1943，占总体样本的37.5%，而咸宁、仙桃、天门、孝感、黄冈五市评价值低于均值，占总体样本的62.5%，其中黄冈评估值远低于均值，产业基础水平较低。

创新合作水平排名依次为仙桃、黄石、孝感、鄂州、黄冈、咸宁、潜江、天门。其中仙桃、黄石、孝感三市评价值高于均值0.1493，占总体样本的37.5%，而鄂州、黄冈、咸宁、潜江、天门五市评价值低于均值，占总体样本的62.5%，其中潜江、天门创新合作水平较低。

产业协同水平排名依次为鄂州、黄石、孝感、黄冈、咸宁、潜江、仙桃、天门。其中鄂州、黄石、孝感、黄冈四市评价值高于均值0.1678，占总体样本的50%，而咸宁、潜江、仙桃、天门四市评价值低于均值，占总体样本的50%，天门产业协同水平较低。

（三）开放合作方面仙桃以外贸占优

开放合作是城市圈协同发展的基础和前提，它有利于克服地区禀赋限制，实现资源要素的取长补短、优化配置，并有效延展地域发展空间；有利于实现错位发展，做强做大地区比较优势；有利于整合优质资源，以区域最高水平形成创新创造力；有利于实现先进带后进，加快缩小地区差距，并有效提升区域整体素质；有利于应对各种风险，和衷共济渡过难关。

研究表明，从开放合作发展评价值来看，仙桃、黄石、鄂州三市处于第一层级，贸易开放水平评价值高于均值0.0158，占样本总体的37.5%；孝感、潜江、咸宁、黄冈、天门五市处于第二层级，贸易开放水平评价值低于均值，占样本总体的62.5%，层级内部评价值无显著差异，但层级之间评价值存在较大差异，尤其表现在仙桃与天门之间。

贸易开放水平、资本开放水平以及开放平台是衡量地区开放指数的重要参考指标，因此报告选取这三项指标的评价值加权得出八市开放合作指数的评价值。其

表4 2021年武汉城市圈城市产业协同发展指数得分及排名

排名	城市	得分
一	鄂州	0.2044
二	黄石	0.1781
三	潜江	0.1217
四	孝感	0.1215
五	仙桃	0.1123
六	咸宁	0.0921
七	黄冈	0.0776
八	天门	0.0407

表5 2021年武汉城市圈城市产业协同发展指数分项指标得分及排名

产业基础水平			创新合作水平			产业协同水平		
排名	城市	得分	排名	城市	得分	排名	城市	得分
一	鄂州	0.3722	一	仙桃	0.2562	一	鄂州	0.3563
二	潜江	0.3293	二	黄石	0.2462	二	黄石	0.2494
三	黄石	0.2614	三	孝感	0.1815	三	孝感	0.2138
四	咸宁	0.1601	四	鄂州	0.1402	四	黄冈	0.1782
五	仙桃	0.1501	五	黄冈	0.1297	五	咸宁	0.1069
六	天门	0.1381	六	咸宁	0.1242	六	潜江	0.1069
七	孝感	0.1212	七	潜江	0.0810	七	仙桃	0.0713
八	黄冈	0.0217	八	天门	0.0350	八	天门	0.0600

表6 2021年武汉城市圈城市开放合作指数评价值及排名

排名	城市	评价值
一	仙桃	0.0396
二	黄石	0.0332
三	鄂州	0.0290
四	孝感	0.0102
五	潜江	0.0082
六	咸宁	0.0042
七	黄冈	0.0016
八	天门	0.0002

表7 2021年武汉城市圈城市开放合作指数分项指标评价值及排名

贸易开放水平			资本开放水平			开放平台		
排名	城市	评价值	排名	城市	评价值	排名	城市	评价值
一	仙桃	0.4941	一	鄂州	0.3263	一	黄石	0.1796
二	黄石	0.2257	二	黄石	0.1124	二	鄂州	0.0898
三	潜江	0.1277	三	孝感	0.1116	二	仙桃	0.0898
四	咸宁	0.0499	四	仙桃	0.0340	三	孝感	0.0500
五	孝感	0.0477	五	咸宁	0.0155	三	黄冈	0.0500
六	鄂州	0.0362	六	黄冈	0.0148	三	咸宁	0.0500
七	黄冈	0.0105	七	天门	0.0037	三	潜江	0.0500
八	天门	0.0100	八	潜江	0.0020	三	天门	0.0500

中贸易开放水平评价值主要基于人均进出口贸易额、贸易总额占地方政府生产总值的比重数据加权得出，资本开放水平评价值主要基于人均实际利用外资总额、资本依存度（对外开放）数据加权得出，开放平台评价值主要基于海关口岸、自贸区、综保区、保税区、跨境电商试验区数量数据加权得出。

研究表明，贸易开放水平排名依次为仙桃、黄石、潜江、咸宁、孝感、鄂州、黄冈、天门。其中仙桃、黄石、潜江三市评价值高于均值0.1252，占总体样本的37.5%；咸宁、孝感、鄂州、黄冈、天门五市评价值低于均值，占总体样本的62.5%，天门贸易开放水平较低。

资本开放水平排名依次为鄂州、黄石、孝感、仙桃、咸宁、黄冈、天门、潜江。其中鄂州、黄石、孝感三市评价值高于均值0.0775，占总体样本的37.5%；仙桃、咸宁、黄冈、天门、潜江五市评价值低于均值，占总体样本的62.5%，其中潜江在资本开放水平方面表现较差。

开放平台建设排名依次为黄石、鄂州、仙桃、孝感、黄冈、咸宁、潜江、天门。其中黄石、鄂州、仙桃三市评价值高于均值0.0762，占总体样本的37.5%；而孝感、黄冈、咸宁、潜江、天门五市评价值低于均值，占总体样本的62.5%，五市在开放平台建设方面普遍表现不佳。

（四）公共服务共建共享指数发达的县级市排名居首

公共服务共建共享指数是加快落实武汉城市圈协同化发展的重点，区域经济一体化的实现需要依托人才的优化，而均等的公共服务是吸引人才流动的关键。报告选取公共服务共享水平、政务服务共通水平作为衡量公共服务共建共享指数的具体性指标，以此分析周边城市在公共服务共建共享方面融入中心城市的情况。

研究表明，在公共服务共建共享指数方面对8个样本数据的评价排名依次为潜江、仙桃、鄂州、黄冈、咸宁、天门、黄石、孝感。从公共服务共建共享指数的评价值来看，潜江、仙桃、鄂州、黄冈、咸宁五市处于第一层级，公共服务共建共享评价值高于均值0.0250，占样本总体的62.5%；天门、黄石、孝感处于第二层级，公共服务共建共享指数评价值低于均值，占样本总体的37.5%，各城市之间无显著差异。

公共服务共享水平、政务服务共通水平是衡量公共服务共建共享指数高低的参考标准，因此报告选取这两项指标的评价值加权得出八市公共服务共建共享指数的评价值。其中公共服务共享水平评价值主要基于城镇登记失业率、人均教育经费支出、国内人均旅游收入、纳入旅游一卡通的景区数量、周边城市居民在中心城市住院费用报销比例、中心城市医院托管数量和中心城市最低社保缴费标准差距等数据加权得出，政务服务共通水平评价值主要基于跨市通办政务数量数据加权得出。

研究表明，公共服务共享水平排名依次为潜江、仙桃、鄂州、黄冈、咸宁、天门、黄石、孝感。其中潜江、仙桃、鄂州三市评价值高于均值0.3562，占总体样本的37.5%；黄冈、咸宁、天门、黄石、孝感五市评价值低于均值，占总体样本的62.5%。在公共服务共享水平方面潜江表现突出，主要是因为潜江人均公共服务水平较高。

政务服务共通水平排名依次为鄂州、黄冈、咸宁、仙桃、潜江、黄石、孝感、天门。其中鄂州、黄冈、咸宁、仙桃、潜江五市评价值高于均值0.2625，处于第一层级，占总体样本的62.5%；黄石、孝感、天门三市评价值低于均值，处于第二层级，占总体样本的37.5%。在政务服务共通水平方面，各城市都需进一步加强与中心城市的沟通交流，更大程度地提升政务服务共通水平。

（五）生态环境共保联治指数咸宁因是生态城市而排名靠前

生态环境共保联治是推动武

表8 2021年武汉城市圈城市公共服务共建共享指数评价值及排名

排名	城市	评价值
一	潜江	0.0339
二	仙桃	0.0324
三	鄂州	0.0311
四	黄冈	0.0297
五	咸宁	0.0293
六	天门	0.0153
七	黄石	0.0151
八	孝感	0.0128

表9 2021年武汉城市圈城市公共服务共建共享指数分项指标评价值及排名

排名	城市	评价值	排名	城市	评价值
一	潜江	0.4389	一	鄂州	0.3000
二	仙桃	0.4055	一	黄冈	0.3000
三	鄂州	0.3774	一	咸宁	0.3000
四	黄冈	0.3469	一	仙桃	0.3000
五	咸宁	0.3392	一	潜江	0.3000
六	天门	0.3344	六	黄石	0.2000
七	黄石	0.3295	六	孝感	0.2000
八	孝感	0.2785	六	天门	0.2000

汉城市圈协同化可持续发展的基础，推动城市圈生态环境协同共治、源头防治是强化生态环境共保共治的重点工作，也是在一体化发展中实现生态环境质量提升，共建美丽城市圈的重点内容。因此报告选取生态环境共保联治指数作为衡量周边城市融入中心城市的参考指标之一。

研究表明，在生态环境共保联治指数方面对8个样本数据的评价排名依次为咸宁、天门、潜江、孝感、黄石、黄冈、鄂州、仙桃。其中咸宁、天门、潜江三市评价值高于均值0.0110，处于第一层级，占总体样本的37.5%；孝感、黄石、黄冈、鄂州、仙桃五市评价值低于均值，处于第二层级，占总体样本的62.5%。在生态环境共保联治方面，咸宁表现突出。

生态共保水平、生态休憩互联水平是衡量生态环境共保联治指数高低的参考标准，因此报告选取这两项指标的评价值加权得出八市生态环境共保联治指数的评价值。其中生态共保水平评价值主要基于跨市主要河流水质、SO_2平均浓度、PM2.5年平均浓度、城市环境空气质量良好率等数据加权得出，生态休憩互联水平评价值主要基于人均公园绿地面积数据加权得出。

研究表明，生态共保水平排名依次为咸宁、天门、潜江、孝感、黄冈、仙桃、黄石、鄂州。其中咸宁、天门、潜江、孝感四市评价值高于均值0.5020，占总体样本的50%；黄冈、仙桃、黄石、鄂州四市评价值低于均值，占总体样本的50%。在生态共保方面咸宁表现突出，仙桃、黄石、鄂州有待加强。

生态休憩互联水平排名依次为黄石、鄂州、咸宁、天门、黄冈、潜江、仙桃、孝感。其中黄石、鄂州、咸宁、天门四市评价值高于均值0.0924，占总体样本的50%；黄冈、潜江、仙桃、孝感四市评价值低于均值，占总体样本的50%。在生态共保方面黄石表现突出，潜江、仙桃、孝感亟待加强。

（六）市场一体化指数排名鄂州因市场经济发达占据首位

与市场分割化相对应，市场一体化是现代城市群一体化发展的主要表征，市场一体化有利于突破地区界限，打破地区间存在的贸易、行政等壁垒，使地区间的商品、要素得以自由流动，提升区域经济水平。因此报告选取市场一体化指数作为衡量周边城市融入中心城市的参考指标之一。

研究表明，从市场一体化评价值来看，鄂州、黄石、仙桃、潜江处于第一层级，市场一体化评价值高于均值0.0501，其中鄂州远高于均值，在市场一体化方面表现突出；咸宁、孝感、天门、黄冈处于第二层级，低于平均值0.0501，其中黄冈的市场一体化评价值仅0.0112，远低于平均值，市场一体化的发展水平亟待提升。在8个样本城市中，4个样本城市市场一体化评价值高于均值，占总体样本的50%。4个样本城市市场一体化评价值低于平均值，占总体样本的50%，层级之间评价值存在较大差异。

市场一体化建设对于打破市场分割、促进经济一体化、构建商

表10　2021年武汉城市圈城市生态环境共保联治指数评价值及排名

排名	城市	评价值
一	咸宁	0.016326111
二	天门	0.013655161
三	潜江	0.011370911
四	孝感	0.010149297
五	黄石	0.010062471
六	黄冈	0.009646995
七	鄂州	0.009104433
八	仙桃	0.007344593

表11　2021年武汉城市圈城市生态环境共保联治指数分项指标评价值及排名

生态共保水平			生态休憩互联水平		
排名	城市	评价值	排名	城市	评价值
一	咸宁	0.7397	一	黄石	0.2000
二	天门	0.6334	二	鄂州	0.1572
三	潜江	0.5956	三	咸宁	0.1428
四	孝感	0.5486	四	天门	0.1047
五	黄冈	0.4411	五	黄冈	0.0803
六	仙桃	0.3789	六	潜江	0.0191
七	黄石	0.3439	七	仙桃	0.0181
八	鄂州	0.3349	八	孝感	0.0170

表12　2021年武汉城市圈城市市场一体化指数评价值及排名

排名	城市	评价值
一	鄂州	0.0939
二	黄石	0.0774
三	仙桃	0.0709
四	潜江	0.0581
五	咸宁	0.0389
六	孝感	0.0267
七	天门	0.024
八	黄冈	0.0112

品和要素无障碍流动、公平竞争的现代经济体系有着重要的作用。而资本要素市场、消费品市场以及工业品总值作为市场一体化的重要组成部分，成为衡量其评价值高低的参考标准，因此报告选取这三项作为具体性指标来评估各市市场一体化建设的评价值。其中资本要素评价值主要是基于各城市人均存贷款总额数据加权得出，消费品市场评价值主要是基于各城市人均社会消费品零售总额数据加权得出，工业品总值评价值主要是基于各城市人均规上工业地区产值数据加权得出。

研究表明，资本要素市场一体化排名依次为鄂州、黄石、潜江、仙桃、咸宁、黄冈、孝感、天门。其中鄂州、黄石、潜江三市评价值高于均值0.2476，占总体样本的37.5%；仙桃、咸宁、黄冈、孝感、天门五市评价值低于均值，占总体样本的62.5%。在资本要素市场一体化方面鄂州表现突出，黄冈、孝感、天门有待加强。

消费品市场排名依次为仙桃、黄石、鄂州、潜江、天门、孝感、咸宁、黄冈。其中仙桃、黄石、鄂州、潜江四市评价值高于均值0.1472，占总体样本的50%；天门、孝感、咸宁、黄冈四市评价值低于均值，占总体样本的50%。在消费品市场方面仙桃表现突出，黄冈亟待加强。

工业品总值排名依次为鄂州、仙桃、天门、咸宁、潜江、黄石、孝感、黄冈。其中鄂州、仙桃二市评价值高于均值0.1326，占总体样本的25%；咸宁、潜江、黄石、孝感、黄冈六市评价值低于均值，占总体样本的75%。在工业品总值方面鄂州、仙桃表现突出，黄冈亟待加强。

（七）体制机制保障方面孝感推进力度最大

一体化是城市发展的基本品质所在，也是其旺盛的持续发展潜力所在，一体化的本质和核心是资源要素的无障碍自由流动和地区间全方位开放合作，而建立健全各种支撑协调机制是城市圈一体化可持续稳定发展的基本保障。体制机制创新是推动城市群、都市圈一体化发展的重点内容，因此报告选取体制机制保障指数作为衡量周边城市融入中心城市的参考指标之一。

研究表明，从体制机制保障评价值来看，孝感、鄂州处于第一层级，体制机制保障评价值高于均值0.0076，其中孝感远高于均值，体制机制保障表现突出；黄石、黄冈、咸宁、仙桃、潜江、天门处于第二层级，低于平均值，其中仙桃、潜江、天门体制机制保障水平亟待提升。在8个样本城市中，2个样本城市体制机制保障评价值高于均值，占总体样本的25%；6个样本城市体制机制保障评价值低于平均值，占总体样本的75%，体制机制保障水平普遍不高。

创新体制机制不仅有利于打破阻碍城市发展的行政壁垒，还能够为城市圈高质量发展提供强大动力。而体制机制建设、成立专门机构是推动体制机制创新、加快各市融入中心城市的重点工作，因此报告选取这两项作为具体性指标来评估各市体制机制保障的评价值。其中体制机制建设评价值主要是基于各城市签订合作协议的数量这一数据加权得出；专门机构数量评价值主要是基于各城市设置专门机构的数量这个数据加权得出。

研究表明，体制机制建设排名依次为孝感、黄冈、黄石、鄂州、咸宁、仙桃、潜江、天门，其中孝感、黄冈、黄石、鄂州四市评价值高于均值0.1050，占总体样本的50%；咸宁、仙桃、潜江、天门四市评价值低于均值，占总体样本的50%。在体制机制建设方面，孝感表现突出，仙桃、潜江、天门亟待加强。

成立专门机构排名依次为孝感、鄂州、黄石、黄冈、咸宁、仙桃、潜江、天门。其中孝感、鄂州二市评价值高于均值0.4875，占总体样本的25%；黄石、黄冈、咸宁、仙桃、潜江、天门六市评价值低于均值，占总体样本的75%。在成立专门机构方面孝感表现突出，其余各市还要进一步加强与中心城市的沟通交流，设立专门的交流平台，才能为各市融入中心城市提供更大支撑。

（李春洋、徐红平、李奥、罗颖、蔡舒阳）

表13　2021年武汉城市圈城市市场一体化指数分项指标评价值及排名

资本要素市场			消费品市场			工业品总值		
排名	城市	评价值	排名	城市	评价值	排名	城市	评价值
一	鄂州	0.4767	一	仙桃	0.2788	一	鄂州	0.2445
二	黄石	0.4431	二	黄石	0.2235	二	仙桃	0.1892
三	潜江	0.2912	三	鄂州	0.2140	三	天门	0.1298
四	仙桃	0.2383	四	潜江	0.1704	四	咸宁	0.1182
五	咸宁	0.2055	五	天门	0.1091	五	潜江	0.1176
六	黄冈	0.1118	六	孝感	0.0685	六	黄石	0.1042
七	孝感	0.1094	七	咸宁	0.0634	七	孝感	0.0875
八	天门	0.1050	八	黄冈	0.0500	八	黄冈	0.0700

表14　2021年武汉城市圈城市体制机制保障指数评价值及排名

排名	城市	评价值
一	孝感	0.0290
二	鄂州	0.0161
三	黄石	0.0065
四	黄冈	0.0054
五	咸宁	0.0011
六	仙桃	0.001
六	潜江	0.001
六	天门	0.001

表15　2021年武汉城市圈城市体制机制保障指数分项指标评价值及排名

体制机制建设			成立专门机构		
排名	城市	评价值	排名	城市	评价值
一	孝感	0.25	一	孝感	1
二	黄冈	0.2083	二	鄂州	0.5
三	黄石	0.125	三	黄石	0.4
四	鄂州	0.125	三	黄冈	0.4
五	咸宁	0.0417	三	咸宁	0.4
六	仙桃	0.03	三	仙桃	0.4
六	潜江	0.03	三	潜江	0.4
六	天门	0.03	三	天门	0.4

武汉城市圈、成都都市圈、重庆市、长株潭城市群比较研究

湖北省武汉城市圈研究会

京津冀协同发展、长三角一体化发展和建设粤港澳大湾区是习近平总书记亲自谋划、亲自部

署、亲自推动的重大国家战略,京津冀、长三角、粤港澳大湾区已经成为我国经济发展的三大强劲活跃增长极。第四增长极将在以武汉城市圈为核心的长江中游城市群和以成都都市圈、重庆市为核心的成渝地区双城经济圈中产生。"十三五"以来,武汉城市圈、成都都市圈、重庆市、长株潭城市群四大经济区发挥各自优势,跑出经济加速度,在城市和区域排名中竞争态势十分明显。武汉城市圈在省委、省政府的大力推动下,武汉国家中心城市实力进一步增强,城市圈主要总量指标、质量指标和发展速度在四大经济区中表现出强劲的发展优势,有望在中国经济第四增长极竞争中脱颖而出,到2030年,实现从全国重要增长极到中国第四增长极的完美跨越。

一、主要总量指标排在首位

与成都都市圈、重庆市、长株潭城市群相比,武汉城市圈在主要总量指标方面优势明显,特别是GDP、第二产业增加值、规模以上工业企业数量、地方一般公共预算收入、全社会用电量、实际利用外资金额、普通高等学校数量、普通高等学校专任教师人数、城市道路长度、城市轨道交通线路长度等总量优势显著。

从经济总量来看,2020年,武汉城市圈、成都都市圈、重庆市、长株潭城市群分别为2.64万亿元、2.23万亿元、2.5万亿元、1.76万亿元,武汉城市圈稳居首位,是中部地区经济增长的第一引擎,区域影响力持续增强。从第二产业增加值来看,2020年,武汉城市圈、成都都市圈、重庆市、长株潭城市群分别为10029.19亿元、7303.44亿元、9992.21亿元、7351.55亿元,武汉城市圈排在第一位,制造业竞争优势十分明显。

从规模以上工业企业数量来看,2020年,武汉城市圈、成都都市圈、重庆市、长株潭城市群分别为7596个、6694个、5797个、5648个,武汉城市圈全力推进新型工业化,大抓工业企业发展,通过引育,促进工业产业规模化、高端化、集群化发展,规模以上工业企业数量优势明显,规上工业企业作为工业经济的核心,是城市圈经济的主引擎,是实现区域经济高质量发展的重要载体。

从地方一般公共预算收入看,2020年,武汉城市圈、成都都市圈、重庆市、长株潭城市群分别为1841.29亿元、1176.46亿元、1207.88亿元、931.89亿元,相比经济总量优势,武汉城市圈地方一般公共预算收入呈现大幅度领先态势,表明财政收入质量较高,营商环境优良,政府用于保障和改善民生、推动经济社会发展的财力比较雄厚。

从全社会用电量来看,2019年,武汉城市圈、成都都市圈、重庆市、长株潭城市群分别为1220.53亿千瓦时、1160.19亿千瓦时、973.15亿千瓦时、636.12亿千瓦时,武汉城市圈排在第一位。电力指标是经济运行的"晴雨表""风向标",用电需求旺盛,表明武汉城市圈市场活力强,经济发展好,总体规模大。

从实际利用外资金额来看,2020年,武汉城市圈、成都都市圈、重庆市、长株潭城市群分别为157.63亿美元、145.06亿美元、103.10亿美元、94.54亿美元,体现了武汉城市圈自贸试验区建设成效明显,外商投资环境在同类区域中表现优良,外资利用水平较高。

从普通高等学校数量来看,2020年,武汉城市圈、成都都市圈、重庆市、长株潭城市群分别为100所、75所、65所、70所,武汉城市圈数量优势明显,特别是武汉市坐拥2所"985工程"大学和7所"211工程"大学,高等学校发展质量竞争力仅次于京沪,位居全国第三。从普通高等学校专任教师人数来看,2020年,武汉城市圈、成都都市圈、重庆市、长株潭城市群分别为72599人、56136人、45537人、49182人。大学教师是实现高等教育人才培养和科学研究职能的决定性因素,高校专任教师数量优势明显,说明武汉城市圈高等学校综合实力较强。

从城市道路长度来看,2020年,武汉城市圈、成都都市圈、重庆市、长株潭城市群分别为11084.19千米、10872.67千米、9490.25千米、5428.64千米,武汉城市圈排在第一名,说明城市交通基础设施较为完备,道路网系统承载能力较强,武汉城市圈同城化发展的物理基础比较坚实。从城市轨道交通线路长度来看,2020年,武汉城市圈、成都都市圈、重庆市、长株潭城市群分别为388.01

千米、334.08 千米、601.97 千米、161.19 千米；从城市轨道交通线路长度（在建）来看，2020 年，武汉城市圈、成都都市圈、重庆市、长株潭城市群分别为 228.14 千米、202.51 千米、178.22 千米、96.36 千米。从城市轨道交通车站数来看，2020 年，武汉城市圈、成都都市圈、重庆市、长株潭城市群分别为 291 个、217 个、381 个、114 个；从城市轨道交通车站数（在建）来看，2020 年，武汉城市圈、成都都市圈、重庆市、长株潭城市群分别为 119 个、117 个、117 个、62 个。城市轨道交通是城市公共交通的骨干，是城市综合交通体系的重要组成部分，武汉城市圈轨道交通的规模和发展速度在四个经济区中均排在前列，显示了武汉城市圈城市交通建设发展基础好、城市化建设水平较高。

二、发展质量指标居于前列

与成都都市圈、重庆市、长株潭城市群相比，武汉城市圈在主要发展质量指标方面居于前列，特别是在人均 GDP、高新技术企业数量、专利申请数、建成区路网密度、绿化覆盖面积等方面充分体现了高质量城市圈建设取得较好的成效。

从人均 GDP 来看，2020 年，武汉城市圈、成都都市圈、重庆市、长株潭城市群分别为 8.27 万元、7.54 万元、7.80 万元、10.55 万元，反映了武汉城市圈整体经济发展水平处在前列，居民富裕程度较高。

从高新技术企业数量来看，2020 年，武汉城市圈、成都都市圈、重庆市、长株潭城市群各自的核心城市武汉市、成都市、重庆市、长沙市分别为 6259 家、6125 家、4222 家、4142 家，武汉市稳居首位。在 2021 年全国高新技术企业数量榜前十名中，有九个城市都位于东部地区，仅有一个位于中西部地区的城市——武汉市。近年来，武汉东湖新技术开发区发展十分迅速，已经集聚了几十家上市公司。

从专利申请数来看，2019 年，武汉城市圈、成都都市圈、重庆市、长株潭城市群分别为 10.09 万件、8.93 万件、6.73 万件、5.57 万件。专利技术已经成为社会进步发展的重要项目，武汉城市圈专利申请数量排在第一位，说明武汉城市圈技术创新活动十分活跃，能够为企业或社会创造更大的经济效益。

从建成区路网密度来看，2020 年，武汉城市圈、成都都市圈、重庆市、长株潭城市群分别为 8.09 千米/平方千米、7.44 千米/平方千米、6.56 千米/平方千米、7.58 千米/平方千米，说明武汉城市圈建成区路网密度处于较高水平，已经达到全国先进城市 8 千米/平方千米的路网密度指标，跻身全国高水平路网密度城市行列。

从绿化覆盖面积来看，2020 年，武汉城市圈、成都都市圈、重庆市、长株潭城市群分别为 59875.38 公顷、79619.93 公顷、51996.18 公顷、29925.55 公顷，武汉城市圈绿化面积较大，说明城市环境比较优美，环境友好型社会建设成效明显。特别是武汉市既是全国文明城市，同时也是国家环保模范城市、国家卫生城市、国家园林城市。

三、发展速度指标总体领先

与成都都市圈、重庆市、长株潭城市群相比，武汉城市圈在主要发展速度指标方面居于前列，特别是 GDP 年均增长速度、地方一般公共预算收入年均增长速度、固定资产投资年均增长速度、进出口总额年均增长速度和社会消费品零售总额年均增长速度等主要指标，反映了武汉城市圈在区域经济发展速度方面总体领先于其他三个经济区。

从 GDP 年均增长速度来看，2015 年到 2019 年，武汉城市圈、成都都市圈、重庆市、长株潭城市群分别为 10.85%、10.51%、10.77%、7.79%，武汉城市圈 GDP 年均增长速度全面领先。

从地方一般公共预算收入年均增长速度来看，2015 年到 2019 年，武汉城市圈地方一般公共预算收入年均增长速度为 5.54%，快于重庆市（-0.15%），与成都都市圈基本持平（6.30%），长株潭城市群在较低的基数上增速较快（7.71%）。

从固定资产投资年均增长速度来看，2017 年到 2019 年，武汉城市圈、成都都市圈、重庆市、长株潭城市群分别为 11.07%、7.4%、9.54%、11.42%，固定资产投资增速较快，有效支撑了武汉城市圈经济的飞速发展，推动武汉城市圈成为中部地区经济发展的领头羊。

从社会消费品零售总额年均增长速度来看，2017 年到 2019 年，武汉城市圈、成都都市圈、重庆市、长株潭城市群分别为 10.71%、10.05%、11.22%、8.32%，武汉城市圈社会消费品零售总额年均增长速度较快，表明中部地区国际国内两个市场充分互联互通，商贸服务业保持快速发展的良好势头，中心城市贸易辐射能力较强，国家贸易枢纽建设成效显著。

四、打造中国经济第四增长极的几点建议

目前看，武汉城市圈初步具备打造中国经济第四增长极的良好基础，然而，与京津冀、长三角和粤港澳大湾区相比，其区域战略地位偏低，总体发展实力偏弱，外向度、创新转化能力、航空客货运水平长期处于低位，尤其是除武汉市外，其他八市竞争力不强。城市圈需要进一步着力推进增强实力，补齐短板，聚集资源，全面实现同城化发展。

1. 争取从国家政策层面提升武汉城市圈战略地位

积极争取国家支持武汉城市圈加快建成中部地区崛起的重要增长极。请求国家支持提升武汉城市圈战略层级。比照国家出台的《成渝地区双城经济圈建设规划纲要》，推动武汉城市圈建设成为长江中游城市群重要的组成部分，进一步提升武汉城市圈发展能级，积极与环长株潭城市群、环鄱阳湖城市群一起，争取国家将长江中游城市群或中三角一体化发展进一步上升为国家战略。请求国家支持武汉城市圈重大项目建设。比照由国家发改委、科技部等联合印发的《长三角G60科创走廊建设方案》，建议国家支持将光谷科技创新大走廊建设上升到国家层面，支持武汉建设综合性国家科学中心和国家科技创新中心，支持各城市间异地设立产业创新协同中心，鼓励九市建设产业合作示范园区、产业联盟、科技成果转移转化示范基地等创新联合体。请求国家支持武汉建设国家级新区、设立武汉临空经济示范区等，健全武汉城市圈交通基础设施，规划建设城际铁路和市域（郊）铁路，推动武汉市轨道交通向周边合理延伸。

2. 积极支持武汉城市圈打造升级版

一是加大金融支持武汉城市圈建设力度。设立武汉城市圈产业投资基金或政策性发展基金，支持产业和重大基础设施项目建设。发挥省级股权引导基金政策导向作用，引导撬动更多社会资本向武汉城市圈集中，积极争取国家相关基金支持，探索"国家省地市"引导基金多级联动机制，提高引导基金服务效率，全力推进QFLP（合格境外有限合伙人）试点基金落地，吸引海外资本参与武汉城市圈重点产业投资。

二是提升武汉城市圈协调机制协调能力。武汉城市圈同城化建设不仅仅是九市之间的合作共赢，更需要省级层面各相关部门的积极参与，目前推进武汉城市圈同城化发展的机构既不是常设机构，又设在了武汉市，在直接协调省级支持方面不够有力，建议明确推进机构在协调和督办规划同编、交通同网、科技同兴、产业同链、民生同保等方面的行政法律地位，特别是跨市域的重大产业规划、空间规划、城镇规划、区域规划需要在武圈办框架下批复或者发布等。

三是加大对武汉城市圈同城化工作的支持。武汉城市圈的发展离不开省委、省政府的大力支持，特别是加强在重大改革方面的统筹力度，协调好各方利益关系，如重大项目库支持、武汉城市圈区号统一、高速公路月票制试点、政务大数据平台统一、公交卡通用、横向生态补偿机制建立、统一的公共服务标准制定和城市圈统计工作协调等。

四是加快武汉城市圈副中心城市建设。加快完善武汉城市圈城镇体系规模结构，实现大中小城市协调发展，大力建设黄石、黄冈、孝感副中心城市。黄石工业基础雄厚，应依托资源优势，加快实现传统产业转型，大力发展战略性新兴产业。黄冈市人力资源丰富，应积极承接国内外产业转移，加快新型工业化和新型城镇化进程，用好用足国家大别山革命老区支持政策，加快实现从农业大市向工业富市转变。孝感市交通区位优势明显，与武汉市接壤边界约242千米，三次产业发展基础好，应力争实现与武汉全方位同频发展，打造武汉城市圈同城化发展先行区和示范区。

3. 推动武汉城市圈补短板工程

谋划和推动武汉城市圈打造中国经济第四增长极，必须要实施武汉城市圈经济社会发展补短板工程，做足优势，补齐短板，只有一个全面发展、健康发展的武汉城市圈才具备成长为第四极的资格。可以说，武汉城市圈短板补齐之日，就是武汉城市圈向中国第四增长极迈进之时。

一是大力提升武汉城市圈外向度。武汉城市圈作为内陆发展增长极，外向度低是长期以来没有得到很好解决的问题，与成都都市圈、重庆市比较，甚至都不在一个层级。建议加快自贸区改革开放力度，鼓励自由贸易试验区大胆试、大胆闯，打造开放新高地，充分发挥武汉中部地区国家中心城市的优势，用最好的资源吸引最好的投资，尤其是来自境外的投资，大力推进与世界各国特别是"一带一路"沿线国家和地区的深入合作，加快建设飞行经济圈，积极引进世界500强企业和国际四大会计师事务所入驻。

二是大力提升武汉城市圈科技创新转化能力。支持武汉城市圈九市聚焦创新策源能力提升、转移转化能力提效，创新生态环境提质，推动科创产业融合发展，打造区域科技创新共同体建设步伐不断加快。提升武汉城市圈科技资源共享服务平台的能级，加快构建国家战略科技力量，持续推进重大科技基础设施建设，加快打造开放共享的区域创新网络。进一步发挥多层次资本市场配置创新要素作用，依托武汉资本市场服务基地，支持更多的科技企业在科创板上市，利用多样化金融工具融资和发展，更好地配置资源。依托包括中国—东盟数字经济发展合作论坛、海峡两岸青年东湖论坛、数字文化创意产业创新与发展高峰论坛等一些国际性活动和国际性组织，进一步提升影响力和溢出效应，联动全球资源服务区域科技创新，持续推进武汉产业创新发展研究院等一些新型研发机构建设，持续发挥东湖科创大走廊作用，加快把科技创新原动力转化为经济发展的现实生产力。强化人才第一资源优势，在武汉城市圈建设高水平国际人才高地，吸引、集聚、培育各类人才，进一步赋能和服务武汉城市圈创新共同体建设。

三是大力推进武汉城市圈空港建设。打造武汉—鄂州航空客货"双枢纽"，建设武汉城市圈品质领先的世界级航空枢纽，合力推进跨区域的多机场体系建设，不断提高民用航空客运量。加快组建本土航空公司，带动航空市场发展，构建完善的航线网络。实施天河机场扩容工程，建设第三跑道，谋划第四跑道，推动湖北高空管制中心项目建设，争取政策支持天河机场容量提升。加快推进天河机场保税物流中心建设。推动高铁进机场，谋划天河机场与中心城区之间快速连通方式。加快完善天河机场周边快速路网等配套交通设施。协同共建空港型物流枢纽。推进天河机场与花湖机场运营合作对接，拓展至国内主要城市群的航空快线，加密通达全球区域经济中心、国际航空枢纽、世界主要旅游目的地的国际客货运航线，巩固天河机场中部地区国际门户枢纽地位，推动花湖机场建成一流航空货运枢纽。加速构建国际航空大通道，申报建设武汉—鄂州空港型国家物流枢纽，协同构建国内全货机航线网络，构建通达全球、覆盖全国的航空网络体系。

武汉城市圈协同发展测度及时空差异研究

中南财经政法大学公共管理学院　何雄　水兴雅

1. 引言与文献综述

城市群作为城市发展到稳定成熟阶段的一种高级空间组织模式，已成为国家或地区之间竞争合作与协调发展的重要载体。国家"十三五"规划中指明要加强城市群建设，并确立了长三角城市群、珠三角城市群、京津冀城市群等19个国家级城市群。2019年，《关于培育发展现代化都市圈的指导意见》中指明，以超大特大城市或辐射带动功能强的大城市为中心、1小时通勤圈为基本范围的城市圈为城市群高质量发展、实现经济转型发展提供重要动力，并进一步提升区域竞争优势。2021年4月，《2021年新型城镇化和城乡融合发展重点任务》提出，要培育发展现代化都市圈，在都市圈的引领下，利用城市群带动区域高质量发展。2021年湖北省制定的《武汉城市圈同城化发展实施意见》中提到，到2025年，武汉城市圈同城化发展要走在中部前列，建成在全国具有影响力的城市圈，成为长江经济带重要的经济增长极和高质量发展示范区。然而，武汉城市圈发育的成熟度如何？区域一体化水平处在一个什么样的阶段？众说纷纭，模棱两可，因此在理论上还需要进一步完善，实践中还需要收集数据来证明。

武汉城市圈也称作"1+8城市圈",是以中国中部最大城市武汉为核心,由黄石、鄂州、黄冈、孝感、咸宁、仙桃、天门和潜江等武汉周边8个大中型城市共同构成。作为长江中游地区最大的都市圈,武汉城市圈拥有湖北省三分之一的国土面积、二分之一的人口,经济总量占湖北全省的三分之二,是湖北省产业最密集、生产最具活力的地区,但相较于东部沿海地区的城市群,武汉城市圈在整体综合发展实力和协同发展水平上仍有较大差距。受新冠肺炎疫情影响,当下全球经济形势动荡,中国经济正面临全新的挑战,为保持国内经济持续稳定增长,充分发挥城市圈发展潜力成为促进国内经济发展的重要途径,促进城市圈协同发展也成为提升城市圈发展潜力的不二选择。为进一步加强武汉城市圈的协作发展,2021年9月,武汉城市圈同城化发展办公室(简称"武圈办")在汉正式揭牌。结合此背景,研究武汉城市圈内部高质量发展以及城市之间协同发展水平对于提高武汉城市圈在中部地区城市群乃至全国城市群中的核心竞争力具有重要意义。

城市群综合发展实力是建立在城市群内部协同发展的基础之上的,城市圈内部各城市之间的人口、经济、环境等要素发展水平的高低关乎城市群总体的发展水平,对这些要素的研究是测度城市群整体实力以及协同发展水平的基础。学者们对于城市群的协同发展也有着深入的研究。王金营、李佳黛通过探究京津冀13个城市新型城镇化水平的时空分异,分析了京津冀地区的协同发展水平。陈艳、袁春来利用绝对收敛检验法来分析长江中游城市群绿色低碳协同发展水平,通过观测到的正的回归系数得到长江中游城市群绿色低碳效率协同发展水平较差的结论,类似的,Chen等对长三角中部地区27个城市区域生态绿色协调发展绩效评价进行了实证研究。另有学者基于财政水平的视角,利用全局自相关与局部空间自相关散点分析,并构建空间计量模型实证分析长三角各城市财政水平的差异与协同水平之间关系。马静等从经济、社会、生态三个子系统出发,运用耦合协调发展模型和GM(1,N)动态协调发展模型,评价长江中游城市群城市发展质量系统协调性。鲁继通运用熵权赋值法和耦合协调度模型分析2005—2015年京津冀城市群经济、科技、人口、土地的综合发展水平、协调关系及演化特征。曾刚从经济、科技、设施、生态四个方面选取18个指标,测算出综合协同发展能力评价值,评价长三角地区的协同发展水平。Wang等从水资源利用、社会经济发展和生态环境保护三个维度建立了协调发展程度的计算模型,分析评价了湖南省2004—2016年各研究单元协调发展程度的时空分布特征。

纵观现有文献,对武汉城市圈协同发展水平的研究多局限于某一单一视角,如体育产业协同发展水平、产业协同发展水平、旅游协同发展水平、低碳—集约利用协调发展水平等。如周红琦对武汉城市圈协同发展进行研究,从经济角度选取了经济水平、经济效益、经济发展三个维度的子系统评价武汉城市圈协同发展水平。通过对研究武汉城市圈协同发展的文章的梳理发现,尚缺少多角度、全方位的关于武汉城市圈的高质量发展的研究。

本文基于以上学者的研究成果,拟从经济、社会、生态、文化四个维度构建城市群高质量发展评价指标体系,并利用熵值法算出相应权重,计算出城市群高质量发展综合指数,同时利用耦合协调度模型计算出武汉城市圈高质量协同发展的耦合协调度,进而评价武汉城市圈协调发展状况。利用GIS工具制图来观测武汉城市圈高质量发展协同水平的时空演变格局,进一步分析子系统之间协同发展的时空演变格局,为加强武汉城市圈协同发展提供政策建议。

2.武汉城市圈协同发展测度和计算

2.1 耦合协调度模型构建

研究城市圈的协同发展对于提高城市圈整体竞争力具有重要意义,城市间的协同发展指的是一定区域内两个及两个以上的城市之间打破行政区划阻碍,使城市内部发展要素和资源在城市之间充分流动以达到最优配置,进而使得经济社会高度融合发展,形成优势互补、共同繁荣的效应。耦合度是物理学率先提出的一个理念,指的是两个(或两个以上的)系统通过受自身和外界的相互作用而彼此之间产生影响的现象。本文利用耦合协调度模型，测算武汉城市圈经济、社会、生态、文化四大子系统之间的相互作用、协同发展水平，进而评价武汉城市圈高质量协同发展水平，耦合度计算函数如式 3-1：

$$C_{it} = \frac{4\sqrt[4]{f_{1it} \times f_{2it} \times f_{3it} \times f_{4it}}}{f_{1it} + f_{2it} + f_{3it} + f_{4it}}$$

其中 Cit 表示四个子系统之间的耦合度，f1it-f4it 分别为熵值法测算的经济、社会、生态、文化各子系统的发展水平，耦合度值 C 越大，表明城市各子系统之间耦合良好，系统协作较好。当 C=0 时，表明耦合度极低，系统之间向无序状态发展。当 C=1 时，系统之间的耦合度最大，表明协作状态达到最佳。但是耦合度只能描述各子系统之间协调的强弱，不分利弊，协调度指的是各子系统之间彼此作用形成良性耦合的水平，体现了城市之间各子系统协调状况的好坏。

2.2 模型计算

在分析武汉城市圈高质量发展水平和各子系统发展水平的基础上，利用耦合协调度模型计算出武汉城市圈的高质量协同发展水平（图1）。可以看出，武汉城市圈协同发展水平在2010—2019年这10年间呈现温和上升的趋势，保持着较平缓的增长趋势，武汉城市圈的协同发展水平向良性转变。但是从数值上来看，大多数年份仍处于低级协调阶段，仅在 2019 年达到中级协调，与高级协调状态仍有较大差距。

3. 武汉城市圈经济、社会、生态、文化四个子系统发展的时空变化

为厘清武汉城市圈内部高质量协同发展的障碍，需具体分析武汉城市圈 9 个城市经济、社会、生态、文化各子系统发展水平演变的特征和时空变化。

如图 2 所示，总体来看，武汉城市圈生态和社会发展水平较高，经济发展水平次之，文化发展水平最低。四个子系统均呈现上升的趋势，社会、文化发展的波动较生态和经济更大，值得注意的是，经济水平在四个子系统虽落后于生态发展，但是经济发展的增长趋势较其他子系统来说更好，仅在 2016—2017 年经济发展增速变缓。武汉城市圈的生态发展水平较高，除 2011—2012 年出现下滑趋势，其余年份均稳步增长。生态系统的良好发展与国家提出的绿色发展模式息息相关，表明武汉城市圈重视生态建设，始终走在探索绿色城市圈建设的道路上。社会发展呈现出波动上升趋势，除在 2011—2012 年以及 2016—2017 年两个时间段略有下降之外，其余年

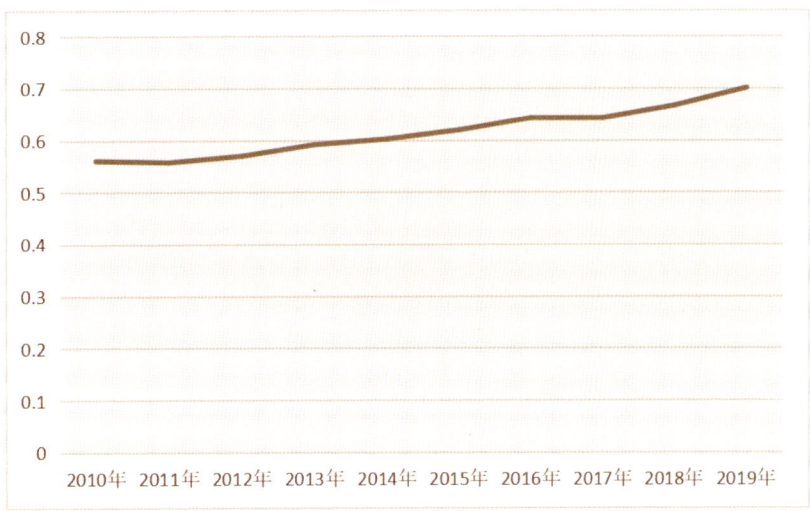

图 1　武汉城市圈高质量协同水平时间趋势图

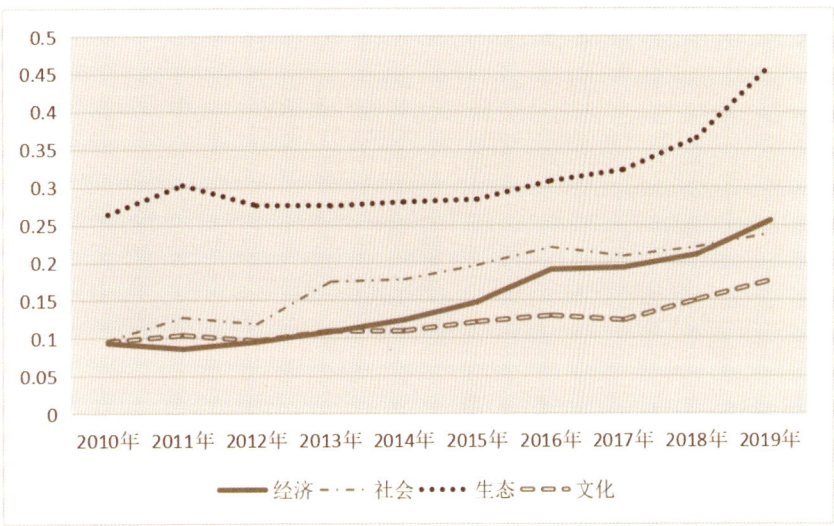

图 2　武汉城市圈经济、社会、生态、文化发展水平时间趋势图

份均保持着上升的趋势,但增速不敌生态和经济的发展。

总的来说,武汉城市圈的高质量发展处于生态和社会发展的主导阶段,文化发展相对低迷,经济发展稳步上升,子系统之间的发展不协调现象明显。

3.1 武汉城市圈经济系统的时空演变

如图3所示,2010—2019年间,武汉城市圈经济系统的发展水平稳步增长,早在2010年,城市圈除了武汉市和咸宁市,经济发展指数均位于0.15以下,城市的生产、消费水平有待提升,产业结构亟待改善,第三产业占比较低,传统产业升级任务艰巨。2010—2015年间,武汉城市圈的发展重心武汉的经济发展得到了极大的提升,经济发展指数超过0.45,超过城市圈其他城市3倍有余,城市圈内部经济不平衡发展矛盾凸显。2019年,这一现象得到明显改善,潜江、孝感、黄冈、鄂州、黄石以及咸宁等市的经济发展水平显著提升,与武汉市的差距明显缩小。

3.2 武汉城市圈社会系统的时空演变

如图4所示,2010—2019年这10年间,武汉城市圈社会发展格局不断调整,总的来看,城市圈整体的社会发展进步明显。武汉市的社会发展水平遥遥领先,就业、医疗、基础设施等处于较高水平。从各年份来看,武汉市与城市圈其他城市的社会发展差异显著。其他城市的社会发展较为均衡,咸宁市、黄石市在2015年率先进入社会发展指数超过0.15的行列,潜江市、仙桃市、鄂州市、黄冈市紧随其后,在2019年社会发展显著提升,值得注意的是,天门市的社会发展指数仍较低,其就业水平、基础设施水平等较城市圈其他城市更为落后,相关资源应向天门市倾斜,才能更好地缩小城市圈内部的社会发展差距。

3.3 武汉城市圈生态系统的时空演变

如图5所示,孝感市、武汉市、咸宁市、黄石市生态系统发展水平在2010—2019年10年间显著提升,黄冈市的生态发展水平在武汉城市圈中较低,武汉市生态发展指数率先突破了0.6,城市圈其他城市仍位于0.6以下,为提高城市圈的生态发展水平,应加强城市圈环境联保共治工程,缩小城市圈内部的生态发展差距,从而提高整体的生态发展水平。

3.4 武汉城市圈文化系统的时空演变

在分析武汉城市圈子系统的整体发展水平时(图3),我们得知武汉城市圈文化发展水平处于四个子系统的最低水平,从图7我们可以明显地看出,武汉城市圈

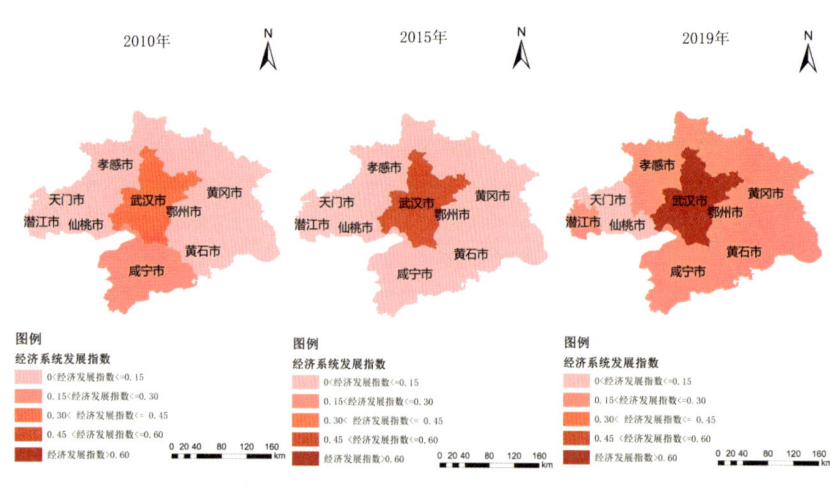

图3 武汉城市圈经济系统发展时空变化示意图

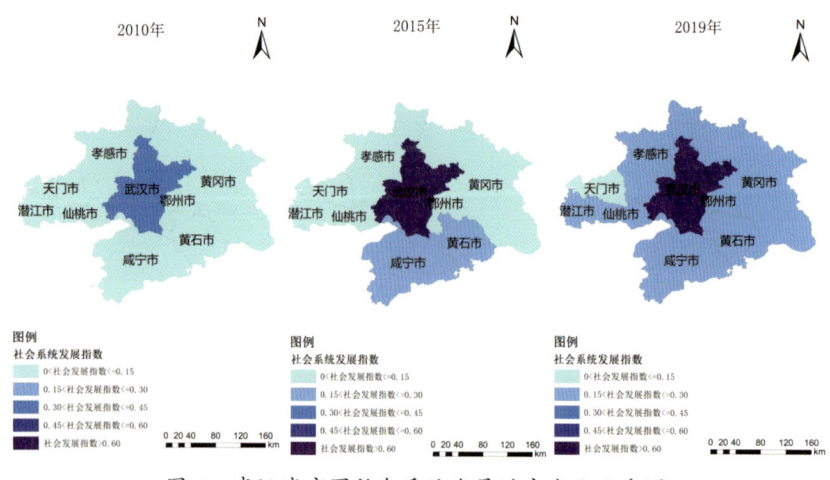

图4 武汉城市圈社会系统发展时空变化示意图

的文化发展水平差异显著,且这个差距随着时间的推移呈现出逐渐扩大的趋势,武汉市的文化发展水平上升趋势显著,然而其余8个城市的文化发展水平停滞不前,导致武汉城市圈整体的文化发展受到阻碍,因此武汉城市圈应加强教育的合作发展,推动教育资源和人才的跨区域流动。

4.武汉城市圈子系统两两耦合协调度时空变化

为进一步考察武汉城市圈经济、社会、文化、生态之间的协调水平,根据耦合协调度模型,可以计算出武汉城市圈经济、社会、文化、生态两两子系统之间的协同水平,如图7所示。

整体来看,武汉城市圈两两子系统之间的协同水平呈现上升趋势,但趋势各异。其中,武汉城市圈社会—生态、生态—文化、经济—生态的协同水平较其他系统之间更高,经济与社会、文化以及社会与文化之间的协同水平较低。

武汉城市圈经济与生态的协同水平上升趋势明显,表明武汉城市圈近年来坚持走绿色发展之路,经济发展与环境保护的矛盾并不突出,但文化与经济、社会发展的矛盾突出,揭示了武汉城市圈发展中存在的矛盾:武汉城市圈文化发展水平落后,主要是因为武汉城市圈除武汉市以外地区的文化发展落后,制约了其他子系统的发展。从时间趋势来看,2010—2012年武汉城市圈子系统之间的协同发展水平较低,这一阶段上升趋势不明显,协同水平波动较大。2012—2016年,武汉城市圈各子

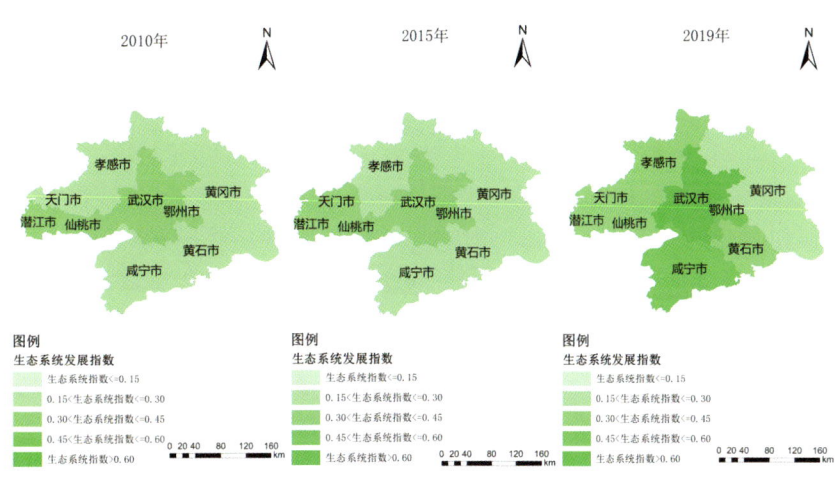

图5 武汉城市圈生态系统发展时空变化示意图

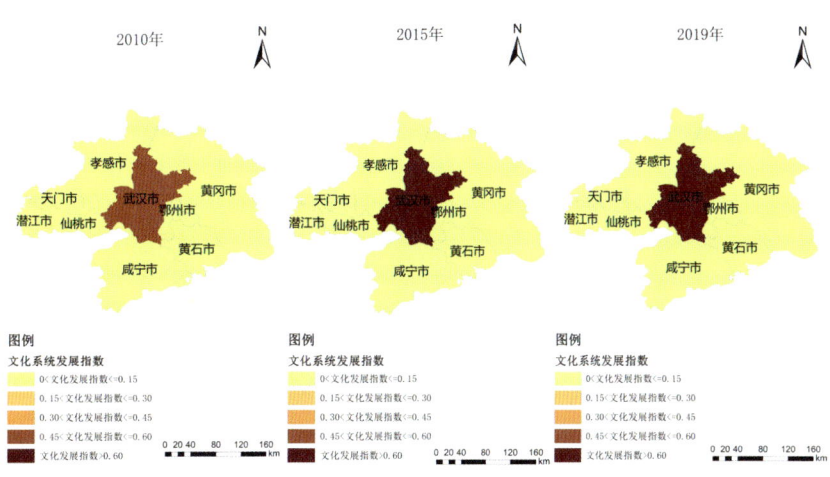

图6 武汉城市圈文化系统发展时空变化示意图

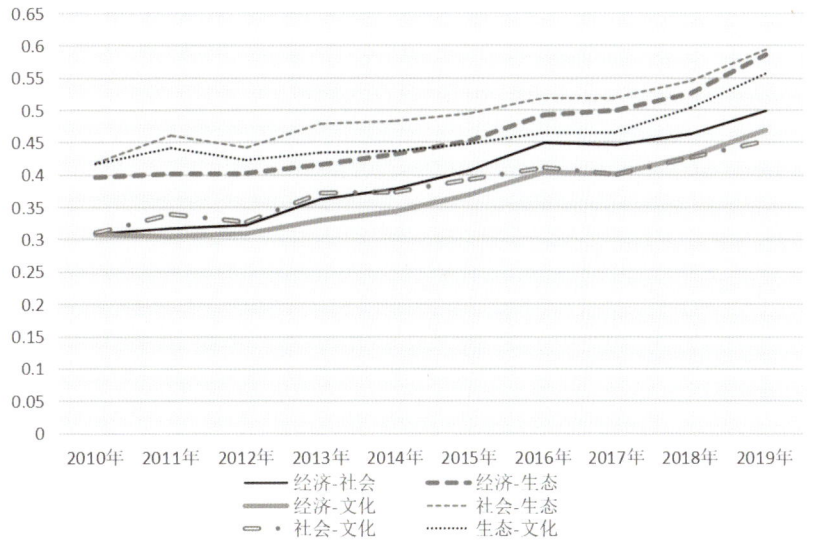

图7 武汉城市圈子系统两两耦合协调度时间趋势图

系统之间的耦合协调度稳步上升。2016—2019年,武汉城市圈子系统的耦合协调水平主要呈现先小幅下降后大幅上升的趋势。尽管

近年来武汉城市圈各子系统之间的耦合协调水平不断上升,但是从数值来看,耦合协调水平仍较低,仍处于低级协调状态。

从各城市子系统之间的耦合协调度来看(表1),2010—2019年间,武汉城市圈各城市子系统之间的协同水平变化趋势明显。

经济系统与其他子系统之间的协同水平时空变化:从经济与社会系统的协同度来看,2019年除武汉市处于高级协调状态以外,其余地区均处于不协调状态,反映出武汉城市圈除武汉市以外各城市经济发展与社会发展的关联性较差,经济发展对社会发展的联动作用不明显,反过来社会发展对经济水平的提升作用较弱,主要是由于城市圈其他城市内部的基础设施建设较武汉市更为薄弱,经济发展的资本积累用于改善民生投入的比例有限。经济与生态系统之间的耦合协调度代表了经济发展与生态系统之间的协同水平,早期的经济发展多是以牺牲生态环境为代价实现的,可以看出武汉城市圈早期的经济与生态耦合协调度较低,仅有武汉市达到了低级协调状态,其余均处于不协调状态。至2019年,武汉市经济与生态已达到高级协调状态,咸宁市、孝感市、潜江市、鄂州市、黄石市均处于低级协调状态,仙桃市和黄冈市仍处于不协调状态,仙桃市和黄冈市在绿色发展的道路上任重道远。经济与文化的耦合协调度较其他子系统来说更低,武汉市在2010—2019年从低级协调成功转为高级协调,得益于武汉市教育事业的高速发展。武汉市作为一个人力资源极其丰富的地区,文化发展水平较高,但是城市圈其他8个城市的文化发展水平较为落后,导致地区的人力资源较为稀缺,抑制了经济的发展,表现为经济发展与文化发展之间的矛盾。

社会系统与生态系统之间的协同水平时空变化:早期社会系统与文化系统之间的协同水平较低,仅有武汉市超过了0.5,达到低级协调状态,其余城市均处于不协调状态。早期城市圈基础设施建设不完善,城市内部的交通体系不够完备,交通拥堵、大气污染排放等造成生态环境恶化,社会发展与生态系统之间的矛盾凸显,经过10年的发展,2019年,武汉城市圈除天门、孝感以外,其余城市均处于低级协调状态,武汉市更是达到了高级协调状态。

社会系统与文化系统之间的协同水平时空变化:社会发展与

表1 武汉城市圈各城市子系统两两耦合协调度

城市	年份	经济—社会	经济—生态	经济—文化	社会—生态	社会—文化	生态—文化
武汉	2010	0.57	0.57	0.62	0.57	0.63	0.62
黄石	2010	0.28	0.32	0.23	0.34	0.23	0.28
鄂州	2010	0.22	0.32	0.16	0.41	0.18	0.28
黄冈	2010	0.23	0.32	0.21	0.34	0.20	0.30
孝感	2010	0.24	0.32	0.18	0.35	0.17	0.25
咸宁	2010	0.35	0.48	0.28	0.39	0.20	0.31
仙桃	2010	0.26	0.35	0.26	0.44	0.32	0.45
天门	2010	0.15	0.26	0.18	0.34	0.24	0.42
潜江	2010	0.23	0.34	0.22	0.42	0.25	0.39
武汉	2015	0.76	0.67	0.77	0.67	0.79	0.68
黄石	2015	0.38	0.43	0.28	0.48	0.30	0.35
鄂州	2015	0.33	0.43	0.22	0.48	0.22	0.30
黄冈	2015	0.36	0.41	0.28	0.43	0.27	0.33
孝感	2015	0.32	0.37	0.27	0.38	0.25	0.32
咸宁	2015	0.35	0.37	0.24	0.43	0.27	0.30
仙桃	2015	0.31	0.39	0.29	0.47	0.34	0.44
天门	2015	0.31	0.38	0.28	0.48	0.35	0.44
潜江	2015	0.33	0.42	0.29	0.49	0.32	0.42
武汉	2019	0.88	0.94	0.90	0.92	0.86	0.94
黄石	2019	0.44	0.55	0.41	0.55	0.38	0.51
鄂州	2019	0.44	0.58	0.39	0.58	0.36	0.51
黄冈	2019	0.47	0.49	0.41	0.52	0.43	0.45
孝感	2019	0.43	0.50	0.40	0.48	0.36	0.45
咸宁	2019	0.42	0.56	0.37	0.58	0.36	0.51
仙桃	2019	0.39	0.47	0.35	0.51	0.36	0.45
天门	2019	0.36	0.47	0.33	0.48	0.32	0.44
潜江	2019	0.43	0.51	0.34	0.53	0.33	0.42

文化发展的耦合协调度在2010—2019年显著提升。2010年，武汉城市圈绝大部分城市处于不协调状态，文化发展的落后制约了社会发展，主要表现在居民的文化水平限制了其就业选择，从而制约就业水平的发展；社会发展的落后阻碍了文化发展，例如高等学校数量、图书馆等文化设施数量制约了武汉城市圈部分城市的文化事业发展。经过10年的发展，武汉城市圈社会系统与文化系统之间的矛盾仍较为明显，武汉市文化系统与社会系统之间的矛盾得到缓解，达到高级协调状态，其余城市主要是因为文化系统的落后制约了社会的发展，文化事业的建设仍是武汉城市圈建设的重点。

文化系统与生态系统之间的协同水平时空变化：文化系统与生态系统的耦合协调度也得到了显著的提升。2010年，武汉市处于低级协调状态，其余城市均处于不协调状态。文化水平的落后限制了生态系统的发展，主要体现在居民环保意识薄弱、对环境的重视程度低等方面。随着文化水平的提高，人们意识到生态环境的重要性，生态水平随之提升。到2019年，咸宁市、鄂州市、黄石市达到低级协调状态，武汉市达到高级协调状态，其余城市仍处于不协调状态，这仍是与这些城市较低的文化水平紧密相关。

结论

本文从经济、社会、生态以及文化四个维度构建高质量发展水平评价体系，运用熵值法测算出各指标的权重，并利用耦合协调度模型，测度武汉城市圈2010—2019年10年间经济、社会、生态以及文化四个维度的高质量协同水平，利用ArcGIS10.5软件制图，对武汉城市圈高质量发展水平、协同关系的时空差异展开分析，具体得出以下结论：

武汉城市圈协同水平时空演变：武汉城市圈整体的高质量协同水平在2010—2019年10年间保持着稳定的增长趋势，武汉城市圈的协同发展水平向良性转变。城市圈总体上突破了不协调或失调的阶段，但在2010—2018年仍处于低级协调水平，仅在2019年达到中级协调，协同水平仍有较大提升空间。城市圈的高质量协同发展水平呈现出"中心高、四处低"的空间格局，截至2019年，武汉市已达到高级协调状态，但是其余八个城市仍处于低级协调状态。

从子系统之间的耦合度来看，2010—2019年武汉城市圈两两子系统之间的协同水平总体呈现上升趋势，社会—生态、生态—文化、经济—生态的协同水平较其他系统之间更高，经济—社会、经济—文化以及社会—文化之间的协同水平较低。具体分析各城市子系统之间的协同水平的时空差异，武汉市与其他城市的发展趋势差异较为明显，子系统之间主要由2010年的低级协调状态发展为2019年的高级协调状态，武汉城市圈其余八个城市主要由2010年的不协调状态转变为2019年的低级协调状态，部分城市仍处于不协调状态，子系统之间的发展矛盾仍较为突出。

论武汉城市圈高质量发展的三个特有战略逻辑

武汉市社会科学院　樊志宏

基于新发展阶段"两个大局"的历史背景，中国诸多城市群高质量发展、都市圈现代化建设的主题、理念、路径及模式等，必然会不同于欧美东亚等先行国家地区同类城市群、都市圈的发展道路；我们正在探索实践的城市群、都市圈高质量发展之路，不仅应该是契合中国发展阶段特征、具有中国发展特色、能够引领带动中国高质量发展的道路，也应该是能够代表人类社会未来发展方向的道路。

具体到武汉城市圈高质量发展道路的谋划推进，我们也应该有这样一种全球性认知视野和全局性战略高度，也应该把握好基于这样视野及高度的一些大逻辑的变化。具体来说，我们要更好地推进武汉国家中心城市建设、武汉城市圈现代化发展，应着重突出市场、历史人文、安全三个主要逻辑，凸显多功能特色化走廊发展模式，集中力量提升武汉及城市圈在国家重要发展廊道上的枢纽地位和功能作用。

一、遵循市场逻辑变化，建设具有国际竞争力的产业创新走廊和物流走廊

从市场逻辑来看，改革开放以来，珠三角、长三角等我国先行先进城市群、都市圈走的主要是两个发展路径：一是全球化路径。

即依托劳动、土地等要素比较优势，通过整合"两头在外"的全球成熟技术和全球市场、"两头在内"的生产要素和国内市场，形成全球最具竞争力的制造产业集群，从而带动这些区域内城市群、都市圈占据了全球产业价值链的中段优势，跻身全球主要工业化区域行列。二是城市化路径。即利用工业化的后发优势及城乡二元结构的落差动力，通过区域内的产业集聚，带动人口、资本等要素的集聚，再进一步推动区域中心城市与中小城市基础设施、协同功能体系的快速发展，在解决城乡二元结构问题的同时，实现城市群、都市圈规模和质量的快速发展。武汉城市圈虽然动议较早，但受限于位于内陆等方面的原因，并没有成为这一类较快发展的都市圈地区。

进入到新发展阶段，以上两个传统发展路径开始加快走向式微。一方面，国内劳动、土地等要素都已进入结构性短缺局面，城乡二元结构得到大幅改善，各类比较要素优势红利基本耗尽，工业化、城市化进一步规模化扩张所产生的动能已加速衰减；另一方面，中美发展落差大幅缩小，导致全球产业和贸易发展生态的自由度被大幅压制，这一轮全球化的红利也在快速耗尽中。因此，面对这一新局面，我国城市群、都市圈发展亟须构建新的动力模式，探索新的发展路径。这是我们谋划推进武汉城市圈高质量发展、现代化建设所必须面对的市场逻辑变化。

从发达经济体的经验来看，城市群、都市圈地区只有具备了内生的发展动力和主导产业的自控能力，其区域内的产业集群才具有自我持续发展能力，才会形成热带雨林式的产业生态群落，进而城市群、都市圈自身也才会具有持久的竞争力和持续的生命力。因此，当前及今后相当长一个时期，中国主要城市群、都市圈需要探索以下两方面的动力模式和发展路径：

一是创新驱动和产业创新路径。摆脱对要素比较优势的依赖，加快走向依赖创新的竞争优势，这是动力变革的核心要义。因此，城市群、都市圈的发展也要从要素配置及产品生产的全球化，走向创新的全球化，即通过"自主创新+全球创新"的动力协同，完善并形成具有全球竞争力的产业创新生态系统，努力成为全球产业创新价值链的重要竞争力量，逐步形成全链条、生态型的全球竞争优势。

二是流通效率驱动和产业流通枢纽路径。在每一轮科技产业变革大周期中，交通流通革命都占据着重要位置，发挥着关键作用，而每次交通流通革命都赋予了先发地区城市群、都市圈地区新的枢纽功能，甚至重构了城市体系。从第一次工业革命的航海革命，到第二次工业革命的铁路、公路、航运综合革命，再到20世纪中叶之后的航空革命，都有新的城市及其周边区域借助交通流通体系的重构而成为新的区域乃至全球发展枢纽。中国加快构建"双循环"发展格局，一方面是顺应了一个大经济体要以内需为主导的发展规律要求，另一方面则是要适应甚至引领信息时代交通流通变革的趋势，构建能够支撑新一轮科技产业发展格局的新交通流通枢纽。这是中国城市群、都市圈今后发展的重要使命任务，也是相互之间竞争的关键领域。

具体到武汉城市圈来说，要力求在以上两个新动力模式和发展路径的探索中脱颖而出，应突出"两个走廊"的骨架支撑作用：一是光谷科创大走廊，核心任务是以东湖新技术开发区为核心引擎，两翼沿长江分别向下游的鄂东和上游的三镇中心城区、武汉开发区延展，协同混同推进综合性科学研究体系、产业创新体系、先进制造体系的建设，构建具有全球竞争力的产业创新中心。二是中部商贸物流大走廊，核心任务是串联天河机场、汉口北铁路编组站、阳逻核心港、花湖机场、黄石港，构建纵深100余千米的铁、水、公、空多式联运枢纽廊道，支撑建设全国商贸物流中心和全球新贸易流通枢纽。

二、遵循历史人文逻辑，建设具有国际影响力的长江文化传承创新走廊

中国的工业化进程，至今尚没有经历过一轮完整的经济长周期，因此，我们缺乏对一轮科技产业变革从新知识体系萌发到新技术孵化孕育、再到新产业体系发展壮大的全周期实践和认知体验；中国的城市化，也没有经历过由多轮经济长周期演进而带动发展的全生命周期过程。因此，对于经济长周期或科技产业变革中的工业化、城市化中的诸多现象和规律，特别是周期内不同阶段的运动特征及转换规律、内生动力驱动机制及转换规律、各种要素功能转换机理等，我们都欠缺直观的实践认知和系统的理论分析。这意味着，我们在面对发展阶段的重大转换时，要更加注重研究那些决定着下一阶段发展方向及动力的关键性要素变量，更加关注并力争把握住它们的内在变化趋势和发展要求。只有这样，我们才能顺利地实现现今发展阶段的转换，最终成功达成长周期的发展目标。

改革开放前30多年的发展，我国选取的是以模仿追赶、引进消化吸收等为主的模式和路径。其中，在工业化方面，主要是将西方发达国家现有成熟的技术、产品、产业体系平移复制到我国，典型代表就是之前的经济技术开发区发展模式。在城市化方面，主要是对标、对照西方城市建设发展的现有成熟形式、形态等，来推进我国城市的规划布局建设，典型做法就是老城区大拆大建、新城新区"摊大饼"等发展模式。应该说，这一时期所采用的发展模式对于我国当时实现快速追赶来说，是卓有成效的。但是，随着我国工业化、城市化的跟跑路径逐步走到尽头，模仿、引进发展模式的红利日益衰减，我们已经迎来了此轮发展长周期中一个关键的发展阶段转换时点。

面对新发展阶段，我们要力争实现自主自立自强发展，力求在更多领域实现并跑甚至领跑，就必须彻底转换发展方式，重构新的内生动力，重塑新的路径模式。其中，文化在新发展阶段中的贡献定位、作用机理、路径模式等问题，就是需要重新认知和全力实践的一个关键方面。在传统发展模式下，文化更多被看作是居于从属地位的一个因变量，即发展的结果，而非居于主导地位的、具有驱动作用的自变量，即发展的动力。这一认识与西方一些学者对工业革命以来西方发展史的研究认知是相悖的。他们大多把文化看作是经济增长中的一个关键自变量，认为文化在工业化、城市化发展中一直发挥着关键的驱动作用。

近10年以来，国家一直持续深入推进文化强国建设，先期布局建设长征、长城、大运河三个国家文化公园；前年8月和去年11月，习近平总书记分别在黄河和长江的相关发展座谈会上提出发展黄河文化和长江文化的要求；去年，黄河国家文化公园被纳入国家"十四五"规划；等等。这些都标志着文化在高质量发展中的重要驱动作用开始越来越多地显现出来，也越来越多地被纳入国家的总体战略布局中。

水是生命之源。因此，人类文明的源发地、栖息地、兴盛之地等，都必然是在淡水资源丰富的江河湖泊周边，即便是在海洋沿岸等地区，也一定是在江河的入海口附近。进而，我们追溯梳理人类文明的诞生和演化进程，也必然需要沿着江河湖海的地理走向来进行。

结合历史来看，区域之间的文化传播发展往往会呈现出线性的廊道模式。这主要是因为历史上每段时期的文化都是融汇在当时人类的经济、政治、社会、军事等活动中的，而人员、要素、产品等的流动流通一直都是沿着线性线路进行的，所以我们现在观察文化的传播发展历史，就会看到很多文化廊道、文化线路的存在。在这些文化廊道、文化线路日渐稠密的网络中，必然会逐步演化出一些城市，发挥着核心节点或枢纽作用。这些城市中的极少数会成为一个大经济区的政治治理中心、文化中心、经济中心等。

不过，随着人类社会生产生活方式的演进、变迁，一些文化廊道、文化线路的部分或全部，随着其所依存并代表的某些要素流动方式、路径的更替、兴衰、消亡，在历史长河中逐渐隐身，或泯灭，或边缘化，或褪去昔日光环……我们当下要做的，就是重新挖掘、擦亮这些文化廊道、文化线路的底色，还人类的历史长河以本真面目，让我们当下的生产生活以及庇护于其中的城市、乡村不只是一系列断点、片段、局部的混杂，而是一个博大生命体源源不断的脉动和永续。

湖北及武汉在长江文明源远流长的历史中，一直居于核心地位，在文化传承和弘扬发展中发挥着关键的枢纽作用。就这里的历史人文地理空间来说，有两个主要的文化廊道，一个是长江，另一个是汉江。相对来说，汉江虽然只是长江的最大的支流，但在文化的传承上却更为重要，因为它连接了黄河流域和长江流域，在促进两个大河文明南北交融、东西汇通，并促成中华文明的统一发展上，一直发挥着重要的文化廊道作用。这两个廊道穿越了历史人文的四维时空，串联起中华文明的源远流长，从缥缈的源头，到纷繁的当下，再指向无尽的未来。因此，以武汉为枢纽，以长江、汉江为轴向，来建设具有国际影响力的长江文化传承创新走廊，是符合长江文明乃至中华文明传承发展的历史人文逻辑的。

从总体来看，谋划布局武汉城市圈的长江文化发展主题建设，需要在精神和物质两个层面来协同布局。在精神层面，重点就是要在新发展理念的指导下，做好长江文明特有文化价值观的传承、弘扬和创新等工作，做好大河文明与世界其他文明的交流互鉴，推进"创新、协调、绿色、开放、共享"的新发展理念具体化、实践化，以更好地引领本地区、服务长江经济带乃至全国的高质量发展。在物质层面，重点就是要在城市—乡村、生产—生活—生态、现实—虚拟等空间体系中，把长江文明乃至中华文明整体及各领域文化演进的源远流长展示、演绎在由文化空间、文化线路、文化廊道、文化网络等构成的体系中，让文化价值体系和元素体系得以在四维时空进行系统而具体地舒展、交融、演进，让我们每一代人都能沉浸在既是本土、又是世界、来自历史、面向未来的文化之中。

三、遵循安全发展逻辑，建设服务国家整体安全空间的安全功能走廊

习近平总书记反复强调要统筹发展和安全。从系统的角度来看，发展与安全往往是同一个事物的两面，从风险角度来看是安全问题，从机遇角度来看则是发展问题。同时，两者之间又存在着一种替换关系，即此消彼长的反向相关关系。推演到极端情况来看，如果追求极致的安全，就会给发展设置极大的限制，甚至会阻碍发展；反过来，如果完全不重视安全治理，也会让发展陷入各种风险的威胁中，难以实现可持续的稳定发展。因此，发展与安全统筹治理的目的，就是探寻并力求实现两者之间的最优动态均衡，即在风险可控的区间中实现可持续的发展。比如，统筹经济发展与安全，就是要做好经济风险与发展机遇的平衡，以争取在风险可控条件下实现对机遇的最大化把握。

在国家的发展与安全治理体系中，安全治理空间是关键的基础支撑。随着信息社会的加速演进，安全治理空间正迅速从实体空间向虚拟空间延伸升维，并开始形成现实系统及其数字孪生系统相互叠加、相互影响的复杂适应系统格局。按照复杂适应系统理论的基本观点，在一个系统网络空间中，一定会有极少数的中心节点因其所具有的非线性规模效应而在网络中发挥着举足轻重的作用，失去这些节点，网络内部空间结构就会发生剧变。对于区域乃至国家的安全治理空间来说，特大、超大中心城市就扮演着这样的安全治理中枢角色。

寻求和实现发展与安全治理的最优动态均衡，一个关键就是要紧紧抓住安全治理空间的这些中枢——特大、超大中心城市，让其承担起与它们所担负的经济、政治、文化、生态等发展功能相适应的安全治理功能。

武汉及周边地区位于全国的经济地理中心，科教创新、先进制造、交通物流等经济功能枢纽地位突出；居于长江流域中游的支点，是长江防汛的指挥中心和共抓长江大保护生态治理重要节点；拥有国家网络安全基地，是网络空间安全治理的关键节点之一；拥有解放军联勤保障基地、国家华中区域应急救援中心、国家重大公共卫生事件医学中心等相关领域安全治理核心功能载体；等等。因此，武汉在国家安全治理空间体系中已经肩负了多领域、多层次综合性的使命任务，是国家安全治理空间中具有独特枢纽地位的一个中心城市。而且可以预见的是，随着国家整体安全治理体系和能力的不断完善，武汉今后还可能承担更多的国家安全治理任务。

因此，武汉应将建设国家综合性安全治理中心作为城市中远期发展的主要功能定位，并将其具体贯彻落实到城市空间的布局上。也就是说，要站在国家安全空间全局的高度来研究布局武汉及城市圈的空间配置，遵循国家安全治理功能中心或枢纽的标准和规范，来进行本区域内一些重要空间的规划设计工作。由于诸多领域的安全治理与发展往往是共主体的，所以既然产业、科教创新、公共卫生、生态、信息网络、应急救援等领域的功能体系是遵循"枢纽—廊道"模式布局的，那么相关领域的安全治理空间也应考虑以廊道模式展开。

城市群城市融合指数评价研究

武汉城市圈智库专家组

城市群城市融合度及其类似的概念包括城市群一体化、同城化水平、城市群发展紧凑度等，评价的都是城市群各城市与中心城市关系的密切程度。一般从交通一体化、产业一体化、市场一体化、公共服务一体化、空间一体化、生态一体化等方面来衡量。城市群城市融合度既是城市群一体化发育程度的测度，也是城市群内不同城市与中心城市一体化的测度；既可以用来反映城市群空间范围，确定城市群空间形态，也可以比较城市群内不同城市融入中心城市的情况。

一、城市群城市融合指数评价指标体系建立的理论基础

1. 城市群城市融合指数的内涵

随着交通、通信网络等基础设施的完善，城市间的时空距离不断缩小，尤其是相邻城市之间要素流动性加快，城市间的行政界线逐步淡化，经济联系日益紧密，形成了共赢互利的新型经济发展区域——城市群。城市群内由分工明确、优势互补的核心城市与周边城市组成，物资、人力、信息、资金在城市间的自由流动与合理配置是同城化的基本要求。群体内的城市之间在自然条件、历史发展、经济结构、社会文化等某一或几个方面有密切联系，其中，中心城市对群体内其他城市有较强的经济、文化辐射和向心作用。城市融合指数评价的是城市间的关系密切度，主要包括评价城市间的交通距离、通勤时间、经济联系、社会文化联系、生态共享等。

2. 区域经济一体化理论

城市群的理论基础是区域经济一体化。20世纪初，经济学著作对于区域一体化的理解可以简单概括为"将各个独立的经济结合成一个更大的区域"。1961年，美国经济学家贝拉·巴拉萨提出："经济一体化既是一个过程，又是一种状态。就过程而言，它包括旨在消除各国经济单位之间差别待遇的种种举措。就状态而言，则表现为各国间各种形式的差别待遇的消失。"经济一体化可以理解为商品与生产要素跨国流动"差别待遇"的消除，即其制度性成本等于零或接近于零（巴拉萨）。之后，经济学家对"过程"和"状态"作了不同的解释，把一体化的"过程"解释为"导向全面一体化的成员国间生产要素再分配"，把一体化"状态"解释为"一体化国家间生产要素最佳配置"。生产要素得到再配置和最佳配置，促进劳动地域合理分工和经济结构调整，从而产生乘数规模效应和整体效率。这种区域间的要素流动和市场化配置达到一定的密切程度，就构成了城市联合体，即城市群。

3. 城市群空间范围识别理论

城市群空间范围识别有相对成熟的研究成果，选择的指标和分析方法都有可以借鉴的地方。但是，城市群空间范围识别的实质仍然是研究周边城市与中心城市的联系度，即融合指数，问题在于联系度取值多少才可以视为城市群的组成城市，这是一个目前并没有解决的问题。城市群城市融合指数评价回避了这个问题，它的前提是认可了城市群所包含的城市结构和城镇体系，反过来开展周边城市与中心城市融合度的评价，也就是融合指数是多少只是作为融合度的评价，而不是用于判断该城市是否作为城市群的组成部分。本研究只是借鉴其选择的评价指标和评价方法。

① 识别标准

一般理论提出了4个测度维度：基础条件（经济水平、交通条件、人口规模、城市化水平等）、相互联系（通勤率、运输量等）、首位城市（规模、水平）、城市体系（大中小城市数量、构成）。例如：宁越敏（2003）认为城市群由具有一定人口规模的中心城市和周边与之有密切联系的县域组成，中心城市是核心区，周边城市是边缘区；张京祥（2001）提出城市群为一个或多个核心城市以及与核心城市具有紧密社会经济联系的、具有一体化倾向的邻接城镇和地区构成的圈层式结构；郭熙保等（2006）在总结了已有研究的基础上，提出城市群是城市化发展到相当阶段时出现的，是以一个或少数几个大型城市为中心，以圈域内若干大中小城市为次中心或节点，辐射周边腹地区域，依托发达便利的交通、通信网络，经济联系紧密，具有较高城市化水平和一体特征

的社会经济活动空间组织形态。

②划分分析方法

城市群空间范围识别的方法多样并存，包括基于经济联系的分析方法、基于功能分工与结构的分析方法（区位熵法）、势力圈AHP分析方法、城市经济网络研究方法（主成分分析法、通勤圈分析方法）、社会网络关系分析方法（中心性、网络密度、凝聚子群）、空间组织分析（节点联系分析方法）。例如，孙娟（2003）提出影响城市群空间范围的主导因素，以空间、时间、引力和流量为依据界定；李彦军（2008）利用引力与场强模型并结合湖北实际情况，对武汉城市圈进行重新划分；郭爱军（2009）、陈大鹏（2012）等对传统模型进行修正，得出引力模型的城市群空间界定方法；黄征学（2012）基于日本都市圈发展理论，根据不同经济势能辐射影响范围的半径划分中部地区城市群范围；彭翀（2011）提出基于断裂点模型的城市群空间范围界定方法；武廷海（2015）以六普人口数据为基础，分析中国城市人口分布密度（人口 kernel 密度分析），识别城市等级，结合高铁网络，测度城市间联系脉络，以高等级中心城市中心的体系所控制的空间范围为基础，剔除其人口密度小于 500 人/km² 的地区，据此识别出我国城市群及其空间范围；姚士谋等（2016）以城市作为"流"的节点，以交通信息流在城市间的流动作为结构要素与特征，对长三角城市群的空间范围进行了界定；2018年8月，清华大学尹稚团队提出，以人口规模和国家战略需求为标准选取都市圈中心城市，以与中心城市的联系度为标准确定都市圈范围，并依托国家新型城镇化大数据库公共服务平台，通过集成百度地图导航数据、滴滴出行数据、腾讯人口流动数据、工商法人注册数据等大数据，识别出我国 37 个主要都市圈（以直辖市、省会城市、计划单列市和重要节点城市为中心城市）。

二、城市群城市融合指数评价指标体系建构立意

根据上述对"城市融合指数"基本含义的概括，我们认为城市群城市融合指数评价指标体系应该突出以下内容和理念：

1. 城市群城市融合指数评价是对周边城市融入中心城市的全面评价。周边城市与中心城市的融合包括基础设施、创新协同、产业合作、开放合作、公共服务共享、生态环境共保、市场一体化、合作机制建立等八个方面，评价的目的是客观地分析两个城市在八个方面融合的情况以及总体融合情况，同时，对融合中存在的不足和融合度不够的方面，也能够指出相应的问题，分析原因和对策。

2. 城市群城市融合指数评价结论可以用来对城市群内所有周边城市融合度进行比较、排序研究。在城市群内，由于多种因素的限制，一体化、同城化发展的程度非常不平衡，不同城市与中心城市的融合度有着较大的差别，体现在空间结构上，有核心层、外延层、扩展层城市区域，依据融合度指标，就可以将三个层次进行量化划分。

3. 城市群城市融合指数评价结论可以用来分析城市群发育的程度。城市群内主要周边城市与中心城市之间的融合度，实际上是城市群成熟度的重要表现。利用本评价指标体系对国内外标杆城市群和普通城市群进行评价结果比较，可以据此得出成熟型城市群、发展中城市群和初级城市群的指数具体指标范围，解决我们过去主要依靠非量化标准来判断城市群发展阶段的问题。

本指标体系的七大基本模块从左至右，以城市群一体化包含的 20 个方面为依据和红线，左边是起点，右边是目标，并逐步深化和递进，形成城市群城市融合指数评价的基本脉络。指标体系的

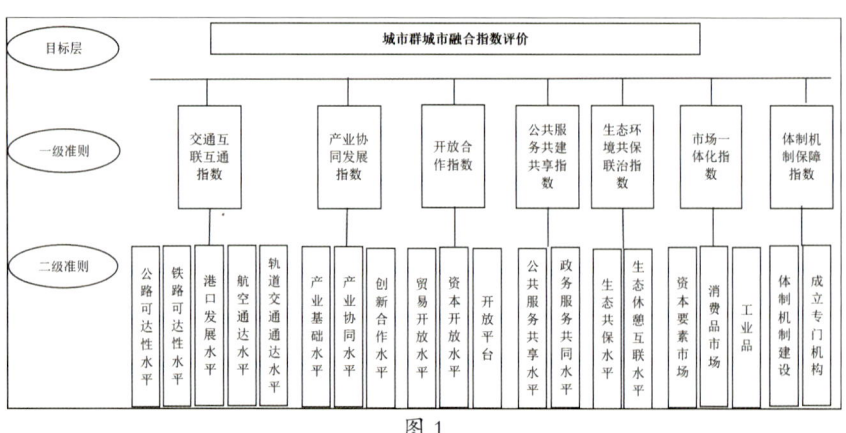

图1

基本模块具体见图1。

三、评价指标体系的特点与作用

本指标体系的基本特点有：

1. 目标明确、逻辑性强。本体系旨在分析、评估城市群内周边城市与中心城市在基础设施、产业发展、开放贸易、公共服务、生态环境、市场一体化等方面的联系强度和融合程度，并从体制机制等方面评估合作发展的内在动力。本体系在目标层下共设有7个子模块，第一至第六个子模块是通常意义上的六个一体化内容，第七个子模块是政策内容，基本涵盖了城市之间相互联系的各个方面的内容。

2. 层次分明、内涵丰富。通过构建一套测度指标体系，具体包括目标层（融合发展指数）、要素层（基础设施互联互通、产业协同发展、开放合作、公共服务共建共享、生态环境共保联治、市场一体化、体制机制优化完善）、指标层（公路可达水平等20个指标），来测量周边城市与中心城市的联系强度，即融合发展指数。通过本体系应该可以观测到以下信息：基础设施互联互通指数、产业协同发展指数、开放合作指数、公共服务共建共享指数、生态环境共保联治指数、市场一体化指数、体制机制保障指数。通过上述指数可以判断周边城市与中心城市的一体化发展水平及其纵向变动情况和横向分异情况。

3. 覆盖全面、代表性强。本体系所依据的理论明确，内容具体，这为我们构建评价指标体系提供了有利条件，使得本体系将能够涵盖广泛，具有较强的代表性。

本指标体系的作用主要有：

评价和探索城市群周边城市与中心城市的融合程度，寻找城市群一体化发展过程中存在的问题，促进城市群的建设，并为未来城市群的发展提出可行性建议。

四、评价体系构建的原则与指标选取方法

城市群城市融合指数评价指标体系的构建遵循以下原则：

1. 科学性与实用性原则。城市群城市融合指数评价指标体系能够全面准确地反映城市群融合的内涵、各城市发展的综合水平，体现中心城市与周边城市关联性，评价目标与指标间的支配关系。指标体系应大小适宜，过大或过小都不利于作出正确的评价。评价的方法与手段应尽量科学、先进，尽可能采用定量分析，以提高评价结果的准确度和实用性，同时也考虑当地的资料、人力、物力水平和实际需要。

2. 完备性与简明性原则。城市融合指标体系的构建要求覆盖面广，能够全面综合地反映城市融合的各个方面。理论上，设置的指标越多、越全面，越能准确反映客观事物，但是随着指标的增加，数据的收集、处理和加工的工作量将大大增加，而且指标之间会出现重叠的现象，给综合评价带来很大不便。因此指标体系又需要内容简单明了、准确、具有代表性。

3. 整体性与层次性原则。构建城市融合评价指标体系是一项复杂的系统工程，必须全面真实反映周边城市与中心城市在基础设施、产业发展、开放贸易、公共服务、生态环境、体制机制等方面的联系。每一方面都由一组指标构成，各指标之间相互独立又相互联系，共同构成一个有机整体。同时，指标又根据研究系统的结构分出层次，并在此基础上将指标进行分类，从而使指标体系结构清晰，便于使用，并且设置的层次结构、选取的各项指标都具有明确的含义，对需要反映的要素具有较好的代表性。

4. 可测性与可比性原则。数据的可获得性和指标量化的难易程度应在构建城市融合的评价指标体系中被充分考虑。定性与定量相结合，对各指标尽可能量化。指标的计算方法明确，计算所需的数据比较容易获得和可靠。横向对比可以将同一时间不同地区的融合发展情况进行比较，反映不同周边城市与中心城市之间的融合差异。并且指标体系既能够宏观上反映城市群总体的发展情况，又能够在微观上反映周边城市与中心城市的融合状况，能够体现各个城市的优势和劣势。

5. 一致性原则。评价目的、评价因素、评价形式、评价的数学模型之间有一致对应性。不同的评价目标有不同的评价形式和不同的评价因素或者指标体系，也就有不同的数学模型，只有这些环节保持一致，才能保证整个评价的可靠性与合理性。

城市群城市融合指数评价指

标的选取方法：

根据目标，按照城市群城市融合的相关理论和政策，结合统计指标的相关知识，按照尽可能全面系统、具有代表性以及尽量不重复的原则选取。指标选取以后要进行初步筛选，在取得数据以后，再根据有关统计方法，系统筛选、试算、调整。其方法主要是相关性分析，将相关性很强的指标尽可能剔除，保证指标体系中各指标的独立性，使其反映的信息不相互重叠。

五、城市群城市融合指数评价指标体系构成

根据以上思路和思想，构建城市群城市融合评价指标体系如表一所示。

（一）反映基础设施互联互通指数的指标体系

一级准则	二级准则	具体指标	计量单位	指标性质
基础设施互联互通指数	公路可达水平	高速公路路网密度	千米/万平方千米	正
		高速公路路口数量	个	正
		建成区路网密度	千米/万平方千米	正
		两地政府间驾车出行距离	千米	逆
		两地政府间驾车出行耗时	小时	逆
		两地政府间驾车出行的高速过路费	元	逆
	铁路可达水平	两地间铁路数量		正
		两地政府间普铁、高铁出行最短耗时	小时	逆
		两地政府间普铁、高铁出行最低票价	元	逆
基础设施互联互通指数	铁路可达水平	两地间一天内列车班次	次	正
	港口发展水平	港口货物吞吐量	万吨	正
		内河里程	千米	正
	航空通达水平	地方政府到机场最短耗时（到核心城市）	小时	逆
	轨道交通通达水平	地方政府到核心城市地铁站最短耗时	小时	逆

（二）反映产业协同化发展指数的指标体系

一级准则	二级准则	具体指标	计量单位	指标性质
产业协同化发展指数	产业基础水平	人均GDP	万元	正
		第二产业人均增加值	万元	正
		第三产业人均增加值	万元	正
		第二、三产业比重	%	正
	产业协同水平	政府对产业发展的沟通协调	%	正
		产业园共建数量	个	正
	创新合作水平	高新技术企业数量	个	正
		高新技术产业人均增加值	万元	正
		高新技术产业占GDP的比重	%	正
		科技园、研究院共建数量	个	正

（三）反映开放合作指数的指标体系

一级准则	二级准则	具体指标	计量单位	指标性质
开放合作指数	贸易开放水平	人均进出口贸易额	万元	正
		贸易依存度（贸易总额占地方政府生产总值的比重）	%	正
	资本开放水平	人均实际利用外资额	万元	正
		资本依存度（实际利用外资额占生产总值比重）	%	正
	开放平台	海关口岸、自贸区、综保区、保税区、跨境电商试验区数量	个	正

（四）反映公共服务共建共享指数的指标体系

一级准则	二级准则	具体指标	计量单位	指标性质
公共服务共建共享指数	公共服务共享水平	城镇登记失业率	%	逆
		人均教育经费支出	万元	正
		国内旅游人均收入	万元	正
		纳入旅游一卡通的景区数量	个	正
		周边城市居民在核心城市住院费用报销比例	%	正
公共服务共建共享指数	公共服务共享水平	中心城市医院托管数量	个	正
		和中心城市最低社保缴费标准差距	元	逆
	政务服务共通水平	跨市通办政务数量（高频事项）	项	正

（五）反映生态环境共保联治指数的指标体系

一级准则	二级准则	具体指标	计量单位	指标性质
生态环境共保联治指数	生态共保水平	跨市主要河流水质	级	正
		跨市主要湖泊水质	级	正
		SO_2 年平均浓度	微克/立方米	逆
生态环境共保联治指数	生态共保水平	PM2.5 年平均浓度	微克/立方米	逆
	跨市主要河流水质	城市环境空气质量良好率	%	正
	生态休憩互联水平	人均城市绿地面积	平方千米	正

（六）反映市场一体化指数的指标体系

一级准则	二级准则	具体指标	计量单位	指标性质
市场一体化指数	资本要素市场	人均存贷款总额	万元	正
	消费品市场	人均社会消费品零售总额	万元	正
	工业品	规上工业人均产值	万元	正

（七）反映体制机制保障指数的指标体系

一级准则	二级准则	具体指标	计量单位	指标性质
体制机制保障指数	体制机制建设	签订合作协议数量	个	正
	成立专门机构	专门机构数量	个	正

六、城市群城市融合指数评价方法

（一）数据的采集

城市群城市融合指数评价指标体系包含7个方面的内容，即基础设施互联互通指数、产业协同发展指数、开放合作指数、公共服务共建共享指数、生态环境共保联治指数、市场一体化指数、体制机制保障指数。本文将从这7个方面来衡量城市群城市融合指数。相关数据从已有的统计报表和统计年鉴获得。

（二）指标的一致性处理

在取得数据以后，指标按照特征分为正指标、逆指标（正向指标数值越高越好，逆向指标数值越低越好）。为了保证综合评价的正常进行，还需要对正、逆向指标采取一致性处理：

正向指标：

$$x_{ij} = \frac{x_{ij} - \min\{x_{1j},...,x_{nj}\}}{\max\{x_{1j},...,x_{nj}\} - \min\{x_{1j},...,x_{nj}\}}$$

逆向指标：

$$x_{ij} = \frac{\max\{x_{1j},...,x_{nj}\} - x_{ij}}{\max\{x_{1j},...,x_{nj}\} - \min\{x_{1j},...,x_{nj}\}}$$

为了方便起见，进行一致性处理的数据仍记为 Xij。

（三）数据的无量纲化处理

综合评价总是需要按照一定的权重和模型将不同的指标综合起来，但是评价对象（城市群城市融合指数）的属性特征是多方面的，而且往往各指标的计量单位都不尽相同。因此，为了能使各指标能够综合，特别是在常规方法中，需要对各指标的数值进行无量纲化处理，即将指标的绝对值转化为相对值，从而解决各项不同质指标值的同质化问题。在此,我们主要采用标准化法。

(四)权重确定方法

指标权重的确定是城市群城市融合指数评价的重要环节,在此采用主观赋权法,即层次分析法。

1. 层次分析法确定权重

层次分析法是一种定性与定量相结合的系统化、层次化的分析方法。由于它在处理复杂的决策问题时的实用性和有效性,很快在世界范围内得到重视。它的应用已遍及经济计划和管理、能源政策和分配、教育、运输等多个领域。其核心思想是将总目标分解为若干层次,通过定性指标模糊量化方法计算层次单排序和总排序,以确定系统不同层次的各项指标权重。首先构造判断矩阵 A 如下:

$$A = \begin{bmatrix} a_{11} & a_{12} & \cdots & a_{1n} \\ a_{21} & a_{22} & \cdots & a_{2n} \\ \cdots & \cdots & \cdots & \cdots \\ a_{n1} & a_{n2} & \cdots & a_{nn} \end{bmatrix}_{n \times n}$$

上式中,a_{ij} 为指标 i 相对于 j 的比较值,满足如下关系:

$$\begin{cases} a_{ij} > 0 \\ a_{ij} = 1 \\ a_{ij} = 1/a_{ji} \end{cases}$$

比较值的标定有多种方法,例如 1-9 标度法等(如下表所示):

判断矩阵元素的 1-9 标度方法

标度	含义
1	同等重要
3	稍微重要
5	较强重要
7	强烈重要
9	极端重要
2、4、6、8	上述两相邻判断的中值
标度的倒数	指标 i 相对于 j 的比较值为 j 相对于 i 比较值的倒数

(1)计算判断矩阵 A 中的每一行元素乘积,即

$$m_i = \prod_{j=1}^{n} a_{ij}, i=1,2,\ldots,n \quad (1)$$

(2)计算 m_i 的 n 次方根得到

$$\overline{w_i} = \sqrt[n]{m_i}, i=1,2,\ldots,n \quad (2)$$

(3)将向量 $\overline{w_i} = (\overline{w_1}, \overline{w_2}, \ldots, \overline{w_n})$ 进行归一化处理,即:

$$w_i = \widetilde{w}/n, i=1,2,\ldots,n \quad (3)$$

(4)最大特征根为:

$$\lambda_{max} = \frac{1}{n}\sum_{i=1}^{n} \frac{(Aw)_i}{w_i}, i=1,2,\ldots,n \quad (4)$$

层次分析法的判断矩阵 A 具有一致性是指要素 i 与要素 j 之间的重要性比值唯一。判断矩阵 A 的一致性指标为:

$$CI = (\lambda_{max} - n)/(n-1) \quad (5)$$

其中,false 为判断矩阵 A 的最大特征值。

判断矩阵 A 的一致性比例为:

$$CR = CI/RI \quad (6)$$

其中 RI 为随机一致性指标,其数值根据判断矩阵 A 的阶数通过查表获得。

当 CR=0 时,判断矩阵 A 具有完全一致性;当 CR<0.1 时,判断矩阵 A 具有满意一致性;当 CR>0.1 时,判断矩阵 A 不具有一致性。

若检验通过,特征向量(归一化后)即为权向量;若不通过,需重新构造判断矩阵。

计算组合权向量并做组合一致性检验:

计算最下层对目标的组合权向量,并根据公式做组合一致性检验,若检验通过,则得到各指标权重;若不通过,需要重新考虑模型或重新构造判断矩阵。

七、城市群城市融合指数评价指标解释

1. 高速公路路网密度:指城市范围内高速公路以一定的密度和适当的形式组成的网络结构,是反映高速公路网总体建设及其规模特性的一项重要指标。计算公式为:

高速公路路网密度 = 区域内高速公路总长度 / 区域总面积

2. 高速公路路口数量:指城市内高速公路收费站数量,是反映区域内高速公路建设情况的一项重要指标。

3. 建成区路网密度:指城市行政区内实际已成片开发建设、市政公用设施和公共设施基本具备的范围内国省道以一定的密度和适当的形式组成的网络结构,是反映国省道路网总体建设及其规模特性的一项重要指标。计算公式为:

国省道路网密度 = 区域内国省道总长度 / 区域总面积

4. 两地政府间驾车出行距离:指两地政府间正常情况下的行驶距离,是反映两地间距离及道路建设情况的一项重要指标。

5. 两地政府间驾车出行耗时:指两地政府间正常情况下驾车行驶的通达时间,是反映两地公路通达水平的一项重要指标。

6. 两地政府间驾车出行的高速过路费:指两地政府间在正常通达情况下所收取的高速费用,是反映两地政府间高速公路建设情况和收费标准的一项重要指标。

7. 两地间铁路数量:指两地之间铁路建设的数量,是反映两

地铁路建设情况的一项重要指标。

8. 两地政府间普铁、高铁出行最短耗时：指两地政府正常情况下乘坐列车出行所需的最短时间，是反映两地间铁路建设情况和水平的一项重要指标。

9. 两地政府间普铁、高铁出行最低票价：指两地政府间乘坐列车出行所需的最低票价，是反映两地列车收费标准的一项重要指标。

10. 两地间一天内列车班次：指两地一天内互相开放的列车次数，包括普铁和高铁，是反映两地铁路通达水平的一项重要指标。

11. 港口货物吞吐量：指1年间经水运输出、输入港区并经过装卸作业的货物总量，单位为t，是反映港口生产经营活动成果的重要数量指标。

12. 内河里程：指港口间所能运行的航线总长度，是反映港口间通达水平的一项重要指标。

13. 地方政府到机场最短耗时：指从各地方政府到机场所需要花费的最短时间，是反映城市航空通达水平的一项重要指标。

14. 地方政府到核心城市地铁站最短耗时：指周边城市地方政府正常情况下到达核心城市地铁站所需要花费的最短时间，是反映城市轨道交通通达水平的一项重要指标。

15. 人均GDP：指地区居民所拥有的全部生产要素在一定时期内所生产的最终产品的市场价值与常住人口数量的比值，是反映地区经济发展的一项重要指标。计算公式为：

人均GDP（万元）= 地区生产总值 / 常住人口数量

16. 第二产业人均产值：指包括各类专业工人和各类工业或产品的产出规模或经营规模与常住人口数量的比值。产业规模可用生产总值或产出量表示，人口数量可用常住人口数表示。它是反映地区工业发展情况的一项重要指标。计算公式为：

第二产业人均产值 = 地区第二产业总产值 / 常住人口数量

17. 第三产业人均产值：指除农业和工业以外的其他产业的产出规模或经营规模与常住人口数量的比值，是反映地区经济发展和综合实力的一项重要指标。计算公式为：

第三产业人均产值 = 地区第三产业总产值 / 常住人口数量

18. 第二、三产业比重：是指第二、三次产业生产总值在GDP所占的比重，是反映产业结构由低水准向高水准发展，即产业结构高度化的一项重要指标。计算公式为：

第二、三产业比重 = 第二、三产业生产总值 / 地方政府生产总值 × 100%

19. 政府对产业发展的沟通协调：反映的是地区政府对促进产业发展的重视程度。

20. 产业园共建数量：指中心城市与周边城市共同创建的产业园数量，是反映产城一体化的重要指标。

21. 高新技术企业数量：指该地区拥有的在国家颁布的《国家重点支持的高新技术领域》范围内，持续进行研究开发与技术成果转化，形成企业核心自主知识产权，并以此为基础开展经营活动的经济实体的数量。

22. 高新技术产业人均增加值：指高新技术企业在报告期内以货币表现的工业生产活动的最终成果与常住人口数量的比值。计算公式为：

高新技术产业人均增加值 = 高新技术产业增加值 / 常住人口数量

23. 高新技术产业占GDP的比重：高新技术产值与地区生产总值的比值，是衡量地区高新技术产业发展水平和产业结构情况的重要指标。

24. 科技园、研究院共建数量：指核心城市与周边城市合作创建的科技园和研究院的数量，是反映两城市间创新合作水平的一项重要指标。

25. 人均进出口贸易额：指地区在一定时间内进出口贸易总量与常住人口数量的比值，是反映该地区贸易开放水平的一项重要指标。计算公式为：

人均进出口贸易额 = 进出口贸易总额 / 常住人口数量

26. 贸易依存度：指地区进出口贸易总量与该地生产总值的比值，是反映地区对外开放程度的一项重要指标。计算公式为：

贸易依存度 = 进出口贸易总额 / 地方政府生产总值 × 100%

27. 人均实际利用外资额：是地方各级政府、部门、企业和其他经济组织通过对外借款、吸收外商直接投资以及其他方式筹措境外现汇、设备、技术等资源时，根据投资协议（合同）实际执行的投资额与常住人口数量的比值，是反映地区利用外资水平和对外投资吸引力的一项重要指标。计算公式为：

人均实际利用外资总额＝实际利用外资总额/常住人口数量

28. 资本依存度：指实际使用外商直接投资额占地区生产总值的比重，是反映外商直接投资与经济增长之间关系的一项重要指标。计算公式为：

资本依存度＝外商直接投资存量/地方政府生产总值×100%

29. 海关口岸、自贸区、综保区、保税区、跨境电商试验区数量：是反映地区对外开放水平的一项重要指标。

30. 城镇登记失业率：指城镇登记失业人员数与城镇单位就业人员（扣除使用的农村劳动力、聘用的离退休人员、港澳台及外方人员）、城镇单位中的不在岗职工、城镇私营业主、个体户主、城镇私营企业和个体就业人员、城镇登记失业人员之和的比值，是评价地区就业状况的主要指标。

31. 人均教育经费支出：是指中央和地方财政部门的财政预算中实际用于教育的费用，是反映地区教育发展水平的一项重要指标。计算公式为：

人均教育经费支出＝教育经费总支出/常住人口数量

32. 国内旅游人均收入：是反映我国旅游业发展情况的一项重要指标。计算公式为：

国内旅游人均收入＝国内旅游总收入/常住人口数量

33. 纳入旅游一卡通的景区数量：指核心城市与周边城市达成互惠互享的景区数量，持有一卡通的消费者可享受合作景区不同程度的优惠，全年不限次数，是反映两地文化旅游产业共享水平的一项重要指标。

34. 周边城市居民在核心城市住院费用报销比例：是反映两地医疗保障共享水平的一项重要指标。

35. 中心城市医院托管数量：指中心城市的医院产权所有者将医院（或科室）的经营管理权交由周边城市中具有较强经营管理能力，能够承担相应经营风险并进行有偿经营的机构数量。

36. 和中心城市最低社保缴费标准差距：指周边城市与核心城市居民缴纳社保金额的最小差距，是反映地方社会保障水平差距的一项重要指标。

37. 跨市通办政务数量：是指纳入"跨省通办"的高频政务事项的数量，是反映政府政务服务能力的一项重要指标。

38. 跨市主要河流水质：指中心城市与周边城市间主要河流综合水质表示指数，是反映河流水质安全的一项重要指标。

39. SO_2 年平均浓度：是指地区一年内平均每立方米空气中 SO_2 的含量，是反映地区空气质量的一项重要指标。

40. PM2.5 年平均浓度：是指地区一年内平均每立方米空气中可吸入肺部颗粒物的含量，是反映地区空气质量的一项重要指标。

41. 城市环境空气质量良好率：指一年之中空气污染指数（API）≤100的天数在全年天数中的比率。空气污染指数是根据环境空气质量标准和各项污染物对人体健康和生态环境的影响来确定的污染物指数分级。其中，空气污染指数（API）1—50为优，51—100为良，101—150为轻微污染，151—200为轻度污染，201—250为中度污染，250—300为中重度污染，300以上为重度污染。是城市生活环境质量的监测指标。

42. 人均城市绿地面积：指城市中每个居民平均占有公共绿地的面积，是反映城市居民生活环境和生活质量的重要指标。计算公式为：

人均城市绿地面积＝城市公共绿地总面积/城市非农业人口数量

43. 人均存贷款总额：指地区金融机构人民币存贷款总额与常住人口数量的比值，反映地区金融行业的发展情况。计算公式为：

人均存贷款总额＝地区存贷款总额/常住人口数量

44. 人均社会消费品零售总额：指企业（单位、个体户）通过交易直接售给个人、社会集团非生产、非经营用的实物商品金额，以及提供餐饮服务所取得的收入金额与地区常住人口数量的比值。计算公式为：

人均社会消费品零售总额＝社会消费品零售总额/常住人口数量

45. 规上工业人均产值：是以货币表现的规上工业企业在一定时期内生产的已出售或可供出售的工业产品总量与常住人口数量

的比值，它反映一定时间内规模以上工业生产的平均规模和平均水平。计算公式为：

规上工业人均产值＝规上工业总产值/常住人口数量

46. 签订合作协议数量：指各地区与武汉城市圈相关城市签订的协议数量。

47. 专门机构数量：指各地区设立的管理武汉城市圈相关发展事务的机构的数量。

（李春洋、李奥、陈旭、徐红平、罗颖、陈莉、蔡舒阳）

武汉城市圈园区合作共建高质量发展调研报告

湖北省武汉城市圈研究会

发展"共建园区"是贯彻落实习近平总书记关于区域协调发展重要论述的具体实践，对促进区域均衡发展、协调发展意义重大。为推进武汉城市圈园区共建加快发展，按照中共湖北省委常委、武汉市委书记郭元强调研武汉城市圈同城化发展时关于"完善利益共享机制，建立圈域互利共赢的发展成本收益分享机制，加快形成有利于生产要素自由流动和高效配置的良好环境"的讲话精神，武汉城市圈同城化发展办公室组织市直有关部门和相关功能区开展武汉城市圈园区合作共建高质量发展调研。调研报告如下。

一、园区共建发展成效和亮点

近年来，武汉城市圈在省、市政府支持下，园区共建发展迅速，有力推动了武汉城市圈九市之间资源优化配置、产业协同布局、区域联动发展。截至2022年5月，武汉城市圈已规划的28个合作产业园区中，共启动了10个园区共建项目（启动是指已有协议），包括鄂州1个、黄石1个、孝感1个、黄冈2个、咸宁1个、仙桃1个、天门1个、潜江1个、洪湖1个。其中有项目合作的园区有4个：东湖（黄石）光电子信息产业园、光谷（黄冈）科技产业园、潜江江汉盐化工业园、武汉经济技术开发区洪湖新滩经济合作区，武汉市作为合作方已经投入了资金的园区有2个：武汉经济技术开发区洪湖新滩经济合作区、光谷（黄冈）科技产业园。总体来看，武汉城市圈园区共建工作已经全面展开，黄冈市、洪湖市、黄石市、鄂州市、孝感市、潜江市以园区为平台，积极与武汉市开展产业合作对接，产业补链强链延链成效显著，园区合作机制探索走在前列，咸宁市、仙桃市、天门市园区合作模式不清晰，合作推进工作不力。主要工作如下：

一是协议签订方面。10个共建园区中，在政府层面，武汉市和共建园区城市都签订了战略合作协议，协议双方达成了一致共识：要充分发挥各自优势，创新合作体制机制，实现风险共担、合作双赢。在园区合作层面，10个共建园区都明确了园区合作范围，开展了共同招商、产业转移、人员互派等合作事项，有2个园区签订了托管协议，武汉市发挥融资优势，双方按照一定比例共同投入建设资金、约定分享办法。10个共建园区正在加快建设。

二是经济发展方面。光谷黄冈科技产业园已投产项目6个，在建项目4个，拟开工项目12个，截至2021年底，园区累计完成固定资产投资5.25亿元，完成产值（营收）2.29亿元，实现税收收入1765万元。武汉经济技术开发区洪湖新滩经济合作区从普通小镇蜕变为具备一定实力的产业园区，2021年实现规上企业产值52亿元，税收4.5亿元，与共建前相比，增长了300%，已建成投产项目63个，其中规上工业企业31家，在建项目26个，初步形成绿色新材料、医药化工、汽车零部件3个产业板块。武汉东湖（黄石）光电子信息产业园2021年电子信息产业产值同比增长62.2%，实现产值125.3亿元，高新技术企业数量同比增长44.1%，达到40家。

三是招商引资方面。10个共建园区与东湖新技术开发区和武汉经济技术开发区建立了共同招商机制，2021年实现共同招商30余次，其中，武汉东湖（黄石）光电子信息产业园2021年签约总额同比增长53.9%，达到365亿元，新引进PCB、新型显示、智能终端等项目43个，总投资365亿元，一批战略性、引领性的龙头企业相继签约落地、建成投产。武汉经济技术开发区洪湖新滩经济合作区2021年固定资产投资在库项目17个，投资额50.08亿元。光谷咸宁生物医药产业园通过组建生物医药产业招商团队、委派招商干部在东湖新技术开发区驻点，开展联合、精准招商，实现了双方招商资源、渠道和项目信息共享，引进了多家企业。

四是开发建设方面。武汉经济技术开发区洪湖新滩经济合作区一期规划面积约9.4平方千米，完成投资近13亿元，五纵三横道路已高标准建成，二期总投资6.7亿元，其中两条道路已交付使用。黄石科技城总投资计划10亿元，其中一期项目规划建设面积5.5万平方米，展示中心、科创大厦已投入使用，酒店式公寓及3~5层人才公寓施工已基本完成。江汉盐化工业园长飞光纤潜江有限公司由武汉长飞集团投资4亿元独资建立，长飞信越（湖北）光棒有限公司由武汉长飞集团和日本信越化学共同出资建设，注册资金为80亿日元。

五是规划共编方面。鄂州市临空经济区光谷鄂州光电产业园由光谷金控进行前期设计和规划，明确光电子、集成电路、新型显示为主导产业。仙桃市产业协作先行区规划到2025年完成22平方千米启动区建设，打造汽车零部件产业基地。天门市与武汉东湖新技术开发区共建天门市生物产业园，目前协议正在进一步细化落实具体合作事项。光谷咸宁生物医药产业园与武汉国家生物产业基地开展合作，规划360亩、总投资7亿，建设中国光谷咸宁生物医药产业园，作为东湖高新区生物医药产业配套园。

六是模式创新方面。光谷黄冈科技产业园、武汉经济技术开发区新滩合作区采取了共投共建共管模式，合作双方依托各自区域的发展优势，签订详细的合作协议书，明确园区共建的目标，确立园区共建的基本原则、合作范围和期限、园区产业的定位、园区内机构的设置、合作的具体内容（财税分享、土地、规划、建设、经济、统计管理等）。双方签订合作协议书后，按照协商比例，共同投入建设资金，用于园区内基础设施和相关配套建设、经济行政管理事务等。咸宁市、仙桃市、天门市、潜江市

武汉城市圈园区共建基本情况一览表

编号	园区名称	共建双方	合作模式	协议签订情况	园区规划面积
1	武汉东湖（黄石）光电子信息产业园	鄂州市临空经济区管理委员会和武汉光谷金融控股集团有限公司	战略合作	2021年11月签订战略合作协议	1000亩
2	鄂州市临空经济区光谷鄂州光电产业园	黄石经济技术开发区管理委员会·铁山区人民政府和武汉光电子信息产业园建设服务中心	战略合作	2022年3月签订投资框架协议书	200亩
3	武汉经开区汉川合作示范园区	武汉经济技术开发区管委会和汉川市人民政府	战略合作	初步达成合作意向	10平方千米
4	光谷科技产业园	武汉东湖新技术开发区管委会和黄冈市人民政府	共投共建共管	2016年2月和2018年1月先后签订和完善合作协议	22平方千米
5	中国光谷·红安高新技术产业园	武汉东湖新技术开发区管委会和红安县人民政府	战略合作	2015年9月签订战略合作协议书	11.8平方千米
6	中国光谷咸宁生物医药产业园	咸宁高新技术开发区管理委员会和武汉国家生物产业基地建设管理办公室	战略合作	2022年2月签订战略合作协议	0.27平方千米
7	仙桃高新区	仙桃市人民政府和武汉经济技术开发区管理委员会	战略合作	2022年签订战略合作框架协议	22平方千米
8	天门生物产业园	天门市人民政府和武汉东湖新技术开发区管理委员会	战略合作	2022年签订战略合作框架协议	92.75平方千米（实际开发面积46.83平方千米）
9	潜江江汉盐化工业园	潜江市人民政府和武汉东湖新技术开发区管委会	战略合作	2022年签订战略合作框架协议	15.6平方千米（实际批复6.8平方千米）
10	武汉经济技术开发区洪湖新滩经济合作区	武汉经济技术开发区管理委员会和洪湖市人民政府	共投共建共管	2012年1月和2014年4月分别签订合作共建协议书和经济托管协议书	69平方千米

园区共建采取的是战略合作模式，双方在园区共建方面达成合作意向，签订战略合作协议书，战略协议的签订为合作双方进一步落实合作方案奠定了基础。

七是区域协调发展探索方面。在园区共建中，10个共建园区通过武汉市传理念、转项目、带资金，八市提供要素支撑、发展环境保障，武汉市做到人员、资金、项目"三为主"，八市确保规划建设、社会管理、政府服务"三到位"的模式，为区域协调发展进行了积极探索和成功实践，受到了广泛关注和充分肯定。国家发改委将武汉城市圈园区共建列为区域合作经验，《人民日报》、新华社、《经济日报》对园区进行报道，武汉城市圈园区共建已经成为区域协调发展的一大亮点。

二、园区共建存在的困难和问题

（一）共建园区发展质量还不高

一是共建协议停留在战略层面。部分共建园区仅仅签订了战略合作协议，只是明确了合作方向，后续对于具体如何合作则没有跟进，双方签订的协议缺乏约束性和可操作性，合作方式显得松散，实际工作尚待进一步展开。如中国光谷咸宁生物医药产业园、仙桃高新区、天门生物产业园。

二是共建协议落实难。部分协议的签订没有基于市场推动，而是双方政府领导人之间的一种政府意愿，导致协议签订之后由于领导更迭、缺乏市场基础等多种原因并没有履行，共建园区没有具体成效，沦为花园式共建、形式主义共建。例如中国光谷·红安高新技术产业园、天门生物产业园分别在2015年、2013年就签订了合作协议，但是一直没有开展实质性的合作项目。

三是共建园区资金缺乏。园区共建中主要是武汉市出资金、周边城市出土地，相对于园区建设需要的资金量来看，武汉市投入的资金远远不能满足实际需要，再加上园区建立的投资平台规模小、引资能力有限，项目资金无法及时匹配到位，在园区共建的平衡期无法保障充足的项目资金，基础设施及配套建设不完善，很容易造成共建园区项目失败，导致武汉市所投资金本金都无法收回，给园区共建工作带来负面效应。

四是共建园区营商环境有待提升。园区营商环境并未因为是共建园区就有根本改变，导致难以招到优质企业，能落地的企业投资额低、项目体量小、科技含量不高、税收贡献较小，成长性较好的企业不多，制约了共建园区的可持续发展。

五是园区产业关联度不高。园区共建合作项目的可持续发展依赖于园区内上下游产业之间紧密的关联度和协调度，通过不同企业产业之间的互补，打通不同产业之间的联系渠道，但在园区共建的推动过程中，由于招商引资的迫切性，未对落地投资生产的企业进行严格的筛选，致使园区内企业资质良莠不齐，不同企业之间无法建立产业之间的配套合作，产业链条短，规模效益无法实现。

六是园区高技术人才缺乏。相比于武汉市的人才培养渠道、机制等，武汉城市圈内各市缺乏相应的人才培养平台，存在不同程度的人才缺乏问题，主要原因在于人才的供需不匹配，八市留不住相关专业的人才，再加上其他各市自身的发展情况，对于人才的吸引力较小，从而也影响了一些科研型技术型企业在园区的落户。

（二）园区共建市场化推进困难

一是市场化合作理念有待确立。园区的合作共建需要在遵循市场规则的前提下，实现合作双方的优势互补、互利共赢。但在园区共建的过程中，周边城市由于自身园区建设实力薄弱，投资建设平台社会资金吸引力不强，往往希望通过上级政府资金扶持或武汉市合作园区投资资金的注入来推进园区快速发展，而不是谋求通过市场化合作做大蛋糕，同时兼顾合作双方利益诉求，导致双方的合作基础不够牢固，合作共建不可持续。

二是共建园区建设周期长，投资回报不确定。共建园区投资大、周期长、回报低，一般需要5—10年才能实现资金的平衡。东湖高新区和武汉经开区由于投资的回报周期较长、风险较大且预期收益不明显，因此合作的动力不强，意愿不积极。特别是合作双方由于合作的体制机制不健全，诉求不一致，管理模式和管理流程不协调，管理机构运行效率不高，降低了双方合作的积极性。

三是市场化资金参与度较低。由于省市没有建立园区共建的专项投资资金，园区共建周期长，对市场化资金的吸引能力不够，导致园区共建缺乏启动资金，现阶段园区之间的合作主要依赖于政府间的合作关系，后发地区倾向于寻求"扶贫式""输血式"的合作路径，市场化合作共建的可操作性较小。

四是共建存在"拉郎配"或"一窝蜂"现象。部分城市在行政手段干预下，打造了一批不符合市场条件的共建园区，这样的园区可持续性差，随着政策导向的变化会有较大波动，不利于跨区域合作机制的长期稳定发展，也会导致真正想进行园区共建的地区，难以得到政策支持。尽管园区共建在初期以行政手段为主导来推行，但事实上，园区共建的本质应是在尊重市场力量基础上形成内生经济合力，主动探寻合作机遇，而不是单纯借助行政力量的传帮带。同时，产业转移只有顺应经济区域化发展的市场需求，才能更快速有效地实现。因此，如何正确处理园区共建中政府与市场的关系，显得紧迫且重要。

（三）合作体制机制还不够健全

一是财税利益分享机制不明确。已经签订的协议中明确约定有财税利益分享机制的不多，已经有约定的协议可操作性也不强，特别是共建园区基本上没有实现封闭运行、独立核算，利益分享缺乏前提和条件。部分合作园区虽然明确了利益分享，但合作双方缺乏契约精神，未按照协议框架内容，将园区内产生的税收及非税收入启动按比例分成，直接导致双方可持续性合作意愿不强。同时，由于省级相关部门对园区合作共建有关财税、统计数据分享没有建立明确的管理机制，财税利益分享从制度上缺乏支撑，统计口径不统一、统计程序复杂，导致园区合作共建协议难以落实。

二是管理体制机制不健全。合作成立的园区管委会缺乏完善成熟的管理运营机制支撑，双方责权利不清晰，绩效考核不健全，运行效率普遍较低。管委会下设的建设投资公司自身规模小，在缺乏政府资金支持的情况下，无法凭借自身吸引社会资金跟投。同时，受国家政策调整、融资环境变化影响以及自身管理体制机制的不健全，合作共建项目无法获取资金支持，缺乏造血功能。合作双方园区和共建园区之间缺乏统筹协调机制，产业布局和产业互补没有较好融入双方的园区建设，在招商、产业政策协同、产业发展规划对接等方面仍处于探索阶段，园区协同发展机制有待建立。

（四）合作动力激发不够

相比于武汉东湖高新区、武汉经开区等武汉市园区，周边城市的园区基础设施建设起点低、园区规模小、资金不足、人才技术缺乏、招商质量不优、规上工业企业数量较少，在园区共建的合作初期，共建项目的起步阶段投资双方往往获益较小，特别是武汉市受益更小，如武汉经济技术开发区洪湖新滩经济合作区、光谷黄冈科技产业园共建超过6年，武汉市作为共建方，财政、税收、统计等方面没有分享到成果，很大程度上打击了武汉市相关开发区开展园区共建的积极性。在产业合作方面，由于周边城市现有园区多处于开发建设的初级阶段，产业链处于低端，对推动武汉市产业建链、补链、延链、强链的作用较小，降低了武汉市与周边城市园区共建的内在动力。

（五）缺乏顶层政策支持和指导

园区共建是以市场为基础，以强化区域产业协同发展为目标，既是市场行为，也是政府目标考核的重要事项，实现高质量的园区共建离不开省市层面的政策支持。如土地方面建设用地的指标置换没有相关文件支持很难实现，园区共建项目引导缺乏资金，这些都需要政府层面尽早做出顶层设计，对园区共建工作进行规范、指导和支持。

三、发达地区园区共建的经验借鉴

发达地区园区共建已经探索出了一些成功经验，如深汕特别合作区、苏宿工业园、浦东祝桥启东产业园等，合作成效及其体制机制值得我们借鉴。

（一）建立专门的园区管委会，实行封闭式运行

深汕特别合作区等成功园区都建立了独立的园区管委会，根据合作的战略层次，管委会被赋予了一定的行政级别。在封闭运行的基础上，共建园区的GDP、财政、税收都实行了独立核算。

（二）明确合作双方的投入

机制和财税分享机制

如苏宿工业园由江苏省、苏州市、宿迁市、苏州工业园区在2006年按照1∶0.5∶0.5∶4比例共同出资，在收益分成上，起初规定前10年内园区的财政收入和分红全部留作园区的滚动发展资金，从2009年之后，规定对于重大产业转移项目，可由双方商定利益分成办法。浦东祝桥启东产业园上海、启东各占股本60%和40%，税收等收益按照6∶4的比例分成。

（三）出台促进园区共建的支持和指导政策

如深汕特别合作区以深圳市一个经济功能区的标准和要求进行顶层设计、资源配置、规划建设、管理运营，打造深圳"10+1"区，支持引进深圳优质民生资源等。浙江省绍兴市鼓励和引导优质项目跨区域流转和企业无障碍迁移，税收地方实际留成部分可由承接方和引入方分成。

四、政策建议

园区共建是以共建园区为载体，以利益共享机制为手段，以优势互补、互利共赢为目的，形成区域合作发展的新模式。这一模式已经上升为国家推进区域协调发展的重大举措，得到党和国家层面的充分肯定。武汉城市圈园区共建在全国走在前列，作为全国典型经验进行了总结宣传。为了更好地推进武汉城市圈园区共建高质量发展，提出如下建议。

（一）加大园区共建推进力度

将武汉城市圈园区共建高质量发展工作纳入武汉城市圈同城化发展重点工作内容，省级层面建立绩效考核评价体系。开展园区共建示范创建工作，将共建园区建设情况纳入城市圈各市政府重点工作进行单项考核。武汉城市圈同城化发展办公室负责园区共建督办工作，定期组织开展园区共建建设成效专项督查，及时总结推广典型经验，营造园区共建良好环境。

（二）规范园区利益共享机制

制定出台《关于建立促进武汉城市圈园区合作共建利益共享机制的意见》，坚持"政府引导、市场运作、优势互补、合作共赢、平等协商、权责一致"等原则，以整合区域产业和区域市场为重点，兼顾远期、近期目标和利益，充分调动政府、企业、人才等各方面的积极性，统一领导，精心组织，综合施策，一体推进。强化园区共建的统筹协调机制，明确园区共建发展的思路、原则、模式和政策，构建重大问题协调解决机制。清晰划分合作双方政府之间的权责、管理体制、利益分配机制、矛盾解决机制等核心内容。

（三）加大共建园区政策扶持

制定出台《关于促进武汉城市圈园区合作共建高质量发展的指导意见》，推进省级、市级、县级政府层面简政放权，给予共建园区足够的制度创新"特权"或优先权，赋予共建园区相关管理权限，享受各级开发区优惠扶持政策。探索将共建园区打造为具有独立法人地位的经济实体，以"计划单列"的形式在用地、环保、规划、财税等方面在各级区域内进行平衡。明确加强土地、资金、财政、环保、人才等各项要素保障。

一是加大金融支持力度。创新融资担保政策，鼓励政策性银行、商业银行加大对共建园区基础设施和重大项目建设的支持力度，积极开拓渠道为共建园区提供市场化融资担保。鼓励金融机构和社会资本共同出资并参与基金的运营和管理。设立省市园区共建财政专项资金。省市财政设立园区共建专项资金，根据园区建设规模、园区年度绩效评价给予资金奖励，实行以奖代补。园区共建项目在符合有关规定和条件的前提下，可优先申报省市级重点建设项目，优先申报国、省、市各类产业资金支持。二是支持开展联创联建。支持共建园区联合向国家有关部委申报创建一批先进制造业集群、国家新型工业化产业示范基地、国家产业转移示范基地，合作城市相关财政专项资金优先支持国家级先进制造业集群、示范产业相关重点项目。三是保障建设用地需求。对有产业项目被列入省重大产业项目库的园区，按相应比例给予新增建设用地指标奖励。积极推行长期租赁、先租后让、租让结合、弹性年限出让方式，优先保障园区共建项目建设用地计划指标。支持园区建设用地指标跨市调剂和异地代保，允许共建园区城市之间城乡建设用地增减挂钩节余指标，优先调剂用于园区建设。对经认定的共建园区，有项目但落实建设用地指标确有困难的，可以申请采取一事一议方式在省统筹中给予支持。四是加强人才保障。支持共建园区通过互派管理人才、专业人才挂职锻炼或跟班学习的形式，开展干部交流与培训，进一步提高共建园区干部素养。推动合作城市高等院校、职业院校与园区、重点企业开展产教融合、产学研园合作，围绕优势产业集聚发展培养专业技术人才。

（四）充分发挥共建各方作用

充分发挥武汉市引领作用。武汉市在武汉城市圈园区共建高质量发展中要充分发挥"一主引领"作用，依托武汉市园区发展优势和产业高地带动作用，全面提升武汉城市圈共建园区发展质量，以武汉经济技术开发区、东湖新技术开发区、武汉临空港经济技术开发区为主体，以共建园区为平台，加快"51020"产业集群构建，实现产业建链、补链、延链、强链，为全省制造业高质量发展做出贡献。

加快提升周边城市承接能力。武汉城市圈周边八市要积极摒弃"等靠要"思想，提升管理能力，改善营商环境，做好共建园区各项发展规划，积极主动对接，为共建园区提供高质量公共服务和保障。合作各方要做好政策衔接和统筹协调，促进跨区域转移项目落地和正常运营。

推进园区共建走出武汉城市圈。武汉市和8个城市要不断拓宽视野，复制园区共建成熟经验，加强与沿海城市产业合作，吸引和邀请沿海发达地区园区到武汉城市圈开展园区共建工作，不断提高武汉城市圈园区高质量发展水平。

（执笔人：李春洋、徐红平）
（湖北省武汉城市圈研究会）

编辑：刘家连
校对：卢永会

索 引

说 明

1. 本索引采用主题分析法，按主题词首字汉语拼音字母顺序排列。部类和分目全称用红色字表明。
2. 主题词后面的阿拉伯数字表示内容所在页码，a、b、c 表示栏（从左往右）。
3. "大事记""附录"等类目未纳入索引之中。

数字首

"1+N"建设模式 98b
"146"发展模式 146a
2015—2021年武汉城市圈各市GDP及其增速一览表 226abc
2017—2021年武汉东湖新技术开发区完成经济指标一览表 125abc
2017—2021年武汉天河机场主要生产指标完成情况表 85abc
2019—2021年武汉城市圈主要指标一览表 224abc
2020—2021年黄石市GDP统计表 209bc
2021年鄂州市主要工业产品产量统计表 211bc
2021年鄂州市主要工业产品产量一览表 229abc
2021年黄石市金融机构人民币存贷款统计表 210ab
2021年黄石市主要工业产品产量一览表 228abc
2021年潜江市主要农产品产量统计表 221bc
2021年省部共建湖北实验室一览表 127abc
2021年武汉城市圈、成都都市圈、重庆市、长株潭城市群主要指标一览表 224abc
2021年武汉城市圈各类专项规划编制情况一览表 57abc
2021年武汉城市圈各市农产品产量一览表 227abc
2021年武汉城市圈各市引进外资情况一览表 158ab
2021年武汉城市圈各市主要经济指标一览表 225abc
2021年武汉城市圈各市主要污染物排污权交易情况一览表 203ab
2021年武汉城市圈国家工程实验室一览表 96abc
2021年武汉城市圈国家级科技企业孵化器一览表 108abc
2021年武汉城市圈国家级临床医学研究中心一览表 103abc
2021年武汉城市圈国家重点实验室一览表 96abc
2021年武汉城市圈省级产业创新联合体一览表 114abc
2021年武汉城市圈省级产业技术研究院一览表 114abc
2021年武汉城市圈省级技术创新中心一览表 103abc
2021年武汉城市圈省级技术转移示范机构一览表 114abc
2021年武汉城市圈省级科技企业孵化器一览表 110abc
2021年武汉城市圈省级临床医学研究中心一览表 103abc
2021年武汉城市圈省级校企创新联合体一览表 115abc
2021年武汉城市圈省级重点实验室一览表 99abc
2021年武汉城市圈省级专业型研究所（公司）一览表 105abc
2021年武汉城市圈市际断头路、瓶颈路建设情况一览表 78abc
2021年武汉城市圈同城化共建协

议一览表 58abc
2021年武汉地铁集团有限公司
　运营轨道交通线路情况一览表
　81abc
2021年武汉都市区环线高速公路
　各路段基本情况一览表 72abc
2021年武汉市各类货物运输量统
　计表 207bc
2021年武汉市社会物流主要统计
　指标完成情况统计表 89bc
2021年武汉市主要工业产品产量
　一览表 228abc
2021年武汉市主要河流基本情况
　一览表 188ab
2021年武汉中法生态示范城项目
　落户情况一览表 154abc
2021年仙桃市主要工业产品产量
　一览表 229abc
2021年孝感市主要工业产品产量
　一览表 230abc
2021长江中游三省协同推动高质
　量发展座谈会 160c
32232 107c
"3335"现代产业体系 131b
37项武汉城市圈同城化共建协议
　签署 57b
5G+ 84c
7×24小时 152c
"965"产业体系 48b

字母首

ACP 122b
ACPinvited 122b
ADAS 131b
ADS技术 127a
Advanced Materials 122b
AEO 152b
APD 97a
App 97c
BIM 138a
CBD 155a
CDR 96a
CIM 138a
CMP 127a
CREDAWARD 143b
CRV 131v
Cu工艺 127a
ECOCPDP 122b
EHU 88b
eNs1 131c
EZHOUHUAHU AIRPORT 88b
GDP 142a
GPU 125a
IATA 88b
ICAO 88b
IC产业链 125a
IEEEJSSC 122b
IGBT模块 132c
IPG 140c
JTEC 97c
Light:Science & Applications 122b
LiNbO3 96b
LTPO背板 126b
LTPSLCD显示面板 126b
LTPS技术 126b
M0 138a
Nature 105a
Nature Communications 122b
OLED有机板材料 127a
OneID平台 88a
PAM4 96a
PC 94b
PCB 140a
PCT 152a
PDP 122b
Photonics Research 122b
PPP 154b
QKD 95c
QQ 171a
R&D经费 55c
Robotaxi 131b
SCI 105a
Science 105a
SoC 134a
TEU 83c
TFT-LCD 127a
V2X 131b
XNV 131c
ZHEC 88b

拼音首

A

安（庆）九（江）高铁湖北段开通
　82a
案件联办 195a

B

八纵八横 81c
百名博士联百企工程 200c
班列服务 91b
办比率 157a
倍增工程 130c
比重 57a
标准地 157a
博士服务团 172b

C

菜篮子 69c
菜鸟网络 153b
产业承接与园区合作 139a
产业承接转移与园区合作 139c
产业基础 40b

产业集群 141b
产业联动 55b
产业培育 138c
产业融合 56b
产业同链 57c
产业同链与经济共建 139ac
产业招商 57c
长江大保护 188b
长江干线生态廊道建设 176c
长江航道武汉至安庆段工程完工 83a
长江禁捕联合执法 190c
长江经济带生态环境问题整改 189c
长江链 160b
长江生态修复 189a
长江新区建设 137b
长江支流生态廊道建设 177c
长江中游城市群省会城市第八次合作协调会 161b
长江中游城市群省会城市经济合作 158c
长江中游城市政务合作 159c
长江中游航运中心建设 82c
车谷产业创新大走廊建设 129b
车谷副城 129c
车谷科创33条 130a
车谷英才 130c
车谷资本岛 129c
成本优势 50c
成营业收入 90b
城际公交一体化发展 78b
城际铁路 79a
城市圈各城市年度发展概况 205abc
城市圈国道、省道干线快速化改造 76c
城市圈技术交易市场联盟建设 201a

城市圈旅游卡景区通用 175b
城市圈旅游联动监管 175b
城市圈社会保障一体化进程提速 170b
城市圈生态屏障建设 179b
城市圈文化服务一体化建设 174b
城市医联体建设 164c
城镇化率 41b
城镇生活污水处理 191b
赤壁长江公路大桥通车 76a
出生率 219a
楚才引领计划 172b
楚天情 86c
楚天学子 106a
处置率 188a
触控技术 126b
船E行 188c
船边直提 152c
船舶港口污染防治 192b
窗口通办 166c
创新驱动 56a
创新人才 54b
创业孵化载体共建 200c

D

达标率 184a
大健康产业千亿级产业园 141b
大健康创新产业带 125b
大气复合污染 70a
大学生就业创业工作合作 171c
代码 88b
道路货运 90b
瞪羚企业 125c
抵港直装 152c
电厂建设 94a
电商服务 91b
电子口岸通关业务 83c
电子信息 55c

东风汽车集团岚图汽车项目 133b
东风新能源汽车产业园 132b
东湖科技保险创新示范区建设 199b
东湖科学城规划建设 53b
东湖模式 198b
断头路 69c
多层次 55a
多地联办 167c
多渠道 55a
多式联运 90b

E

鄂（州）黄（冈）第二过江通道建设 74a
鄂汇办 App 170c
鄂融通 198a
鄂州葛店经济技术开发区 143b
鄂州花湖机场 88b
鄂州黄石《武汉城市圈同城化发展示范区战略合作框架协议》50b
鄂州机场高速公路一期建设 88c
鄂州精密测量创新中心建设 122c
鄂州三江港开通运营 84c
鄂州市发展概况 210c
鄂州市工业技术研究院建设 123a
鄂州市红莲湖大数据云计算产业园 144b
鄂州市临空经济区建设 136c
鄂州市政务服务"跨市通办" 167c
鄂州至咸宁高速公路通车 74a
二次供水 93c

F

发展概貌 40b
防洪提升工程 93a
防护墙 48c

放管服 68a
飞地经济 134b
飞秒激光器 124c
废弃矿山生态修复 180b
分级诊疗 165b
风险预警 160c
孵化平台 122c
服务平台 68b
覆盖率 193c

G

改革创新 138a
港口型 90a
高端要素 54c
高架+地面 76c
高企十条 54b
高效率 55a
工程大数据平台与智能服务 98a
工程装备智能化与建造机器人 98a
公共管理 68a
公共交易 57c
公积金互认互贷 170a
公交驿站 78c
公路客运 90b
公路网 59a
公铁集运 91b
公铁水空 68c
供水保障能力建设工程 93c
供应链金融 91b
关改搬转 176a
管理一体化 90b
光电国家研究中心建设 98b
光电子信息 57a
光电子信息创新产业带 124b
光谷城市货站 152a
光谷黄冈科技产业园 146c
光谷科创大走廊鄂州功能区建设 128c

光谷科技创新大走廊产业发展 140b
光谷科技创新大走廊发展战略规划（2021—2035 年）52c
《光谷科技创新大走廊黄石功能区发展规划（2021—2035 年）》55a
光谷科技创新大走廊建设 124a
《光谷科技创新大走廊咸宁功能区发展规划（2021—2035 年）》56a
光谷科技创新大走廊咸宁功能区建设 129a
光谷生物创新园二期项目开工 127b
光谷原创 124b
光通信一体化产业基地项目 126c
光芯屏端网 139a
光栅传感器 88c
归集率 157a
规划编制 137c
规划编制与合作对接 52a
规划同编 54c
规划一体化 90b
硅基光电子芯片 122a
轨道交通建设 79a
国际航空客货双枢纽建设 85c
国家工程实验室建设 95b
国家粮食现代物流（武汉）基地暨国家稻米交易中心铁路专用线建设 79c
国家数字化设计与制造创新中心建设 97b
国家数字建造与安全技术创新中心建设 98a
国家新能源与智能网联汽车基地建设 131a
国家信息光电子创新中心建设 95b
国家重点实验室建设 95a
国内首款车规级 7 纳米智能座舱芯片"龙鹰一号"发布 133c

国字号 181a

H

海绵城市 178b
涵洞工程 81b
汉口北国际多式联运物流港建设 91a
汉口客运中心建设 90c
汉欧班列 90b
汉欧国际物流园建设 91a
《汉孝人社同城发展战略合作协议》172c
航空港经济综合实验区打造 134a
航空制造 67a
合作办学 163c
河湖长制 178b
红安经济开发区 147a
红外探测器 124c
湖北（孝感）日商产业园 155a
湖北海虹物流园建设 91b
湖北环境资源交易中心建设 203c
湖北区域性股权交易市场建设 202a
湖北省道 S203 黄石段建设 73b
湖北省港口集团有限公司成立 90a
湖北省区域发展布局实施领导小组成立 42a
湖北省推进区域发展布局实施工作领导小组第一次会议 44a
湖北实验室入轨运营 127c
湖北碳排放权交易中心建设 203a
湖北自由贸易试验区（武汉）建设 151a
湖库生态廊道建设 178a
互联网+ 106a
华星光电第 6 代半导体新型显示器件生产线扩产项目 126b
环保督察 47b

索 引

环境空气细颗粒物（PM2.5）208c
环境优势 50c
环形+放射 71a
黄（冈东）黄（梅东）高铁建设 81c
黄冈（光谷）离岸科创中心 129a
黄冈产业园 146b
黄冈港浠水河航道整治 85a
黄冈临空经济区建设 137a
黄冈市发展概况 214c
黄冈市政务服务"跨市通办" 168b
黄冈西综合交通枢纽建设 91c
黄冈长江经济带产业转型升级示范区 161c
黄鹤英才 130c
黄石（武汉）离岸科创园建设 128a
黄石港棋盘洲港区三期建设 84c
黄石光谷 143a
黄石黄冈《武汉城市圈同城化发展示范区战略合作框架协议》50a
黄石经济技术开发区 142a
黄石科技城 143b
黄石跨境电子商务综合试验区建设 150c
黄石临空经济区建设 136b
黄石山南铁路适应性改造工程 81b
黄石市发展概况 208c
黄石市科技城科创中心建设 128b
黄石市政务服务"跨市通办" 167b
黄石沿江疏港铁路二期建设 81a
回头看 190a
货运量 85c

J

机构机制 42a
机器人与智能制造 132a
机器视觉 141a
积分制 54b
基本情况 39a
基础教育合作交流办学 163a
基础云平台 88a
集装箱作业 91b
技术市场一体化建设 199c
季度招商引资签约大会 197c
建设一体化 90b
江海航运 90b
交通枢纽 77a
交通同网 57b
交通同网与基础设施建设 71abc
教育资源统筹 163a
节能环保 55c
金融产品与服务配套同城化推进 195b
金融基础设施 68b
金融市场一体化推进 195a
金种子 141c
进站率 64a
京九高铁阜阳至黄冈段建设 82b
经济社会发展 41c
景观轴 179c
净土行动 186c
九城同心 45a
九同 68a
九纵五横四环 74a
举荐制 54b
军山新城建设 130b

K

"卡脖子"技术 95b
开放合作平台搭建 149c
开放口岸建设 152c
科创中国 95c
科技成果转化 55a
科技成果转化中试基地建设 200a
科技副总 172b
科技金融助企行 198c
科技同兴 57b
科技同兴与创新协同发展 95abc
客运量 85c
空港物流 69a
空港型 90a
空间地理 68a
口岸作业 154a
跨城共抓 188b
跨城通赏 175c
跨界河湖工作机制 67c
跨界水污染 70a
跨境电商 150a
跨境电商 69a
跨桥工程 81b
跨省通办 159c
跨市通办 166c
跨市异地就医直接结算 169b
跨域融资 195a

L

岚图 FREE 133b
劳动保障监察合作 172b
劳务协作 171b
冷链加工 91b
冷链物流 91b
离岸科创平台 55a
利润总额 90b
联动效应 51a
联防联控机制 67c
联合监测 183c
联合执法 183c
联席会 48a
联席会议制度 49c
两步申报+N 152c
两个中心 52c
两会 158c
两江联运 85c

·279·

两台两线 91c
两台四线 91c
两头跑 46c
量子产业 113a
临空制造 69a
零距离 64a
六个一批 90a
六环二十四射多联 71a
六抓 51b
龙头 45c
龙须沟 179c
龙鹰一号 134a
陆港型 90a
路基附属轨道工程 81b
旅游文化市场共同开发 175a
绿色通道 165b

M

麻（城）安（康）高速麻城东段建设 75a
麻城石材铁路专用线建设 82c
脉冲强磁场 54b
米袋子 69c
免申即享 135b
民生保障 47b
民生同保 57c
民生同保与公共服务共享 163abc
目标定位 41b

N

能量光电子 98b
能源水利设施建设 92a

P

排污权 68a
平台信息服务 91b

瓶颈路 59b

Q

七环二十四射多联 59a
七纵十三横 146b
棋盘洲长江公路大桥通车 73c
起步区建设 138b
企业孵化器 123a
汽车零部件 67a
千人计划 129c
潜江市发展概况 220c
潜江市江汉盐化工业园 148c
潜江市政务服务"跨市通办" 169b
潜江泽口港区综合码头建设 85
强统筹调度 51b
硚（口）孝（感）高速二期建设 74b
清减降 46b
区位优势 39b
区域创新平台建设 95a
区域发展布局与规划同编 42abc
区域高快速路网建设 71a
区域化发展 51a
区域交流协作 158c
区域金融中心建设 196a
区域一体 45c
全程网办 166c
全国民用机场建设管理工作会议 50b

R

人才交流合作 172a
人工智能 132a
人力资源服务协作 172a
人力资源市场建设 201c
人力资源协作 171a
人脸识别 88a

日产日清 187c

S

三场一地 73a
三借 51a
三链融合 201b
三名工程 163c
三农 69a
三区两线 181a
三条红线 184b
三严 86c
三院 130c
商贸服务型 90a
商业智能化 88a
社会保障卡无障碍转移接续 170b
社会保障跨城服务 169b
社会治理 68a
生产服务型 90a
生命 AI 中心板块 54a
生命健康 55c
生态环境保护一体化合作 183a
生态环境共治 176abc
生态空间保护 176a
生态系统 56a
生物创赢汇 126a
生物医药 67a
生源共享 164a
省内通办 167b
十年禁渔 189a
"十四五"规划 49a
示范工程 85a
市际断头路、瓶颈路建设 77c
市进乡用 166b
市民之家 147c
市域铁路建设 80a
视频追踪 88a
手段共用 160c
数字建造 54b

数字经济 49b
数字农业 141b
数字中国 201c
双创周 129c
双控制度 68a
双枢纽 86a
双水源 94a
双随机 187a
双循环 161a
水环境污染联合监管 185a
水陆联运 85c
水土保持 181b
水土流失综合治理 181b
水污染治理 183c
水质优良率 184b
水资源节约利用和保护 193c
死亡率 2019a
四变 51a
四个有奖 151b
四梁八柱 124b
四乱 185b
四区N园 55a
四区一园 130b
四网融合 79a
四位一体 190b
四型机场 50c

T

碳排放权 68a
天河机场T2航站楼改造项目开工 87c
天河机场第三条跑道及配套机坪项目建设 88a
天河机场国际及地区航线拓展 86b
天河机场航空运输运营品质提升 86b
天河机场双跑道独立离场运行模式启用 87b

天门市发展概况 222b
天门市岳口工业园 149a
天门市政务服务"跨市通办" 169b
天然气储气设施建设工程 92c
铁水公空 85a
铁水联运 82c
通道+枢纽+网络 69c
通平修 161a
通山至武宁高速公路（湖北段）建设 75c
同城共进 67a
同城化 53b
同城化发展 43c
同心筑梦 67a
统一市场建设 195abc
投资环境优化 157a
土壤污染防治 186b

W

挖潜 194c
外电输入工程 92a
外贸特色产业打造 156b
万名人才服务基层行动 172b
万人计划 172b
网上便民警务 67a
危险废物环境管理 187a
微信"电子社保卡" 170c
微信工作群 171a
微信公众号 170c
维稳联合 195a
文旅联动发展 174b
污染防治攻坚 182b
无废城市圈 183a
五个同标准对接 50c
五个一体化 50c
五共 48b
五馆一中心 54a
五减五通 157a

五同 57b
五统一 166a
五纵三横 140a
武（汉）大（悟）高速二期建设 74c
武（汉）松（滋）高速建设 75b
武（汉）天（门）高速公路（武汉至汉川段）互通建设 73a
武（汉）阳（新）高速二期建设 73a
武大"新两院"创新平台建设 132a
武汉"1+8"城市圈 39a
武汉产业创新发展研究院揭牌成立 113b
武汉城市仿真实验室获批自然资源部重点实验室 122b
武汉城市圈"32232"科技合作工程实施 107c
武汉城市圈城际公交运营一体化公交换乘站建设任务清单（2021—2023年）66abc
武汉城市圈城际公交运营一体化公交线路清单（2021—2023年）65abc
《武汉城市圈城际公交运营一体化三年行动方案（2021—2023年）》60b
《武汉城市圈城市生态环境合作协议》47a
武汉城市圈第一次科技同兴联席会 48a
武汉城市圈孵化载体建设 106a
武汉城市圈概览 39abc
武汉城市圈各市同城化发展领导小组相继成立 43b
《武汉城市圈公路建设一体化三年行动方案（2021—2023）》57c
武汉城市圈公路建设一体化项目清

单（2021—2023年）60abc
武汉城市圈广电大会 50a
武汉城市圈环线高速公路全线通车 71c
武汉城市圈开放数据创新应用大赛 49b
武汉城市圈科技金融改革试点 198a
武汉城市圈科学仪器设备全面共享 108b
武汉城市圈空间规划 54c
武汉城市圈空间规划第一次联席会 46a
武汉城市圈农科创新联盟成立 47a
武汉城市圈区域协同立法第一次联席会议 45c
《武汉城市圈司法协作机制框架协议》47b
武汉城市圈通用机场建设 88c
武汉城市圈同城化发展办公室第一次全体会议 47c
武汉城市圈同城化发展联席会第一次会议 44a
《武汉城市圈同城化发展三年行动方案（2021—2023年）》44b
武汉城市圈同城化发展协调机制建立 42c
武汉城市圈同城化发展座谈会 44c
武汉城市圈外事港澳工作第一次联席会议 49c
武汉城市圈新型研发机构建设 106c
《武汉城市圈政务服务"跨市通办"合作协议》46b
武汉城市圈政协主席论坛 48c
武汉城市圈住房公积金同城化发展联席会第一次会议 48c
武汉地区高校向武汉城市圈拓展办学 164b
武汉地铁11号线三期鄂州葛店段开通 80c
武汉东湖新技术开发区与黄冈市《建设光谷科技创新大走廊战略合作协议》51c
武汉都市区环线高速公路建设 72a
武汉工业技术研究院建设 113a
武汉光谷联合产权交易所建设 202c
武汉轨道交通建设 80a
武汉国家生物产业基地天门生物产业园 149b
武汉国家物流枢纽建设 89c
《武汉黄石人社同城化高质量发展战略合作协议》173a
武汉经济技术开发区汉川合作示范区 145c
武汉科技成果转化平台系统开通城市圈城市端口 108c
武汉跨境电子商务综合试验区建设 150b
武汉理工大"三院"创新平台建设 131c
武汉临空港经济技术开发区建设 135a
武汉农村综合产权交易所建设 204a
武汉盘龙城经济开发区（临空经济区）建设 135c
《武汉市、黄石市劳动能力鉴定专家共享合作协议》174a
武汉市发展概况 205a
武汉市国土空间"十四五"规划 54b
武汉市外资外智招引 157c
武汉市政务服务"跨市通办" 166c
《武汉孝感市域（郊）铁路工程建设框架协议书》51b
武汉新港航运新通道建设 83c
武汉新港建设 83b
武汉新港江北铁路建设 79c
武汉阳逻国际港铁水联运二期建设 84a
武汉云 167b
武汉至红安高速建设 75b
武汉至襄阳汉江航道整治工程 85a
武汉中法生态示范城 154a
武深高速公路崇阳连接线建设 76a
"武天同城"发展实施方案 69b
"武仙同城"发展实施意见 68b
武咸同城 43c
"武咸同城"发展实施方案 67a
武穴电子信息产业园 147b
武穴长江公路大桥通车 76b

X

吸金 186c
仙桃产业技术研究院建设 123c
仙桃港区综合码头二期建设 85b
仙桃高新技术产业开发区 148a
仙桃市发展概况 219a
仙桃市彭场工业园 148c
仙桃市政务服务"跨市通办" 169a
先进功能 54c
先进智能交通技术 132a
咸宁市发展概况 216c
咸宁市政务服务"跨市通办" 168c
咸宁沿江绿色发展示范带建设 162b
县域医共体覆盖 166a
限上社会消费品零售 136c
线索共享 160c
湘鄂赣毗邻地区文化旅游产业发展联盟成立 161c
小进规 141a
小进限 141a
小巨人 129a

· 282 ·

小鹏汽车武汉智能网联汽车制造基
　地项目 132c
小微企业 150c
孝感市产业技术研究院建设 123b
孝感市发展概况 212c
孝感市临空经济区 144c
孝感市政务服务"跨市通办" 168a
"孝汉同城"发展实施意见 64c
孝汉同城化工作推进会 50c
孝汉应高速建设 75a
协调联动 47b
新两院 130c
新能源汽车 67a
新能源汽车产业发展 131b
新武鄂人 143c
新型显示 140a
新型显示液晶面板产业化工程
　126c
信息安全 141a
信息共通 160c
信息光电子 98b
信息网络 68b
信息智慧化 88a
信易贷 195c
星火·链网 124b
形象进度 93c
虚拟电厂 94a
宣教联动 195a

Y

沿江高铁（沪渝蓉高速铁路）湖北
　段建设 79a
阳光教育 163c
养老救助 67a
药品带量采购议价成果共享 169c
要素市场平台共建 201b
一本通 154b
一次不跑 148b

一带三极五基地八组团 55c
一带一路 50a
一核、一带、多极 56c
一核一轴三带多组团 53a
一横一纵 128c
一机一方案 87a
一江两岸 50b
一江三河 69c
一卡通 172c
一口一策 184c
一链式产业生态圈 144a
一起一降 87b
一区四园 135a
一日生活圈 71c
一事联办 157a
一体化 57c
一网通办 155c
一小时通勤圈 68c
一业一证 152a
一站式 67a
一张网 166c
一主两副 153c
医保合作 160c
医疗保险 67a
医疗共享机制建设 165a
医疗诊疗合作 165b
医疗专科联盟建设 164c
医疗资源共享 164c
异地代收代办 166c
羿动电池银行项目 133a
银种子 141c
饮用水水源地共保共建 185c
隐形冠军 149b
隐形门槛 157b
应处尽处 187c
营商环境优化 155b
硬核科技 54c
硬减 155c
硬联通 71b

用能权 68a
用水权 68a
油气管网工程 92b
预警联防 195a
园中园 147a
远程诊断 165c
院士专家企业行 172b
月票制 67a
云梦隔蒲潭工业园 146a
云闪付 App 170c
运营一体化 90b

Z

战略定位 53c
战略推进历程 40c
招才引智 128a
招才引智三年行动 172b
证照分离 155c
政策研究 51a
政企联合 180c
政务服务 68a
政务服务"跨市通办" 166c
支付宝 App 170c
智慧应急 49b
智慧城市 141b
智慧船舶 83a
智慧港口 83a
智慧高速公路 88c
智慧机场 88a
智慧口岸 83a
智慧民生 49b
智慧能源 88a
智慧医疗 141a
智慧元素 84c
智慧长江监管体系 189b
智能安防平台 88a
智能仓配 91b
智能创新产业带 126b

智能分析 88a
智能感知与工程物联网 98a
智能康复机器人 132a
智能设计 54b
智能网联汽车 131c
智能芯片 141a
智能终端 140a
智能装备 55c
中创新航动力电池及储能电池武汉
　　基地项目 133c
中等职业教育同城化工程 164a

中国光谷·黄石产业园 143a
中国光谷·咸宁产业园 147c
中国光谷·孝感产业园 145b
中科三号 108a
中欧班列 84b
中欧班列（武汉）运行 152b
重箱率 152b
重要会议和活动 43c
周转量 85c
主城做优 54c
主中心 54c

住房贷款 48c
住房公积金 48c
注册制 54b
专精特新 129c
资产总额 90b
资金池 150c
资源共享 48b
自动驾驶 141a
自然资源 40a
综合保税区建设 153a
综合交通枢纽建设 89a